MONOGRAPHIEN ZUR GESCHICHTE DES
MITTELALTERS

ISSN 0026–9832

MONOGRAPHIEN ZUR GESCHICHTE DES MITTELALTERS

IN VERBINDUNG MIT FRIEDRICH PRINZ
HERAUSGEGEBEN VON KARL BOSL

BAND 26

ANTON HIERSEMANN STUTTGART
1982

GESELLSCHAFTSGESCHICHTE ITALIENS IM MITTELALTER

VON

KARL BOSL

ANTON HIERSEMANN STUTTGART
1982

CIP-Kurztitelaufnahme der Deutschen Bibliothek

Bosl, Karl:
Gesellschaftsgeschichte Italiens im Mittelalter / von Karl Bosl. – Stuttgart : Hiersemann, 1982.
  (Monographien zur Geschichte des Mittelalters ; Bd. 26)
  ISBN 3-7772-8206-5

NE: GT

Printed in Germany © 1982 Anton Hiersemann, Stuttgart

Alle Rechte vorbehalten, insbesondere die des Nachdrucks und der Übersetzung. Ohne schriftliche Genehmigung des Verlages ist es auch nicht gestattet, dieses urheberrechtlich geschützte Werk oder Teile daraus in einem photomechanischen, audiovisuellen oder sonstigen Verfahren zu vervielfältigen und zu verbreiten. Diese Genehmigungspflicht gilt ausdrücklich auch für die Verarbeitung, Vervielfältigung oder Verbreitung mittels Datenverarbeitungsanlagen.

Lichtsatz in Sabon-Antiqua und Druck: Allgäuer Zeitungsverlag, Kempten.
Bindearbeit: Großbuchbinderei Ernst Riethmüller & Co., Stuttgart.
ISBN 3-7772-8206-5

INHALT

Vorwort IX

I. Elemente gesellschaftlicher Entwicklung in Italien im Übergang von der Spätantike bis zum Karolingerreich. Die Epoche der Barbareneinfälle und der Barbarenreiche sowie der griechischen Reichsherrschaft   1
    1) Die Voraussetzungen des auslaufenden Gesellschaftsprozesses und des Staatsapparateschwundes – der Rahmen einer neuen Gesellschaft   1
    2) Die Unterschichten im 4./5. Jahrhundert und ihr Verhältnis zur herrschenden Minderheit   19
    3) Die gotische und langobardische Eroberung in Italien und ihre Wirkung auf die römische Bevölkerung und Gesellschaft seit der Wende vom 5./6. Jahrhundert . . .   22
    4) Das langobardische Element im Aufbau der frühmittelalterlichen Gesellschaft. Arimannia, Fara, Sala. Adel und Freie vom 6. bis 9. Jahrhundert   39
    Anhang A: Die relevanten gesellschaftlichen Gruppen im Raume Siena/Arezzo   51
    Anhang B: Entwicklungsmodell Cologno-Monza   53

II. Die Gesellschaftsentwicklung in der karolingischen und postkarolingischen Epoche (Ende des 8. bis Ende des 10. Jahrhunderts)   57
    1) Der Wandel der Führungsschichten 8.–10. Jahrhundert   57
    2) Bevölkerungs- und Besitzstruktur vom 8.–10. Jahrhundert. Eine vergleichende Analyse   65
    3) Gesellschaftsstrukturen im 10. Jahrhundert   75

III. Die kommunale Bewegung in Italien. Gesellschaftsprozeß und Gesellschaftsgeschichte der italienischen Stadt und auf dem Lande vom 11. bis zum 14. Jahrhundert   101
    1) Perioden, Zonen, Grundelemente der Gesellschaftsgeschichte der italienischen Stadt   101
    2) Voraussetzungen und Anfänge kommunaler Bewegungen im archaischen Zeitalter des Frühmittelalters   116
    a) Spezifische Faktoren der Gesellschaftsgeschichte Italiens   116
    b) Die niederen Volksschichten, ein neues Führungselement und die gesellschaftliche Anarchie des 10. Jahrhunderts   120
    c) Das incastellamento des 10. Jahrhunderts. Ein erster Verstädterungsprozeß. Markt und Stadt, Produktion und Handel, Verkehr im 10. Jahrhundert   126
    d) Die Stadtwanderung vom 10. bis 13. Jahrhundert. Abhängige Schichten in der Periode des Übergangs und die Aufstiegsgesellschaft   135
    e) Das feudale Band der Gesellschaft. Die großen Herren und der Aufstieg neuer führender Schichten   140
    f) Die feudale Führungsschicht in der Toskana vom 9.–11. Jahrhundert besonders am Modell der Städte Lucca, Mailand und Rom   152
    g) Das Modell des populus von Cremona   159
    h) Freiheit – Friede – Armut. Religion, Kirche, Laientum in der Gesellschaft des 11. Jahrhunderts   167
    i) Grundlinien der kommunalen Entwicklung in Italien   173

3) Die Anfänge der kommunalen Bewegung im 11. und ihr Sieg im 12./13. Jahrhundert. Consul und Podestà, Popolo und Arti 175

IV. Die italienische Stadt und ihr Bürgertum vom 11. bis zum 14. Jahrhundert. Ihr Verhältnis zum Land. 192
    1) Die städtische Tradition 192
    2) Populus und Popolo 196
        a) Populus 196
        b) Der popolo 199
    3) Die Führungsschichten 204
    4) Popolo – Gesellschaft – Herrschaft 221
    5) Das Modell Florenz 225
    6) Die großen Städte des südlichen Italien Palermo, Messina, Napoli 233

Zusammenfassung 237

Literaturnachtrag 244

Register 245

Dem *Department of History* der
Universität Madison/Wisconsin
und ihrer *Memorial Library*
besonders aber
dem Freund Professor William Courtenay
und seiner Frau Lynn
dankbar gewidmet

VORWORT

Dieses Buch ist zum größeren Teil an der Universität Madison/Wisconsin in den Vereinigten Staaten in der Zeit geschrieben worden, als ich die Carl-Schurz-Professur innehatte, deren Errichtung auf eine Initiative der Harvard-Universität, des Reichskanzlers Bethmann-Hollweg und des Begründers der deutschen Sozialgeschichte, Karl Lamprecht zurückging, der in Deutschland von der Zunft totgeschwiegen wurde, um so mehr aber einer der geistigen Väter der französischen Schule der *Annales* wurde. Es ist nur scheinbar merkwürdig, daß ich ausgerechnet an dieser amerikanischen Universität mich mit dem Thema der Gesellschaftsgeschichte Italiens im Mittelalter befaßte; in Wirklichkeit war aber das Department of History die Heimstatt der bedeutendsten amerikanischen Italianisten und Mediävisten, was die Namen Reynolds, F. Lopez, G. Post, D. Herlihy und W. Courtenay zeigen. Aus diesem Grunde war auch die *Memorial Library* der Universität mit allen einschlägigen Werken ausgestattet, die dazu noch in der bequemsten Art und Weise zur Verfügung gestellt wurden vom frühen Morgen bis in die späte Nacht.

Ich bin William Courtenay, dem großen Kenner der *Intellectual History* des Mittelalters, vor allem William Occams und seiner Schüler, für viele anregende Gespräche und Seminarien dankbar. Eine besondere Erfahrung wurden mir die Vorträge und Veranstaltungen der amerikaweiten *Medieval Studies* an der Universität Wisconsin, aber auch der große *International Congress on Medieval Studies* an der Western Michigan University Kalamazoo, wo ich mit H. A. Oberman/Tübingen einen allgemeinen Vortrag hielt. Ich glaube, daß mich mein Eindruck nicht täuscht, daß heute sich die deutsche und westeuropäische Mediävistik in der Intensität der Forschungsanliegen und in der menschlich-universalen Breite der Thematik, auch in der Solidarität des Zusammenwirkens mit den amerikanischen Gelehrten und Universitäten in keiner Weise messen kann.

In meinen Dank schließe ich vor Professor Otto Gründler vor allem Professor Giles Constable/Harvard-Universität, den heutigen Direktor des Harvard-Institutes Dumbarton Oaks in Washington, für seine wohlwollenden Einladungen nach Harvard und Dumbarton Oaks ein. Ein besonders warmes Interesse durfte ich in Madison bei den Herren des *German Department* erfahren, aus deren Reihen ich P. Grimm und F. Gentry nenne. Für großes Interesse und vielfache Anregungen in Vorträgen und Forschungen bin ich den italienischen Mediävisten Ovidio Capitani, Raoul Manselli, Luigi Prosdocimi, Giovanni Tabacco, Cincio Violante, *last not least* Frau Gina Fasoli dankbar verpflichtet. – Herr Verleger Gerd Hiersemann hat mir große Freude mit der Aufnahme des Manuskripts in die Reihe «Monographien zur Geschichte des Mittelalters» gemacht und Herr

Dr. R. W. Fuchs hat mit großem Entgegenkommen den Druck betreut. Das Buch ist ein Stück meiner lebendigen Erinnerung an die arbeitsreichen und gewinnbringenden Monate, die ich im Clubhaus der Universität Wisconsin zwischen den beiden Seen verbrachte. Gar oft träume ich von der stillen und asketischen Gelehrtenklause nahe der *Memorial Library,* von deren Bücherborden ich mir noch um 11 Uhr nachts die notwendigen Werke persönlich holen konnte.

München, am 28. Januar 1982 — Karl Bosl

I.

Elemente gesellschaftlicher Entwicklung in Italien im Übergang von der Spätantike bis zum Karolingerreich. Die Epoche der Barbareneinfälle und der Barbarenreiche sowie der griechischen Reichsherrschaft.

1) Die Voraussetzungen des auslaufenden Gesellschaftsprozesses und des Staatsapparateschwundes – der Rahmen einer neuen Gesellschaft.

Im 5. Jahrhundert überlebte das weströmische Reich als Staat und Kultur nur mehr dort, wo es seinen Ausgang genommen hatte, in Italien, Südgallien und in den Nordostalpen. Dieses Westreich war seit dem 3. und 4. Jahrhundert geschwächt durch soziale Kämpfe zwischen der Landbevölkerung und den Latifundienbesitzern und durch die Gegensätze zwischen Stadt und Land, es litt unter den bürokratischen Fesseln seines wirtschaftlichen und gesellschaftlichen Lebens im 4. Jahrhundert, sein Mark war angenagt durch die Unterwanderung von Heer und Senat seitens der Barbaren, und die Menschen waren aufgebracht durch die Forderung der barbarischen Massen sich in autonomen Gebieten des Westens für dauernd anzusiedeln. Roms Ruhm und Autorität war verblasst in der Welt von damals. Im 5. Jahrhundert war auch die Halbinsel bis Kalabrien mehrmals Schauplatz barbarischer Kämpfe und Rom Stätte barbarischer Eroberung und Szene von Plünderungen geworden. Die Kaiser des 5. Jahrhunderts waren mehrmals nur mit Willen und Hilfe von Germanen auf den Thron gekommen; man braucht nur an die Namen von Stilicho, Riccimer, Gundobald, Orestes zu erinnern, um den hohen Grad von Infiltration und Einwanderung der Germanen ins Reich zu belegen, vor allem an den höchsten Kommandostellen des Heeres und unter den Soldaten, aber auch unter den Mitgliedern des Senatus Romanus; das ging soweit, daß sich trotz aller Schwäche in der römischen Führungsschicht, in Adel und Großbürgertum, eine antigermanische Bewegung oder Partei bildete. Noch hatten diese germanischen Barbaren auf italienischem Boden kein eigenes Territorium und Siedelgebiet gewinnen können, sondern lebten nur in Truppenlagern in der Reichsmitte; doch setzte ihre Dauersiedlung bereits ein, indem man barbarische Kriegsgefangene von jenseits der Alpen in Italien behauste. Um Modena, Reggio und Parma setzte Gordian 377 verstreut besiegte Goten, Hunnen und Taifali an, am Po gab Theodosius gefangenen Alemannen Herd und Land und zu Beginn des 5. Jahrhunderts berichten die Quellen von «sarmates gentiles» in Cremona, Padova, Torino, Bologna, Forli, Oderzo, Vercelli und anderen Städten Norditaliens. Das waren Versuche, entvölkerte Gebiete wieder zu besiedeln; denn Ambrosius, Salvian, Ennodius berichten tatsächlich von Zerstörungen in Bologna, Reggio, Modena, Brescello und von Verwüstungen und Bevölkerungsschwund im fruchtbaren Potal (Liguria). Menschenleere Gebiete gefährdeten die Landesverteidigung gegen die Barbaren.[1]

---

[1] F. Lot / Ch. Pfister / F. L. Ganshof, Les destinées de l'Empire en Occident 395–768 (Paris 1928). – F. W. Walbank, The decline of the Roman Empire of the West (London 1946). – M. Rostovtzeff, The social and economic history of the Hellenistic world (Oxford 1941); deutsch «Die Hellenistische Welt. Geschichte und Wirtschaft» 1–3 (1955). – S. Mazzarino, Das Ende der antiken Welt (München 1961); ders., Aspetti sociali del quarto secolo (Roma 1961). – A.H. M. Jones, The Later Roman Empire 284–602. 3 Bde. (Oxford 1964). – J. Vogt, Der Niedergang Roms. Metamorphose der antiken Kultur (Zürich 1965). – F. G. Maier, Die Verwandlung der Mittelmeerwelt (Frankfurt 1968). – K. Christ (Hrsg.), Der Untergang des römischen Reiches = Wege der Forschung 269 (Darmstadt 1970). – M. J. Finley, The ancient economy (Berkeley – Los Angeles 1971). – G. Alföldi, Römische Sozialgeschichte (Wiesbaden 1975). – P. Brown, The world of late antiquity. From Marcus Aurelius to Muhamed (London 1971); ders., Religion and society in the age of Saint Augustin (London 1972); ders., Augustin of Hippo, A Biography (London 1967); deutsch «Augustinus von Hippo» (Frankfurt 1973). Dazu Rez. in HZ 209 (1969) 386/7. Brown behandelt die Frage nach den Ursachen *der Verwandlung* des spätrömischen Reiches unter dem Aspekt der Beziehungen zwischen innerem und äußerem Leben der Menschen und stellt fest, daß neue religiöse Erfahrungen und Überzeugungen sich in neuen Organisationsformen konkretisieren. Vor allem war das Verhältnis von Individuum und Gesellschaft als solches dem geschichtlichen Wandel unterworfen. Die gesellschaftliche Wirklichkeit war Funktion und Faktor des individuellen Bewußtseins, der gesellschaftspolitische Wandel Folge individueller = geistiger Umorientierung. – A. D. Noack, Society and religion in the ancient world (Oxford 1961). – Über soziale Mobilität in der Spätantike s. A. H. M. Jones, The caste system in the Later Roman Empire, in Eirene 8 (1970) 79–96; Wiederabdruck im Sammelband «The Roman Economy» (Oxford 1974) 396–418. – R. MacMullon, Social mobility and the Theodosian Code, in Journal of Roman Studies 54 (1962) 49–63. – W. Seyfarth, Soziale Fragen der spätrömischen Kaiserzeit im Spiegel des Theodosianus (Berlin 1963). – Jones wagt die Feststellung, daß soziale Mobilität im spätrömischen Reich größer als in der Zeit des Prinzipats war. Er weist hin auf die überraschend große Zahl von Leuten niederen Standes (decuriones, cohortales, städtische Arbeiter und Bauern), die auf gesetzlichem Wege, durch öffentliche Dienste oder Heeresdienst in die Oberschicht der Reichsaristokratie aufstiegen und sogar Kaiser wurden. – F. Kiechle, Das Problem der Stagnation des technischen Fortschritts in der römischen Kaiserzeit, in Geschichte in Wissenschaft u. Unterricht 16 (1965) 89–99. – K. Thraede, Artikel «Fortschritt» in Reallexikon für Antike und Christentum 8 (1972) Spalte 141–182. – H. L. Marrou, St. Augustin et la fin de la culture antique (Paris 4, 1958). – A. Momigliano (Hrsg.), The conflict between Paganism and Christianity in the fourth century (Oxford 1963). – J. Gaudemet, L'église dans l'Empire romain (IVe–Ve siècle) (Paris 1958). – R. MacMullon, Soldier and Civilian in the later Roman Empire (Cambridge, Mass. 1963).

Als 476 germanische Heerhaufen von Orestes Siedelland forderten, schlug dieser die Bitte ab, jedoch Odoakar, einer ihrer Häuptlinge, verteilte an seine Heruler, Rugier, Skiren u.a. Land und warf sich als germanischer König von Italien auf, der den Anspruch erhob, als Funktionär und Patricius Romanus im Namen des Ostkaisers an der Spitze von Heer und Verwaltung über die Italiener zu gebieten. Da Odoakar durch seine maßvolle Haltung gegenüber dem Reich, der Kirche und den Römern viele Mitläufer im Senat, der Curie, den Provinzen und der Hierarchie fand, betrachteten sie ihn als einen der romanisierten Barbarenführer und Patrizier des 5. Jahrhunderts, die mit militärischen Aufgaben, vor allem der Verteidigung des Landes gegen die Barbaren jenseits der Alpen betraut waren. Das Leben Italiens barbarisierte sich seitdem zusehends, denn die Leute des Odoakar ließen sich fest nieder, vor allem um Ravenna, spärlich in Mittel- und Süditalien. Während sich das Heer mit germanischen Elementen anreicherte und Italien sich stärker vom Ostreich absetzte und sich inmitten der romanischen Welt profilierte, verkürzte sich der politische Begriff allein auf die Halbinsel im Gegensatz zur prefettura d'Italia der Reichsteilungen, welche die Diözesen Afrika, Italien, Illyricum umfaßte; Mailand war dabei die Hauptstadt des Vikars von Illyria. An die Gallorömer der Provence trat er diesen letzten Teil Galliens ab, der sich noch im Rahmen des Kaisers regierte; die Meeralpen wurden die natürliche Grenze zwischen beiden. Den Vandalen nahm Odoakar Sizilien ab. Sodann beherrschte er schon seit 480 Dalmatien. In harten Kämpfen gegen die Rugier mußte er einen Teil von Noricum aufgeben und römische coloni nach Italien zurückziehen. Mobilität und Bevölkerungsbewegung verdichten sich noch unter der Herrschaft Theoderichs und seinen Ostgoten. Auch er kam im Auftrag des oströmischen Kaisers als magister militum und führte eine aggressive Politik gegen Odoakar. Er besetzte Verona, Milano, Pavia und nahm Beziehungen zu den Westgoten jenseits der Meeralpen auf. Man nimmt an, daß die Ostgoten etwa 300 000 Menschen umfaßten. Ihr Heerhaufen war, wie der des Odoakar, aus verschiedenen antiken Söldnern zusammengewürfelt, unter anderem auch aus Rugiern und vertriebenen Alemannen. Sie wurden von Theoderich mit Siedlungsplätzen im Grenzgebiet versehen. Nach Kaiser Zenos Tod anerkannte Ostrom den von Goten gekürten König Theoderich, der über die Römer als magister militum ziemlich unabhängig von Byzanz herrschte. Er verteilte wie Odoakar an die «hospites» (= Germanen und Söldner) ein Drittel der Ländereien der einheimischen possessores und zwar die den Goten zunächst gelegenen Besitzungen, besonders im Umkreis von Ravenna, aber auch im Veneto, im Voralpenland, im Trento, Piceno, Sannio und in Tuscia. Anderswo gab es noch Garnisonen. Die Goten als «Volk» traten nur als herrschende und bewaffnete Besatzungsmacht auf, die Ämter und zivilen Tätigkeiten überließen sie den Römern. Die einheimische Bevölkerung verhielt sich passiv in der Verteidigung, aber die regierungsungewandten Goten brauchten ihre Mithilfe in Verwaltung und Politik, die rein äußerlich blieb, da die Mentalität, Moral und Religion der so getrennten Völker sich nicht assimilierten. Theoderichs Politik beschäftigte sich mehr mit den Germanen des Westens als mit dem oströmischen Reich, gegen das er eine westliche Verteidigungsfront aufbauen wollte. Er suchte die Gunst der Einwohner Italiens, trat für die römischen Traditionen ein. Die Einheimischen begrüßten dies, das Leben auf der Halbinsel begann sich wieder zu normalisieren, Städte wie Rom und Mailand erholten sich wieder. Aber als sich 535 die Ostgoten der erklärten Politik der Rückeroberung des Westens für die Einheit des Römischen Reiches gegenübersahen, die Kaiser Justinian in Angriff nahm, da waren und blieben die Ostgoten isoliert und verloren. Er eroberte Nordafrika, Sardinien und Sizilien zurück und richtete in harten und wechselnden Kämpfen auch um Rom und Ravenna die Reichsverwaltung in Italien wieder auf und besiegte 555 endgültig die Goten, deren Name aus der Geschichte verschwand. Man weiß nicht, ob sie sich in die Alpen zurückzogen, oder mit der Masse der einheimischen Bevölkerung oder mit den nachfolgenden Invasoren vermischten. Vielleicht findet man Spuren römisch-gotischer Solidarität auf süditalienischem Gebiet, wo die Leute im contado sich gegen die Griechen gewinnen ließen, die ihrerseits die Großgrundbesitzer begünstigten und deren Unterstützung gewannen. Italien war byzantinisch, war eine Provinz des Ostreiches geworden, deren Grenzen die Alpen und das Meer waren. In Rom verschwand der Senat, es hörte auf die Hauptstadt des Reiches zu sein, Italien war nicht länger Kernland des Westreiches. Dann nahm der wirtschaftliche Verfall Roms und Italiens weiter seinen Lauf, ja beschleunigte sich und wirkte sich in vielen Gebieten vernichtend aus. Das isolierte Rom verlor seine Bindungen an die Halbinsel, an Italien und Europa.

Die nächste langobardische Phase Italiens war gekennzeichnet durch Annäherung an den Westen. In Süditalien südlich Rom vermehrten sich Kirchen und Diözesen, Rom übte dort die Metropolitanrechte aus; auch in Mittel- und Norditalien vergrößerte sich ihre Zahl, es entstanden hier die Kirchenprovinzen Mailand und Ravenna, dessen Bedeutung als Sitz der byzantinischen Verwaltung in Italien ständig wuchs. Doch wuchs auch im Norden die Disziplinargewalt der römischen Kirche, die einerseits einen Primat in der katholischen Kirche anstrebte und sich zugleich caesaropapistischen Tendenzen des Ostreiches zu entziehen suchte. Im Endergebnis trugen die Gnadenerweise der Kaiser seit Justinian gegen den Papst und die Zuerkennung von Hoheitsrechten an die Bischöfe Italiens nur dazu bei, den Graben zwischen Byzanz und dem katholischen Westen zu vertiefen, der die Abhängigkeit vom Osten fürchtete. Das 535 neugeknüpfte politische Band wirkte sich nicht geistig-moralisch aus. Ein eigengeprägtes religiöses Leben entwickelte sich im Westen, wie die monastische Reformbewegung des Benedikt von Nursia und die intellektuelle Bildungsbewegung Cassiodors in Calabria deutlich machen. Italien und Europa enfalten dabei ein neues, anderes Menschen-, Persönlichkeits-, Gottesbild. Das Verlangen nach Freiheit des religiösen und kirchlichen Lebens erzeugte in der Westkirche und selbst in den unter byzantinischer Herrschaft stehenden Ländern einen noch viel stärkeren Geist des Widerstandes gegen den byzantinischen Caesaropapismus, als ihn die kirchliche Hierarchie und die Bischöfe von Rom zunächst wünschten. Italien und der Westen schlossen sich enger an Rom und die römische Kirche an; die Halbinsel unterschied sich vom Osten und profilierte sich politisch-religiös zusehends als westliche Macht in einer römisch-barbarischen Welt. Sichtbar wurde das vor allem nach dem Einmarsch der Langobarden über die Julischen Alpen in die oberitalienische Tiefebene. Das germanische Element des Westens verstärkte sich dadurch. Mit der langobardischen Eroberung von Forum Julii und Mailand begann für die Menschen der Halbinsel eine neue Lebensform. Die Langobarden kamen als Feinde und Eroberer, nicht als Föderaten und Freunde = Verbündete des Reiches und sie standen auf einem tieferen und stärker germanischen Gesellschafts- und Kulturniveau als die Ostgoten. Weder das Reich, noch die Eingeborenen und Kirchen hatten bislang so etwas erfahren.

Das Volk der Langobarden war von wilder Sinnesart, aber nicht sehr groß. Sieben Jahre lang konnten sie keinen festen Fuß fassen und blieben auf Wanderung. Das schuf große Unordnung im Lande und steigerte das Gefühl der Angst vor ihnen. Sie drangen rasch durch das Potal und nach Tuszien ein und stiessen bis Spoleto und Benevent vor. Aber die befestigten Städte hielten stand, Pavia leistete drei Jahre Widerstand, Padova und Monselice blieben in den Händen der Griechen, desgleichen die Städte von Liguria marittima, geschützt von der Appeninenwand und vom Meer, und der Großteil des übrigen Küstenlandes. 20 000 Sachsen, die sie zum Einmarsch eingeladen hatten, unterwarfen sich nicht, zogen wieder ab und wurden in ihrer alten norddeutschen Heimat (Suebengau) aufgerieben. Im Gegensatz zu den Ostgoten behandelten die langobardischen Invasoren die einheimische Bevölkerung als Beutegut. In Pavia krümmten sie beim Einmarsch niemandem ein Haar und das Volk faßte rasch wieder neue Hoffnung. Auch blieb die Mehrzahl der Bischöfe auf ihrem Sitz bei guter Behandlung durch die Eroberer. Vielleicht rechneten das Volk im ganzen, die Leute auf dem Lande und die schollegebundenen Bauern (glebae adscripti), die nicht beteiligt waren, sogar auf einige Vorteile, auch die «possessores» zum Teil. Und Gregor der Große weiß sogar zu berichten, daß Einwohner von Corsica und der Campania aus Haß gegen die Byzantiner zu den Langobarden nach Tuszien und Benevent flohen. Doch erwartete die «potentes», die reiche hochgestellte Oberschicht, unter Clefi, dem Nachfolger Alboins, und im Interregnum nach dessen Tod ein wahres Blutbad. Die alte römische Aristokratie, die schon seit dem 3./4. Jahrhundert unter Kriegen und dem Despotismus der Reichsbürokratie litt, wurde jetzt durch einen durchweg germanischen Adel ersetzt. Vor den plündernden, arianischen und schismatischen Langobarden flohen viele Menschen in durch Invasion weniger gefährdete Orte, der Bischof Paul von Aquileia nach der Lagune von Grado, viele Mailänder nach Genua, andere suchten in Rom und Ravenna den Schutz des Bischofs und des griechischen Exarchen. Küsten und Inseln der Toscana, Apuliens und Neapels zogen ebenfalls viele Flüchtlinge an, wie auch die Küsten Dalmatiens (Spalato). Die ersten Wanderwellen erreichten damals auch die Inseln des venetischen Lagunengebietes. Bevorzugt wurden also die Randgebiete, die in enger Verbindung mit dem Reich und seiner Verteidigung standen. Es entstanden dabei neue Städte, alte kamen wieder zum Leben und andere kamen herab oder verschwanden für immer von der Bildfläche. Entlang der Grenzlinie zwischen Griechen und Langobarden wurden neue Militärkontingente unter dem Kommando von duchi und «magistri militum» aufgestellt, es entstanden dort neue Kastelle, von denen einige zu Städten aufstiegen, wie z.B. Ferrara. Das waren die ersten Verschiebungen in der alten urbanen Struktur der Halbinsel. Unter dem Eindruck des byzantinischen Widerstandes, dessen Zentren Ravenna, Rom, Neapel wurden, bei dem geringen Zusammenhang unter den langobardischen Herzogen, die teils in die Dienste des Reiches traten, teils sich in den zugewiesenen Räumen fest zu etablieren suchten, bei den wachsenden Zusammenstößen mit den Franken, die sich mit Kaiser Maurikios verbündeten, fühlten sich die Langobarden von den Mächten der Umgebung, Griechen, Franken, Kirche bedrohlich eingekreist und in ihrem inneren Gefüge ebenso gefährdet wie isoliert inmitten einer zahlreichen und feindlichen Bevölkerung. Deshalb wählten die Langobarden den Sohn des Clefi, Authari, zum Einheitsführer.

Damals bildeten sich die Ducati als langobardische Bezirke vor allem in Ober- und Mittelitalien und vereinigten sich zu größeren Einheiten wie Tuscia, die aber weniger administrative und politische Gliederungen als geographische Regionen darstellten. Im allgemeinen entsprachen die ducati oder «iudiciariae» wohl den früheren staatlichen und religiösen Einteilungen; ihre Zentren waren «civitates», aber nicht jede «civitas» war auch Zentrum eines Ducatus. Überhaupt ist anzunehmen, daß die einwandernden Langobarden zunächst die Stadtstruktur übernahmen und zur Grundlage ihres Herrschaftssystems machen wollten; daß sich im Laufe der Eroberung und des Neuaufbaus aber wesentliche Veränderungen in dem alten politischen und kirchlichen Bezirkssystem ergaben, ist verständlich, wenn auch die Erinnerung an das alte Einteilungsprinzip weiterlebte und die neuen Gliederungen sich mindestens dem Namen nach an die antiken anschlossen. Es änderten sich dabei die Führungsschichten in den Städten, vor allem in den langobardisch besetzten Gebieten von Friaul, Brescia, Pavia Lucca, Pistoja und auch anderswo. Einige Städte wie Padova traten lange in den Schatten und andere wechselten den Ort. Mailand, die Hauptstadt des Westreiches, verfiel und

Ticinum = Pavia nahm einen Aufschwung als bedeutendes ostgotisches Zentrum, es wurde 540 nach dem Fall von Ravenna die Hauptstadt des Ostgotenreiches, ein Knotenpunkt der Verteidigung gegen Byzantiner. Nach Alboins Tod wurde Pavia die Dauerresidenz des neuen Langobardenreiches. Erhaltung und Verfall der Stadtkultur vor allem in Ober- und Mittelitalien über die barbarischen Invasionen hinaus ist ein Gradmesser für Kulturkontinuität, Kulturkonstanz und Kulturbruch oder langsames Auslaufen und für das Weiterleben alter Gesellschaftsstrukturen, Kulturgüter, Staatsformen und Mentalitäten vor allem auf der Appeninenhalbinsel und zwar auch auf dem Lande. Der Langobardenkönig Authari nahm den römischen Namen Flavius an, um sein Ansehen bei Romanen wie Langobarden zu stärken, Zeichen für die Wertung römischer Staats- und Gesellschaftstradition. Er näherte sich dem griechischen Exarchen von Ravenna an, schloß Freundschaft mit dem fränkischen Herzog in Bayern und heiratete als Arianer dessen katholische Tochter Theodolinde, die sehr für eine Annäherung an Rom eintrat, den Übertritt des Volkes zum römischen Katholizismus vorbereitete und damit einen konfessionellen wie mentalen Ausgleich zwischen den Eroberern und den Unterworfenen herbeiführte. Autharis Nachfolger Agilulf brachte die intensiven Verhandlungen um einen Dauervertrag mit den fränkischen Merowingerkönigen zu einem erfolgreichen Ende. Als die Bedrängnisse von außen nachließen, eroberte Agilulf Padova und Monselice und dezimierte die Bevölkerung; während die Auswanderung auf die Laguneninseln sich verstärkte, verfielen oder verschwanden im Landesinnern Städte wie Altino, Concordia, Aquileia, Monselice, Padova; Cremona wurde zerstört und mit Hilfe der Herzöge von Spoleto und Benevent drang Agilulf im Süden gegen die Byzantiner vor, verbreiterte seine Besitz- und Herrschaftsbasis in Mittelitalien und bedrohte durch die Besetzung der Kastelle entlang der via Flaminia die Verbindung zwischen Rom und Ravenna. Beim Versuch, das isolierte Rom in seine Hand zu bringen, hatte Agilulf kein Glück. Deshalb schloß er mit Rom und Ravenna einen langedauernden Waffenstillstand. Dadurch machte er es den Langobarden möglich, sich intensiver dem Kultureinfluß der Römer zu öffnen und zu nähern, dem sie bisher entzogen sein sollten.

Welches waren die Elemente der alten römischen Gesellschaft und Kultur[2], mit denen die Langobarden weiterleben mußten, auch wenn sich diese allmählich

---

[2] LYNN WHITE JR. (Hrsg.), The transformation of the Roman world (Berkeley – Los Angeles 1966). – S. MAZZARINO, Das Ende der antiken Welt (1961, 1968). – A. P. KAŽDAN, Um die Grenze zwischen Altertum und Mittelalter in Europa, in Altertum 13 (1967). – P. E. HÜBINGER (Hrsg.), Kulturbruch oder Kulturkontinuität von der Antike zum Mittelalter = Wege der Forschung 201 (Darmstadt 1968); DERS. (Hrsg.), Zur Frage der Periodengrenze zwischen Altertum und Mittelalter = Wege der Forschung 51 (Darmstadt 1969). – G. WEISS, Antike und Byzanz. Die Kontinuität der Gesellschaftsstruktur, in HZ 224 (1977) 529–560. – P. COURCELLE, Historie littéraire des

verwandelten und erschöpften?[3] Durch ihre feste Ansiedlung, durch den Aufbau ihrer territorialen Herrschaft auf der Grundlage des römischen Munizipialsystems, durch ihre Eingliederung in die Besitzordnung im und am Lande waren sie gezwungen nicht nur mit der römischen Bevölkerung zusammenzuleben, sondern

---

grandes invasions germaniques (Paris ³1956). – K. STROHECKER, Germanentum und Spätantike = Gesammelte Aufsätze (Zürich/Stuttgart 1965); DERS., Der senatorische Adel im spätantiken Gallien (²1970). – H. NESSELHAUF, Die spätrömische Verwaltung der gallisch-germanischen Länder = Abh. Preuss. Ak. d. W. Ph. H. Kl. Nr. 2 (1938). – F. SAVIO, Gli antichi vescovi d'Italia, p. II: La Lombardia, vol. Bergamo, Brescia, Como, Bergamo (Bergamo 1929) 156 ff. – K. KOPKINS, Elite mobility in the Roman Empire, in Past and Present 32 (1965) 12–26.

[3] G. FASOLI, I Langobardi in Italia (Bologna 1965). – C. G. MOR, Lo stato longobardo nel VII° secolo, in Caratteri del secolo VII° in Occidente I (Spoleto 1958) 271 ff. = V. Settimana di studi del Centro Italiano 1957 (Spoleto 1958). – E. PONTIERI, Le invasioni barbariche e l'Italia del V e VI secolo (Napoli 1959/60). – G. PEPE, Il medio evo barbarico (400–1000), trad. Italiana in BMM (1963). – F. CALASSO, Il problema istituzionale dell'ordinamento barbarico in Italia, in Il passaggio dall'antichità al Medioevo in Occidente = Settimana di studi IX (Spoleto 1962). – O. BERTOLINI, I Germani, Migrazioni e regni nel occidente gia romano, in Storia Universale Vallardi III (Milano 1965). – A. TAGLIAFERRI, I Longobardi nella civiltà e nell'economia del primo medioevo (Milano 1965; DERS., Diversi fasi dell'economia longobarda, in Problemi della civiltà e dell'economia longobarda, scritti in onore di G. P. Bognetti (Milano 1964) 242 ff. – P. TOUBERT, Recherches de diplomatique et d'histoire lombardes, in Journal des Savants (1965) 171–203. – G. FASOLI, Aspetti di vita economica e sociale nell'Italia del secolo VII = Settimane V (Spoleto 1958) 152 ff. – G. SEREGNI, La popolazione agricola della Lombardia nell' età barbarica, in Arch. Stor. Lomb. 3ª serie a XXII (1895). – E. SESTAN, La composizione etnica della società in rapporto allo svolgimento della civiltà in Italia nel secolo VII = Settimana V (Spoleto 1958). – G. FASOLI, Trace d'insediamento longobardo nella zona pedemontana tra il Piave e l'Astico e nella pianura tra Vicenza, Treviso e Padova, in Atti del 1° Congresso intern. di studi longobardi (Spoleto 1951). – A. RUGGIU ZACCARIA, Indagini sul insediamento longobardo a Brescia, in Pubbl. dell'Univ. Catt. del Sacro Cuore = Contributi s. 3ª. Science Storiche Contrib. dell'Ist. d. Archeolog. (Milano 1969) 110–152. – G. P. BOGNETTI, Longobardi e Romani, in Studi di storia e diritto in onore di Enrico Besta IV (1939); DERS., La costituzione e l'ordinamento dei primi stati barbarici nell'Europa occidentale dopo le invasioni nella Romania = Atti del Convegno intern. sul tema «Dalla Tribu allo Stato «Roma 1961 (Roma 1962); DERS., L'Influsso delle istituzioni militari romane sulle instituzioni longobarde del sec. VI e la natura della fara = Atti del Congr. Intern. di Diritto Romano e Storia del diritto 1948 (Milano 1953) 167–210; DERS., La continuità delle sedi episcopali e l'azione di Roma nel regno longobardo. Le Chiese nei regni del Europa occidentale = VII. Settimana di studi (Spoleto 1960); DERS., Il passaggio del regno longobardo dalla costituzione popolare germanica alla costituzione feudali = XIᵉ Congr. Intern. des sciences historiques II, Actes (Paris 1951); DERS., Arimannia nella città di Milano = R. Ist. Lomb. di sc. e l. 72 (1938/9). – R. MANSELLI, La conversione dei popoli germanici al cristianesimo: la discussione storiografica, in La conversione al cristianesimo nell'Europa dell Alto Medioevo = Settimana XIV (Spoleto 1967) 15–42. – Über die Klöster im Langobardenreich s. K. SCHMID, Anselm von Nonantola. Olim dux militum, nunc dux monachorum, QuFIAB 49 (1969) 1 ff. – E. SCHAFFRAN, Über einige langobardische Herzogsstädte in Italien (Cividale, Verona, Asti, Spoleto), in Archiv f. Kulturgeschichte 28 (1938). – A. CAVANNA, Fara, sala, arimannia nella storia di un vico longobardo (Milano 1967).

sich ihren höheren Wirtschafts-, Gesellschafts- und Lebensformen anzupassen, wie umgekehrt auch langobardische Lebensart, Herrschaftsform, Mentalität bei den Romanen ihre Wirkung nicht verfehlten. Es war ja ein festes Agrarsystem vorhanden, in das die neuen Besitzer durch das Prinzip der hospitalitas teilweise eingebettet waren. Staatliche Einrichtungen hatten sich erhalten und der römische Staatsgedanke der «Monarchie» war die wirksamste Hilfe gegen die kriegerischen Herzöge. Es bestand auch eine feste kirchliche Organisation weiter. Den Wirkungen und Einflüssen dieses sie umgebenden römischen Erbes konnten sich auch diese Germanen nicht entziehen. Ein wichtiger Weg zur Kulturassimilation ging über den Katholizismus und die römsiche Kirche sowie über ihre Beziehungen zum und ihren Dienst am Reich. Eine entscheidende Figur auf diesem Weg zu einem neuen Verhältnis zur historischen Umgebung und zur romanischen Bevölkerung, aber auch zum geistig-kulturell-gesellschaftlichen Ausgleich der Romanen mit den neuen Herren, war Papst Gregor I. Dieser «Geburtshelfer» einer neuen Welt erkannte die Ohnmacht der Griechen gegenüber den Barbaren und war auch überzeugt, daß eine Expansion des Ostreiches in Italien nicht zum Vorteil der römischen Kirche und der Bevölkerung sein würde. Darum wirkte er zu Gunsten eines Waffenstillstandes zwischen Langobarden und Griechen und für eine Verständigung zwischen Langobarden und der römischen Kirche. Der Übertritt zum Katholizismus und die Annäherung an die römische Kirche beförderten die Mischung bzw. Integration beider ethnischer Gruppen, die zudem in sich nicht einheitlich waren. Ob es sich dabei um ein Zusammenwachsen von zwei Völkern oder um Aufsaugen der barbarischen Eroberer durch die kulturell auf der ganzen Linie höherstehenden Besiegten handelte, ist nicht genau zu entscheiden; auch wenn man das letztere annimmt, muß doch auch der biologisch-ethnische, moralische und mentale Einfluß der Invasoren sehr groß gewesen sein, wie der Vergleich zwischen Süd- und Norditalien zeigt. Ein wichtiger ausgleichender Vermittler war zweifellos der iroschottische Mönch Columban, der zwischen 610 und 612 nach Nordwestitalien kam, sich unter Mailand und Pavia stellte, die Arianer wie die Schismatiker, zwei Hemmnisse der Integration, bekämpfte. Bei den Duchi war der arianische Widerstand und der Geist des Aufruhrs am stärksten; gegen sie brauchten Agilulf und seine Nachfolger die Hilfe der Kirche und der Religion. Es war ein wichtiges Ereignis für die Zukunft, daß der Herzog dem Wandermönch Columban 613/614 einen großen Landstrich im Trebbiatal an der Straße von Pavia nach Genua unweit der Straße von Luna ins untere Potal schenkte und letzterer dort in Bobbio ein einflußreiches Kloster gründete.

Nach einem Stillstand langobardischer Expansion unter Agilulf erwachte unter Rothari erneut langobardischer Eroberungswille. Man fiel in Tuscia Lunense und in Liguria marittima bis zur fränkischen Grenze ein; Fortschritte wurden auch im Nordosten erzielt, wo Oderzo, Streitpunkt der drei langobardischen Dukate Friaul, Ceneda und Treviso und letzter Sitz der herzoglichen Herrschaft in der terra ferma, eingenommen und zerstört wurde. Grimoald von Benevent drang in Süditalien vor, zerstörte Cotrone, veranstaltete große Menschenjagden und schickte die Gefangenen entweder zur Zwangsarbeit oder verkaufte sie in die Sklaverei. Das war der weiteste Vorstoß der Langobardenherrschaft in der Phase der Invasion. Rothari entfaltete neben seinen Kriegszügen eine große Gesetzgebungstätigkeit, deren erhaltenes großes Ergebnis der Edictus Rothari war. Er zeigt, daß der König eine höhere Stellung als die Herzöge durchgesetzt hatte, daß die Beziehungen zwischen der Masse der Unterworfenen und dem König enger geworden sind, daß letzterer eine aktivere Schutzfunktion über die Unterschichten gegen die Großen ausübte. Das war das Ergebnis der zersetzenden und zugleich aufbauenden Tiefenwirkung einer mächtigen Zivilisation, der geschwächten Autonomie der Teilstämme und ihrer Häuptlingsmacht, der Aufgliederung der sozial einheitlichen Volksmasse in verschiedene Schichten und Klassen. Das machte ein stärkeres Gericht und Recht des Königs als der obersten Gewalt für alle nötig. Der Edictus Rothari zeugt von einer direkteren römischen Einwirkung; die Redaktion in einem geschriebenen Codex ist sicher der Arbeit römischer Juristen zuzuschreiben; das nämliche zeigt der Gebrauch der lateinischen Sprache. Besondere Gesetzesbestimmungen oder neue Haltungen bekunden die Übernahme alter Rechtsgewohnheiten der Langobarden. Kirchliche Einflüsse wirkten sich so wohl zu Gunsten der römischen Kultur wie auch des Christentums und der kirchlichen Institutionen aus; man spürt das bei der Ordnung der familiären Beziehungen und in der Stellung der Frau. Der Edictus Rothari ist nicht nur Zeugnis der wachsenden Rechtspersönlichkeit des erstarkenden Langobardenreiches zu einem Zeitpunkt der Stärkung und Wiederbelebung in seinen Traditionen, sondern der wachsenden Assimilation und Vermischung zweier Gesellschaftskörper, Kulturen und ethnischer Gruppen. Die Annäherung setzte sich unter dem katholischen König Aribert fort. Der ehrgeizige Wettstreit der Herzöge, der sich auch um die Römer bemühte, ging weiter. Der römische Bischof setzte die Politik Gregors des Großen fort. Um 680 beruhigten sich die Beziehungen zwischen Griechen und römischen Bischof sowie des letzteren mit dem Langobardenreich. Christentum und Katholizismus faßten festen Fuß im Langobardenreich und -volk.

Als die Landeroberungen zu Ende gingen, war die Halbinsel in zwei verschiedene Hälften geteilt, in das langobardische und in das Reichsitalien (Langobardia und Romania). Zum ersteren zählten das südliche Voralpenland und die Poebene mit Ausnahme des Exarchats und des Dukats von Venedig, Tuscia und die Herzogtümer von Spoleto und Benevent. Beide Hälften unterschieden sich nicht nur durch die Zugehörigkeit zu verschiedenen Herrschafts- und Machtbereichen, sondern auch durch die größere oder geringere Kontinuität des römischen Munizipialsystems und des römischen Rechts, sowie auch durch die Tauschwirtschaft und handwerkliche Produktion, durch eine größere oder kleinere lokale Selbständigkeit gegenüber dem Staat. In der italienischen Langobardia verstärkte sich die Macht des Königs, wurden die Herzöge allmählich zu Funktionären, wuchs die Zahl der königlichen Gastalden = obersten Königsdiener, die Bischöfe wurden wieder beschränkt auf ihre religiöse und kirchliche Betätigung. In der italienischen Romania aber wuchs die Macht der zivilen und religiösen lokalen Gewalten. In der Zeit der Invasionen und im gotisch-byzantinischen Krieg wurden die dort residierenden Bischöfe die eigentlichen Träger der Macht und Kontrolle in den Städten, die auch der Kaiser anerkannte (Prammatica Sanzione von 554), der sie zu Organen der Reichsverwaltung machen wollte. Sie kontrollierten das öffentliche Wirken und wurden so zu Wahrern und Trägern der Reste antiker Urbanität und städtischen Lebens wie in Gallien und Spanien und anderswo. Sie leiteten die Wahl des defensor oder pater civitatis oder übernahmen diese Funktion in eigene Verantwortung, sie überwachten das öffentliche Geldwesen, besorgten die öffentlichen Bauten, übernahmen den Schutz der Güter der Minderjährigen usw. Der Kaiser übertrug ihnen die Oberaufsicht über die Provinzialverwaltung und das Interventionsrecht in Fällen verweigerten Rechts und bei Appelation der Provinzialen nach Byzanz. Die Bischöfe ersetzten das in Verruf gekommene und gesellschaftlich deklassierte Laienbeamtentum des Staates und verstärkten auf diese Weise das Ansehen des Reiches. In den häufigen Krisen des Staates wuchsen diese Träger öffentlicher und politischer Macht bei der Absenz des Kaisers in Italien immer stärker in die Rolle der wirklichen Repräsentanten und Vollstrecker des Staates kraft eigener Vollmacht und Legitimation hinein. Dieses System kam nur im byzantinischen Italien zur vollen Entwicklung, doch strebte dort auch der lokale Adel und die militärischen Führer nach unabhängiger Stellung und Ämter wie das des Tribunen oder des Burgherrn wurden erblich. Da die byzantinischen Soldaten gering an Zahl waren, mußte man lokale Milizen ausheben. Die großen Besitzungen militarisierten sich und wurden selbständig. Da ihnen die Verteidigung des Landes zufiel, gewannen sie auch erhöhte politische Autorität. Aus dem Kreise dieses Adels kamen auch die Bischöfe, die mit zunehmender politischer und gesellschaftlicher Macht immer unabhängiger wurden. Diese adelig-bischöfliche Oberschicht war nicht nur solidarisch nach außen, sondern stand auch in Konkurrenz zu einander und das zumeist. Mit Ausnahme Roms hatte die Aristokratie die Oberhand, dort allerdings verfügte der Metropolit mit dem Anspruch auf die geistliche Führung des Westens über große finanzielle Mittel und besaß reiche Güter in Süditalien und auf den Inseln. Ihm gegenüber hatte es der Vertreter des Reiches (auf dem Aventin) wie auch die Familien des Militär- und Grundbesitzeradels schwer sich durchzusetzen. Seine Autorität war nicht nur in der Stadt und ihrem Territorium, sondern auch weit darüber hinaus in den Ländern zu spüren, wo der Bischof von Rom Metropolitangewalt besaß und großen Grundbesitz hatte, auch im Exarchat, dem Zentrum des griechischen Italien, dessen Erzbischof um Unabhängigkeit von Rom kämpfte als Bischof einer Stadt, die auch Hauptstadt des Reiches war.

Die Bindungen Italiens an das Reich lockerten sich zusehends. Wenn auch Sizilien und das mit ihm verwaltungsmäßig vereinigte Calabrien von der Regierungszentrale sehr abhängig blieben, entfernten sich Sardinien und Corsica langsam von Byzanz und bauten sich in Venedig, Neapel und Rom eigene Dukate mit selbständigen militärischen Kommandanten auf, hier dem Duca, dort dem Bischof. Im bewegten Leben der Lagunen baute sich am Ende des 7. Jahrhunderts die neue Macht des Duca über den Tribunen auf den verschiedenen Inseln und in den Kastellen auf; sein Sitz war Eraclea. Obwohl Funktionär des Reiches stellte seine Macht doch einen Neubeginn in der Verfassung der Stadt und auch in den Beziehungen zu Byzanz dar. Das zeigte sich auch in dem unabhängigen und revolutionären Geist der Menschen im Exarchat und der Pentapolis, die dem Exarchen als dem griechischen Hauptfunktionär in Italien unterstellt waren. Als Vertreter und Schutzherr dieser Sonderinteressen gegenüber dem Reich erschien in den Augen der Bevölkerung der Bischof von Rom. So vollzog sich unter dem Einfluß und Eindruck der häufigen Zwistigkeiten zwischen römischer Kirche und byzantinischem Reich eine allmähliche Entfremdung von Byzanz und eine wachsende Hinwendung zu Rom; dies aber führte dazu, daß der Ostkaiser seine Ambitionen überspannte und das antike Imperium über die Kirche wieder zu errichten suchte. In der Entscheidung zwischen dem neuen Rom der Päpste und dem fernen Byzanz der Kaiser entschied sich das Volk für Rom. Ja selbst die Exarchen kehrten ihrem byzantinischen Oberherrn den Rücken und taten sich mit den Päpsten zusammen (Exarch Olympios um 600, im Monotelismusstreit). Die Gegenwart der Langobarden in Italien riet freilich den Päpsten trotz der byzantinischen Unfähigkeit zu Schutz und Schirm dazu, die Brücken nach Ostrom nicht ganz abzubrechen. Deshalb beruhigte Papst Johann VI. (701–705) die Erregung des ganzen byzantinischen Italien beim Erscheinen des byzantinischen Exarchen Theophylact in Rom (700). Der eigentliche Herd dieser Unruhen waren Ravenna und die Bevölkerung des Exarchats. Aber der neue Exarch Giovanni Rizocopo wurde 711 oder 712 ermordet, als er die byzantinische Herrschaft strafen wollte und sich zu großen Gewalttaten gegen Rom hinreißen ließ. Das kraftvolle Stadtoberhaupt von Ravenna Giorgio, der 695 an einer Verschwörung gegen Kaiser Justinian II. teilgenommen hatte und dann das Opfer seiner Rache wurde, organisierte die Verteidigung der Stadt, indem er alle Städter und auch die Leute vom Lande zu den Waffen rief und das Heer in numeri unter dem Kommando eines Tribunen einteilte. Dieselbe Organisation wurde auch in anderen Städten der Romagna, in Bologna, Cesena, Sartina eingeführt. In Rom entstanden heftige Tumulte, als Kaiser Filippicos den Monotelismus wieder durchsetzen wollte; dabei ergriff das Volk die Waffen gegen den vom Kaiser eingesetzten Duca und ließ sich erst durch eine Intervention des Papstes und die Absetzung des Filippicos 713 beruhigen. Die Aufwertung der lokalen Herschaftskräfte in großen Teilen des griechischen Italien hatte aber nicht nur ein Nachlassen der Bindungen an das Ostreich zur Folge, sondern führte auch eine wachsende Schwäche der inneren Verbindungen in verschiedenen Teilen des griechischen Italien herbei, die an sich schon wenig zusammenhängend und einheitlich waren; sie verlagerte sich zusehends in das Küstengebiet und auf die Inseln. Aber deren Verbindung war ständig durch langobardische Länder unterbrochen, die auch an das Meer strebten. Die Verbindungen zwischen Exarchat und Pentapolis auf der einen und Rom auf der anderen Seite waren nicht immer gesichert. Sizilien, aber auch Sardinien und Corsica standen für sich. Einer «Langobardia» standen verschiedene Teile und Einheiten der «Romania» auf der Halbinsel gegenüber, die sich sehr verschieden von einander entwickelten und die im einzelnen auch in sehr lockeren Beziehungen zur Hauptstadt Ravenna standen, deren Umland deswegen auch allein den Namen «Romagna» für immer beibehielt. In der Auflösung des Westreiches gewann so Italien sein eigenes individuelles Profil; mit der Bildung des Langobardenreiches wurde es teilweise unabhängig vom Ostreich und entfernte es sich schrittweise von Byzanz. So gingen die verschiedenen Regionen der Halbinsel ihre eigenen Wege, zuerst die unter byzantinischer Herrschaft, und entwickelten getrennt von einander einen eigenen Lebensstil und verschiedene Formen von Gesellschaft und Kultur. Auf relativ verschiedenen Voraussetzungen ruht also die Gesellschaftsstruktur Italiens im Mittelalter. Es scheint, daß die tiefer greifenden Veränderungen im langobardischen Italien stattgefunden haben, und der dort eingetretene Wandel scheint sich für die Geburt und den Fortschritt einer neuen Kultur fruchtbarer ausgewirkt zu haben, als die relative Kontinuität, die im Süden und auf den Inseln das oströmische Reich der Byzantiner wahrte, obwohl ich nicht meine, daß Herrschaft und Kultur von Byzanz fast ein Jahrtausend lang ohne große Bewegung, Virulenz und lebendigen Fortschritt gewesen wären. Trotzdem ist bis in unser Jahrhundert ein tiefer gesellschaftlicher, wirtschaftlicher, geistig-mentaler Graben zwischen Nord- und Süditalien geblieben, an dem diese reiche Kulturprovinz Europas politisch, gesellschaftlich und wirtschaftlich bis heute leidet. Ob es ein Glück oder Unglück sei, daß in Süditalien bis fast in unsere Tage noch das Mittelalter herrschte, wage ich als Historiker und unter Langzeitaspekten aber nicht zu sagen.

Den geschilderten Entwicklungen zufolge beherrschte über die Mitte des 8. Jahrhunderts hinaus ein religiös-ideologischer, ein kirchlich-herrschaftlich-politischer und ein ethnisch-machtpolitischer Gegensatz in zunehmenden Maße die italienische Szene und führte einschneidende Entwicklungen herbei, unter denen die Frankenherrschaft und die Erneuerung des römischen Westreichs auf kirchliche Initiative hin obenan stehen. Auch sie haben auf die Gesellschaftsstruktur einen nachhaltigen Einfluß ausgeübt, den wir seit dem 8. Jahrhundert deutlicher in den Quellen verfolgen können. Die Fiskalpolitik und das Bilderverbot Leo des Isauriers erregten revolutionäre Erhebungen. Papst Gregor II. lehnte die neuen Auflagen als kirchenfeindlich ab; diesem Beispiel folgten die rectores der Kirchengüter in Italien, vorab im Süden, auch die Provinzen schlossen sich an und die griechischen Funktionäre in Rom und Ravenna stellten sich insgeheim auf die päpstliche Seite, die Seele des Volkes kochte und schrie nach blutiger Rache. Die jungen Männer (iuvenes) von Ravenna griffen zu den Waffen und verfolgten die Griechen bis an das Meer und bestiegen die Schiffe. Milizen des Exarchats, die Papst Gregor in Rom absetzen sollten, fanden den pons Salarius durch römische Truppen barrikadiert und mußten unverrichteter Dinge wieder abziehen. Der energische Widerstand des Papstes gegen das Verbot der Bilderverehrung schuf eine ungute Stimmung im Volke, in der sich finanzielle und religiöse Anliegen mischten. Freilich war die Haltung der Italiener gegenüber den Griechen nicht einheitlich. Die Oberschichten hatten zweifellos gemeinsame Interessen mit ihnen; Sprache und Kultur der Griechen, die weit verbreitet waren, hatten Elemente der Bildung im byzantinischen Italien und seiner Gesellschaft entwickelt. Neben dem griechisch-italienischen Gegensatz verbreitete sich ein inneritalienischer zwischen Kaiserlichen und Gegenkaiserlichen. Zu Ravenna wurde der Exarch ermordet, in Rom der byzantinische Duca zwar aufgenommen, aber durch einen anderen Duca Stefano ersetzt, der ein Kind der Revolution war. Im ganzen byzantinischen Reichsitalien wurden die griechischen Funktionäre vertrieben, die lokalen Duchi aber behaupteten sich.

Der kirchlich-religiöse Gegensatz erhielt sein volles Gewicht durch die neue Politik der Langobardenkönige seit Liutprand, der über Ancona hinaus bis auf wenige Kilometer vor Rom vorstieß. Mag sein, daß ein Bewußtsein von Rechtgläubigkeit den langobardischen Angriff motivierte, doch scheinen innere Gründe diese Offensive im Stil der frühen Erobererkönige ausgelöst zu haben. Dieses langobardische Reich der Eroberung stand immer in der Gefahr innerer Zersetzung; denn nur neue Eroberungen konnten die Herzöge im Zaume halten, konnten die Landforderungen der Arimannen befriedigen, da das Königsgut schon erschöpft oder stark verkleinert war. Nach Jahrzehnten der Unruhe, des Zwistes unter den Herzögen und des Aufruhrs gegen den König, stellte sich wie nach einer Krise des Bewußtseins die Forderung, die Autorität des Königs, seiner Herrschaftsorgane zu stärken und einen großen Teil der Herzöge zur Unterordnung zu bringen. Der innere Ausgleich hatte Fortschritte seit der Annäherungspolitik Theoderichs und Alboins gemacht; Langobarden und Römer waren nicht mehr nur feindliche Nachbarn, sie waren ausgesöhnt und auf verschiedenen Ebenen auch schon gesellschaftlich integriert. Der alte Widerwille, vor allem auf religiösem Gebiet, war abgebaut; man benützte im 8. Jahrhundert keine getrennten Friedhöfe mehr im selben Dorf. Man war auch dazu übergegangen verschiedene und vielfache Bande unter den Unterworfenen zu schaffen, auch wenn Recht und Gesetz den Unterschied zwischen Langobarden und Nichtlangobarden noch aufrechthielten. Beide Seiten betrieben Handwerk und Handel, es regte sich auch intellektuelles Leben. Man liebte seine Heimatstadt und seine Heimatkirche, man übernahm antike Legenden, lokale Traditionen, man nutzte gemeinsam Wälder und Weiden vor der Stadt. Wahrscheinlich schon vor Aistulf, der dies regelte, nahmen Romanen am Kriegsdienst teil, wenigstens bei lokaler Verteidigung. Die Ausübung der königlichen Macht hatte in der Sicht des Königs alle auf eine annähernd gleiche Stufe gestellt, die Leistung für den König entschied und führte eine gewisse Nivellierung der ethnischen Gruppen wie auch ihrer Mittel- und Unterschichten herbei. Die volle Kontrolle über die Besiegten half ihnen auch ihre Herrschaft über die Langobarden zu verstärken, die ererbten germanischen Auffassungen von königlicher Herrschaft zu überwinden und Idee wie System einer vollen Monarchie zu entwickeln, was sich nun im Königstitel «Rex Langobardorum» ausdrückte. Doch daneben trat seit dem Ende des 7. Jahrhunderts und zwar seit Cunipert und seinen Nachfolgern auch der Begriff «Rex Italiae» auf und die Kanzlei von Liutprands Vater Aripert schrieb auch «Rex in Italia». König, Land und Untertanen des Königs im Land rückten näher in einen organischen Zusammenhang. All das begünstigte Kriegsmacht und Kriegswillen des langobardischen Reiches gegen die Griechen in dem Augenblick, in dem sich die römische Kirche und das Volk in Mittelitalien gegen die Griechen erhoben. Weil sich aber der Bischof von Rom als Haupt der Kirche verstand, wollte er weder ein byzantinischer, noch ein langobardischer Pontifex sein. Die verbrauchte Macht des Reiches im Ducatus Romanus sollte nicht durch die des benachbarten Langobardenkönigs ersetzt werden. In der Verteidigung gegen den Kaiser zählte man auf die Bevölkerung Italiens, auf den Exarchen von Ravenna, der in Auseinandersetzung mit seinem Oberherrn nach einer eigenen Herrschaft in Italien strebte, allenfalls auf die Herzöge von Spoleto und Benevent, aber nicht auf das Heer des Langobardenkönigs. Darum versuchte Papst Gregor II. in seiner Überraschung über den schnellen Vormarsch König Liutprands gegen die Griechen im Exarchat, einerseits die Wogen des Aufstands gegen den Kaiser zu dämpfen und andererseits den König zum Rückzug zu bewegen. Der Langobardenkönig räumte die besetzten Gebiete und gab dem Papst die Stadt Sutri 728 zurück. Als er aber merkte, daß die Herzöge von Benevent und Spoleto immer mehr mit dem Papst paktierten, und zwar nicht gegen die Griechen, sondern gegen den Langobardenkönig, da fiel er in den Ducatus Romanus ein und belagerte Rom. Aber es siegte das Wort des Papstes über seine Waffen, seine ehrgeizigen Pläne und seine Gefühle, alle kommenden Unternehmen in das Exarchat mit der Einnahme von Ravenna 734, die Besetzung der Städte und Kastelle des Ducatus Romanus 739. Es war dies der letzte kriegerische Versuch gegen die byzantinischen Gebiete Mittelitaliens, über die der Bischof von Rom einen wachsamen Schutz, wenn nicht sogar eine Herrschaft ausübte. Mit dem neuen Papst Zacharias verständigte sich der Langobardenkönig und brachte damit die zwei langobardischen Herzöge zur Räson und gewann so auch die Früchte seiner Anstrengungen um das Exarchat von Ravenna. Als dann die Langobarden 743 nochmals einen Angriff gegen Ravenna eröffneten, wandten sich Volk, Bischöfe und Exarch an den Bischof von Rom um Hilfe und Intervention. Der Papst begab sich nach Pavia, erlangte die Wiederherstellung des status quo und nahm die Huldigung des langobardischen Königs und seiner Großen entgegen. Ravenna und das Exarchat blieben auch in Zukunft die besonderen Sorgenkinder des Bischofs von Rom.

Im 8. Jahrhundert standen dem Langobardenkönig Liutprand und seinen Nachfolgern starke und lebendige Herrschaftskräfte und Gesellschaftsgruppen feindlich gegenüber, die meist uneins waren, sich aber gegen die langobardische Eroberung immer wieder solidarisierten: der griechische Kaiser und die hohen wie mittleren italienischen Würdenträger, die frei von Byzanz waren und lokale Herrschaften errichten wollten, die Herzöge von Spoleto und Benevent mit ihren großen Machtblöcken fern dem langobardischen Zentrum, das italienische Volk, das nach seiner eigenen politischen Ordnung wie die Einwohner der Lagunen unter bischöflicher Stadtherrschaft lebte, aus deren Zahl Rom hervorragte, das alle byzantinischen Reichsuntertanen in Italien als ihr geistiges Haupt verehrten und zwar nicht nur aus religiösen Gründen, sondern auch aus Achtung vor der bewaffneten Macht der römischen und ravennatischen Heere, der venezianischen Flotte und der militärischen Hilfe der rebellischen Herzöge. Ein anderer Feind des langobardischen Kriegerkönigs war sein christliches und römisches Gewissen, das ihn bei der Reform der Gesetze und Traditionen seines Volkes leitete. Angesichts des Papstes hemmte ihn die Erkenntnis der großen Schwierigkeiten, die sich einem Sieg über diese abgeneigten Kräfte entgegenstellten und ihn hinderten so verschiedene und widerstreitende Elemente im Langobardenreich zu integrieren; daß diese Angst berechtigt war, bewies das Schicksal der Nachfolger Liutprands. Doch konnte auch die römische Kirche ihrer gefährlichen Bundesgenossen und Mitläufer nich froh werden, weder der langobardischen Herzöge noch der byzantinischen Exarchen, die so oft mit ihren Häresien und Einmischungen auf kirchlichem Gebiet Rom und Italien in Aufruhr stürzten, noch der römischen Milizen, die ihre Kraft von dem weltlichen Adel nahmen, der mit dem kirchlichen wetteiferte. Das brachte Päpste wie Gregor II. und Gregor III. auf den Gedanken, sich neue und sichere Schutzmächte zu suchen. Hier mußte ihr Blick auf die neue fränkische Großmacht im Westen fallen, die an den Grenzen des Langobardenreiches stand, die das Christentum und seine Religion unter Angelsachsen und Germanen förderte und ein Bollwerk gegen den arabischen Ansturm aus Spanien war. Die Stunde für diesen spektakulären Kurswechsel kam, als Aistulf den Exarchat, Commachio und Ravenna überrannte und auf Spoleto und den Ducatus Romanus harten Druck ausübte. Papst Stephan zog im Einverständnis mit dem Kaiser über die Alpen zum «Frankenkönig» Pippin, mit dem er die Rückgabe der Kirchengüter vereinbarte. Der Papst übertrug ihm den Titel eines Patricius Romanorum, die Kirchenländer nahm Pippin in seinen Schutz, den er 754 und 756 auf zwei Italienzügen zur Geltung brachte; dabei übergab er Exarchat und Ducatus Romanus dem Papst, auch den erst jüngst errichteten byzantinischen Dukat von Perugia. Pippinische Schenkung, Macht des Faktischen! Damit hatte das schwierige Wechselspiel ein Ende, in dem die Päpste von den Griechen gegen die Langobarden, von den Langobarden gegen die Griechen und von der italienischen Bevölkerung gegen beide ausgespielt wurden. Zwar blieb die hohe Obrigkeit für die erhaltenen Länder beim Kaiser, aber die Kurie entwertete sofort die rechtlichen Grundlagen einer solchen Hoheitsstellung, indem sie bald nach der Pippinischen Schenkung das gefälschte Constitutum Constantini = die konstantinische Schenkung fabrizierte und lancierte oder in Auftrag gab. Der römische Bischof wollte damit zum Ausdruck bringen, daß er nichts vom Reiche anerkenne, was er nicht kraft eigenen Rechts und in noch größerem Ausmaß gehabt hätte. Mit der Unabhängigkeit des Papstes von Byzanz verband sich der Versuch, den römischen Adel in Abhängigkeit vom Papste zu halten, indem man ihm jedes Recht auf politische Posten als Mitregent des Papstes in Rom und im Dukat aus dem byzantinischen Erbe verweigerte. Die Politik von Papst und Kurie schuf Spannungen in Rom und verhinderte auch die Bildung einer langobardischen Partei in Rom nicht. Als der Versuch des Langobardenkönigs mißlang, Rom und Frankenkönig zu trennen, da rief sein kriegerisches Unternehmen gegen Exarchat, Pentapolis, Ducatus Romanus nur mehr Karl den Großen auf den Plan; vor ihm kapitulierten König und Reich der Langobarden und das Langobardenreich wurde fortan mit dem Frankenreich vereinigt. Ihre alte Form als selbständige Herrschaften wahrten nur die Herzogtümer von Spoleto und Benevent, die sich aber auch dem Einfluß der fränkischen Großmacht nicht entziehen konnten. Karl mußte das langobardische Erbe mit dem Papst teilen. In dieser Krise der Königsherrschaften und Reiche, in der die alten stürzten und die neuen noch nicht festen Fuß faßten, blieb die Halbinsel vom Po oder vom Appennin ab in einem politischen Schwebezustand, in dem die Kirche die Rolle des Schiedsrichters spielen wollte. Sie erhob Ansprüche auf den Dukat von Spoleto, auf die Länder des Herzogs von Benevent und auf das langobardische Tuszien, erhielt zwar nicht alles, bekam aber 787 doch Teile von Tuszien wie Viterbo und Orvieto. Auf seinem Feldzug gegen Benevent versprach ihr Karl 787 auch Capua, Aquino,

18   Die Assimilation im 8. Jahrhundert

Teano, Sora; doch wurde nichts daraus, da der Franke mit den darüber erbosten Langobarden in Frieden leben wollte. Im ganzen traf Karl in Italien auf schwachen Widerstand.

Mag auch im 8. Jahrhundert noch ein ethnischer und kultureller Dualismus in stärkerem Ausmaß vorhanden gewesen sein, die Langobarden wahrten zwar ihre Geschlossenheit für längere Zeit, lösten sich aber doch auf italienischem Boden auf, während sich die Masse der römischen Bevölkerung weder rechtlich noch mental in ein Reich integriert fühlte, das noch alle Anzeichen barbarischer Herkunft an sich trug und auch territorial noch nicht geschlossen war. Nach zweihundert Jahren waren Unabhängigkeit und Individualität der langobardischen Königsherrschaft durch den Zusammenschluß mit dem fränkischen Königtum erschlafft, durch das vergebliche Streben nach Ausdehnung seiner Ländermacht und durch den hartnäckigen Widerstand der griechischen Herren am Meere erschöpft, durch das ständige Wachsen des päpstlichen Ansehens auch bei den Langobarden zur Seite gedrängt und durch die höhere Zivilisation der Besiegten und ihre eigene Assimilation an diese verunsichert. Auch das Leben der Bewohner Italiens hatte langobardische Elemente aufgenommen, ein kleiner, aber starker biologischer Zuwachs in der Bevölkerung war eingetreten; zum Teil hatten sich die Eroberer in neuen Dörfern niedergelassen, zum Teil sich mit den Römern vermischt, in alten Siedlungen oder auch schon von der Masse der Einheimischen aufgesaugt, zum Teil auch emanzipiert, soweit sie in den hohen und mittleren Adel aufstiegen, wodurch sie gesellschaftliches und politisches Gewicht erlangten. Man stellt bemerkenswerte Elemente und nicht geringe Einflüsse auf das öffentliche und private römische Recht fest, wie auch letzteres auf die rauhen Sitten und das Rechtsleben der Barbaren einwirkte. Im ganzen aber trat eine Barbarisierung der italienischen Gesellschaft ein, die sich wirtschaftlich in der Zunahme des Tauschhandels oder in der Verstärkung der personalen und familiären Bindungen ausformte. Langobardischer Einfluß drang auch in die Gebiete ein, die nicht von Langobarden besetzt waren und setzte sich auf einer Reihe verschiedener Ebenen vor allem des öffentlichen und des familiären Lebens durch. Dieser Einfluß war im 10. Jahrhundert abgeebbt. Nach zwei- und dreihundert Jahren erlosch auch ein großer Teil des alten feudalen Adels, das römische Recht trat wieder einen Siegeszug an, eine neue schöpferische Gesellschaft und Kultur stieg empor.

2) Die Unterschichten im 4./5. Jahrhundert und ihr Verhältnis zur herrschenden Minderheit. Sklaverei und Kolonat im Übergang von der Spätantike bis zum Mittelalter.

Wenn überhaupt, dann könnte man den römischen Staat des ersten und zweiten vorchristlichen Jahrhunderts einen «Sklavenhalterstaat» nennen, weil damals die Landwirtschaft die bestimmende Grundproduktion und das mit Sklaven betriebene Latifundiensystem in Italien, Sizilien und Nordafrika das fortschrittlichste war. In der Kaiserzeit haben sich diese Voraussetzungen grundlegend verändert. Das Kaiserreich war nicht mehr identisch mit Rom und Italien, die Außenländer hatten einen großen Aufstieg erlebt, seit 212 n. Chr. waren sämtliche freien Bewohner des Imperiums gleichberechtigte Bürger der Stadt Rom geworden. Italien aber war aus seiner einstigen wirtschaftlichen, gesellschaftlichen und politischen Führungsstellung verdrängt. Diokletian beschloß staatsrechtlich diese Entwicklung. Landwirtschaft war durch die ganze Zeit Grundproduktion geblieben. In vielen Kernländern des zentralistisch-bürokratischen Einheitsreiches, in Gallien, Spanien, Britannien, Ägypten waren Bauern, kleine Pächter, Landarbeiter, aber nicht Arbeitssklaven die Hauptproduktionskräfte. In der späten Kaiserzeit starb die Sklaverei ab, weil der Latifundienbetrieb mit Sklaven sich nicht mehr rentierte und man zur Kleinkultur mit Parzellenwirtschaft durch Kolonen überging.[4] Die germanischen Volksrechte bezeugen allerdings, daß diese wichtige

---

[4] A. H. M. JONES, The Roman Colonate, in Past and Present XIII (1958) 1–13; DERS., The later Roman empire 284–602 (Oxford 1964) 792–812 (Kolonat). – P. COLLINET / M. PALLASSE, Le colonat dans l'empire romain, in Rec. Société Jean Bodin II (Paris/Bruxelles ²1959). – J. DEININGER, Neue Forschungen zur antiken Sklaverei (1970–1975), in HZ 222 (1976) 359–374. – M. J. FINLEY, Slavery in classical antiquity. Views and controversies (Cambridge/New York (²1968). Dort 229–236 ein bibliographischer Essay über die Hauptliteratur bis 1967. – F. KIECHLE, Sklavenarbeit und technischer Fortschritt im römischen Reich (Wiesbaden 1969). – H. BELLON, Studien zur Sklavenflucht im römischen Kaiserreich (Wiesbaden 1971). – H. CHANTREINE, Freigelassene und Sklaven im Dienst der römischen Kaiser. Studien zu ihrer Nomenklatur (Wiesbaden 1967). – P. R. C. WEAVER, Familia Caesaris. A social study of the Emperors friedmen and slaves (Cambridge 1972). – G. BOULVERT, Esclaves et affranchis imperiaux sous le Haut Empire romain. Rôle politique et administratif (Napoli 1970); DERS., Domestique et fonctionaire sous le Haut Empire romain. La condition de l'affranchi et de l'esclave du Prince (Paris 1974). – D. ROTTENHÖFER, Untersuchungen zur Sklaverei in den ostgermanischen Nachfolgestaaten des römischen Reiches (Tübingen 1967). – M. ANDREEV, Zur Frage des Übergangs von der Sklaverei zum Feudalismus und zur Entstehung frühester feudaler Verhältnisse, in Klio 49 (1967) 305–312. – G. PRACHNER, Zur Bedeutung der Sklaverei für den Niedergang des römischen Reiches (Bemerkungen zur marxistischen Forschung), in Historia 22 (1973) 732–756. – P. VITTINGHOFF, Die Bedeutung der Sklaven für den Übergang von der Antike ins abendländische Mittelalter, in HZ 192 (1961) 265–272. – H. NEHLSEN, Sklavenrecht zwischen Antike und Mittelalter. Germanisches und römisches Recht in den germanischen Rechtsaufzeichnungen. I. Ostgoten, Westgoten, Fran-

Institution der Gesellschaft auch über das 5. Jahrhundert weiter bestanden hat. Es gab auch keine Revolutionen von Sklaven im Sinne von Karl Marx, da die zwei überlieferten Aufstände, der der Circumcellionen des 4. in Nordafrika und der der Bagauden des 5. Jahrhunderts in Gallien in Ländern stattfanden, wo es keine Landwirtschaft mit Sklavenbetrieb gab. Die Circumcellionen bezeichneten sich als Agnostiker und «milites Christi», sie waren radikale Verfechter der donatischen Sekte und setzten sich aus Menschen der unteren Schichten, die rechtlich frei waren, besonders aus Kreisen verelendeter kleiner Grundbesitzer und Landarbeiter zusammen, die gewalttätig gegen wirtschaftliche Ausbeutung und soziale Ungerechtigkeit protestierten und aufs engste mit den erbitterten religiösen und kirchenpolitischen Auseinandersetzungen verbunden waren. Der nordwestgallische Bagaudenaufstand in der ersten Hälfte des 5. Jahrhunderts war eine Konsequenz der Einbrüche und Landnahmen der Germanen. Teile der deklassierten freien Landbevölkerung rotteten sich gegen unerträglichen Steuerdruck eines oft korrupten Staatsapparates zusammen; Sklaven oder coloni waren niemals führend, wenn überhaupt, daran beteiligt. Seit dem 2. Jahrhundert n. Chr. hatte die Zahl der Sklaven ständig abgenommen, da sie zu teuer und zu kostbaren Vermögenswerten wurden, die man schonend behandeln mußte. Die früheren landwirtschaftlichen Großbetriebe waren mehr und mehr parzellenweise verpachtet worden, die frühere Ausbeutung im Produktionsprozeß hatte sich zusehends gemildert. Die Sklaven erwarben stillschweigend Sondergut (peculium) auf Widerruf. Im Sachenrecht hielt sich die alte Auffassung, vor allem begrifflich noch sehr lange, aber im Alltag gestand man ihnen beschränkte Geschäftsfähigkeit zu und damit auch gewisse Personalitätsrechte. Der spätantike Sklave mit Sondergut, Verfügung über Produktionsmittel und über eigene Sklaven hatte nichts mehr mit den kasernierten und angeketteten Herdensklaven des republikanischen Sizilien gemein. Die Behandlung der Sklaven wurde dadurch menschlicher, daß auch die Kirche Sklaven besaß und deshalb die überlieferte Sozialordnung und die Sklaverei als gottgewollte Ordnung verkündete, obwohl Augustinus von der Gleichheit aller Menschen vor dem einen Gott sprach. Mit ihrer Auffassung vom «Bruder» Sklaven durchbrach sie die menschlichen Schranken zwischen Freien und Sklaven, sie bewertete die Freilassung von Sklaven als gottgefällige Handlung und erwünschten Rechtsakt. Im 4. Jahrhundert wurden zahlreiche Sklaven freigelassen, aber wirtschaftliche Gründe zwangen Staat und Kirche bald wieder mit diesen Gnadenakten sparsamer umzugehen. Die Humanisierung der Sklaverei

---

ken, Langobarden (Göttingen/Frankfurt/Zürich 1972). – CH. VERLINDEN, L'origine de sclavus-esclave, in Archivum Latinitatis medii aevi, Bull. Du Cange XVII (1943) 97–128; DERS., L'esclavage dans le monde iberique medieval, in Annuario de historia del derecho español XII (1935) 390–405. – M. BLOCH, Comment et pourquoi finit l'esclavage antique, in Annales (1947).

zeichnete sich darin ab, daß die absichtliche Tötung des Sklaven durch den Herrn als Mord gebrandmarkt wurde, daß es verboten war, bei Güterteilung Sklavenfamilien auseinanderzureißen, daß Wirtschaftssklaven wie rechtlich freie Kolonen an die Scholle gebunden wurden, Sklavenmädchen vor erzwungener Prostitution geschützt waren, christliche Sklaven vor ihren Besitzern geschützt wurden, die jüdischen Glaubens oder häretischen Bekenntnisses waren. Diese Verbesserung, gleich ob praktisch, wirtschaftlich-fiskalisch oder humanitär-christlich motiviert, diente den Herrenschichten. Wichtig ist die Feststellung, daß diese Erleichterungen von den Sklaven nicht ertrotzt, erkämpft wurden; diese hatten kein Klassenbewußtsein und waren auch nicht organisiert, in ihren Tätigkeiten und in ihrer Ausbildung waren sie genau so differenziert wie die freien Unterschichten. Wir unterscheiden private, kommunale und fiskalische Sklaven, die entweder im Staatshaushalt oder im Gutsbetrieb arbeiteten. Natürlich verließen sie auch ihre Arbeitsplätze, aber in der damaligen Gesellschaft taten dies auch die curiales-städtischen Ratsherren, meist mittlere Grundbesitzer mit Sklaven, die in gefährlicher Steuersituation von Haus und Hof flohen.

Die gesellschaftliche Situation am Ausgang der Antike war gekennzeichnet durch das Elend, die Ausbeutung und den Ruin breiter Volksschichten. Die bürokratische Despotie eines totalitären Staates konnte sich ihr nacktes Überleben nur durch harten Steuerdruck und Zwangsmaßnahmen mehr sichern, da allgemeine Verarmung, Bevölkerungsschwund und außenpolitische Bedrohung das öffentliche wie private Leben lähmten. Alleinige Nutznießer dieses Zwangssystems waren die Soldaten und höheren Funktionäre des Offiziers- und Beamtenkorps; der Staatsapparat war korrupt. Die Leidtragenden waren Sklaven und Sklavenhalter, Kurialen, freie Bauern, schollegebundene Kolonen und Millionen freier Reichsbewohner, die aber erblich an Beruf, Fahne, Kollegium, Wohnsitz gefesselt und zu Dienstleistungen für den Staat gezwungen waren. Diese Entwicklung wurde gleichzeitig vom Aufstieg hochbezahlter und privilegierter Beamter und Offiziere vor allem senatorischen Ranges zu reichen Grundherrn begleitet, die nun Privatherrschaften bildeten und besaßen und die politisch-gesellschaftliche Macht, die ihnen zusätzlich ihre Ämter gaben, zu ihrem persönlichen Vorteil mißbrauchten. Macht und Einfluß dieser Führungsgruppe wurde im 4./5. Jahrhundert so groß, daß diese herrschende Minderheit allein imstande war, den Menschen wirksamen Schutz gegen den unerträglichen Steuerdruck und die Willkürmaßnahmen der Bürokratie zu gewähren. Das hatte zur Folge, daß sich Bauern und Kolonen, ja sogar ganze Dörfer mit ihrem Grundbesitz als clientes in den Schutz und die Abhängigkeit mächtiger Grundherrn und Amtsträger begaben. Diese «*Patroziniumsbewegung*» rief den Staat gegen die *neue Oberschicht* auf den Plan; er setzte staatliche Kommissare in den Stadtgemeinden = defensores civitatis ein und versuchte so die Übergriffe der «potentes» hintanzuhalten. Erfolg hatte er damit nicht. Diese Auflösung des Staates wirkte sich besonders kraß im 5. Jahrhundert aus, als die Germanen in das Reich einbrachen und die römische Zentralverwaltung sich aus mehreren Gebieten des Westens zurückziehen mußte. Dabei kam es aber nicht zu Solidarisierung von Sklaven, Kolonen, Werktätigen auf der einen, germanischen Invasoren auf der anderen Seite gegen die «Sklavenhalter», auch wenn Sklaven und vor allem früher versklavte Germanen, auch freiheitssuchende Sklaven zu ihnen überliefen und bestimmte Bevölkerungsschichten die Germanen als «Befreier» begrüßt haben mochten. Doch darf man zwei Dinge nicht vergessen. Das Römerreich schloß vielfach selber Bündnisse mit den Germanen, nahm sie in seine militärischen Dienste und gab ihnen Siedelland auf seinem Reichsboden. Die Invasion selbst stieß zumeist auf den geschlossenen Widerstand der Reichsbevölkerung, die nicht nur mit Angst und Mißtrauen, sondern auch mit überlegenem Distanzgefühl den Barbaren gegenübertrat, selbst denen, die als Offiziere und Soldaten sich für das Reich schon eingesetzt hatten. Der Vergleich der Wirtschafts- und Gesellschaftsstrukturen im byzantinischen Ostreich und in den germanisch-romanischen Nachfolgestaaten des Westens zeigt deutlich, daß im Westen ein starker Wandel deswegen eintrat, weil die neue Siedelgebiete suchenden Eroberer sich mit dem römischen Ordnungssystem auch wirklich auseinandersetzten. Sklaven spielten jedenfalls in der Übergangsgesellschaft zum Mittelalter keine große Rolle. Die maßgebliche Arbeitsorganisation für die Grundproduktion der wirtschaftlich ausschlaggebenden Landwirtschaft wurde die Grundherrschaft draußen in den pagi des spätantiken Munizipialsystems vor dem staatlich-kaiserlichem Fiskus und vor dem ager publicus, während sich ein Rest von selbständigem Handwerk und Handel neben und vor Leuten wie Richtern, Notaren, Agenten hielt und überlebte. Auf dem Lande draußen saßen die zahlreichen coloni, die zu den differenzierten und qualifizierten Leibeigenen des Mittelalters wurden. Die Folge dieser Entwicklung war der Abbau der freien und selbständigen Mittelschichten in der spätantiken Gesellschaft, die Nivellierung zu einer breiten Unterschicht verschiedener Provenienz und Rechtsstellung, die Ausbildung einer hauchdünnen priviligierten und herrschenden Oberschicht (senatorischen Ranges), einer führenden Minorität, die Land und Leute lokal und regional beherrschte und schützte.

3) **Die gotische und die langobardische Eroberung in Italien und ihre Wirkung auf die römische Bevölkerung und Gesellschaft seit der Wende vom 5./6. Jahrhundert.**

Die gesellschaftlich-wirtschaftliche Dauerkrise in Italien, die sich seit dem 4. Jahrhundert zusehends verschärfte, macht es verständlich, daß die Römer des

Südens und Nordens den Germanen die Tore öffneten. Es ist außer Zweifel und durch Gregor den Großen auch belegt, daß die als wild geltenden Langobarden zunächst der Landbevölkerung harte Leiden und Lasten auferlegten; doch mögen die Herzöge dabei viel brutaler als die Könige vorgegangen sein. Das Land entvölkerte sich schon darum, weil seine Bauern hinter den Stadtmauern Schutz suchten. Hungersnöte in den Städten sowie Pest und Seuchen unter den darbenden Menschen taten ein Übriges dazu. Zum Widerstand war man selber zu schwach und ertrug deshalb die Besatzung und die neue Herrschaft. Diese neue Situation hatten die Byzantiner im Lande, das Heer vor allem, dann der Reichsadel, der nicht am Orte saß, und die Kirche zu fürchten. Die letzteren suchten Zuflucht in den Städten, vor allem am Meer, wo die kaiserliche Flotte Anker werfen und sie retten konnte. Nach Rom drängten große Menschenzahlen. Sicherlich kamen Adelige und Angehörige der Oberschichten in diesen tumultreichen Ereignissen auch durch die Eroberer um. Die mittleren und kleineren possessores, Kurialen, Zünftler, Kolonen, die nichts zu verlieren hatten, blieben in ihrer Heimat, an die sie ja gesetzlich gebunden waren; sie blieben auch darum, weil sie vom byzantinischen Reich, seinen Vertretern und Soldaten auch kaum etwas anderes zu erwarten hatten. Wenn auch unter den langobardischen Königen der ersten Zeit Alboin und Clefi viele römische Adelige getötet oder vertrieben wurden, behielten die römischen Besitzer zunächst ihr Gut. Die byzantinischen Garnisonen verschwanden und an ihre Stelle trat der langobardische vir exercitalis = Arimann = Heermann, der vom Fiskus wie von Requisitionen lebte. Als nach Clefis Tod die Herzöge das Heft in die Hand nahmen, da setzten sich die Langobarden endgültig in den vermutlich von den Goten übernommenen Formen der hospitalitas und Tertia im Lande fest; der Langobarde (Soldat) bekam ein Drittel der Wohnung in der Stadt und des Reinertrages des Gutes der possessores. Das traf den römischen Adel und die Latifundienbesitzer in erster Linie und räumte in der Oberschicht auf. Von einer langobardischen Ansiedlung und Landnahme kann man aber dabei auch noch nicht sprechen, da der einzelne Krieger und seine Familie kein Privatvermögen erhielten. Die Herzöge nahmen den öffentlichen und kirchlichen Besitz für sich in Anspruch; deshalb gingen viele Bistümer ein. Der langobardische Gastalde, eine Art Quartiermeister nach byzantinischem Vorbild, hob in den Städten die Steuern der Römer ein und verpflegte die langobardischen Heermannen damit. Die Goten hatten sich zur Durchführung der hospitalitas noch des römischen Verwaltungsapparates bedient. Wir wissen nicht, wie umfangreich das herrenlose Gut war und welches Bedürfnis nach weiteren Ländereien (Konfiskationen) bestand. Erst nach der Zeit der Herzöge teilte König Authari mit diesen und legte damit den Grund für eine stabile Langobardenherrschaft und machte das Volk in Italien seßhaft in der von Paulus Diaconus (III. 16) angedeuteten Form «populi tamen aggravati per Langobardos hospites partiuntur». Es ist sinnvoll anzunehmen, daß der Langobarde im ganzen nicht mit seiner fara angesiedelt wurde, sondern als possessor entsprechend dem herrschenden Besitzsystem. Dabei wurden ihm coloni zugeteilt, die herrenlos geworden waren, weil ihre Besitzer geflohen oder umgekommen waren; es kann sich auch um die Kolonen der heimgefallenen früher gotischen, der fiskalischen und der bischöflichen Ländereien gehandelt haben. Wir wissen nicht, ob diese neuen Gutsherren große oder mittlere Grundbesitzer waren, wir kennen ihre Zahl nicht und auch nicht den Umfang der verteilten Bodenfläche. Die Langobarden standen sicher nicht alle auf derselben Rechts- und Gesellschaftsstufe. Damit ist aber gesagt, daß die alte Wirtschaftseinheit des fundus erhalten blieb. Die zahlreichen Ortsnamen auf -anus (anum) + fundus beziehen sich auf Einzelgüter, nicht Dörfer in ganz Italien. Es hatte sicher keine Ausrottung oder Ausweisung dieser kleinen Leute stattgefunden und langobardische Kolonisation fand in beschränktem Umfang statt. Die Langobarden waren relativ isoliert über das ganze Gebiet der Eroberung verteilt und deshalb zur Assimilation der Sitten, Praktiken und der Sprache gezwungen. Die coloni sind bei der partitio kaum ihrer Freiheit beraubt oder den Aldien gleichgestellt worden; die Herren konnten die Invasoren vertreiben oder töten, die das Land bewirtschaftenden Bauern brauchten sie, um selber zu überleben. In der villa lebten verschiedene Menschen von jetzt an, der fronende römische Kolone, dessen besonders erfahrene Arbeitskraft Wein und Öl produzierte, daneben die Aldien des neuen Herren sowie seine germanischen und sarmatischen Sklaven, die er mit seinen Herden in das Land gebracht hatte. Technische Unterschiede geben die verschiedenen Begriffe des langobardischen Rechts und anderer Quellen an: massarius, servus massarius, liber massarius, servi ministeriales, servi rusticani; die coloni und die casa colonica verschwinden allmählich, die casa massaricia und tributaria treten immer häufiger auf. Immer zahlreicher werden die libellarii und die aldiones.

Die größere Freiheit haben vermutlich die Einwohner der Städte wahren können; wir hören wenig von Kaufleuten und Handwerkern. Aber die vollen Rechte besaßen und erhielten eine Zeitlang die exercitales = Heermannen = Arimannen besonders in den Städten. Neben ihnen lebten die Reste der römischen possessores. Ob das langobardische Recht ein territoriales war und das römische tatsächlich außer Geltung gekommen war, ist nach meiner Meinung fraglich. Wie lange Zeit die Entwicklung eines neuen römisch-langobardischen Mischvolkes in Anspruch nahm, wissen wir nicht. Daß eine eigene Sprache vulgärlateinischer Art entstand, zeugt dafür, daß das germanische Volk in der Minderzahl war. Aber die langobardische Führungsschicht der Grundbesitzer wahrte noch lange ein Überlegenheitsbewußtsein; die freien Herren auf dem Lande bezeichneten sich als Langobardi und Lambardi und pflegten ein Kontrastbewußtsein zu der abhängigen ländlichen wie der niederen städtischen Bevölkerung und ihren Sitten wie ihrer Mentalität. Ein Modell dafür ist der Diakon Paulus, Sohn eines Warnefrid, ein völlig romanisierter Geistlicher, der voll Stolz auf seine Volkszugehörigkeit seine Historia Langobardorum schrieb. Die Langobarden nahmen römische (und christliche) Personennamen an, umgekehrt taten dies die Römer zunächst wohl selten. Im ganzen muß man sagen, daß trotz des Übergewichts der landwirtschaftlichen Grundproduktion die *Stadt*[5] der kulturelle, wirtschaftliche und auch herrschaftliche Mittelpunkt, vor allem der Markt der Region blieb, auch wenn wir kaum von Wohnsitzen von Freien auf dem Lande hören. Die Heermannen hatten gleiche Rechte und gleiche Pflichten, waren aber ungleich an Ansehen und Besitz, also keine homogene, abgeschlossene Schicht. Das germanisch-romanische Mischvolk Ober- und Mittelitaliens entwickelte im Gegensatz zur Campagna, Maremma und dem Süden der Halbinsel, wo wirtschaftliche Stagnation und Entvölkerung dauernd waren, neue schöpferische Kräfte, entwickelte in seinen volkreichen Siedelgebieten eine neue Kultur, entfaltete mit der sogenannten kommunalen Bewegung eine gesellschaftliche, wirtschaftliche, geistig mentale Mobilität höchsten Grades, die für Europa konstitutiv wurde.

Wenn man von «Völkermischung» spricht, darf man nicht übersehen zu fragen, wie groß die Zahl der Hilfsvölker der Langobarden beim Einfall in Italien war. Sicher war der Beitrag der 20000 Sachsen zur erfolgreichen Invasion sehr groß, vielleicht sogar entscheidend; das ist wohl der Grund, warum man sie wieder nach dem Norden schickte. Sestan hat die Zahl der mitkämpfenden Langobarden auf höchstens das Vierfache der beteiligten Hilfsvölker geschätzt. Die Zahl der einfallenden Langobarden läßt sich schwer ausmachen. Die Ortsnamen, die allein in Norditalien an die fremden Völker erinnern, sind in Wirklichkeit sehr zahlreich. Paulus Diaconus nennt als solche Hilfsvölker Gepiden, Bulgaren, Sarmaten, Pannonier, Sueben, Noriker (Hist. Lang. II. 26). Aus der späteren Zeit des Grimoald berichtet ebenfalls Paulus, daß der Bulgaren-Dux Alzeco mit dem gan-

---

[5] F. VITINGHOFF, Stadt und Urbanisierung in der griechisch-römischen Antike, in HZ 226 (1978) 547–563; DERS., Die Struktur der spätantiken Stadt, in Vor- und Frühformen der europäischen Stadt im Mittelalter = Abh. Ak. Wiss. Göttingen 19 (1973) Teil I. 92–101; DERS., Zur Verfassung der spätantiken «Stadt», in Studien zu den Anfängen des europäischen Städtewesens = Vorträge u. Forschungen IV (1965) 11–39. Der Urbanisationsprozeß der Antike war in der römischen Kaiserzeit abgeschlossen. Das Imperium Romanum hatte sich fast überall in zentrale Orte mit integriertem Hinterland (civitates) als institutionalisierte unterste Verwaltungseinheiten aufgegliedert; nur einzelne kaiserliche Domänen, kleinere Festungsbezirke (castra, castella) und vielleicht auch unterentwickelte Gebiete blieben außerhalb dieser Ordnung. Doch waren trotz Gleichheit oder Ähnlichkeit der gesellschaftlichen Strukturprinzipien die einzelnen Städte noch recht verschieden hinsichtlich ihrer Zentralfunktion und der Komplexität ihrer Bevölkerung. – W. CERAN, Stagnation or fluctuation in early byzantine society, in Byzantinoslavica 31 (1970) 192–203. – D. CLAUDE, Die byzantinische Stadt im 6. Jahrhundert (1969). – F. PRINZ, Die bischöfliche Stadtherrschaft im Frankenreich vom 5. bis zum 7. Jahrhundert, in HZ 217 (1973) 1–35.

zen Heer des Ducatus dem König seine Unterwerfung anbot und um Siedelland bat. Der empfahl sie weiter an seinen Sohn Romuald nach Benevent, wo sie in Wohngebiete eingewiesen werden sollten, die bis dahin menschenleer waren; es handelte sich um Sepinum, Bovianum, Isernia und andere civitates. Alzeco verlor seinen Herzogstitel und wurde (königlicher) Gastalde. Noch im 8. Jahrhundert lebten dort diese Leute und sprachen lateinisch, hatten aber ihre eigene Sprache nicht vergessen. Grimoald stellte solche Barbarentruppen der byzantinischen Miliz in der Campagna und in Sizilien entgegen; massiert waren sie im Gebiet von Benevent. Ortsnamen mit der Bezeichnung Bulgaren finden sich aber auch in der Pentapolis und im Exarchat, ebenso um Mantua und Tuszien im Cremonese, Bergamasco, Comasco, an der Straße nach Rätien, im Poland von Piemont, in der «Bulgarei» am Tessin. In Norditalien gab es auch Gepiden und Sarmaten und schon Theoderich hatte Sarmaten und Gepiden in Venetien und Ligurien angesiedelt. Im byzantinischen Reich war die Verteidigung der castella und castra den servi de castello = Halbfreien anvertraut, die im Codex Theodosianus burgarii genannt sind. Vom Staat erhielten sie Kleider und Nahrung, waren aber an das Kastell für immer gebunden nach dem nämlichen Prinzip, das auch die Dienste anderer an ihren Ort fesselte. Burgari = Siedlungen bei den castella gab es auch bei den Goten z.B. bei ihren Garnisonen in Raetia im Alpengebiet von Verruca, Tortona, Cesenate oder in den Cottischen Alpen. In diesen Gebieten fanden deshalb auch die Langobarden keine Distriktseinteilung, sondern eine militärische vor. Mundila, der δορύφορος des Belisar, hatte seine bewaffneten Leute in allen befestigten Städten nahe Mailand festgesetzt, so daß für die Bewachung in den Städten nur wenig Menschen übrig blieben. Wie Ticinum = Pavia war Tortona schon in gotischer Zeit eine wichtige Militärstation und eines der bedeutendsten Getreidevorratszentren. Theoderich hat an Goten und Romanen den Befehl zum Ausbau der Festung gegeben. In dieses militärisch wichtige Gebiet scheinen die Langobarden in Massen Gepiden zur Eroberung vorgeschickt zu haben. Verschiedene Gepidenorte im Raum beweisen das. Die Stauferkaiser Heinrich VI. und Friedrich II. bestätigen noch 1192 und 1220 der Kirche von Tortona den ganzen *Arimannendistrikt* der Dörfer Valdonasci, vicus Arderadi, Marcenassi, Santo Giorgio, Piscina, Villa Gobidi, Molline und aller liberi homines in Castello Novo manentes vel confugientes. Theoderich hatte 523/4 alle Besitzenden in Venezien und Ligurien aufgefordert, Getreide und Pferde für eine «Menge» Gepiden zu liefern, die er nach Gallien schicken wollte. Der König band Gepiden und andere Hilfsvölker der Langobarden in Gebieten, wo er sehr viel Besitz hatte, durch Zuteilung von erobertem Land zur Verfügung des Fiskus an den Boden und machte sie so zu seinen abhängigen Leuten, die nur ihm unterstanden und in irgend einer Form «frei» waren. Die Ansiedlung der Gepiden in Tortona und Ligurien ging auf eine direkte Initiative des Langobardenkönigs, vor allem des

Rothari zurück, der offenbar Ligurien definitiv eroberte. Ebenso wie die Gepiden müssen auch die dortigen Langobarden direkt vom König abhängig gewesen sein.

Der langobardische König war vermutlich der Rechtsnachfolger des byzantinischen Fiskus in den Domänen; er hatte dadurch Verfügungsgewalt über Pfalzen, Mauern, Wege, öffentliche Gebäude, Märkte, Zollstätten, Dienstpflichten und munera der einzelnen wie der Korporationen. Durch diese Machtfülle war er imstande über Menschenmassen zu gebieten und ihre wirtschaftliche, gesellschaftliche, rechtliche Situation zu beeinflussen, zu verändern. Der langobardische König konfiszierte ja auch die kommunalen Güter der römischen civitates in den pagi, die zu deren ratio oder publicum gehörten. Die Stadt verlor ihre Selbstverwaltung und die curtis regia in ihr wurde Sitz der Stadt- und Reichsgutverwaltung. Domänen, Stadtländereien und eingezogener Kirchenbesitz machten die Masse des Königsgutes aus. Doch kamen dazu noch die Güter der geflohenen und hingerichteten Römer, auf denen möglicherweise Langobarden angesiedelt wurden. In Oberitalien hat man das Staatsgut auf 1/9 des ganzen Bodens geschätzt. In der Toscana, Piemont und in der Lombardei umfaßten die Domänen große Wälder, Gebirgstäler, Sümpfe. Neben dem Königsgut gab es auch solches des Herzogs. In der Toscana gab es mindestens in Lucca und Chiusi neben der curtis regis eine curtis ducis; eine Stadt wie Lucca verdankte ihren Ehrentitel «provincia provinciarum» im 9. Jahrhundert dem Herzogtum. Im Gotenreich Hauptstadt der Toscana und Bollwerk gegen die Byzantiner, wurde Lucca zur wichtigsten Stadt der langobardischen Tuscia. Sein Stadtgebiet wurde erst damals auf den mittelalterlichen Umfang erweitert, indem ihm die byzantinische Küstenprovinz zugeschlagen wurde. Seit Karolingerzeit haben sich Grafschaft und Diözese nicht mehr verändert, der Kamm der hohen Appeninen trennte sie von der Emilia. Die Provinz Tuscia zerfiel bei der Besetzung durch die Langobarden in eine Reihe autonomer Städte, wie das übrige Italien auch. Die civitas (früher municipium) hatte ihr Territorium, nach dem römischen Juristen Pomponius die «universitas agrorum intrafines cuiusque civitatis». Die Dörfer (vici) und Höfe (villae) des platten Landes hatten keine Selbstverwaltung in römischer Zeit, also keine curia wie die Städte, sondern waren Teil des städtischen Territoriums.[6] Im spätantiken

---

[6] A. SCHULTEN, Die Landgemeinden im römischen Reich, in Philologus (1894) 629 ff. Vgl. H. GALSTERER, Herrschaft und Verwaltung im republikanischen Italien. Die Beziehungen Roms zu den italienischen Gemeinden vom Latinerfrieden 338 v. Chr. bis zum Bundesgenossenkrieg 91 v. Chr. (München 1976). Rom hatte in allen Interessengebieten zur Kaiserzeit sein stadtstaatliches Prinzip, z.B. in Gallien und Britannien, durchzusetzen versucht und dabei die auf dem Lande lebende Aristokratie zur Ansiedlung in neugegründeten Städten veranlaßt. Diese «Urbanisation» war oft der Hauptzweck der Verleihung des latinischen Bürgerrechts. Voraussetzung dieser Urbanisation war das Vorhandensein einer Oberschicht am Ort oder in der Umgegend; sie sollte die Selbstverwaltung tragen und ein genehmer Partner in der Herrschaft sein. Auf diese Weise

Italien gab es an 430 civitates und territoria. Bei der langobardischen Eroberung wurden einige territoria zusammengelegt. Den Stadtgebieten entsprachen die Bistümer; besonders in Norditalien, wo die Entvölkerung nicht übergroß war. In der später langobardischen Tuscia fielen 16 Diözesen und civitates + territorium tatsächlich zusammen.

Auch im Langobardenreich blieb die civitas mit ihrem Territorium eine Grundeinheit und Grundlage von Siedlung, Wirtschaft, Herrschaft, Verwaltung, Kirche und Seelsorge. Es änderte sich auch wenig in den wirtschaftlichen und kulturellen Beziehungen zwischen Stadt und Land. Karl d. Gr. hat die alten termini civitatum nicht verändert.[7] Wenn auch die kirchliche Bistumsorganisation im 6. Jahrhundert Schaden erlitten hatte, wurde sie im 7. wieder erneuert; sie glich sich den alten Territorien umfangmäßig an. Mag sein, daß sich Bevölkerungszahl und Wohnfläche der civitas gegenüber der Antike verkleinerten, änderte sich doch im spätantiken Wirtschaftssystem unter der Langobardenherrschaft wenig. Das Bistum war aus einer Anzahl von Seelsorgebezirken der Taufkirchen zusammengesetzt, deren Priester dem Bischof zu bestimmten Diensten verpflichtet waren. Die Bezirke von eingehenden «plebes» (Pfarrbezirken) wurden anderen zugeschlagen. Die Diözese blieb im wesentlichen die nämliche wie der spätere comitatus; sie beide waren feste Bezirke. Dem Bischof waren oft weitgehende staatlich-herrschaftliche Hoheitsrechte gestattet.[8] Als im 10. Jahrhundert die Bi-

---

wurden die Großgrundbesitzer des Territoriums die Inhaber der hohen Gemeindeämter, die sie aus eigenen Mitteln bestritten. Die Stadt lebte wirtschaftlich jedoch parasitär vom Lande und seinen Leistungen. Anders als im Mittelalter bestimmten aber nicht Wirtschaft, Handel und Handwerk den gesellschaftlichen und rechtlichen Charakter des zentralen Ortes. Die hohe gesellschaftliche Bedeutung, die Landbesitz und Landwirtschaft genossen, sowie die Einheit von Stadt und Territorium, die auch in der engen Verbindung von Stadt und Territorium begründet war, ließen eine verschiedene Entwicklung in Stadt und Land nicht zu. Die Besonderheiten römischer Herrschaftsausübung gaben einer römisch orientierten städtischen Oberschicht ihr eigenes Gewicht.

[7] G. MENDOZZI, La città italiana nell'alto medioevo. Il periodo longobardo-franco (Firenze ²1931). – G. FASOLI, Che cosa sappiamo delle città italiane nell'alto medioevo, in VSWG 47 (1960) 289–305. – D. A. BULLOUGH, Urban change in early medieval Italy. Example of Pavia, in Papers of the British School at Rome 34 (1966) 52–130. – C. R. BRÜHL, Königs-, Bischofs- und Stadtpfalz des regnum Italiae vom 9. bis zum 13. Jhdt., in Festschr. f. W. Schlesinger, hrsg. v. H. BEUMANN, (Köln 1974) 400–419. – C. VIOLANTE / C. D. FONSECA, Ubicazione e dedicazione delle cattedrali dalle origini al periodo romanico nelle città del'Italia centrosettentrionale (Il romanico Pistojese nei suoi rapporti con l'arte romanico dell'Occidente) = Atti del I. Convegno intern. di studi medievali di storia de arte (Pistoja 1966) 303–346. – H. M. SCHWARZMAIER, Lucca und das Reich bis zum Ende des 11. Jahrhunderts (1972). – C. G. MOR, Appunti sull'amministrazione cittadina in età longobarda = Studi in onore d. E. Quicciardi (Padova 1974) 13–20. – Siehe auch die Storia di Brescia I (Brescia 1964) und Verona ed il suo territoria (Verona 1964).

[8] S. MOCHI ONORY, Vescovi e città (sec. IV-VI) (Bologna 1933). – G. VISMARA, Episcopalis

schöfe den Kirchenzehnten und die übrigen Einkünfte der plebes = pievi in Erbpacht zu vergeben begannen, wurden in den Pachturkunden die Listen der zur plebs gehörigen Dörfer aufgenommen. Als die alte Grafschaftsverfassung sich auflöste, wurde der neue comitatus = contado das faktische Machtgebiet des Stadtstaates. Eine Vorstellung vom Weiterleben der Bistümer gibt die Nachricht, daß auf dem römischen Monotheletenkonzil von 649 10 Bischöfe aus Diözesen des langobardischen und 4 aus solchen des römischen Tuszien anwesend waren. Auf dem römischen Konzil von 680 waren 13 Bischöfe des langobardischen Tuscien anwesend aus Lucca, Pisa, Populonia, Firenze, Roselle, Arezzo, Siena, Volterra, Sovanna, Volsini (Orvieto), Chiusi, Castrum Valentini (Castro), Toscanella, 9 des römischen Tuscia aus Perugia, Todi, Breda, Sutri, Nepi, Falleri, Amelia, Bomarzo, Narni. Das Bistum Toscanella umschloß die alten civitates Tarquinii, Orcloe, Marta, Ferentis. Nach dem Geographen Georg von Cypern, der vor 610 schrieb, gehörten Anfang des 7. Jahrhunderts zu der vermutlich mit der römischen Tuscia zusammenfallenden Urbicaria Eparchia die Stadt Rom und ihr Gebiet, Porto, Centumcellae, Nepi, Matyrium = Monterano (forum Clodii) und Orvieto. Die römische Kultur hielt sich im römischen Tuscia viel stärker als im langobardischen. Im Gebiet des von Karl d. Gr. an den römischen Bischof abgetretenen Teiles der langobardischen Tuscia waren Orvieto und Viterbo fast die einzigen Städte, die ein kommunales Leben und eine eigene städtische Entwicklung wie in der Lombardei, Romagna oder Toscana besaßen. Es wurde eine entscheidende Grenzlinie dadurch gesetzt, daß der byzantinische Exarch Romanos die Langobarden davon abhielt, die ganze Emilia und die ganze Umbria zu besetzen. In Luni wurde seit 465, mehrmals aber im 6. Jahrhundert, ein Bischof genannt; dorthin floh vor den Langobarden der Bischof von Fiesole. Auf den Inseln Gorgona und Capraia nahm der Luneser Bischof im Auftrag des Papstes Amtshandlungen vor. Der Langobardenkönig Rothari eroberte zwischen 636

---

audientia. L'attivita giurisdizionale del vescovo per la risoluzione delle controversie private tra laici nell'diritto romano e nella storia dell'diritto italiano fino al secolo IX (Milano 1937). – O. BERTOLINI, I vescovi del «Regnum Langobardorum» al tempo dei Carolingi (Vescovi e diocesi in Italia nel medio evo) = Atti del II. Convegno di storia della chiesa in Italia (Padova 1964) 1–26. – J. FISCHER, Königtum, Adel und Kirche im Königreich Italien, 774–875 (Bonn 1965). – A. PALESTRA, L'origine e l'ordinamento della pieve in Lombardia, in Arch. Stor. Lombardo s. 9. III (1963) 379 ff.; DERS., Il culto dei Santi come fonte per la storia delle chiese rurali, ebda. s. 8. X (1960). – SANTINI, I comuni di pievi nel medioevo italiano (Milano 1964). – G. FORCHIELLI, La pieve rurale. Ricerche sulla storia della costituzione della pieve in Italia e particolarmente nel Veronese (Verona 1931). – G. P. BOGNETTI, Le origine della consacrazione dell'vescovo di Pavia dei parte del pontefice romano e la fine dell'arianesimo presso i Longobardi, in L'età Longobarda I (Milano 1966); DERS., Santa Maria foris Portas di Castelseprio e la storia religiosa dei Longobardi, ebda III (Milano ²1966); DERS., Sulle origine dei comuni rurali nel'medio evo = Studi nelle scienze giuridiche e sociali XI (Pavia 1927).

und 642 das Küstenland von Luni bis zur fränkischen Grenze von Ventimiglia. Die Unsicherheit der Verhältnisse dieser Gebiete im 7. Jahrhundert geht daraus hervor, daß Luni, Ventimiglia, Genua, Susa, die Insel Comacina im Comer See, Elba und vermutlich Surianum byzantinisch nach der Aussage des Georg von Cypern waren, jedoch am Ende des gleichen 7. Jahrhunderts die lateinische Übersetzung des ebenfalls griechischen Geographen von Ravenna auf Grund älterer Provinzlisten Luni, Ventimiglia und andere civitates als Teile der provincia maritima Italorum benennt. Luni war jedenfalls 729 byzantinisch, 736 langobardisch, 754 jedenfalls langobardisch nach zwischenzeitlicher Rückeroberung der Städte durch die byzantinische Seemacht; dabei hatten sich die Langobarden in Genua behauptet. Das von den Arabern 849 eingenommene Luni war 895 noch civitas und ging nach dem Sarazenensturm von 1016 endgültig unter. Lucca war in langobardischer Zeit die wichtigste Stadt der langobardischen Tuscia. Firenze war schon 313 ein Bistum; 790 wird ein territorium dieser Stadt genannt. Der Bestand der Bistümer Firenze und Lucca war überhaupt nicht oder nur kurz unterbrochen, während das Bistum der Mutterstadt Fiesole durch den Langobardeneinfall in Not geriet. Pisa, 313 und seit 649 als Bistum bezeugt, blieb mitsamt seinem Küstenstreifen beim Langobardeneinfall zunächst byzantinisch und wurde vor 641 dann doch langobardisch. Im Gegensatz zum weiteren Umland hielt sich wohl deshalb hier der Großgrundbesitz und überwog die Großpacht und entstanden hier sehr große Reichsgutskomplexe, ähnlich wie in Mantua. Die echte Libellarpacht ist wenig vertreten. Im Arnotal, im Portus Pisanus = dem Küstenstreifen nördlich und südlich von Livorno, herrschte dagegen die abhängige Kleinpacht; hier siedelte in langobardisch-fränkischer Zeit das Volk dicht gedrängt in zahlreichen Orten mit alten Taufkirchen und suchte auf dem Meere seinen Lebensunterhalt. Die nur 90 km entfernte Insel Corsica, war seit langobardischer Zeit ein Anhängsel von Pisa. Von Porto Pisano gingen über Corsica und Sardegna Seerouten nach Afrika. Das territorium von Volterra war eines der größten, das von Siena (Saena Julia) das allerkleinste in Tuscia. Das territorium von Siena war aus dem von Volterra in der Antike ausgegliedert worden. In langobardischer Zeit wurde ein großer Teil des Bistums von Arezzo zu Siena geschlagen, das Bistum Siena aber unter König Rothari neuerrichtet. Arezzo, Fiesole, Volterra waren etruskische Bergstädte und wie alle civitates dieses Landes in der Langobardenzeit aus den Quellen verschwunden. Die massa Verona = das oberste Tibertal, war Teil der Diözese Città di Castello (civitas Castelli), ehemals byzantinisches Grenzkastell, das an der Stelle der zerstörten civitas erbaut worden war, dann Vorposten der Langobarden im oberen Tibertal gegen Perugia und die byzantinische Etappenstraße über Gubbio und den Furlopaß nach Fossombrone wurde. Der Bischof von Populonia an der Küste des Tyrrhenermeeres war vor den Langobarden in die byzantinische Seefestung der Insel

Elba geflohen; deshalb beauftragte Papst Gregor I. den Bischof des nahen Poselle mit der Seelsorge der wenigen zurückgebliebenen Menschen. Aber Stadt und Bistum Populonia bestanden unter langobardischer Herrschaft fort; erst nach gründlicher Verwüstung durch griechische oder maurische Piraten wurde die Stadt verlassen und Cornium Hauptort des Bezirkes und Bistums. Massa Marittima, erstmals 738 erwähnt, trat an die Stelle von Populonia; hier lag großer Fiskalbesitz (balneum regis, waldus regis im oberen Corniatal). Das Bistum der alten Etruskerstadt Rosellae, die fern dem Meere auf einer Anhöhe lag, war noch unter Gregor I. byzantinisch, doch muß das Hauptal mit der civitas um Rotharis Regierungsantritt erobert worden sein. Die viel größere und mächtigere alte Etruskerstadt Sovona in der Nachbarschaft von Rosellae hatte ein eigenes territorium und einen Gastalden und schon 736 einen berufsmäßigen notarius, eine Berufsgruppe, die in der Folgezeit hier sehr zahlreich war. Das Territorium des seit 649 als Bistum bezeugten Tuscana: Toscanella umgriff mehrere frühere civitates mit ihren Gebieten, darunter eine der berühmtesten Etruskerstädte Tarquinii, die wohl ursprünglich der Bischofssitz des ganzen Bezirkes war, aber nach dem 5. Jahrhundert ihre Selbständigkeit verlor. Im territorium von Toscanella lag das Kastell Viterbo, vermutlich eine Neugründung unweit der untergegangenen civitas der Sorrinenses; hier war eine curtis regia in der Langobardenzeit.

Die vorgeführten *Modelle von Kulturkontinuität und Kulturstanz* im Bereich der *Stadt* und ihres territorium sowie der *Bistumsorganisation* in der nordwestitalienischen Küsten- und Binnen(Berg)-Landschaft, wo Byzantiner und Langobarden zusammenprallten, bezeugen zweifellos größere Verschiebungen vom 5./6. bis zum 7./8. Jahrhundert, wobei man häufig das 7. Jahrhundert als dunkel, quellenarm, geschichtslos bezeichnet. Der Mangel an Quellen in diesen dark ages kann nicht als Aufhören geschichtlich-intensiven Lebens gedeutet werden, wohl aber als intensiver Wandel, der die Menschen berührte und schockierte und sie vergessen ließ zur Feder zu greifen, oder als ein gestörtes oder noch nicht gefundenes Verhältnis zwischen barbarischen Eroberern und kulturell höher stehenden Besiegten, das auch nicht zum Schreiben einlud. Trotzdem war dieser Wandel in der Herrschaft und in den Oberschichten gerade in Italien nicht so umstürzend und katastrophal, daß dadurch die Grundstrukturen verändert worden wären. Unsere ausgewählten Musterstädte zeigen, daß auch in veränderter Form das *civitas = und territorium = Bistumssystem* weiterzuleben, sich fortzufristen, zu überleben, ja sogar in gewissem Sinne sich aus den bewahrten und überlieferten Elementen neu zu regenerieren vermochte. Genau wie die Franken haben auch die Langobarden – und sie mit dem Blick auf das byzantinische Modell in Mittel- und Süditalien noch viel stärker – die Institutionen des spätantiken Staates und Reiches weiterbenützt, um weiter als Herrschaft und Staat zu funktionieren, und sie haben sich der *romanischen Ober-, Mittel- und Unterschichten,* wenn auch unter langobardischer Kontrolle und Oberaufsicht bedient und zwar so intensiv, daß die *langobardische Minderheit* sogar ihre Sprache weitgehend vergaß, das Idiom und viele Sitten, Attituden, Praktiken, Erfahrungen und Handlungsweisen der besiegten Mehrheit in den Städten erlernte, erprobte und übernahm und in neuen, gewandelten Formen in die alte gesellschaftlich-kulturelle Basis einschmolz. Die *romanische Mehrheit,* ihre Gesellschaft und Kultur, müssen erdrückend gewesen sein und die herrschende *germanisch-langobardische Minderheit* zahlenmäßig so gering, daß sie sich unter dem Dauerdruck nur politisch behaupten konnte, wenn sie den Unterworfenen fast bis zur Selbstaufgabe ihres Wesens entgegenkam; freilich ist dabei eine spezifisch-romanische Gesellschaft und Kultur entstanden, ein großer gradueller, aber schließlich doch kein grundlegender Gegensatz zwischen dem langobardischen und dem byzantinisch-römischen Italien: Große Veränderungen in der Einteilung und Gliederung des Landes sind in der Übergangszeit trotz aller Unsicherheiten und partiellen Wandels nicht eingetreten, ja das System hat sich in langobardischer Zeit mit Modifikationen sogar wieder konsilidiert. Die comitatus rurales bildeten sich nicht neu in der Toscana, wie das in der Lombardei der Fall war. Civitas und territorium und Bistum blieben Grundlagen und Sprengel des Langobardenreiches und der langobardischen Reichsverwaltung. An sie knüpfte darum auch ganz leicht und organisch die karolingische Grafschaftsverfassung an.

Aus gesellschaftsgeschichtlichen Gründen müssen wir Prozeß und Ausmaß von *Kulturkontinuität* und *Kulturwandel* auch *auf dem Lande* im Rahmen der Agrar- und Besitzstruktur analysieren, weil wir daraus Erkenntnisse für die Gesellschaftsstruktur und ihre Veränderungen besonders bei der erdrückenden Mehrheit der Unterschichten im Ganzen der Bevölkerung gewinnen. Man kann sagen, daß im Italien der Langobardenzeit das Land im nämlichen Kulturstand wie zur spätrömischen Zeit blieb. Jedenfalls war die wirtschaftliche Expansion der Langobarden nicht groß und in Süditalien stagnierte die Entwicklung wie schon festgestellt. Auch gab es in der Toscana keine großen und zusammenhängenden Gebiete langobardischer Siedlung und Kultur. Im nördlichen Teil der Tuscia hatte offenbar Theoderich wie überhaupt in Norditalien Goten angesetzt, in Pisa, Lucca, Volterra. Diese sind keine Bauern geworden, sondern blieben in den Städten und bekamen ⅓ der Stadtwohnung, der Güter, Sklaven und Kolonen der römischen possessores; vielfach mußten die Römer die Tertia = Grundsteuer von 33⅓ des Steuerertrages zahlen. Die Goten lebten mit ihren Familien in den Städten als Krieger, als Besatzungstruppen wie Feldabteilungen des Heeres, dann wurden sie in das kaiserliche Heer gesteckt und auch als byzantinische Garnisonen aufgestellt, schließlich Foederierte des Kaisers, die Italien militärisch zu schützen hatten. Vor den einmarschierenden Langobarden flohen die Römer in den Schutz der befestigten Städte, da sie auf dem Lande nicht mehr sicher waren, auf das sie um des Feldbaus willen aber wieder zurückkehren wollten.

Bereits in der Spätantike war das Latifundiensystem (Großgrundbesitz ohne Großgrundwirtschaft) durch die Grundherrschaft in Italien wie in anderen römischen Provinzen abgelöst worden. Geblieben aber ist trotzdem als wirtschaftlich-rechtliche Grundeinheit der *fundus*, d.h. das vom Staate einem Bürger assignierte, zu vollem Eigentum übertragene und für immer mit dem Namen des ersten Eigentümers behaftete und in das Flurbuch eingetragene «Grundstück»; spätere Besitzveränderungen berührten den Namen des Fundus nicht mehr, der durch das vom Gentilnamen des ersten Eigentümers abgeleitete Adjektiv – anus (in keltischen Gebieten – acus) gebildet wurde [Pauly – Wissowa, Realenzyklopädie VII (1910) 296 ff.]. Bis heute erhielten sich in Frankreich und Italien die altrömischen Gutsnamen in großer Zahl, weil auf den gutsherrlichen Anlagen sich Dörfer und Städte entwickelten. Der Name des Fundus ging zunächst auf das zugehörige Gehöft (villa) über, das ein Teil des fundus war, oder auf das gutsherrliche Dorf (vicus) und auf das aus der villa entstandene Kastell des Feudalherrn. Latifundien wurden zu selbstständigen Territorien, Immunitäten, Grundherrschaften und waren den Stadtgemeinden gleichgestellt; auf diese Weise wurde der Name eines Fundus zu dem eines Gutsbezirks (villa), auch einer zugehörigen Ortschaft oder Stadt; fundus wurde gleichbedeutend mit villa oder praedium, auch casa. Latifundium aber ist latus fundus = topographisch-wirtschaftliche Betriebseinheit mit reichem Inventar, vor allem der villa = Gutshof. Inventar bilden Haus, Wirtschaftsgebäude, Ackergeräte, Vieh und Sklaven. Weil die familia (= alle abhängigen Leute) zum fundus gehört, wird sie auch nach diesem benannt. Später versuchte man auch den colonus als Inventar des fundus aufzufassen, was zur Schollengebundenheit = adscriptio glebae führte. Als wirtschaftlicher Organismus wurde der fundus personifiziert und als Rechtssubjekt aufgefaßt; er war die kleinste bodenrechtliche Kategorie, aber immer ein selbständiger agrarischer Organismus, nicht nur ein Stück Land. Daß der fundus, der zu einem pagus gehörte, bis in das Mittelalter bestand, zeigen die Namen der Grundstücke in den italienischen, besonders langobardischen Urkunden; diese sind zum größten Teil römisch. *Fundus* ist also ein wichtiges Element der Kontinuität und eine Besitz- und Organisationsform der ländlichen Gesellschaft. Eine zunächst untergeordnete und auch gleichläufige, mit der Entwicklung zur Grundherrschaft sogar überlagernde, nicht nur wirtschaftlich-rechtliche Betriebsform, sondern auch Herrschaftsrahmen für Menschen, fast ausschließlich abhängige, war die villa = Gutshof als Mittelpunkt der Einzelwirtschaft, Sommeraufenthalt des Besitzers, Wohnung des Verwalters (actor, villicus) oder Großpächters (conductor). Die Verpachtung scheint in römischer Zeit die Regel gewesen zu sein besonders auf den Domänen (des Kaisers) und auf den patrimonia der römischen Kirche. In der villa lebte das unfreie Hausgesinde, das auch die notwendigen Gewerbebetriebe versah = die *familia*. Zur Eigenwirtschaft der villa gehörten Wein- und Ölbau und

Weidewirtschaft auf ausgedehntem Grasland und Waldboden, deren Hirten und Herden in den Wirtschaftsgebäuden untergebracht waren. Neben dem *Hofland* der villa in *Eigenregie* gehörte zu ihr das *Pachtland der coloni*. Beide waren unauflösliche Wirtschaftseinheit, aber zugleich auch Grundlage der zweiteiligen Grundherrschaft des Mittelalters. Die Arbeitskraft der fronpflichtigen Kolonen war unentbehrlich für den Eigenwirtschaftsbetrieb der villa; der Kolone nutzte seinerseits Mühlen, Gewerbebetriebe und Weidenutzung der villa. Die Eigenwirtschaft selber wurde auch mit *Sklaven* betrieben, die mit Brotgetreide versorgt werden mußten. Die gleiche Betriebsform herrschte auch auf den römischen patrimonia bis in das beginnende 9. Jahrhundert. Da die Landbevölkerung auch in der Langobardenzeit den städtischen Hauptmarkt und die gewerblichen Erzeugnisse der städtischen Handwerker brauchte, umgekehrt die Städter vom Lande leben mußten, kann die Verbindung zwischen Stadt und Land auf die Dauer hier nicht unterbrochen worden sein. Die Verbindung stellten immer noch die possessores = die mittleren Grundbesitzer, die einen Großteil des territorium der Stadt innehatten und meist in der Stadt wohnten; in römischer Zeit kamen aus ihren Reihen die Kurialen, ihnen gegenüber standen die negotiatores und Handwerker. Das Stadtgut hatte aus ausgedehntem Wald- und Weideland bestanden, das die Großgrundbesitzer zumeist für ihre (Schaf-)Herden pachteten. Letztere gehörten zur Wirtschaft der illustres = der senatorischen Geschlechter, des besitzenden Hochadels, der am Hofe oder in den Kulturzentren lebte und dessen Besitz in den verschiedenen Teilen des Landes verstreut lag. Ihre Güter waren von der Stadtverwaltung fast völlig eximiert, wurden gleich den Staatsdomänen im Mittelalter zu fast autonomen Grundherrschaftsgebieten; eine ähnliche Stellung nahm die Kirche ein. Im ganzen aber ist festzustellen, daß Italiens Wirtschaft in der Langobardenzeit die Folgen davon zu tragen hatte, daß durch die Erblichkeit des Besitzes und die Bindung der Menschen an Scholle, Heer, Beruf, Genossenschaft der Handelsverkehr und der gesunde Wettbewerb weitgehend zum Erliegen kamen.

Goten und Langobarden wurden auch possessores, da sie sich in dieses Wirtschaftssystem eindrängten, es aber nicht verdrängten. Der Langobarde mit seiner fara ist nicht als Bauer, sondern als possessor angesiedelt worden, dem auch eine Anzahl von coloni zugeteilt war. Er war Herr der villa, leitete ihre Wirtschaft, war Vollbürger und Heermann der Stadt, wo er sein Haus hatte. Der langobardische Adel hatte wohl in mehreren Territorien Besitz, die Mehrzahl der Arimannen = Heermannen verwuchs mit der Stadt, deren Bewohner vermutlich frei geblieben sind und den Rest römischer possessores darstellten, die mit den Langobarden allmählich verschmolzen.[9]

---

[9] A. CAVANNA, Fara, sala, arimannia nella storia di un vico longobardo (Milano 1967). – G. TABACCO, I liberi del re nell'Italia carolingia e postcarolingia (Spoleto 1966); DERS., Dai possesso-

Die persönlich freien, aber schollegebundenen und fronpflichtigen coloni haben überlebt, wenn sie auch im Laufe der Zeit abgesunken sein müssen. Unter ihnen standen die aldiones (aldianae), denen sie sich angenähert haben dürften; der aldio war ein minder- oder halbfreier Bauer, der seinem Patron unterstellt blieb, also eine Art Schutzhöriger oder Vogteimann, der zum Fiskus gehörte und wie in Frankreich die fiscalini oder lites rechtlich gestellt war und später mit den libellarii auf einer Stufe stand; er zahlte einen Kopfzins = census capitis. Man konnte jemanden zu Aldienrecht übergeben oder sich selbst einem anderen. Wirtschaftlich nähern sich dem Kolonat die libellarii (Pächter). Sie entsprechen den massarii; der Edictus Rothari spricht von servus massarius und massarius; es gibt servi und liberi massarii. Der Begriff massa drückte die Gesamtheit der Güter und Rechte wie auch die ländliche Domäne aus. Eine massa kann zu einer curtis später gehören, massa kann das Besitztum einer (Bischofs-)Kirche oder ein Gutsbesitz sein, der dem fundus entspricht; das praedium kann Bestandteil einer massa sein. Sehr oft wird eine bestimmte Menge Eisen als «massa ferri» bezeichnet. Es werden auch Ortsnamen oder Gebietsbezeichnungen damit gebildet wie die obengenannten massa Verona (= oberes Tibertal) oder die massa maritima. Aber im 7. Jahrhundert gab es Langobarden, die als unfreie Pächter auf fremder Scholle saßen, auch freie, die um Land bitten mußten. Kolonat und andere Formen des Besitz-, Arbeits- und Abhängigkeitsverhältnisses waren von Land zu Land sehr verschieden; das gilt vom colonus wie vom später sich ausbreitenden libellarius (Pächter). Während für die Langobarden das Kolonat ein Modell war, hatte sich außerhalb ihres Gebietes die «freie Zeitpacht» erhalten, die nicht von Großpächtern eingegangen wurde. Dieser Pächter war verpflichtet, sein Pachtland nur an kleine Leute zu veräußern, die das Gut selbst bewirtschafteten. Die Pächter entsprechen den coloni, bevor sie an die Scholle gebunden wurden. Benannt wurden sie nach dem Pachtvertrag, den sie schlossen (libellus), dessen Formen sich bis in das 7. Jahrhundert zurückverfolgen lassen. Die Libellarpacht

---

ri dell'età carolingia agli esercitali dell'età longobarda = Studi medievali serie 3ª, 10,1 (1969) 221–268; DERS., La connessione fra potere e possesso nel regno franco e nel regno longobardo = XX. Settimana (Spoleto 1973) 137 ff. = Problemi dell'Occidente nel secolo VIII, auch in Saeculum 24 (1973) 220 ff. – O. BERTOLINI, Ordinamenti militari e strutture sociali dei Longobardi in Italia, in Ordinamenti militari in Occidente nell alto medioevo = Settimana XV (Spoleto 1968) 429–607. – J. JARNUT, Beobachtungen zu den langobardischen arimanni und exercitales, in ZRG-GA 88 (1971) 1–28. – G. P. BOGNETTI, Arimannie e guariganghe, in Wirtschaft und Kultur = Festschrift f. A. Dopsch (Leipzig 1939) 109–134; DERS., Arimannie nella città di Milano, Rendic. R. Ist. Lomb. cl. lett. 72 (1938/9) 173–220. – F. SCHNEIDER, Die Entstehung von Burg- und Landgemeinde in Italien (Berlin 1924); DERS., Die Reichsverwaltung in Toscana von der Gründung des Langobardenreiches bis zum Ausgang der Staufer (568–1268). 1. Bd. Die Grundlagen (Roma 1914). – N. ÅBERG, Die Goten und die Langobarden in Italien (Uppsala 1923).

wurde auf Zeit, die Erbpacht (= Emphyteuse) auf Dauer vereinbart. Zweifellos verarmten viele Leute und verkauften ihren Besitz, weil sie ihr freies Eigen nicht halten konnten. In Italien war die Pachtdauer auf 19 oder 29 Jahre befristet; sie verhinderte die erbliche Schollegebundenheit. Die Zeitpacht ist ein Element der Kontinuität und ist erhalten in Venetien, Aquileja, Ravenna, Emilia, in Rom und Tuscien, in Subiaco, Neapel, La Cava, Alfa, um nur einige Gebiete zu nennen. Im langobardischen Tuscien wurde der colonus ein schollegebundener massarius; der *massarius* aber war zur Fron und zu bestimmten Abgaben in Fruchtquoten verpflichtet, er hatte auch Vieh und dessen Gegenwert zu leisten, er leistete keinen Kriegsdienst und ging auch nicht zur Gerichtsversammlung. Trotz formaler Freiheit hatte er seinen Gerichtsstand vor dem Herrn wie die Sklaven und Aldien auch. Diesen massarii wurde der *Freie*, der auf fremden Boden pflügte, wirtschaftlich völlig angeglichen, wenn auch Unterschiede in der Bemessung der Fronpflichten gewesen sein mögen. Wie der massarius wird er selbst anfänglich auf Lebenszeit an die Scholle gebunden, im Falle seines Todes konnten seine Kinder die Pacht auf Lebenszeit oder unter Abzug eines Teils des beweglichen Inventars erneuern. Wie Freie gelegt und eine abhängige, im Sinne des Mittelalters auch leibeigene, wenn auch nicht sklavenmäßige, aber breit gelagerte Unterschicht entstehen konnte, ersehen wir daraus. Wenn ein Aldio (Schutzholde) eine Freie heiratete, dann konnten im Gegensatz zum deutschen Recht der ärgeren Hand die Kinder als Freie abziehen, sie mußten aber dem Grundherrn das für den Vater an die Familie der Mutter gezahlte Mundium (Schutzgeld) erstatten; der Vater erwarb ja rechtlich kein Vermögen. Den mittellosen Kindern blieb also nichts anderes übrig, als Freie sich wieder an die Scholle fesseln zu lassen; dadurch verloren sie zunächst die Freizügigkeit und dann die Freiheit (Rothari 216). An bestimmten Orten garantierte man ihnen Erbpacht ohne Erhöhung der Lasten. Der Trend zur erblichen Bindung und zum Verlust der Freizügigkeit und Freiheit beherrschte die ländliche Wirtschaft und förderte die Intensivierung von Herrschaft auf dem Lande.[10] Sehr viele libellarii = Kleinpächter waren durch

---

[10] P. S. LEICHT, Studi sulla proprietà fondiaria nell'alto medio evo = Ristampa a curia d. C. G. Mor (Milano 1964); DERS., Livellario nomine. Osservazioni ad alcuni carte amiatine del secolo IX, in Scritti vari di storia di diritto italiano (Milano 1949) II. 89–146. – G. LUZZATTO, I servi nelle grandi proprietà ecclesiastiche italiane nei secolo IX, in Dai servi della gleba agli albori del capitalismo (Bari 1966). – SALVIOLI, Massari e manenti nell'economia italiana medioevale, in Aus Sozial- u. Wirtschaftsgeschichte. Gedächtnisschrift f. G. v. Below (Stuttgart 1928) 1 ff. – B. PARADISI, «Massaricium ius». Studio sulle terre «contributarie» e «conservae» nel medioevo, con particolare riguardo alle terre massaricie della Lombardia (Bologna 1937). – C. G. MOR, Gouvernés et gouvernants en Italie du VIᵉ au XIIᵉ siècle, in Gouvernés et gouvernants 2 (Bruxelles 1968) = Recueils de la Soc. Jean Bodin 23, 397–420. – S. PIVANO, I contratti agrari in Italia nell'alto medioevo (Torino 1904). – A. J. NJEUSSYCHIN, Die Entstehung der abhängigen Bauernschaft als

Schulden gezwungen, ihr Gut an divites und potentes zu verkaufen und sofort es von ihm als Pachtgut wieder zu übernehmen. Der Libellus wurde die Form für sachlich verschiedene Dinge, da es keine Vertragsart mehr gab, durch die ein kleiner Freier eine ungebundene Gutspacht eingehen konnte. Der massarius gehörte in der Regel den Besiegten, der freie Erbpächter den Siegern an. Das libellarium ius = freie Erbpacht in der Hand des Herrschers wollte zwar die Freiheit der Erbpächter erhalten, minderte aber ihre Freiheit, da diese auf freiem Grundbesitz beruhte. Ein Gesetz Liutprands gestand dem Grundherrn Gerichtsbefugnisse über den libellarius zu und gewährte letzterem Befreiung vom Kriegsdienst; Aistulf aber führte den leichteren Dienst bei den Fußtruppen ein für diejenigen, die kein Geld mehr hatten als Schwerbewaffnete zu kämpfen. Durch Dekret Liutprands von 733 verlor der Libellarier die wirtschaftliche Selbständigkeit. Brachte er Vermögen in die Pacht ein oder erwarb er neues hinzu, konnte er darüber nicht mehr frei verfügen (Inwärtseigen). In diesem Zusammenhang taucht dann die gesellschaftliche Unterscheidungskategorie der minimi und minores = der kleinen Leute sowie der maiores, potentiores, honestiores = der Großen, Herrschenden, Mächtigen auf. Liutprand gab den hohen Beamten das Recht, eine bestimmte Zahl von minimi homines, die weder Haus noch Land besaßen, vom Heeresdienst zu befreien. Theoretisch könnten damit libellarii gemeint sein. Minores homines, die als leichtbewaffnete Krieger auszogen, könnten Kleinbauern mit weniger als 40 Morgen Land und die untere Schicht der nichtbesitzenden Kaufleute gewesen sein. Am Ende der Langobardenzeit trat der libellarius in ein *Schutzverhältnis* zu seinem Grundherrn ein, der ihn vor Gericht vertrat und die niedere Gerichtsbarkeit über ihn ausübte, also Immunitätsrechte besaß. Der Unterschied zwischen aldio und libellarius war fast verwischt, es blieb nur die verschiedene rechtliche und gesellschaftliche Ausgangsposition. Die Eigenleute eines Klosters wurden deshalb in einem Diplom Karl III. (D. Karl III. 179 p. 297,2) kurz umschrieben: «homines (= Eigenleute) tam ingenui quam servi libellarii, aldiones et aldianae».

In einem besonderen Treueverhältnis zu König und Herzog standen die langobardischen *gasindi,* die den fränkischen vassi entsprechen und ihren Herren kommendiert waren.[11] Sie hatten erhöhtes Wergeld und scheinen frei gewesen zu sein. Die besondere Gruppe der karolingischen *commendati* finden wir bei großen

---

Klasse der frühfeudalen Gesellschaft in Westeuropa vom 6. bis 8. Jhdt. Deutsche Ausgabe von B. Töpfer (Berlin 1961). – G. Caro, Zur Geschichte der Grundherrschaft in Oberitalien, in Jb. f. Nationalökonomie u. Statistik 3. F. 36 (1908) 289–313. – Medieval agrarian society in its prime: Italy, in The Cambridge Economic history of Europe ¹(Cambridge ²1966) 340–431 und 795–807.

[11] P. S. Leicht, Gasindi e vasalli, in Scritti vari di storia del diritto italiano I (Milano 1943) 183–197.

Klöstern, sie heißen arimanni. Es waren dies Vollfreie, die sich nicht nur «in obsequium» begaben, sondern dem Herrn auch ihren Besitz schenkten oder kommendierten. Er stand über dem libellarius. Die Abgaben des commendatus waren meist so unbedeutend wie die des Aldio; er hatte später sogar das Recht, Gerichtsversammlungen zu besuchen und in eigener Person seine Sache vor Gericht zu vertreten. Sie scheinen damals noch mit den grundbesitzenden Freien in den Haufen der Herzöge und Gastalden mitgezogen zu sein, aber nicht im Aufgebot eines Herrn, was sie später taten. Diese in einem Treueverhältnis stehenden liberi commendati dürften in die Vasallität der weltlichen und geistlichen Großen übergetreten sein, obwohl das Lehenswesen sich nur langsam durchsetzte. Die Verschiedenheit der Namen und Bezeichnungen, die auch verschiedene Schichten, wenigstens am Anfang, ausdrücken, ist im Immunitätsverband zu einer differenzierten wirtschaftlichen und persönlichen Unfreiheit ausgeglichen worden; das zeichnet sich auch darin ab, daß der Ausdruck manentes in zunehmendem Maße für alle angewandt wurde. Es schmolz aber auch die Schicht der Freien ein und auch das Wort wurde für persönliche und rechtliche Verhältnisse verwendet, die wir heute nicht mehr so benennen würden. Aus der Römerzeit rettete sich das Wort ministerialis herüber, für Leute, die einen spezifischen Dienst in der Fronhofs- und Pfalzverwaltung ausübten. Unfreie Krieger, die es auch im Lehenswesen gab, nannten sich servientes oder masnada. Aus dieser nivellierten Schicht stiegen die neuen Freien der kommunalen Bewegung auf. In welchem Umfang sich kleine Freie erhalten haben, läßt sich statistisch nicht ermitteln. Das römische Element hat sich wohl am stärksten in den niederen Volksschichten in Stadt und Land erhalten, in der Stadt vor allem als Handwerker und Kaufleute.[12] Seit Karl dem Großen galten in Italien das fränkische, langobardische und römische Recht, die Kleriker und ihre Kinder lebten nach römischem Recht.

---

[12] P. S. LEICHT, Operai, artigiani, agricoltori in Italia dal secolo VI al XVI (Milano 1946). – C. G. MOR, Gli artigiani nell'alto medio evo, in Artigianato e tecnica nella società dell'alto medio evo = Settimana XVIII (Spoleto 1971) 195–213. – L. M. HARTMANN, Zur Wirtschaftsgeschichte Italiens im frühen Mittelalter, Analekten (Gotha 1904) 16 ff. u. 91 ff. – R. SPRANDEL, Die oberitalienische Eisenproduktion im Mittelalter, in VSWG 52 (1965) 289–329. – A. SAPORI, Le marchand italien au moyen âge (Paris 1952). – Y. RENOUARD, Les hommes d'affaires italiens au moyen âge (Paris ²1962).

4) Das langobardische Element im Aufbau der frühmittelalterlichen Gesellschaft. Arimannia, Fara, Sala. Adel und Freie vom 6. bis 9. Jahrhundert.

Mailand, die alte Reichshauptstadt, kapitulierte 569, Ticinum = Pavia die gotische Pfalzstadt 572 den Langobarden. Pavia war in langobardischer Zeit die einzig feste Hauptstadt in einem barbarischen Reich. Die gotische Traditon dieser Stadt als Metropole, als zentraler Ort, war sicher der Anlaß zur langobardischen Wahl. Theoderich hatte Pavia als zweite Hauptstadt mit Verona und vor Ravenna bevorzugt, in Pavia und Monza erbaute er ein palatium regium und errichtete er Stadtmauern; dort stand sein Bild in einer Loggia des königlichen Tribunals, dort war auch der langobardische Königsschatz verwahrt; dort fand die Wahl des Gotenkönigs Wiligis statt, hier verteidigten sich die Goten bis nach Tejas Tod. Langobardische Herzogtümer waren in diesem Raum Pavia, vermutlich Mailand und S. Giulio d'Orto, dessen iudiciaria (Amtsbereich) mit dem Territorium von Novara zusammenfiel. Nach einer großen Reise 589/90 übernahm der König herzogliche Gebiete in direkte Verfügungsgewalt und erweiterte damit seine wirtschaftliche und fiskalische Machtgrundlage. Als die Franken ihre Herrschaftsorganisation durchzusetzen versuchten, boten sich ihnen im Langobardenreich a) die Reste der Munizipalverfassung = die civitates aus römischem Erbe, b) die langobardischen ducatus = Herzogtümer und c) die großen fiskalischen Königsgutsbezirke an. Daraus hatten sie ihre comitati rurali zu bauen. Im Langobardenreich waren auch schon Gastalden, die zum ausgesprochenen königlichen «Gasindi» gehörten, mit herzoglicher Macht ausgestattet, obwohl sie normaler Weise Verwalter königlicher curtes und von Fiskalgütern waren. Nach der Vertreibung und Ermordung vieler römischer potentes und nobiliores durch Clefi und die Herzöge, nach Gemetzel, Kirchenraub und Tötung von Priestern, nach der Dezimierung der reichen possessores und der Flucht von Adel und possessores bildeten die langobardischen *duces und gastaldi* die führende *Oberschicht* im Lande. Die *hospites* sind die eingewanderten Langobarden und ihre Hilfsvölker, die *tributarii* die abgesunkenen Einheimischen. Die freien (?) Langobarden waren eine Kriegerschicht, ein exercitus bei der Invasion. Wenn sie am Großgrundbesitz oder den Gütern, die sie schließlich innehatten, interessiert waren, benötigten sie die Dienste der römischen kleinen Bauern oder der ländlichen leibeigenen Kriegsleute, die dem Kampf zugewandt waren. Nur so war ihre Ernährung gesichert und so erhielten sich ländliche Techniken und Gewohnheiten der Römerzeit, auch bestimmte Organisationsformen der gemeinsamen, kollektiven Funktionen, wie vielleicht der vicus; das zeigen Wörter wie viganum, vicanale, interconciliaricium, concilivium in der Lombardei (Bognetti). Freilich haben die Requisitionen, Zerstörungen und Länderfiskalisierungen vieles verändert und zerstört. Die Frage der vici und der ländlichen Gemeinden und Gemeinschaftsformen führte immer wieder auf die *Arimannien,* die durch Schneider, Bognetti, Tabacco und Cavanna Gegenstand eingehender Untersuchungen waren, die noch zu keiner vollen Klarheit im ganzen, wohl im einzelnen geführt haben.[13]

Am Ende des 9. Jahrhunderts suchten die Spätkarolinger die Arimannen gegen die Eingriffe unterer Beamter (locopositus, sculdasius) zu schützen, wie es überhaupt ihr Anliegen war, die pauperiores = die kleinen Leute, also plebei homines und filii ecclesiae zu fördern. Vermutlich bildeten diese die Masse der Freien, den exercitus. Diese Leute waren keine «Sozialarmen» im modernen Sinn, hatten kleinen Grundbesitz, sie waren pauperes liberi homines, kleine Besitzer, unterstanden als exercitales = Heermannen der districtio des Grafen (Zwing- und Bann-, Kommandogewalt), sie schuldeten wie alle Freien Leistungen zum publicum, sie zahlten keine besonderen Zinsen für die Nutznießung des Fiskallandes, auf dem sie saßen. König Pippin hat diese Leute in der Mitte des 8. Jahrhunderts «exercitales» genannt und damals waren Langobarden wie arimanni die liberi homines exercitales und dies waren alle, die Waffen trugen, in propriis suis saßen. Der Begriff aber meinte keine ethnische Zugehörigkeit. 882 gab es auf Kirchenboden liberi massarii super ecclesiasticas res residentes und daneben arimanni ecclesie filii = Gläubige, freie possessores in Beziehung zum Königtum, die dem Grafen unterstellt und zum placitum (Gericht) wie zum Kriegsdienst nach öffentlichem Recht verpflichtet waren. Diese Leute waren «Königsfreie» in dem Sinn, daß sie eine öffentliche Funktion in Verbindung mit der Nutznießung einer arimannia ausübten. Zwischen 785 und 822 erscheinen sie in Lucca in den placita und treten sie den sacerdotes gegenüber und zwar als die «cives» und die laikalen liberi. Der Begriff Arimannen hat in karolingischer Zeit einen technischen, keinen ethnischen Sinn. Im 9. Jahrhundert sind arimanni geschieden von alii liberi homines z.B. auf den Königsgütern des Tales von Solagna. Nicht alle liberi, auch nicht livellarii und liberi massarii oder kleine possessores leisten servitium militare und gehen zum placitum; sie sind ja abhängig von einem patronus oder können nicht «pro sola paupertate et necessitate». Die exercitales = arimanni sind durch

---

[13] G. TABACCO, I liberi del Re nell'Italia carolingia e postcarolingia (Spoleto 1968). – A. CAVANNA, Fara, sala, arimannia nella storia di un vico Longobardo (Milano 1967). – N. ÅBERG, Die Goten und die Langobarden in Italien (Uppsala 1923). – F. BEYERLE, Die Gesetze der Langobarden (1947). – G. P. BOGNETTI, Il passagio del regno longobardo della constituzione popolare germanico alla costituzione feudale = XIe Congrès Internat. des science. hist. II (Paris 1951); DERS., La costituzione e l'ordinamento dei primi stati barbarici nell'Europa occidentale dopo le invasioni nella Romano, in Atti del Congr. intern. sul'tema «Della tribu allo Stato» (Roma 1961–1962). [Von Tabacco abgelehnt]. – C. G. MOR, Lo stato longobardo nel VII. secolo, in Caratteri del secolo VII. in Occidente = V. Settimana di studio (Spoleto 1958). – P. RASI, Exercitus italicus e milizie cittadine (Padova 1937).

zahlreiche Schenkungen an potentes und Kirche geschwächt worden und stiegen ab; deshalb müssen die Könige ihren Bestand sichern, um ihre Leistungen zu festigen. Wenn König Otto I. 967 an das Kloster St. Zeno in Verona das Kastell Romanianum mit den «liberi homines, qui vulgo herimanni dicuntur schenkt, die früher der königlichen Banngewalt unterstanden, und mit all ihren Gütern, dann drückt das ihre Unabhängigkeit aus, die mit dem Land verbunden war, auf dem sie saßen, auch gegenüber der feudalen Herrengewalt. Mit diesen Feststellungen ist aber noch nichts ausgesagt über die Verbindung der karolingischen arimanni mit dem politischen, gesellschaftlichen und militärischem System der Langobarden, in deren Herrschaft der Begriff Arimanne entstanden ist, wie die exercitales des Rothari und die Arimannen des Liutprand zeigen. In den langobardischen Kastellen der Provinz Friaul, die gegen Avaren, Slaven, Franken und Byzantiner errichtet waren, saßen Arimannen. Entlang dem Tagliamento, Isonzo und Pontebba hat man 30 Arimannien an strategisch wichtigen Punkten gezählt. Sie saßen im byzantinischen Militärgericht von Cesena, das König Liutprand mit starken langobardischen Kontingenten besetzt hielt; dort sind Arimannen belegt. Wir finden sie nordöstlich Verona im Valle d'Ilasi in einem förmlichen Netz zwischen den Orten Ilasi, Cogolo und Colognola; südlich von Verona am Fluß Tione sind sie in Vigasio, Erbe´, Trevenzuolo, Maratica belegt; in der curtis vico Aderus erscheinen liberi homines, qui vulgo arimanni dicuntur. Die Orte, in denen langobardische Arimannen angesiedelt sind, haben militärische Bedeutung. Östlich Modena liegen auf Ackerland die zwei Orte Baggiovara und Marzaglia, wo ein fossatum und eine clausura regis im 11. und 12. Jahrhundert, also Königsgut, belegt ist; bei Marzaglia ist 1077 eine curtis Suavis (Schwaben) genannt; Baggiovara ist ein locus, qui dicitur Baioario; dabei wird 823 eine decania, quae nominatur Langobardum erwähnt; Langobardengräber mit Beigaben finden wir bei Marzaglia, Testona, Civezzano und Castel Trosino. In der sogenannten Bulgarei muß ein großer Komplex arimannischer Zentren vor dem Zusammenfluß von Ticino und Po langobardisch gewesen sein und sich in eine große strategische Kette von Garnisonen in Piemont und der Lombardei eingefügt haben.

Tabacco lehnt die Meinung der Forschung vor ihm ab, daß die Arimannia Fiskalland war, das an Arimannen aus königlicher Schenkung gegeben war, ein Land, das die Krone individuell roden und nutzen ließ in arimannischer Gemeinschaft durch eine langobardische Genossenschaft und das zu bestimmten Leistungen (census und servitia) den Inhaber verpflichtete. Das Wort hat sicher eine vielfache Bedeutung, es kann eine publica functio sein, ein Naturalgrundzins, in den die functio verwandelt ist, eine Genossenschaft, die zum publicum zu leisten oder einem senior servitia oder tributa zu erbringen hat, es kann Land im Individualbesitz des Arimannen sein, dem das debitum arimannie entspricht, oder auch unbebautes Land, die comune der Arimannen, für das ein Zins ad publicum oder an den jeweiligen Herrn zu zahlen war. Allen diesen Inhalten ist die Beziehung zum *publicum* gemeinsam, die zu einer Zahlung verpflichtet, die auf dem arimannischen Land lastet. Der arimannus ist sicher *exercitalis,* hat eine Beziehung zum publicum, ist den Richtern unterworfen, ist eine publica persona. Der Freigelassene konnte arimannus und civis Romanus werden so wie er auch miles publicus et civis Romanus wurde. Die terra des Arimannen war die Konstante für die verschiedenen Bedeutungen, vor allem in der Langobardenzeit, die noch ungeklärt sind. Man ist sich einig, daß von den 200 Ortsnamen auf ingo und engo in Italien mindestens die in Oberitalien auf Langobarden hinweisen, die mit einem Personennamen gebildet sind, der den possessor des Grund und Bodens oder der parentela, familia, Nachbarschaft ausdrückt. Ortsnamen geben aber kein genaues Bild der ethnischen Verteilung der langobardischen Siedlungen, der Gründungszeit und Dichte.

Zum Unterschied von der *arimannia* auf Fiskalland, die an militärische Gruppen mit der Funktion übertragen war, die Grenzgebiete und Straßen zu schützen, ist die *faramannia* die Ansiedlung von possessores und ihrer Familiengruppen auf einem Drittel des enteigneten Landes. Farae gibt es auf dem Lande und arimannie in den Städten; auch die fara ist ein militärischer Kern, auch in Grenzgebieten und auf Königsgut anzutreffen. Fara ist Familie: generatio, linea + prosapia, agnatischer Verband und Fahrtverband zugleich. Die Langobarden ließen sich beim Einmarsch in *farae* nieder, nach farae wurde das Land eingeteilt. Farae waren schon in Pannonien familiae, bewaffnete Gruppen auf der Wanderung. Sie bildeten in Italien die Grenzgürtel der Interessengebiete und saßen entlang Grenzen, Flüssen und in der Nähe von Städten, auf Hügeln und Felsen, um Straßen, Furten, Pässe. Sie bildeten auch Castra-Systeme in alten gotischen und byzantinischen Limesgebieten und glichen sich den limitanei, ripaticenses und castriciani an. Auch im langobardischen 6./7. Jahrhundert waren *castra* Zentren wirtschaftlicher, administrativer, fiskalischer und militärischer Konzentration; die Beziehung fara – castrum war ein normales Element administrativer langobardischer Ordnung. Fara war ein originär langobardisches Ordnungselement beim Einmarsch, nicht die arimannia, die wohl ein byzantinisches Modell nachahmte, als die fara die kriegerisch-strategischen Bedürfnisse der sich konsolidierenden Königsherrschaft nicht mehr deckte; Fara und arimannia werden wohl anfänglich identisch gewesen sein, faraman und hariman waren liber und exercitalis und bewaffneter Langobarde. Der Wandel trat dadurch ein, daß die ethnischen, gesellschaftlichen und rechtlichen Züge in der arimannia zurücktraten, sie eine funktionale Institution des Königsreiches wurde, Zeichen der Verbreiterung, Entethnisierung und Versachlichung oder Verstaatlichung des Langobardenreiches. Die langobardische Gesellschaft war keineswegs immobil, aber bis sich ihre

Grundlagen erst einmal gefestigt und neue, eigene Formen für eine Mischkultur entwickelt hatten, dauerte es schon bis in das 7. Jahrhundert hinein. Die Farae stabilisierten sich und die alten kriegerischen Einheiten verloren ihre Funktion, die die Wanderschaft geprägt hatte. In den Bezirken grenzten sich Eroberer und hospites ab, es entstand eine Gesellschaft, die auf König und Herzog zugeordnet war, es entstand das breite Netz der curtes regiae, auf denen ein zentrales Königtum machtmäßig und wirtschaftlich aufruhen konnte. Herzöge und farae stellten ihre Eigenaktionen ein, der König kontrollierte Kriege und Politik, wenn auch einzelne Herzöge wie Alahis von Brescia noch aus der Reihe tanzten. Der König gewann ein festes Verhältnis zu seinen langobardischen fideles. Die Macht der Herzöge schrumpfte vor allem dadurch, daß sie dem König die «medietas substantiae» abtraten. In diesem Prozeß der Beruhigung der inneren und äußeren Spannungen und wachsender Integration territorialisierten sich die Farae, entrückten sich den Zentren der Königsherrschaft, wurden isoliert und entpolitisiert, sie wurden zu possessores mit einem Stück Land, einem *sundrium,* und traten den contadini und massarii als hospites gegenüber. Das Waffenhandwerk wurde von diesen Leuten als Last empfunden. Da aber der König weiter ein stabiles Heer oder System brauchte, mußte er eine Truppe entwickeln, die stets zu seiner Verfügung stand auch in Polizei- und Gerichtssachen. Der König setzte im 7. Jahrhundert in den Grenzgebieten auch Gepiden und Bulgaren ein; er verfügte ja über große Ländereien, die die Herzöge zurückgegeben hatten und auf denen zahlreiche fare angesiedelt sein mußten. Wenn nun diese Faraleute sich den neuen Aufgaben territorialer Organisation des Königs nicht stellen wollten, dann gaben sie Rüstung, Pferde, Waffen, die die Gegengabe für das obsequium waren, zurück und entfernten sich damit vom König, dessen Interesse darin lag, eine solche Mobilität unter den Fara-Leuten zu hemmen. Der König aber brauchte ein stabiles Heer, dessen milites immer zu Waffendienst bereit waren und ihn leisteten. Der Fara-Mann, der unter des Königs Herrschaft trat und blieb, mußte sich dazu verpflichten. Seit Rothari, vor allem seit Liutprand und Aistulf bildeten sich neue Beziehungen zwischen Landbesitz und Heerdienst heraus; für den hariman gab es ein eigenes Gut. Auch die Herzöge hatten fortan dem König Kontingente zu stellen, dessen Männer damit in Beziehung zum König traten. In Zusammenhang damit werden die curtes regiae organisiert, werden arimannische Einheiten für den Dienst des Königs aufgestellt, wird die Macht der Herzöge durch militärische Führer des Königsheeres gebrochen. So wird auch die Bewegung in den farae zum Stehen gebracht. Die militärischen Gruppen kämpften nun alle im Namen des Königs, dem die Kriegsbeute als Eigen zufiel. Der König wurde zum Repräsentanten der «tota gens Langobardorum». Der Heeresdienst für ihn unterscheidet die exercitales von den anderen liberi. Der Verbindungsmann im Heere zwischen Herrscher und Krieger war der königliche Gastalde (capo ... ordinatus a rege ad exercitum gubernandi: Rothari), der den exercitalis gegen den Herzog schützt und als großer militärischer Führer derselben immer stärker in Erscheinung tritt. Die Masse der Arimannen kämpfte fortan in der vom König aufgestellten Ordnung und Führung. Der Prolog des Edictus Rothari gibt als Grund für den Erlaß des Gesetzes «propter adsiduas fatigationes pauperum quam etiam superfluas exactiones ab his, qui maiore virtute habentur, quos vim pati cognovinus». Die pauperes sind die kleinen arimanni, die als Krieger auf den König einen Druck ausüben können und die er deshalb schützen muß. Der König ließ damals sicher eine Liste der fare armate anlegen, um einen Überblick über seine Heermannen zu gewinnen, deren Loyalität er erhalten wollte. Dem König ist auch an der Sollstärke des Heeres gelegen, denn Liutprand verbietet seinen unteren Beamten: iudex, sculdahis, saltuarius, ohne königliche Erlaubnis «homines, qui in exercito ambolare devit» (= Heermannen) zu entlassen; er bestraft sie für ein solches Vergehen mit einem Wergeld an die Pfalzverwaltung (Lt. 83). Diese Dauermiliz im Dienste des Königs genügte für große politisch-kriegerische Unternehmen nicht immer. Deshalb nahmen Könige wie Agilulf und Grimoald avarische und bulgarische Kontingente auf. Diese Heeresorganisation setzte viel Königsland für fare armate und fremde Truppen voraus, besonders wenn es sich um bestimmte arimannische Gruppen aus kleinen, wenig vermögenden Schichten handelte, die ihren Kriegsdienst nur erfüllen konnten, wenn sie unbebautes Land und Weideland dazu bekamen, auf dem massarii und servi Platz hatten, die für sie die landwirtschaftliche Arbeit verrichteten; die Güter der exercitales waren sehr verschieden und ihr gesellschaftlicher Stand keineswegs nivelliert. Die traditionelle Bindung der Arimannengruppen, die Berufskrieger waren, überdauerte die Langobardenherrschaft bis in das 9. Jahrhundert hinein; die Urkunden von Farfa kennen einen qualdus exercitalis, der öffentlicher Herkunft war und eine altlangobardische colonia exercitalis besaß; in Rivo Curvo gehörte ein qualdus regius zum «liber et exercitalis populus».

Exercitales des Rothari und *arimanni* des Liutprand, Ratchis, Aistulf waren Heermannen, aber von verschiedener gesellschaftlicher Struktur. Der exercitalis des Rothari ist der *volle Freie* = *liber homo,* der waffenfähig ist und der liber langobardus im besonderen ethnischen Sinn ist. Im Edictus Rothari wird genau unterschieden zwischen gentilis = langobardischen und römischen Leibeigenen, zwischen gentilis und romanus patronus also auch. Der Edictus Rothari hatte offenbar einen nationalen Charakter und meinte die gens Langobardorum, die späteren edicta aber einen territorialen. Solange das langobardische Heer rein barbarisch war, konnten die Romani als liberi, aber nicht als arimanni oder exercitales betrachtet werden; Rothari unterschied deshalb nur zwischen liberi, die er als exercitales verstand, und der Masse der Nichtfreien = aldi und servi. Als aber das Heer auch den Besiegten, auch den freien Romani, geöffnet wurde, waren letztere auch arimanni. Dabei fand eine Scheidung in der Klasse der liberi im territorial-rechtlichen Sinn statt; fortan waren nicht mehr alle arimanni auch liberi und die Gruppe der exercitales nicht mehr identisch mit den liberi. Arimannen waren fortan exercitales, aber nicht automatisch liberi; die exercitales schlossen sich als besondere Gruppe von der Gesamtheit der liberi fortan ab. Der germanische Begriff arimannus und das lateinische Wort exercitalis fallen in den Quellen seit Anfang des 8. Jahrhunderts nicht mehr zusammen. Im Breve des königlichen Notars Guntram von 715 (CDL. Nr. 19.20)[14], werden in der Zeugenreihe der Entscheidung über den Streit zwischen den Bischöfen von Siena und Arezzo exercitales, einfache liberi homines und liberi homines exercitales unterschieden. Den Streit legen presbiteri und arimanni bei, nicht alle liberi laici sind auch exercitales. Vermutlich waren hier arimanni und exercitales identisch, aber sie stellen nicht die Gesamtheit der liberi dar. In spätlangobardischen Urkunden erscheint der exercitalis als großer Name mit dem ehrenden Titel *vir honestus* oder vir honestus exercitalis oder *vir devotus* exercitalis. Die bekannten Kapitel 2 und 3 des Ratchis über Bewaffnung und Verpflegung des Heeres geben Aufschluß über gesellschaftliche, wirtschaftliche und militärische Ordnung des 8. Jahrhunderts und unterscheiden die *Freien* in possessores und negotiantes, potentes und minores. Es gibt dabei negotiantes, die maiores und potentes sind, die für den Krieg Panzer, Pferd, Schild und Lanze haben; die minores sollen coccoras mit Pfeil und Bogen halten. Es gibt divites und pauperes arimanni. Der Arimanne der Gesetzgebung des Ratchis ist ein Berittener im Gefolge des iudex, der für alle Freien, auch die Arimannen, Beamter und militärischer Führer ist. Der König betont die Befehlsgewalt der iudices, arimanni und actores (= Güterverwalter), die von ihm abgeleitet ist. Arimannen stehen in Beziehung zu königlichen curtes, haben exekutive Aufgaben wie Gastalden und actores, hatten also eine direkte Beziehung zum König. Arimannen waren damals Dauer = exercitales, die das Reichsheer bildeten, und Berufsoldaten im Dienste des publicum, sie saßen in den verschiedenen Dukaten des Landes, an wichtigen Zentren, in strategischen Zonen in Funktionen von Kontrolle, Besatzung, Polizei. Diese exercitales müssen in ein System lokaler, öffentlicher Organisation eingegliedert gewesen sein, dessen Träger die iudices, seuldasci, decani waren. Die Lex Romana Curiensis gebraucht dafür den Begriff: «miles qui cotidie in servicio principis est». Arimannen waren also nicht nur im Krieg engagiert, wie die anderen Freien. Am Ende der Langobardenherrschaft gehörten zur Gruppe der arimanni = exercitales Langobarden und Römer; sie waren getrennt von den liberi; sie lebten in der engeren

---

[14] L. SCHIAPARELLI, Codice diplomatico longobardo. 3 Bde. (Fonti per la storia d'Italia Bd. 62–64) (Roma 1929 ff.). Abkürzung CDL.

Genossenschaft der fara, die das Dauerelement langobardischer militärischer Ansiedlung war.

Die erobernden Franken, die selber wieder viele Kolonisten aus den Ländern nördlich und westlich der Alpen nach Italien brachten und in militärisch und strategisch wichtigen Zonen in Gruppen eingeteilt ansiedelten und die Menschen in Abhängigkeit vom König hielten, übernahmen das langobardische Vorbild des Heermannes. Die Fusion von Langobarden und Franken war schwierig und die Aufnahme eines Langobarden «in vassatico vel in casa» war verboten, bevor er Herkunft und Geburt nicht deklariert hatte. Den liberi Langobardi behielt man die Freiheit vor, sich zu kommendieren (MG. Cap. I. Nr. 90. 94, 91). Zu Lucca wurde 815 ein Streit von «lociservatores» entschieden mit Unterstützung von Arimannen der Stadt Lucca, unter denen auch homines francisci waren. Die langobardischen arimanni = exercitales unterschieden sich von den übrigen Freien durch den Charakter ihres Besitzes, dessen Nutznießung ihnen durch königliche Konzession übertragen war; gerade diese terrae arimannorum und ihre Rechtsqualität lebten in fränkischer Zeit fort und traten in den Vordergrund, je mehr der Nutznießer an gesellschaftlich-politischem Prestige einbüßte und sich zu verschiedenen Schichten zugehörig erwies. In nachkarolingischer Zeit war die Arimannia, eine besondere Form von Land oder Landzuteilung, verschieden vom Allod und an Bedingungen geknüpft. Auf dem Lande war sie privilegierter oder adeliger Besitz, verschieden von dem der Nachbarn. Auch unter den Adeligen gab es Arimannen und in diesem Falle waren sie milites, vasalli, domini loci eines Bischofs, Abtes, eines Adeligen oder des Königs. Als nobiles loci hatten sie einen großen Anteil an der Verteidigung des contado, am Bau der castelli gegen die Ungarn, an der Einrichtung neuer Kastellbezirke und am Aufbau der communità rurali in der Ausbauzeit der Burggründungen. Und sie stellten auch in der Stadt, nicht nur auf dem Lande, eine gehobene, dem Adel angenäherte Schicht dar, sie nahmen dort an den placita der Bischöfe und Grafen teil und stiegen ein in den lokalen ordo militum. In bestimmten Gebieten war zu späterer Zeit der arimannus nicht miles oder nobilis schlechthin, sondern als homo nobilis und miles de masnada et feudo an das Land gebunden. Das war die Folge verschiedener gesellschaftlicher und wirtschaftlicher Voraussetzungen lokaler Art. Allgemein gesagt, hat die «Schicht» der Arimannen Abstieg und Aufstieg gesellschaftlich, politisch, rechtlich erlebt, sie war seit dem endenden 7. Jahrhundert nicht homogen; geblieben ist Arimannia als *Besitzrechtsform*. Jedenfalls unterscheidet sich die langobardische Arimannie himmelweit von der nachkarolingischen; wenn erstere keine Nachahmung byzantinischer Institutionen ist, liegt die Vermutung nahe, die Cavanna zuletzt ausgesprochen hat, daß sie sich aus der gentilischen Fara entwickelt hat, jener Gliederung, mit der die Langobarden nach Italien einbrachen, mit der sie ihre ersten Kastellbezirke einrichteten. Fara wurde so zum Typ einer Militärkolonie in mehr oder minder enger Verbindung zum Königtum. Aus ihr entwickelte sich die Arimannie des 7. Jahrhunderts in Dörfern, um Klöster und in manchen Städten, auch in Verbindung mit dem Königtum als eine Klasse zunächst der freien langobardischen Krieger = exercitales, die noch unter Rothari mit dem Volk in Waffen identisch waren, sich aber nach der Aufnahme der Romani in den populus = das bewaffnete Heer, seit Luitprand zu einer Klasse von milites exercitales mit besonderer Stellung und spezieller Tradition umformte, die nicht mehr mit der Gesamtheit der liberi identisch war, über deren Zahl wir kaum etwas aussagen können.

Aber nicht die Freiheit war der entscheidende gesellschaftliche Motor vom 6. bis zum 11. Jahrhundert, sondern in ausgedehntem Maße die *Herrschaft* und zwar die über *Grund und Boden* sowie über *Arbeit und Leistung und Leib* abhängiger Menschen verschiedener Ordnungen. Damit stoßen wir auf die sala als drittes langobardisches Element im langobardischen Gesellschaftsprozeß und Gesellschaftsaufbau neben fara und arimannia. Im Gegensatz zur entsprechenden römischen domus bedeutete sala = terra = Land (terra salica, Salhof, Salland = Herrenland) und die curtis salica löste die römische villa und den Fiskus ab; sie gehörte wenigen potentes fideles des Oberherrn, bei Langobarden und Franken. Bei den Langobarden gibt es zwei Arten von Großgrundbesitz «de sala» und «de massaricio» (servi massarii und servi de sala). Auf der einen Seite steht die sala = sundrio padronale, die der *Eigenwirtschaft* des Herrn vorbehalten, nicht aufgeteilt, zum Teil bebaut und wirtschaftlich genutzt oder von einer Gruppe persönlicher servi betrieben war; sie bestand aus grossen Weideländern und Forsten. Ihr gegenüber steht die mehr oder minder zusammenhängende sala mit casae massariciae, coloniariae, aldionariae, der Komplex von *terrae tributariae,* auf denen die coloni und massarii leben, die dem Herrn ein tributum leisten; dieses bestand in verschiedenen Naturalzinsen, in Geld und Handarbeit auf den Feldern des Sallandes. Das entspricht den Formen der einfachen und doppelten Grundherrschaft, die sich im Karolingerreich entwickelte. Auf der einen Seite führen die massae, saltus, fundi, die römische Wirtschaftsform fort, die auf den curtes der antiken villa beruht; auf der anderen Seite ist die pars dominica eine Abart des sundrio barbarico, das vom Eigentümer und seinen Verwaltern bewohnt ist. Sala ist nicht nur Herrenhaus, sondern meint den ganzen Besitz an Wäldern, Weiden, Wiesen, Weinbergen des Herrn in der curtis, die «reserve seigneurale» der Franken. Für die langobardischen Krieger und hospites war sala zunächst die Wohnung der farae, die auf einem territorium angesiedelt wurden, das Zentrum einer territorialen Niederlassung in farae, ein fester Sitz. Sie wurde geprägt durch Beherrschung und Besiedlung des eroberten Landes, durch Verteilung und Inbesitznahme des Bodens, durch die wirtschaftliche, administrative, fiskalische, militärische, gerichtliche Organisation des Territoriums. Sala war «ethnische Insel im fremdstämmigen Meer», militärisch = arimannisches Zentrum für die beherrschten römischen Dörfer des Umlandes. Beim Fehlen vieler römischer Aristokraten und Großgrundbesitzer fiel dem langobardischen hariman und seinem Familienverband von selber die herausragende Stellung im eroberten Lande zu. Ob man sie allgemein schon als «Adel» bezeichnen kann, läßt sich nicht entscheiden; jedenfalls waren sie die militärischen Führer im Lande und standen turmhoch über den coloni, aldii massarii und Romanen. Diese ethnisch geprägte Führungsschicht wurde dann vom *neuen Adel* des *Gasindiats* überhöht, der ein Dienstadel (wie bei den Franken) war. Natürlich war der kleine Hariman gegenüber den lokalen rustici und auch den anderen germanischen Hilfsvölkern bevorzugt; deshalb mochten allgemein arimannus und adalingus als Minderheit und mindestens als geschlossener Kreis gegenüber der Masse der Besiegten identisch erscheinen. Dabei wandelte sich die sala der Fara zum Herrenland = pars dominica, die die Feldfrüchte der terrae tributariae und serviles lieferte. Möglicherweise ist hier auch der Einfluß der römischen fundi und saltus maßgeblich gewesen; denn die sala behielt eine militärische Zentralfunktion in den ersten Jahrhunderten und die Barbaren bebauten selber das Land nicht, sondern lebten von der Arbeitsleistung der servi und contadini; ihr System unterschied sich nicht wesentlich vom massarizischen der Römer, das sich dann doch durchsetzte, nachdem römische villa und langobardisches sundrium, abhängige fundi und terrae tributariae sich angenähert hatten. Die sala wurde aus einem militärischen Sitz und der Befestigung einer bewaffneten fara zum Mittelpunkt einer curtis eines langobardischen Herrn, zum Herrenhaus, Wirtschaftszentrum einer Guts- oder Grundherrschaft. In spätlangobardischer Zeit hatten sich bereits große Landbesitzer wieder etabliert und durchgesetzt und waren die kleinen Landbesitzer, die minores und pauperes, schon im Absinken. Aus der Zahl der freien Arimannien war ein hauchdünner Kriegeradel aufgestiegen oder von Anfang an an führender Stelle. Mit diesem ältesten *Kriegeradel* verband sich ein *Dienstadel* der gastaldi und iudices, der gasindi der folgenden Zeit. Als seit den Zeiten Rotharis die Zahl der pauperes und minimi unter den arimanni sich ständig vermehrte, wurde die sala zur curtis einer begrenzten Minderheit von potentes, zum gemauerten Haus der nobiles und signori. Am Ende des 6. Jahrhunderts war sala kein Gutskomplex gewesen, sondern Zentrum einer besonderen langobardischen Besatzung, Sammelort arimannischer Truppen und Sitz einer arimannischer Garnison zusammen mit den tributarii. Im 7. Jahrhundert hatten sich die salae schon dadurch von einander geschieden, daß militärische Führer einen größeren Besitz zugeteilt erhielten und sich aus den magna patrum merita eine insignis nobilitas entwickelte. Paulus Diaconus (H L VI. 24) führt den Typ eines solchen Mannes vor im sculdahis Argait «vir *nobilis* animoque et viribus *potens*, der rector loci im Dukat des Ferdulf war. In der Karolingerzeit wurde es Brauch der öffentlichen Funktionäre, den liberi homines (d.h. den minores und minimi) die operae = Arbeitsleistungen auf ihren Besitzungen und im Hause aufzuladen, was unter Liutprand noch ein Ausnahmefall für die expeditio des Funktionärs gewesen war. Darum klagen die Capitularia über solche Bedrückungen der liberi homines und servientes cecclesiae und ihren Mißbrauch zum opus servile auf den Gütern der comites, gastaldi, vicarii und centenarii. Diese Freien sinken bereits ab. Sala, am Anfang Sitz der fara und arimannia, sowie Landbesitz, war damals schon Zentrum der Ländereien der signori und domini im Ausbau der Grundherrschaften des 7. Jahrhunderts geworden; sie erhielt sich aber auch als Bezeichnung der casa oder dimora (Wohnung) der kleinen langobardischen und romanischen liberi. Als Zentrum jedes Grundbesitzkomplexes der Sieger unterscheidet sie sich aber auch in diesem Fall von der terra servilis und massaricia und bezeichnet fortan die pars dominica, die curtis des patronus, das große patrimonium mit dominicum und terra tributaria seit Rothari. Die minimi, die als exercitales homines befunden werden, die keine casae und terrae haben und den gasindi und maiores gegenüberstehen, bilden seit Liutprand die Masse der liberi; auch Ratchis unterscheidet den dives und pauper arimannus und Aistulf spricht von homines, die keine casae massariae besitzen. Diese Leue sind die Vorgänger der *liberi homines,* von denen ein Capitulare Ludwig des Frommen sagt, daß sie kein proprium haben, aber «in terra dominica resident», Vorläufer auch der minimi, die nicht «in exercito ambolare» können. Diese Klasse scheint in Italien zahlreich gewesen zu sein. Sie haben keine sala; denn die übriggebliebenen sale sind die bedeutenden curtes regiae, die der Gasindi, der primates, des Blut- und Verdienstadels; sie wurden Wirtschafts-, Gerichts-, Verwaltungs-, Militärzentren; diese aber waren die Nachfahren der römischen villa, die zerstört und neben der die sala aufgebaut wurde. Langobardisch-römische Kontinuität und Weiterentwicklung.

Auf der Suche nach Kontinuität und Diskontinuität in der frühmittelalterlichen Gesellschaft und Kultur Italiens stößt man auch auf die Frage nach den verschiedenen religiös-geistig-mentalen Grundlagen der römischen und germanischen (Grund-)Herrschaft, deren Entstehung aus den Wurzeln von villa, curtis sowie fara und sala eben skizziert wurden. Die Aufnahme der Romani in das langobardische Heer und das Verschwinden der ausschließlichen libertas der Langobarden, das Weiterwirken oder der Neuaufstieg von libertas und civitas Romana, die uns anderswo bei der *Freilassung zu römischem Bürgerrecht* begegnen, die auch aus dem Fortleben der Schriftlichkeit des Rechtsverkehrs, dem zunehmenden Auftreten von notarii und iudices deutlich aufscheint, lassen es fraglich erscheinen, ob sich auch im Wirtschaftsystem der Grundherrschaft ganz grundlegend neue sachliche und geistige Elemente durchgesetzt haben; sicher nicht im südlichen Mittel- und in Süditalien. Die Grundherrschaft der Spätantike war zweifellos das Zerfallsprodukt einer einst hochentwickelten und rationalen, gebildeten Gesellschaft, sie war der Weg zu einem auflebenden Archaismus. Sie war Selbsthilfe und Privatisierung im Zusammenbruch des Staates gewesen, dessen alte vitale Lebensordnungen erschöpft waren. Die Legitimationsbasis dieses entsakralisierten Patriarchats (pater familias) waren die «profane» Macht, der politische Einfluß und Reichtum.[15] In der neuen germanisch-mittelalterlichen Grundherrschaft drückte sich eine größere gesellschaftliche Differenzierung aus, eine rationalere und intensivere Auseinandersetzung mit der Umwelt, eine sakrale Gemeinschaftsordnung. Sie knüpfte an das religiöse Verständnis der Gemeinschafts- und Verwandtschaftsformen (fara = arimannia und sala) an und machte sich, bei den Langobarden kaum überdeckt durch ihr arianisches Christentum, den Ahnenglauben zunutze, um ihre Herrschaft in ihrer alten, ursprünglichen Welterfahrung zu verankern. Dieser archaisch-patriarchalische Aufbau einer neuen Gesellschaft überlagert die alten Ordnungen und Lebensformen mit einer neuen «Ideologie» von Verfügungsgewalt über Grund und Boden, über Menschen und Sachen, nicht unähnlich, aber doch nicht mehr identisch dem römischen Eigentumsrecht.[16] Ein neuer «Status» entsteht, der seine Basis im Besitz hat, dessen Kategorien mit religiösen Vorstellungen der alten Zeit verbunden sind, die eine feste Legitimationsgrundlage für *«Herrschaft»* abgeben. Diese Herrschaft wird in Haus und Familie wieder konzentriert; Haus und Familie, d.h. die eheliche Familie und der ganze Kreis der abhängigen und leibeigenen Leute = ist spezifische Grundstruktur der agrarisch-aristokratischen Welt, die auch *familia* heißt[17], werden räumlich und strukturell die Grundanlage der ganzen Gesellschaft, die von der kommunalen Bewegung erstmals durchbrochen wird. Die im adeligen Haus konzentrierte Grundherrschaft zieht alle anderen Sektoren der Gesellschaft, ihre Heiligtümer und sakralen Traditionen an sich und das umsomehr, als auch der kirchliche Besitz in der Form der Grundherrschaft, allein durch die großen Schenkungen und das siegreiche Wirtschaftssystem grundherrschaftlich organisiert und auf den Kirchenheiligen ausgerichtet ist, der der familia den Namen gibt, und weil die Bischöfe und Äbte Adelige sind und sich als solche geben. Sicher ist es der grundbesitzenden und schwerttragenden Oberschicht von Adel und Klerus auch gelungen, in Geist und Herz ihrer in der familia zusammengebundenen Beherrschten die Vorstellung oder den Glauben spontan oder bewußt zu wecken, daß die Herren das «Göttliche» repräsentieren und «Vermitt-

---

[15] G. TABACCO, La connessione fra potere e possesso nel regno franco e nel regno longobardo = XX. Settimana (Spoleto 1973) 137 ff.; DERS., Dai possessori del'età carolingia agli esercitali dell'età longobarda = Studi medievali s. 3ª. 10,1 (1969) 221–268.
[16] J. CAZENEUVE, La mentalité archaique (Paris 1961).
[17] K. BOSL, «Die Familia als Grundstruktur der mittelalterlichen Gesellschaft», in Festschr. f. R. Dietrich (1974) 109–128; DERS., Die Unfreiheit im Übergang von der archaischen Epoche zur Aufbruchsperiode der mittelalterlichen Gesellschaft = SB. Ak. München. Ph. H. Kl. 1 (1973).

ler» zwischen Gott und Menschen seien, wie es auf höchster Ebene gerade der König darstellte und zwar durch die Interpretation und Lehre seiner Bischöfe und Geistlichen.[18] Die römische Gesellschaft war aufgeklärt, gebildet, emanzipiert, als sie mit der germanischen Welt z.B. beim Einmarsch der Goten und Langobarden in Italien konfrontiert wurde. Deren Recht war statusgebunden, eingefügt in vitale Ordnungen und deren herrschaftliche Interpretation. Das römische Recht dagegen war entsakralisiert, unpersönlich und so übernahm es die Kirche. Da sich aber das hohe Niveau an Staatlichkeit nicht halten ließ, konnte sich die Kirche beim Fehlen einer soliden gesellschaftlichen Basis, der Archaisierung und Germanisierung auch ihrer eigenen Strukturen nicht entziehen. Herrschaft bedarf wenigstens am Anfang des Mythos, um den Riß, den sie in die Gesellschaft brachte, nicht sichtbar werden zu lassen; sie hebt deshalb die egalitär-naturhaften Verhältnisse auf. Ihr Legitimationsmythos macht es den an die Herrschenden glaubenden Menschen möglich, ihre Welt als sinnvoll und mit den Urstrukturen übereinstimmend zu erkennen. Der Mythos setzt Maßstäbe für das Handeln der Herrschaft, die Dualismus schafft, den der Mensch nicht erkennt. Im Glauben, daß Herrschaft, auch Kirche, immer wieder zu den Archetypen der Gesellschaft zurückführe oder wenigstens die Verbindung damit herstelle, liegt die Möglichkeit der subjektiven Aussöhnung des einzelnen mit den realen, aber nicht wahrgenommenen gesellschaftlichen Verhältnissen, in denen er lebte. Die Langobarden waren Arianer, als sie nach Italien kamen, und wurden Katholiken durch die Initiative ihrer Königsherrschaft. Ihre Könige haben sich nicht nur die Herzöge unterworfen, sondern auch die Bischöfe, durch die sie beide die Städte beherrschten. Die römischen Besiegten aber waren Christen, die diese Religion als Staatsbekenntnis hatten. In gleicher Weise übernahmen auch die Langobarden den römischen Katholizismus als Staatsreligion. Beide Partner, Kirche, Religion und Menschen mußten sich adaptieren; die Kirche wurde dabei archaisch, die Sieger dadurch auf ein höheres oder anderes Geistes- und Kulturniveau gehoben. Beide Partner veränderten sich dabei. Die zentrale Königsherrschaft war zunächst der Gewinner, gleichviel ob die Herrscher Langobarden oder Franken waren.

Anhang A: Die relevanten gesellschaftlichen Gruppen im Raume Siena/Arezzo.

Die beste Anschauung über die *relevanten gesellschaftlichen Gruppen* des späten Langobardenreiches im 8. Jahrhundert bietet uns die Untersuchung über

---

[18] W. ULLMANN, The Carolingian Renaissance and the idea of kingship (1969); DERS., Schranken der Königsgewalt im Mittelalter, in HJb 91 (1971) 1–21; DERS., Law and Politics in the middle ages (Ithaca / N.Y. 1975).

die Grenzen und Güter der Bistümer Siena und Arezzo vom 20. Juni 715 und eine Urkunde vom 5. Juli 715.[19] Die Verhandlungen erfolgen auf Befehl König Liutprands, der Führer der Zeugenvernehmung war der Notar am Königshof in Siena Gunteram. Als Zeugen wurden vernommen 15 Priester von Taufkirchen mit germanischen und 25 mit romanischen Namen. Es wird erwähnt der königliche missus Ambrosius, es erscheinen die Gründer der Kirche St. Maria in Pacena namens Uuilerat und Zotto. Genannt werden die Bischöfe Bonushomo (680–700?), Vitalian (701–?), Albanus (bis 710?) und Lupercian (711 ff.) von Arezzo und die Bischöfe Vitalian (um 680), und Magnus (vor 711), und Adeodatus (711?–715) von Siena. Wir erfahren, daß der Bischof Tedoald von Fiesole mehrere Jahre in der Bischofskirche San Donato zu Arezzo aufgezogen und «litteras edoctus» = ausgebildet wurde; außerdem erscheint ein Bischof Servandus von Arezzo und ein Gaudiosus von Rosella. Interessant ist die große Zahl von (Seelsorgs-)Geistlichen (an Taufkirchen), die sich zudem als Söhne von Priestern erweisen. Als kirchliche Stätten werden auch monasteria genannt: die presbiteri Dominicus und Semeris des monasterium Sti Ampsani (San Ansano a Dofana im Val d'Arbia), ein Sohn des presbiter Deusdedit vom baptisterium St. Johannis in Rancia im Val d'Ombrone, den Bischof Bonushomo von Arezzo zum Diakon und Priester geweiht hatte; Aunigis und Florentinus prb. de baptisterio Stae Restitute in fundo Resciano = Pieve di S. Rest. im Val d'Orcia; der prb. Mattichis vom monasterium S. Peregrini in loco Passeno beim baptisterium Sti. Stephani, das der Arimanne Ursus gegründet und der Bischof Bonushomo geweiht hat (S. Peregrini in Acennano); der Vater des Mattichis hieß Candidus. Kirchengründer ist auch ein Ago de Castello und zwar in Plausena = Castello nuovo de abbate im Val d'Oreia(?). Der obengenannte prb. Semeris bezeugte, daß Uuilerat und Zotto einst das oraculum im monasterium Ampsani gründeten und ihn dort als Geistlichen einsetzten, weil er ihr servus (Leibeigener) war. Zwei Priester empfingen ihre Tonsur in Rom. Der Priester Bonefatius de ecclesia et baptistero St. Valentini in casalem Orsina (Montefollonico im Val di Chiara) war von der plebs = pieve ausgewählt, nach Arezzo zum vicedominus Johannes zu gehen mit einem Bittbrief, ihn zu weihen; weil dort kein Bischof war, schickte man ihn zum Bischof Magnus von Siena, der ihm dann die Weihen erteilte. Der prb. Anfrit de monasterio Sti Petri ad Abso (S. Pietro d'Asso) wurde von Bischof Lupercian von Arezzo auf Bitten der Priester der Kirche von S. Quiricus Polecino und der Kirche S. Maria Corsono geweiht. Ebendort wurde der Diakon Germanus de ecclesia et baptistero S. Andreae in Malcensis (Malcino) nach Auswahl des pieve auf Grund einer epistola rogatoria des Uuarnifrit geweiht. An Laienzeugen erscheint ein einziger Arimanne mit dem romanischen Namen Ursus, der ein monasteriolum

---

[19] L. SCHIAPARELLI, Cod. dipl. Longob. (CDL) I (Roma 1929) Nr. 19, S. 61 ff. und Nr. 77, S. 120.

gründete. Über ihre pievi machten Aussagen 14 exercitales mit germanischen, 3 mit romanischen Namen, 8 liberi homines mit germanischen, 6 mit romanischen Namen. Dazu werden 2 decani romanischen und 2 centenarii germanischen Namens aufgeführt. Bezeichnend ist, daß exercitales meist nach einem vicus genannt sind, liberi manchmal nach einem pieve; der liber homo Gaudiosus hat vor 50 Jahren die Stadt Lucca verlassen und sich in Siena niedergelassen, wo er in der terra des verstorbenen Zotto lebt. In der Urkunde werden auch zwei Gastalde mit germanischen Namen aufgeführt; ein missus hat einen romanischen Namen. In dem zweiten Urteil vom 5. Juli werden die Bischöfe von Fiesole, Pisa, Florenz, Lucca und ein archipresbiter von Pisa, letzterer und der Bischof von Fiesole mit germanischen, die anderen 3 mit romanischen Namen aufgeführt; von den 9 bezeichneten presbiteri hatten nur zwei germanische Namen. Wieder wirkte der Notar Gunteram als Königsbote am Gerichtsort der Kirche San Genesio im vicus Vallari bei Miniato.[20] Im Streit um die Kirchen und monasteria im territorium der Stadt Siena werden 18 baptisteria und 3 monasteria gezählt. Wenn Namen im 8. Jahrhundert noch Genaues über die ethnische Zugehörigkeit aussagen, dann überwog das *romanische Element* bei der *Geistlichkeit* und war das germanische fast ausschließlich auf die exercitales beschränkt, während die liberi homines gemischt waren; auffällig ist der romanische Name des einzigen Arimannen. Die Gastalden tragen germanische Namen, ein missus einen romanischen. Die gesellschaftliche Bewegung war im Fluß, Mischung und Integration hatten schon begonnen. Der König hatte als zentrale Figur durch seine Beamten die Kontrolle in der Hand, ihm unterwarfen sich auch die Bischöfe.

Anhang B: Entwicklungsmodell Cologno-Monza.

Am Beispiel des lombardischen contado Cologno-Monzese hat jüngst G. Rossetti antike und frühmittelalterliche Verhältnisse vorgeführt.[21] Monza war ein regionaler Zentralort der Antike, ein von der civitas Mailand abhängiger vicus. Das Land war von mittleren und kleineren bäuerlichen Landeigentümern besetzt; sie waren liberti, veterani, die zu lokalen Familien gehörten. Hier gab es weite Flächen von Staatsland (publicum). Der lateinische Name Cologno ist wohl von colonia herzuleiten, was auf den colonus-Charakter dieses kaiserzeitlichen Dorfes

---

[20] H. KELLER, Der Gerichtsort in oberitalienischen und toskanischen Städten. Untersuchungen zur Stellung der Stadt im Herrschaftssystem des Regnum Italicum vom 9. bis 11. Jahrhundert, in QùFIAB 49 (1969) 1–72.
[21] G. ROSETTI, Società e istituzioni nel contado lombardo durante il medioevo Cologno Monzeso I (sec. VIII–X) (Milano 1968).

hinweist. Der Ort lag zwischen zwei Hauptverkehrsadern der Region, der Straße Mailand–Bergamo und Bergamo–Como. Das am linken Lambroufer liegende Cologno wurde von den Langobarden besetzt; diese liessen sich auf Fiskalboden auch in neuen Ländereien nieder und gründeten neue Orte im Bereich der loci und fundi; sie änderten die Grenzen und gaben dem Land, auf dem sie saßen, ihren Namen. Die Langobarden betrieben mit Leibeigenen Rodung und Landesausbau und schufen selber neue loci und fundi neben den alten. Die Feudalherrschaften dieser Gegend waren fränkischen Ursprungs. Die Herrschaftsstruktur der Zone änderte sich erst durch das incastellamento des 10. Jahrhunderts. In Monza, Cologno, Sesta erstanden *castelli,* die sich die benachbarten loci einzuverleiben suchten. Der größte Grundbesitzer in diesem Raum wurde das Kloster San Ambroggio in Mailand, als die extreme Aufteilung ihres Eigentums am Anfang des 9. Jahrhunderts die langobardische Gesellschaft wirtschaftlich ruinierte. In Cologno konnte man bis in das 9. Jahrhundert eine langobardische possessores = Familie verfolgen (861), die weite Ländereien: case, terre, servi etc besaß. Das patrimonium war an drei Söhne verteilt. Doch lassen sich dort auch noch andere langobardische possessores feststellen. Auch im benachbarten Sertolo waren sie im 10. Jhdt. zahlreich. In der Karolingerzeit hat sich der Gesellschaftsspiegel von Cologno kaum verändert im Gegensatz zu anderswo. Wir stellen Landeigentümer fest, vermischt mit Kaufleuten (830, 861, 863, 865, 892), die Mailänder waren und um Cologno Besitz hatten. Dem Dorf Cologno blieb eine gesellschaftliche Homogenität garantiert durch das Fortleben der Erben seiner Gründer zumindest im 9. Jhdt, durch den kollektiven Nießbrauch und durch die Verwaltungseinheit des locus und fundus und die Abhängigkeit der Bebauer am Lande. In Cologno waren eine curtis regia, eine Kapelle, ein xenodochium, die in langobardischer Zeit ein gasindio verwaltete, der an San Ambroggio schenkte, das später der alleinige Grundherr in Cologno war. Das pieve San Giuliano hatte eine besondere Stellung an diesem Ort. Über die Bewohner erfahren wir 769 durch die Schenkung eines Diakons Gratus an die Kirche in Monza; er bestätigte, daß seine familia (= Verband), seine servi et ancillae, aldiones et aldianae, wo immer sie wohnen, frei und römische Bürger sein sollten (Freilassung zu römischem Bürgerrecht) und daß sie vom Grund, auf dem sie saßen, nicht vertrieben werden könnten; die res (Güter) und casae, die sie bewirtschaften, sollten sie an die Kapelle und das xenodochium verzinsen, unbeschadet ihrer libertas servilis (C D L II. 231). San Giuliano war eine Taufkirche und 956 als plebs benannt und der Hoheit der Bischofskirche von Monza unterworfen. Die Bischofskirche von *Monza* war eine Königskirche, ihre Gründerin war die Königin Theodolinde. Die ihr zugehörigen Kirchen wurden meist von Langobarden gegründet und das Land war stark von Langobarden bestimmt, zum großen Teil sogar vom palatium zu Monza aus verwaltet. Vorläufer der Bischofskirche in Monza war ein palatium mit reichen Fiskalgütern und Gefällen. 853 hören wir erstmals von Laienherren der Königskirche in Monza und ihrem patrimonium, 879 besaß es der fränkische Reichsaristokrat Graf Liutfred als Kirchenlehen in Namen des Königs (beneficium verbo regis). Sicher gehörten zum patrimonium auch die Ländereien des palatium in Monza. Die Königskapelle San Giorgio in Cologno hatte der gasindius Aribert schon am Ende des 8. Jhdts. an San Ambroggio geschenkt; sie war 841 Lehen eines Monzeser Priesters. Die Kanoniker von Monza hatten 781 von Karl dem Großen eine curtis regia in Locate geschenkt erhalten; 920 erhielt die Domkirche 3 curtes regie in Bulciago, Calpuno, Cremella mit dem Kloster S. Pietro bestätigt (Diplomi Bereng. I. 326–328). San Ambroggio tauschte 830 Güter in Cologno; Schätzer waren ein Mann aus dem vicus Rovagnasco s. Vinodrone, ein negotians vom vicus Pioltello s. Segrate, Einwohner von Fresorio. Streitigkeiten von und mit dem Erzbischof Angilbert von Mailand erweisen 859, daß dem Kloster S. Ambroggio mit dem Königshof von Cologno nicht auch honor und districtus über das territorium und die Nachbarschaft verliehen worden waren; der dominatus loci kam erst später hinzu. Die Königsgüter von Cologno waren ursprünglich von der Pfalz in Monza abhängig. Im ganzen muß man sagen, daß dank der aktiven Güterpolitik der Äbte von San Ambroggio ein großer Grundbesitz am Ort Cologno in Verbindung mit den benachbarten Dörfern Sertolo, Octavo, Bladino, Barragia entstand. Diese *Grundherrschaft* lag entlang den beiden Ufern des Lambroflusses, auf dessen linker Seite die genannte Römerstraße verlief, die sich südlich mit der großen Straße von Mailand nach Bergamo und nördlich mit den Seestraßen vereinigte. Im Umkreis von Cologno finden sich an beiden Flußufern Dörfer germanischen Ursprungs (Vinodrone, Sundre, Bladino, Albaesate, vielleicht Sertolo), aber auch Orte römischen Ursprungs (Cologno, Sesto, Octavo), die von den Langobarden in verschiedenen familiären Gruppen besetzt wurden, die den Orten die Namen ihrer großen possessores gaben. Die von den Langobarden neugebildeten loci und fundi glichen sich den römischen an. Es wurden Wälder und Öden gerodet, Weinberge und Getreidefelder neu angelegt, aber eine revolutionäre Veränderung erfolgte im ländlichen Bereich nicht; radikaler waren die Veränderungen durch die Kirche nach der Gründung von Monza durch Theodolinde (S. Giovanni Battista). Am Ende des Langobardenreiches stand dessen kirchliches patrimonium unter der drückenden Herrschaft von Laienherren, die sich simonistisch die geistliche Laufbahn aneigneten. Im 9. Jahrhundert entfaltete sich die Feudalherrschaft der Nachkommen des Hugo von Tours. Die curtis ecclesiae, die Eigenkirche S. Giorgio di Cologno, auch das pieve von San Giuliano in Cologno wurden verlehnt an Priester vor allem. Den größten Teil der Ländereien der possessores in und um Cologno sicherte sich San Ambroggio. Daß in dieser Gegend bei den Rechtsgeschäften soviele Juristen nach 880 erschienen, hing mit der Juristenschule von Pavia zusammen. Die Richter und Notare, die als aestimatores, Berater herangezogen wurden, handelten als private Bürger und zunehmend auch als öffentliche Funktionäre. Zur Zeit der Ungarninvasion wurden Monza und Cologno castelli (943); 966 war der Eigentümer von Mauern, Toren, Zugängen zur via publica des castrum von Cologno das Mailänder Kloster; dieses sicherte sich damit neue Rechte über die familia servilis und abhängigen liberi, aber auch über die liberi possessores, die die case im castrum zu Eigen hatten oder vom Kloster areae fabricabili erwarben. Herr des castrum war der Abt, dem sie zu Leistungen zur baulichen Instandhaltung des befestigten Ortes verpflichtet waren. Cologno wurde so Zentrum eines dominatus des Klosters San Ambroggio in Mailand.

II.

Die Gesellschaftsentwicklung in der karolingischen und postkarolingischen Epoche (Ende des 8. bis Ende des 10. Jahrhunderts)

1) Der Wandel der Führungsschichten, 8.–10. Jahrhundert.

Die Eroberung Italiens und seine Eingliederung in das fränkische Großreich der Eroberung durch Karl den Großen hat in den erfaßten Gebieten (später Reichsitalien genannt) weniger den allgemeinen Fluß des Gesellschafts- und Wirtschaftsprozesses auf der unteren und mittleren Ebene berührt, gehemmt, verändert, unterbrochen – dieser war im Gange und nahm in den neugesetzten Ordnungen weiter seinen Lauf – er beseitigte aber zu einem guten Teil die alte Führungsschicht und baute mit Kräften aus dem Reich eine neue Oberschicht = Reichsaristokratie auf, die die alte in den Führungs- und Kommandostellen voll ersetzte und sie kontrollierte, soweit sie überlebte. Das war ebenso ein Fremdkörper wie der langobardische Adel in den vergangenen Jahrhunderten.[22] Da es sich

---

[22] E. HLAWITSCHKA, Franken, Alemannen, Bayern und Burgunder in Oberitalien (Freiburg 1960). – G. TELLENBACH, Der großfränkische Adel und die Regierung Italiens in der Blütezeit des Karolingerreiches, in G. TELLENBACH, Studien und Vorarbeiten zur Geschichte des großfränkischen und frühdeutschen Adels (Freiburg 1957) 40–70. – P. DARMSTÄDTER, Das Reichsgut in der Lombardei und Piemont (Straßburg 1896, Reprint 1965). – P. H. SCHEFFEL, Verkehrsgeschichte der Alpen I (Berlin 1908). – H. KELLER, Zur Struktur der Königsherrschaft in karolingischer und nachkarolingischer Zeit. Der «consiliarius regis» in den italienischen Königsurkunden des 9. und 10. Jahrhunderts, in QuFIAB 47 (1967) 123 ff.; DERS., Der Gerichtsort in italienischen und toskanischen Städten, ebda 49 (1969) 1 ff.; DERS., I placiti nella storiografia degli ultimi cento anni, in Fonti medioevali e problematica storiografica = Atti del Cong. Intern. in occasione del 90° anniversario della fondazione dell'Ist. Stor.-Ital. (Roma 1973). – F. L. GANSHOF, Charlemagne et l'administration de la justice dans la monarchie franque, in Karl der Große I. hrsg. von H. Beumann (1965) 394–419. – P. DELOGU, L'istituzione comitale nell'Italia carolingia, in Bull. dell'Ist. stor. ital. p. i. m. e. 79 (1968) 53–114 und die negative Kritik von H. KELLER, in QuFIAB 49 (1969) 455 ff. – V. FUMAGALLI, Città e distretti minori nell'Italia carolingia. Un esempio, in Riv. Stor. Ital. 81 (1969) 107–117. – K. SCHMID, Die Ablösung der Langobardenherrschaft durch die Franken, in QuFIAB 52 (1972) 1–36. – P. S. LEICHT, Dal regnum Langobardiae al regnum Italiae, in Riv. Stor. Dir. Ital. 3 (1930); DERS., Il feudo in Italia nell'età carolingia, in Problemi della civiltà carolingia (Spoleto 1954). – C. G. MOR, L'età feudale. 2 Bde. (1935). – G. TABACCO, I liberi del Re nell'Italia carolingia e postcarolingia (Spoleto 1966); DERS., Der Zusammenhang zwischen Macht und Besitz im fränkischen und langobardischen Reich, in Saeculum 24 (1973) 220–240. – G.

774 nicht um Landnahme und Großansiedlung eines Wanderstammes und seiner Hilfsvölker, also um Einschränkung und Verdrängung der einheimischen Bevölkerung, der Mittel- und Unterschichten handelte, sondern trotz neuer Kolonisten um Umgruppierung von Herrschaft und Verwaltung sowie um Beschleunigung des Wirtschaftssystems der Grundherrschaft und um Entfaltung des Lehenswesens, kann man hier noch viel weniger von Diskontinuität und Kulturbruch wie bei der Invasion der Langobarden sprechen; der Wandel und die Veränderung erfolgten nur auf oberer und oberster Ebene, die Bevölkerung blieb fast ungestört und unbewegt und diese Bevölkerung war bereits im Zustand der Mischung germanischer und romanischer Elemente und das romanische Element begann dabei im ganzen schon zu dominieren. Das Bild der Urkunden darf nicht täuschen. Erhalten hat sich aber der Rahmen des Langobardenreiches mit seiner Hauptstadt Pavia und lebte als Unterkönigreich des Frankenreiches neben ihm fort.

Schon vor 774 gab es Franken in Italien, vor allem Mönche und politische Gegner des fränkischen Königs, die gerade hier Asyl suchten. Die Eroberung war am karolingischen Königshof gründlich vorbereitet und maßgebliche Große des Reiches waren als missi = Königsboten nach Italien eingeschaltet. Mit dem Fortbestand der langobardischen Herrschaftsorganisation auch nach der Eroberung hielten sich auch zunächst die langobardischen duces: Hrodgaud in Friaul, Stabilimus in Treviso, Gaidus in Vicenza, Gudibrand in Florenz, Regnibald in Chiusi, Hildebrand in Spoleto, die belegt sind. Erst nach dem langobardischen Komplott von 775/6 zur Wiedereinsetzung des langobardischen Prinzen Adelgis, des Sohnes

---

Fasoli / R. Manselli / G. Tabacco, La struttura sociale della città italiane dal V al XII secolo, in Vortr. u. Forsch. 11 (Konstanz 1966) 291–320. – C. G. Mor, Gouvernés et Gouvernants en Italie du VIe au XIIe siècles, in Gouvernés et Gouvernants II = Rec. J. Bodin 23 (Bruxelles 1968) 395–420. – H. M. Schwarzmaier, Lucca und das Reich bis zum Ende des 14. Jahrhunderts. Studien zur Sozialstruktur einer Herzogsstadt in der Toskana (1972); ders., Der Adel Luccas im 10. und 11. Jahrhundert. Kontinuität und Neuanfang bei den sozialen Oberschichten im Bereich Luccas, in QuFIAB 52 (1972) 68–89. – R. Endres, Das Kirchengut im Bistum Lucca vom 8.–10. Jahrhundert, in VSWG 14 (1918). – J. Fischer, Königtum, Adel und Kirche im Königreich Italien. (Diss. Tübingen 1965). – G. Wielich, Das Locarnese im Altertum und Mittelalter. Ein Beitrag zur Geschichte des Kantons Tessin (Bern 1970). – D. Herlihy, The history of the rural seigneury in Italy (751–1200), in Agricultural History XXXIII (1959); ders., L'economia della città e del distretto di Lucca secondo de carte private nell'alto medio evo = Atti di 5° Congr. intern. di studi sull'alto medioevo (Spoleto 1973) 363–388. – I. Belli-Barsalli, La topografia di Lucca nei secoli VIII–XI, ebda 461–554. – O. Bertolini, Ordinamenti militari e strutture sociali dei Longobardi in Italia = Settim. XV (Spoleto 1968) 429–607). – J. Percival, Nineth century Polytyques and the villa system: a reply, in Latomus XXV (1966) 134–138 = gegen S. Applebaum, The late Gallo Roman rural pattern in the light of Carolingian Capitularies, ibidem XXIII (1964) 774–787. – A. Hofmeister, Markgrafen und Markgrafschaften im italienischen Königreich, MIÖG. Erg. Bd. VII (1907).

des Desiderius, der in Byzanz im Exil lebte, was den Beteiligten Leben, Herrschaft, Heimat kostete, setzte der Frankenkönig an die Stelle der unzuverlässigen duces *fränkische comites* = Grafen: Marcarius in Friaul, Gebhard in Treviso, Cundhart in Vicenza; doch wurden damals die Langobarden aus der Führung noch nicht ausgeschaltet. Die eingreifende *Umorganisation* vollzog sich erst bei den Italienaufenthalten des Königs 780/1, 786 und 800/1. Dabei wurden letztlich die langobardischen Dukate in *comitatus* umgewandelt und die bisherigen duces als comites weiterverwendet. Das bedeutete einen grundsätzlichen Wandel, der allerdings in Etappen vor sich ging; denn nun wurden die Langobarden zusehends durch Franken ersetzt, Spoleto, Florenz, Lucca, Genua, Bergamo, Brescia, Padova, Verona. Auch in Italien und Friaul treten als führende Leute nordalpine Männer auf. Die hohen Kommandostellen im Heer finden wir auch allmählich in den Händen fränkischer Großer; ein fränkischer comes stabuli Burchard besiegte 807 eine sarazenische Flotte bei Corsica. Als königliche missi wurden Adelige aus Francien und Alemannien entsandt, die für die Durchführung königlicher Anordnungen verantwortlich waren; das geschah bis 830. Karl der Große versuchte Italien möglichst enge mit den Reichsteilen nördlich und nordwestlich der Alpen zu verbinden und setzte dafür die *Reichskirche* vor allem ein; fränkische Kirchen und Klöster wurden mit Besitz in Italien ausgestattet. Das Kloster St. Martin in Tours bekam gleich nach dem Zusammenbruch der Langobardenherrschaft die Insel Sirmione im Gardasee, das ganze Tal Camonica, die villa Solario sowie eine casella mit Zubehör in Pavia; das fränkische Königskloster St. Denis erhielt das Tal Veltlin, das altes langobardisches Fiskalland war; St. Maurice Agaunum bekam Güter in Tuscia übertragen; die Klöster Fulda, St. Gallen, Reichenau und St. Emmeram in Regensburg wurden in Italien begütert. Gerade dieses waren Wege einer langsamen Überfremdung oder wenigstens Einsickerung des Fremden, da hier durch die Mönche menschliche Verbindungen und Bindungen angeknüpft wurden. Das sieht man an der Übertragung von Bistümern zum Teil an Äbte in nordalpinen Gebieten, so in Spoleto, Pavia, Verona, Vicenza, Vercelli, Mailand, Como, Parma, Treviso, Novara, Padova. Selbst der Papst in Rom mußte fürchten von einem Franken verdrängt zu werden. Die Versuche, die italienische Kirche zu frankisieren, waren sehr massiv; noch intensiver waren die Bemühungen, auf mittlerer Ebene die Laien mit fränkischen Elementen zu durchsetzen durch *vassi* = kleine Grundherrn und (Staats-)*Siedler*. Wir lesen häufig von habitatores in vico Gussolengo, Carpiano, Landriano und anderen italienischen Dörfern und von cives de civitate Mediolana, Veronensi, Astensi etc., die ex genere francorum oder alamannorum waren, sie alle kamen in königlichem Dienst nach Italien, als Mitglieder des fränkischen Eroberheeres, als custodia Francorum in Pavia und anderen wichtigen Punkten. Sie erscheinen als vassi domini imperatoris oder regis oder comitis in Lucca, in der stark mit Franken durchsetzten Gegend südlich Mailand. Auf einem Gerichtstag von 845 in Trento treten vassi dominici tam teutisci quam langobardi auf und 848 werden in Mailand ein Teodericus sculdasius ex genere francorum vasallus Alberici comitis und zwei weitere Alemannen als Vasalli des gleichen Grafen benannt. (CDL Nr. 165. S. 281). Diese Leute in Königsdienst führen für den König und den hohen fränkischen Verwaltungsadel Besatzung und Schutzaufgaben durch und bekamen dafür Königsgut zum Unterhalt; doch wurde auch Kirchengut und Besitz deportierter langobardischer Großer dazu verwendet; der Fiskus nahm Beschlagnahmen und Eingriffe vor. Es wurden Franken, Alemannen, Bayern und Burgunder vor allem um Mailand-Pavia, Verona, Como-Lecco, Parma, Piacenza, Lucca, also an politisch und militärisch wichtigen Plätzen im Kernland der Langobardia, am Einfallstor aus Ostfranken über Brenner und Reschenscheideck nach Ostoberitalien (Veroneser Klause) am Ausgangspunkt der großen oberitalienischen Straßen über die Bündener Pässe und am Zugang in Parma zur Toskana über den Cisa-Paß auf der via Francigena, um Lucca, das Herz der Tuscia, um Asti, der Durchgangsstadt vom Mont Cenis und Mont Genèvre nach Pavia angesiedelt. An der Paßstraße durch das Stura- und Ubayetal saßen «tam Langobardi quam Romani homines et Franchi». Ligurien scheint von fränkischer Zuwanderung verschont geblieben zu sein, doch war offenbar ein großer Zustrom aus dem Norden nach Friaul gegangen, von wo fränkische Expeditionen nach Kroatien, Bulgarien und gegen die Avaren zogen. Auch die Markgrafschaft Spoleto blieb nicht ausgespart. Jedoch stellen wir im Kirchenstaat keine fränkischen Vasallen und Siedlungen fest. Hier herrschte im Gegensatz zu der comites-Struktur der fränkischen Verwaltung im Langobardenreich eigentlich keine Ordnung, da wir im Patrimonium Petri oft in einer einzigen Stadt mehrere duces, magistri militum, notarii und dativi feststellen, vor allem in den Urkunden von Ravenna, der Romagna und Sabina. In der Zeit der sog. nationalitalienischen Könige dringt allerdings die Grafschaftsverfassung auch in die Romagna ein. Die kleinen Vasallen und Siedler müssen in ihrem Heimatland landarme Leute und pauperiores vassi gewesen sein, für die größerer Landbesitz in Italien anziehend war. Das System der Ansiedlung landloser Freier auf Fiskalboden zu Dienst mit der Waffe kannten sowohl die Franken wie die Langobarden, letztere in der schon behandelten Arimannie.[23] Fränkische «Staats-Siedlung» und langobardische Arimannie entsprechen sich topographisch vor allem um Verona, an den Etschklausen, im Gebiet um Garda und Lazise, im Hügelland südlich und südöstlich des Gardasees, in der Valpolicella, im Val

---

[23] G. P. BOGNETTI, Arimannie nella città di Milano, a.a.O. (1938). – F. SCHNEIDER, Die Entstehung von Burg und Landgemeinde in Italien (1924). – TH. MAYER, Königtum und Gemeinfreiheit im frühen Mittelalter, in DA VI (1943). – Dagegen G. TABACCO, I liberi del Re nell'Italia carolingia e postcarolingia (Spoleto 1968).

Pantena, Valle d'Ilasi, im Reichsforst Manticus westlich Verona, ebenso in der Umgebung von Brescia und Bergamo, vor allem in und um Mailand sowie in den angrenzenden Kastellbezirken von Seprio und Lecco. Arimannen stellen wir fest in Locarno, Lugano, Mendrisio (sö. Luganer See), Balerna (nw. Como), in Bellagio, Limonta, im Veltliner Tal, Mosezzo (nw. Novara), im Alpenvorland zwischen Biella und Lago Maggiore und bei Ivrea, dazu bei Fruttuaria (nö. Turin) und in Chieri, im territorium von Asti mit dem Bergland von Montferrat. Viele Franken und Alemannen sitzen im Raum um Pavia, wo es mächtige Arimannensiedlungen nördlich der Hauptstadt gab. Arimanni und Arimannengüter finden wir in den Räumen von Genua, Parma, Piacenza, Modena, bei Padova. Im Gebiet des Kirchenstaates gab es im Raum von Ferrara und Bologna, bei Commacchio, im territorium von Faenza, Ravenna und Rimini Arimannensiedlungen, aber keine Franken und Alemannen. Man muß feststellen, daß der Frankenkönig seine fränkischen, alemannischen, bayerischen Vasallen und Wehrsiedler mitten in die Gebiete der langobardischen Staatssiedler hineingesetzt hat, um sie zu kontrollieren und niederzuhalten. Genau wie in Aquitanien übertrug er auch im Langobardenreich die cura regni, das finium tutamen und die villarum regiarum ruralium provisio (MG. SS. II. S. 608) fränkischen und alemannischen Aristokraten in hohen Verwaltungspositionen, Angehörigen des Frankenreichs auf Bischofs- und Abteisitzen, kleineren fränkischen Vasallen, die mit den Grafen zusammenwirkten, deren Nachfahren noch im 10. Jahrhundert wußten, daß sie fränkischer Abstammung waren. Die «*Staatssiedlung*» war eines der wichtigsten Mittel karolingischer Herrschaftspolitik in eroberten und fremden Räumen, ein erfolgreicher Weg der Integration und Anziehung der Einheimischen in überlagernde Herrschaftsstrukturen. Man muß sich auch die Einheimischen dazu denken, auf die diese Einflußnahme gezielt war, die große Zahl von Abhängigen der Bischöfe und Äbte in Stadt und Land, die Vielzahl der Menschen, die irgendwie von den comites, iudices, vasalli abhingen oder mit ihnen in Berührung kamen. Hlawitschka stellte in der Karolingerzeit allein aus den Quellen 360 fränkische, 160 alemannische, 15 bayerische und zwei burgundische Vasallen und Siedler fest (S. 310 ff.), im 10. Jahrhundert konnten nochmals 1160 Zuwanderer oder Nachkommen namentlich feststellbarer Zuwanderer gezählt werden. Viel größer war die tatsächliche Zahl als die in den Quellen festgestellten Personen. Bedenkt man dabei die Funktion dieser Menschen (im ganzen 2300), dann sieht man die Wirkung derselben in der Herrschaftsorganisation und in der Gesellschaft; die ethnisch-physische Grundstruktur der romanisch-langobardischen Bevölkerung in Ober- und Mittelitalien ist durch die Verpflanzung relativ vieler fränkischer, alemannischer, burgundischer und bayerischer Vasallen und kriegsdienstverpflichteter Siedler nicht grundlegend verändert worden, umso weniger wenn man annimmt, daß Italien *relativ dicht* besiedelt war. Bedeutsam wurde der Wandel in der *Führungsschicht* durch die *Ausschaltung der Langobarden* und ihre Ersetzung durch *Reichsfranken* und «*Reichsaristokratie*». Daß an den Schaltstellen der Herrschaft in Ober- und Mittelitalien Vasallen und Siedler aus dem Norden saßen, hatte tiefere Folgen für Politik, Herrschaft, Gesellschaft, Wirtschaft. Gesellschaftsbildende fränkische Elemente waren das sich durchsetzende fränkische *Lehenswesen* mit Commendation, die Vasallität, die Prekarie als Form der Nutzung von Kirchengut, um nur einige zu nennen. Auch die religiösen Vorstellungen des Herrenvolkes drangen ein, wie wir an vielen Martins- und Remigiuskirchen sehen können, die uns auch auf fränkische Eigenkirchen und Eigenklöster hinweisen. Fränkischer Kultureinfluß, den Mönche und Bischöfe, aber auch Laien trugen, spüren wir am Sieg der karolingischen Minuskel, an der Verbesserung der lateinischen Schriftsprache, die hier in schlechtem Zustande war, in Maßnahmen zur Vereinheitlichung der Liturgie im ganzen Reich wie in Italien, die fränkische Mönche im Kloster S. Ambrogio in Mailand und in S. Pietro al Monte in Cioate zu besorgen hatten. Ein Sonderfall ist die berühmte Bibliothek des nordalpinen Markgrafen Eberhard von Friaul aus dem 9. Jahrhundert, in der sich die lex Salica, Ripuaria, die leges Alamannorum, Langobardorum und Baiuariorum befanden. Eberhard und seine Söhne sind auch ein besonderes Modell dieses herausragenden Reichsaristokratentypus.

Mit zunehmender Verantwortung und Teilhabe an der kaiserlichen Politik besonders seit 830 (Lothar I., Ludwig II.) wurde die Stellung dieses «Reichsadels» in Italien bewußter und selbständiger; das zeigte sich besonders bei dem entschlossenen Auftreten der oberitalienischen Grafen 844 in Rom gegen den Versuch des Papstes, sich dem fränkischen Einfluß zu entziehen, und in der Übernahme immer größerer Aufgaben. In der Zentrallandschaft am Po blieb der zentrale Wille spürbar, aber in Spoleto, Tuszien und Friaul wurde ihre Selbständigkeit immer größer. Dazu kam, daß dieser «Reichsadel» in den Grenzgebieten die Hauptlast der Verteidigung gegen Sarazenen, Ungarn, Slaven zu tragen hatte und deshalb mit der Erblichkeit der Ämter und der Stärkung des Heeres eine beachtliche Machtkonzentration aufbaute. Der fremde Reichsadel verwurzelte gegen die Mitte des 9. Jahrhunderts allmählich in Italien, gleichzeitig begann sich das Band zum Norden zu lockern. Trotzdem blieb im Kaiserhaus und in dem Kreis des Reichsadels das Bewusstsein von der Pflicht zu Einheit und Hilfe noch lange lebendig. Als 846 (oder 847) die Sarazenen weite Gebiete Mittel- und Süditaliens verwüsteten und auch die Peterskirche zu Rom plünderten, schrieb Kaiser Lothar I. im ganzen Reich eine Kollekte zur Wiederherstellung der Peterskirche und zum Mauerbau um die civitas Leonina aus und bot das Heer des italischen Reiches zu einem Feldzug gegen die Sarazenen auf. Der hohe Reichsadel war noch lange im nordalpinen Reich durch seine dortigen Besitzungen verankert. Trotzdem begann die Trennung seit dem Vertrag von Verdun 843, obwohl noch 871 auf das

Gerücht vom Tode Kaiser Ludwig II. die fränkischen Großen in Benevent beschlossen, Gesandte an König Karl den Kahlen mit der Aufforderung zu schicken, nach Italien zu kommen und es mit dem Westfrankenreich zu vereinigen. Freilich starb Kaiser Ludwig II. erst 875 in der Gegend von Brescia ohne Thronerben. Und damit setzten in Italien starke politische Unruhen und Wirren ein, die im Grunde die Geschichte der Halbinsel von 875 bis 962 begleiteten. Dabei veränderte sich die Stellung der adeligen Führungsschicht vollkommen. Sie bestimmte fortan maßgeblich den Gang der Dinge und setzte die Macht ihres reichen Familienbesitzes und seiner weitverzweigten Familienbeziehungen stärkstens ein. Die Magnaten (maiores natu) entschieden gegen Karl den Kahlen für den ostfränkischen Karlmann, der dann wegen einer Krankheit den Grafen und Markgrafen = den Großen die volle Machtausübung überlassen mußte; diese aber suchten ihre Verwaltungsbereiche und Privatbesitzungen stetig zu erweitern auch auf Kosten des Kaisers und des Bischofs von Rom wie der anderen Bischöfe. Die primores regni bestimmten fortan, wer König sein konnte und nahmen an den wichtigsten Beratungen in Rom, Ravenna, Verona, Mailand, Pavia teil. Die führenden Magnaten, wie der Markgraf von Spoleto in Mittelitalien (Widonen), erlangten eine unabhängige, fast königsgleiche Stellung, sie nahmen die Herrschaft über Italien in ihre eigenen Hände. Das aber hatte zur Folge, daß die *fränkische Oberschicht Oberitaliens* den Untergang der ostfränkischen Karolingerherrschaft überlebte und auch in der Zeit der nationalitalienischen Könige das Heft in der Hand behielt. Die Könige von 888 bis 962 in Italien waren fränkischer Herkunft, entstammten nordalpinem Adel; von ca. 96 Grafen und Markgrafen Oberitaliens in dieser Epoche waren 74 sicher nordalpin. Noch gibt es keine Grafen romanischer Herkunft in Oberitalien und bei 7 Langobarden mögen besondere Umstände den Aufstieg begünstigt haben; letztere waren Giselbert von Bergamo und sein Sohn Lanfranc, Raginerius von Piacenza, Ragimund von Reggio, Otbert = der Stammvater der Este und Adalbert-Atto, der Ahn der später bedeutenden Herren von Canossa.

Die zugewanderte Adelsgruppe war auch in dieser Epoche noch nicht im Romanentum Italiens aufgegangen und blieb sich immer noch ihres genus francorum oder alemannorum bewußt, es dauerte noch eine Zeitlang, bis sie nur mehr nach der lex salica zu leben vorgab. Natürlich war die *Assimilierung* an das *Romanentum* schon im Fortschreiten, vor allem an das bereits stark romanisierte Langobardentum, aber die Beziehungen zu den fränkischen Gebieten und ihrem Adel waren noch sehr stark, ja sie waren entscheidend für die um die Vorherrschaft in Italien kämpfenden Familien des Berengar von Friaul und des Wido von Spoleto und nicht unwichtig für die anderen fränkischen Großen = die marchiones und principes. All das aber zeigt, daß diese Magnaten noch nicht völlig im italienischen Lebensbereich, Gesellschaft und Kultur aufgegangen waren. Es treten dabei besondere Beziehungen dieser Adelsgesellschaft zu Hochburgund in Erscheinung (921), die neben die zur Provence, zu Alemannien und Bayern kamen. Doch verlor in diesen Kämpfen um das italienische König- und Kaisertum die verwandtschaftliche Beziehung immer mehr an Gewicht. Um sich keinem Herrn letztlich beugen zu müssen, stellten die Magnaten und principes immer wieder neue Gegenkandidaten gegen ihren jeweiligen König auf; dabei gewöhnte man sich daran, sich nach der Provence oder nach Burgund zu wenden; dabei traten persönliche Beziehungen in den Hintergrund. Das brachte auch den sächsischen König Otto I. in das italienische Spiel, der die Chance nutzte, die deutsche Vorherrschaft in Italien aufzubauen. Die Großen Oberitaliens huldigten, d.h. wählten ihn 952 zu Pavia. Ottos zweitem Italienzugg 961 ging eine Aufforderung vom «pene omnis Italiae comites et episcopi» voraus, die bei der Schwäche von Niederburgund, Hochburgund, Frankreich entsprechend ihrer traditionellen Politik den mächtigsten Herrscher nördlich der Alpen in Deutschland ansprachen, der seinerseits die traditionelle Politik Karls d. Großen in Italien aufnahm. Damals aber vollendete sich schon die Verschmelzung des «Italiae populus diverso sanquine mixtus» zum *italienischen Volk*, wenigstens in Ober- und Mittelitalien; Otto I. nannte sich darum 951 rex Italicorum. Die fränkisch-alemannische Gruppe war in die romanisch-langobardische *Mischbevölkerung* integriert und hatte dabei eigene Sprache, Stammesbewußtsein und die Beziehung zur Heimat aufgegeben und sich dem langobardisch-romanischen Mischvolk und seiner Führungsschicht angepaßt. Die deutsche Herrschaft in «Reichsitalien» aber war und blieb fremd.

Otto I. schwächte die Macht der italienisierten fränkischen Reichsaristokratie, die allzu selbständig geworden war, dadurch, daß er das politische Schwergewicht teilweise von den Grafen auf die *Bischöfe* verlagerte, daß er kleineren Familien und vor allem auch dem *langobardischen Adel* Wege zum Aufstieg eröffnete; Leute vom Typ Adelbert-Atto von Canossa oder vom Charakter des langobardischen Grafen und Pfalzgrafen Otbert oder des Langobarden Riprandus de Basilica Duca, der selber Graf und dessen Sohn Gandulf Graf von Verona wurden, kamen jetzt hoch. Noch war die Bedeutung altfränkischer Geschlechter nicht ganz erloschen, noch suchten die langobardischen Familien Kontakt mit ihnen, aber sie suchten eine eigene Stellung in alten Traditionen zu begründen. Die alten Geschlechter hatten die besondere Nähe Italiens zum Frankenreich getragen und garantiert und die karolingische Herrschaft in Italien dauernd gesichert, sodaß nie der Gedanke aufkam, das langobardische Königtum wiederherzustellen. Es gelang sogar durch Ansiedlung von Franken und Alemannen an den zentralen Orten (Pavia, Mailand, Parma, Lucca) und an den strategisch-politischen Einfallstraßen und Kreuzungen (Verona, Como) die Schlagkraft der geschlossenen Arimannensiedlungen zu lähmen und auszuschalten, ja für den fränkischen Staat die langobardische Wehrkraft zu gewinnen. Die romanisch-langobardische Bevölkerung Ober- und Mittelitaliens wurde in ihrer *ethnischen* Struktur nicht verändert, aber die Führungsschicht wurde reichsfränkisch und nordalpin. Im 9. Jahrhundert wurde die führende Oberschicht fast ausschließlich von den Zuwanderern gestellt. Am Ende der Karolingerzeit übernahm diese fremde Herrenschicht die große Politik in ihre Hände und die Spitzenleute griffen nach dem *Königtum,* die anderen nach erblichem *Fürstentum* und ausgedehnter *Herrschaft.* Sie waren auf *Gleichheit* ihrer Macht, auf *Ausgleich* der Kräfte und größtmögliche *Autonomie* bedacht. In Kämpfen und Rivalitäten miteinander wurden diese großen Herren zu Italienern und Trägern = Repräsentanten einer neuen italienischen Gesellschaft und Kultur, die auch unter deutscher Oberhoheit einige Jahrhunderte Bestand hatte und sich in neuen Bewegungen kraftvoll ausformte, die aus anderen genuin italienischen, d.h. romanisch-langobardischen Mittel- und Unterschichten kamen.

2) Bevölkerungs- und Besitzstruktur vom 8. bis 10. Jahrhundert. Eine vergleichende Analyse.

Die Urkunden des Codice diplomatico Langobardo, die Schiaparelli herausgegeben hat, ermöglichen ein einigermaßen repräsentatives Modell der Bevölkerungs- und Gesellschaftsstruktur Ober- und Mittelitaliens für die Zeit von 715 bis 775 unter der Voraussetzung, daß naturgemäß die Langobarden massiv im Vordergrund stehen und der romanische Teil der Bevölkerung nicht genügend aufscheint, obwohl er vorhanden ist und mindestens in den Mittel- und Unterschichten vor allem sogar dominant, wenn auch offenbar weniger rechts- und kaum herrschaftsfähig ist.[24] Eine andere Voraussetzung muß noch beachtet werden und zwar der *Grad der Vermischung* zwischen Langobarden und Romanen, den die Personennamen nicht mehr ganz abdecken und offenbaren. Jedenfalls waren , soviel lassen die Quellen erkennen, eine Assimilation der Menschen, starke Mobilität und Kommunikation, ein lebhafterer Verkehr und Güteraustausch und ein starkes Rechtsleben wieder im Gange, die wir in dieser Intensität

---

[24] L. SCHIAPARELLI, Codice Diplomatico Longobardo. 3 Bde. (Roma 1929ff.). – C. MANARESI, I placiti del «Regnum Italiae» Bd. I (Roma 1955), Bd. II (Roma 1958). – Monumenta Germaniae Historica (MGH). Reihe Diplomata (Dipl.): Dipl. Karolinorum (Pippin, Karlmann, Karl d. Gr.) ed. E. MÜHLBACHER (1906); Dipl. regum Germ. ex stirpe Karolinorum I (Ludwig d. D., Karlmann, Ludwig d. J.) ed P. KEHR (1934); II (Karl III) ed. P. KEHR (1937); III (Arnolf), ed. P. KEHR (1940). Dipl. regum et imperatorum Germaniae I (Konrad I., Heinrich I., Otto I., ed. TH. SICKEL (1879); II,1 (Otto II.) ed. SICKEL (1893); II,2 (Otto III.), ED. Sickel (1893); III (HEINRICH II. u. ARDUIN ED. H. Bresslau (1900).

in anderen Gebieten des Frankenreiches so nicht finden. Besonders auffällig ist die starke Geltung und Wirkung des privatrechtlichen Eigentums und Besitzes nach römischem Recht im 8. Jahrhundert, wie eine Verfügungs- und Schenkungsurkunde von 768 aus Monza (CDL II. Nr. 218. S. 249) beweist. Der Priester und custos der Kirche St. Agata in Monza, dem langobardischen Pfalzort, schenkt sein ganzes Eigentum (substantia facultatis) an casae, curtes, orti, areae, campi, prati, vineae, silvae, pascua, alastalaria, moline, an beweglichem und unbeweglichem Besitz mit Zubehör in omnibus finibus, terminis terrae, die zu seinem ius gehören und die vermessen sind, die als Erbe von seinen Eltern an ihn gefallen sind oder die er durch Kauf, Schenkung, Tausch erworben hat. Wir sehen hier die Rechtsförmlichkeit von Besitz und Eigentum, seine Differenzierung und Abgrenzung und seine Erwerbsformen klar nach römischem Recht und zwar «Privatrecht» in voller Geltung. Das setzte aber vor allem eine rechts- und handlungsfähige, d,h. freie und frei verfügende, relativ zahlreiche *Mittelschicht* voraus, die nicht abgeschlossen, sondern ständig im Fluß war, die nach oben in die vom König abhängige Führungsschicht aufsteigen und aus dem offenbar großen Reservoir der langsam auch in eine begrenzte Freiheit und Freizügigkeit, in eine libertas servilis tretenden *Unterschichten* sich ergänzen konnte. Gerade in dieser mobilen Mittelschicht, die wir greifen können, sehe ich die differentia specifica der Gesellschaftsstruktur Italiens vom 8. bis 10. Jahrhundert gegenüber allen anderen Gebieten des fränkischen Europa. Hier ist der Ansatz zur frühen kommunalen Bewegung in Italien bereits vorhanden. Wie stark aber diese Bewegung im 10. Jahrhundert schon war, nachdem sie im 8. Jahrhundert durch umfangreiche Freilassungen von Unterschichten bereits in Gang gesetzt war, zeigt a) ein Placitum zwischen 906 und 910 in Pavia und b) ein Diplom Kaiser Ottos II. für den Bischof Leone von Vercelli (MG. DO II. Nr. 383 p. 812). Zu Pavia erzielte das Kloster San Ambrogio in Mailand (Maneresi, Placiti I. Nr. 122) vor König Berengar, bischöflichen missi, königlichen Richtern und Notaren die Entscheidung, daß die Einwohner von Civienna, Salvaniate und Callonico als servi = Leibeigene und nicht als aldii des Klosters und seiner curtis von Limonta (Schutzhörige höheren Rechts nahe den coloni) erkannt werden. Das Kaiserdiplom aus dem letzten Drittel des 10. Jahrhunderts antwortet auf die Forderung des Bischofs, alle Freilassungen kirchlicher servi wieder in die antiqua servitus rückgängig zu machen, da sie Enteignung von Kirchengut sei. Es muß die Zahl der servi = der Unterschichten auch im 8. Jahrhundert sehr groß gewesen sein, wenn sie auch selten in Zahlen in Erscheinung tritt. Aber auffällig ist die relativ große Zahl der Mittelschichtleute, die rechtsfähig sind, Eigentum besitzen und zwar kleinteiliges und großteiliges, die darüber rechtskräftig verfügen und die auch Güter in Erbpacht, Libellarpacht nehmen. Auf engem Raum wirken hier in den urbanen Zentren, am Königshof, an Bischofs- und Adelszentren scriptores, notarii und iudices, denen noch die Schriftlichkeit des Rechtsverkehrs und das römische Privatrecht aus Überlieferung und Praxis geläufig war. Daß dies aber so sein konnte, setzt eine ähnlich strukturierte Gesellschaft voraus, in der nicht nur Herrschaftsrecht die einzige Norm für die Regelung des menschlichen Verkehrs war, obwohl diese lastend war. Interessant ist nur, daß für diese Mittelschicht nie der Name «liber» = frei in den Urkunden auftaucht und daß dieses Wort «frei» eigentlich den oberen Unterschichten vorbehalten ist, daß die offensichtlich entwertete *Freiheit des römischen Bürgerrechts* der nächsthöhere Rechtsstand für die freigelassenen Leibeigenen aller Schichten ist und daß von einer libertas servilis die Rede geht.

In einer agrarisch-herrschaftlich bestimmten Gesellschaft werden die Unterschiede der Stände und Klassen weniger nach Leistung, Vermögen, Kauf- und Sachwerten als nach Nähe zum Königtum oder zur Herrschaft, nach kriegerischer Macht und Schutzfunktion, nach Verfügungsgewalt über Grund und Boden sowie Menschen und ihre Arbeitskraft bestimmt. Das bedeutet, daß die Unterscheidungskategorien hierarchisch = ständisch sind und sich in Prädikaten ausdrücken. Daß aber die Gesellschaft des 8. Jahrhunderts in den langobardischen Gebieten nicht so extrem feudalistisch-dualistisch wie im südlichen Italien und im übrigen Frankreich ist, daß sich hier zwischen der differenzierten Klasse der abhängigen und leibeigenen Menschen und den führenden Oberschichten eine relativ breite und rechts- sowie handlungsfähige Gruppe, eine *Mittelschicht*, einschiebt, auf die die Ideen des römischen Privat- und Bürgerrechts noch anwendungsfähig sind und wirken, deren Besitz- und Eigentumsverhältnisse kleinteilig oder mittleren Charakters sind und eine Anwendung des Privatrechts zulassen, das macht die besondere Eigenart bereits der langobardischen Gesellschaft Italiens im 8. Jahrhundert aus und bot Startbedingungen für einen früher einsetzenden unarchaischen Gesellschaftsprozeß des «Aufbruchs» seit der Wende vom 10./11. Jahrhundert.[25] Diese «Mittelschicht» bot aber auch einen Anreiz und ein

---

[25] G. Luzzato, I servi nei grandi proprietà ecclesiastica dei secoli IX e X (Pisa 1910), wieder abgedruckt in Luzzato, Dai servi della gleba agli albori del capitalismo (Bari 1966) 7–177; ders., Mutamenti nell'economia agraria italiana della caduta dei Carolingi al principio del secolo XI, I problemi comuni dell'Europa postcarolingia = Settimana II (Spoleto 1955) 601–622. – V. Fumagalli, Terra e società nell'Italia Padana (Bologna 1974). – A. Castagnetti, Dominico e massaricio a Limonta nei secoli IX e X, in Riv. Stor. Agrar. 8 (1968) 3–20. – P. Vaccari, Le affrancazioni dei servi della gleba nell'Emilia e nella Toscana (Bologna 1925); ders., Le affrancazioni collettivi dei servi della gleba, ISPI (Milano 1939). – V. Fumagalli, In margine alla storia delle prestazioni di opere sul dominico in territorio Veronese durante il secolo IX, in Riv. Stor. Agric. VI (1966) 115–127; ders., Crisi del dominico e aumento del materizio nei beni «infra valle» del monastero di S. Colombano di Bobbio dal 862 al 883, ibid. VI (1966) 352–359; ders., Rapporto fra grano seminato e grano raccolto nel politico del monastero di S. Tommaso di Reggio, ibid. VI (1966) 360/2; ders., Colonizzazione e insediamenti agricoli nel'Occidente altomedievale: La Valle Pada-

Modell für die zahlreichen Befreiungen und *Freilassungen* von Leibeigenen und Abhängigen (besonders bei Schenkungen an die Kirche), wozu sich die Freilassung zu römischem Bürgerrecht als Rechtsform anbot. Diese «gehobene» und differenzierte Mittelschicht muß aber auch das Ausgangsfeld für die Bildung der kleinen Vasallengruppen gewesen sein, die sich den Großvasallen deutlich entgegenstellten und den deutschen Um- oder Ausweg der Ministerialität überflüssig machten. In dem Quellenkontext wie in den Zeugenreihen treten als Menschen beiderlei Geschlechts, die dem König nahestehen und zur Führungsschicht gehören, namentlich genannte Personen auf, die das Prädikat gloriosus, illuster, magnificus, clarissimus tragen: glorios(issim)us dux; illuster maior domus, gastaldus iudex; magnificus gasindius (regis), vir clarissimus (scriptor, notarius, civis, femina), venerabilis (presbiter, clericus). Auffällig ist die besondere Stellung der Schreiber und Notare, vor allem auch die Vielzahl der letzteren an Königspfalzen, Bischofshöfen und Städten. Die Männer dessen, was ich *offene Mittelschicht* nenne, sind gekennzeichnet durch die Prädikate *vir honestus* und *vir devotus;* dabei ist festzustellen, daß die uns schon bekannten *exercitales,* die recht häufig handelnd und als Zeugen auftreten, mit wenigen Ausnahmen als viri honesti bezeichnet werden und nur selten so die niedriger stehenden devoti. Zweifellos drückt der Begriff devotus eine bescheidenere Stellung in der Mittelschicht und eine ergebene, durch Loyalität gebundene Gruppe aus, während die honesti (exercitales) schon deutlich von den devoti geschieden sind und offenbar «ehrenhaft» oder «ehrbar» nicht durch ein Amt, sondern durch eine Funktion sind. Die letzteren leben in den Städten, in vici und auf Höfen und Gütern. Doch gibt es sowohl honesti wie devoti exercitales und der Unterschied zwischen beiden muß in ihrem Besitz, auch in den Orten, wo sie wohnen, und in der Wichtigkeit ihrer Funktion beruht haben. Es fällt auf, daß in den Urkunden aus den spätlangobardischen 50–60 Jahren nur einige Male «arimanni» erscheinen, so 786 «arimanni Luccane (Lucca) civitatis, während 722 ein Klostergründer den Grund, auf dem das Kloster steht «in presencia civium» mit Grundstücken und casae schenkt, auf denen liberi und ancillae sitzen. Es fragt sich naturgemäß, ob das römische «Bürgerrecht» als der Stand der Freien schlechthin und nicht nur als Rechtsform für Freigelassene weitergelebt hat. Es ist zu beobachten, daß der Begriff *«civis»* nur selten vorkommt und anscheinend für Leute, die als *Stadtbewohner* doch eine herausragende Stellung haben. Als Gesamtheit treten sie nur

---

na, in Quaderni storici 14 (1970) 319–338. – K. MODZELEWSKI, La vicenda della «pars dominica» nei beni fondiari di S. Zaccaria di Venezia (sec. X–XIV) in, Boll. Stor. della Società e dello Stato Veneziano IV (1968) 42–79 u. V–VI (1963/4) 15–63. – G. TABACCO, Problemi di insediamento e di popolamento nell'alto medioevo, in Riv. Stor. Ital. 79 (1967) 67–110 (Literaturbericht!) – P. M. CONTI, «Devotio» e «viri devoti» in Italia da Diocleziano ai Carolingi (Padova 1971) 143 ff.

(wie oben) in Lucca auf; dann stellen wir 730 einen civis in Novara, 740 einen civis honestus vir fest, einen von Castelseprio bei Mailand und dann einen civis von Bergamo und einen von Pisa, der 754 in der massa maritima auf seinem Eigengut im locus Pallazuolo ein Benediktinerkloster gründet, in das er mit seinen 4 Söhnen als Mönch eintritt; er schenkt ihm viele Streugüter in den territoria von Pisa, Lucca und Corsica und eximiniert das Kloster von jeder kirchlichen Jurisdiktion, er gründet also ein *Eigenkloster*. Seine Schenkung umfaßt casae massariciae, familiae, peculiae donicatae (Viehherden), Weinberge, Ölberge, Ländereien, Wälder, die Zubehör des casale Palazzuolo und der basilica St. Philippi waren; ähnlich ausgestattet war sein Hof in Castagnetto, dessen familiae zum Teil schon freigelassen waren, eine Mühle und casa mit zwei pueri, eine curtis über Cornia und casa Candidae cum Rivo Orsario sowie ein gagium (Waldgehege) mit den darauf gesessenen familiae und zugehörigen familiae; dazu eine halbe Saline, eine area in Palazzuolo, seinen Anteil an einem casale und einer curtis mit casae massariciae; der civis besitzt außerdem 7 ganze und 5 halbe casae, deren Inhaber genannt sind, sowie 5 casae in der Stadt Pisa und in loco Cotiano 2 casae und casa = Anteile in 5 weiteren Orten, insgesamt ungefähr weit über 30–40 casae oder Anteile. Es ist ja nicht angegeben, wieviele casae zu den curtes z. B. zum castello Faolfi gehört haben. Er besaß Vermögensanteile in Corsica und Besitz an kleineren Grundstücken oder Güterteilen. Der Gutsbesitz dieses Pisaner civis war beträchtlich und bestand vor allem an Gutshöfen und abhängigen oder selbständigen Bauernstellen mit zahlreichen abhängigen Leuten; er verfügte also über Land und Leute. In die Nähe dieser cives rückte ein *negudians* in Lucca 742 und 752; ein negudians wirkt 754 in Lucca als Vertreter des Königs bei einem Gütertausch zwischen dem Hof des Königs Aistulf und der Kirche St. Martin in Lucca; dabei handelte es sich um Güter eines pictor Auripert und um den Austausch von 11 kirchlichen und 15 königlichen homines. Das Wort kann Unterhändler oder Kaufmann bedeuten =negotians, den wir sonst auch beim Karawanenhandel antreffen. Neben dem pictor, der in Königsnähe stand, hatten auch Ärzte = medici offenbar Reichtum und Ansehen; ein königlicher Arzt besaß 767 6 curtes, die er an ein Kloster in Pistoja gab, das er selbst auf seinem Grund errichtet hatte, wie noch andere Klöster und Xenodochia in Pavia, Cassia und Pistoja, die in die Abhängigkeit von S. Bartolomeo in Pistoja sich begeben sollten.
Über den Betrieb von Gewerben in den Städten und auf den Gutshöfen erfahren wir relativ wenig; es ragen einige Schmiede, Goldschmiede, munitarii in Städten heraus. Doch ist offenbar der Güterverkehr und der Straßenbetrieb im Potal niemals ganz erlegen, ja im 8. Jahrhundert offenbar wieder stärker in Gang gekommen und organisiert worden. Das geschah vor allem durch Transportleistungen, die verschiedenen Leuten von König und Beamten auferlegt wurden, wie zwei Brüdern, Einwohnern (abitatores) von Oliveto, die wie ihre Eltern dem

Herzog von Lucca zu scuuias und servitium verpflichtet waren und 768 sich zum Schiffstransport von Getreide und Salz von der Maritima bis zum Hafen in Lucca zu Gunsten der Martinskirche in Lucca verlobten. Unser Hauptinteresse wendet sich aber damit den arbeitenden und dienenden *Unterschichten* der Bevölkerung zu, die auch im 8. Jahrhundert sehr zahlreich gewesen sind, nur in wenigen besonderen Fällen namentlich genannt worden; vor allem erscheinen sie, wenn sie an Haus, Hof und Scholle der Herren gebunden sind oder sich zur Bearbeitung verpflichtet haben; besonders zahlreich müssen die ungenannten Leibeigenen gewesen sein, deren Freilassung im Laufe der Jahre besonders auf kirchlichen Gütern bei Gelegenheit von Tausch, Schenkung, Todesfall immer häufiger genannt wird. In diesem Zusammenhang taucht der Begriff *liber* auf, nicht bei den Mittelschichten, bei denen dieser Rechtsstand im modernen Sinn offenbar selbstverständlich war; die zahlreichste Schicht waren zweifellos die servi et ancillae = Leibeigenen. Einige Modellfälle sollen deren Lage schildern. Die vier Hauptbegriffe der Quellen, die diese Schicht bezeichnen, sind *servus*/ancilla, *aldius*/aldia, *massarius* und *liber*; seltener kommt *colonus* vor, wohl weil diese Schicht schon auseinander gefallen ist. Die Worte *famulus* und *serviens* haben einen gehobenen technischen Sinn und der Begriff *mancipium* ist eine allgemeine Bezeichnung für die unterste Schicht der Leibeigenen. Mit den Menschen aller dieser Gruppen wird gehandelt, sie werden geteilt, geschenkt, vertauscht, verkauft, kaum mit Namen genannt, insgesamt als Zubehör von Gütern, Höfen, casae bezeichnet. Von besonderem Interesse sind die Rechtsverhältnisse bei Mischheiraten und vor allem die Freilassungen, die die Fluktuation und Offenheit an den Grenzen der Gruppen erkennen lassen. Eine Schenkung des Archidiakons Liutpert von 748 an der Domkirche in Pisa (CDL Nr. 93. S. 266) vergibt seine Güter an zwei Verwandte, die sie ihrerseits an die Domkirche weitergeben mit dem Vorbehalt der Verfügungsgewalt über die an diese Güter gebundenen coloni auf ihre Lebenszeit und der Freilassung der coloni nach ihrem Tode, wenn auch unter dem mundium bzw. der *defensio* = Schutz der Kirche auch für ihre Söhne. Die Freilassung macht aus den Abhängigen Schutz- oder Muntleute und führt sie nicht zur persönlichen Freiheit in unserem modernen Sinn. Die sechs coloni mit ihren Frauen werden namentlich aufgeführt, aber nicht ihre Söhne und Töchter; die Schenkung umfaßt die casae, personae und den ganzen Besitz der coloni; es werden außerdem namentlich deren 20 personae mit ihren Kindern aufgeführt. Diese Menschen sollen alle nach dem Tode der Schenker «liberi et absoluti ab omni nexu conditionis vel a iugo servitutis» sein, jedoch weiter unter dem Schutze der Bischofskirche bleiben und bestimmte Abgaben zahlen. Auch die heiratenden Kinder sollen unter das *mundium* der Domkirche treten. Gemeint ist also, daß die letzteren die persönliche *Unfreiheit = Leibeigenschaft,* aber nicht ihre Abhängigkeit verlieren sollen. Käufe und Verkäufe der coloni können nur innerhalb des

Kreises ihrer freigelassenen Standesgenossen (colliberti) getätigt werden und zwar vermutlich der gleichen *Grundherrschaft;* ihre Güter sind demnach «Inwärtseigen», nicht frei verfügbar. 752 verkauft der vir magnificus Perprand, Sohn des Herzogs Walpert von Lucca, an den Bischof Walprand von Lucca seinen Teil an einer sala sundriale in Tocciano mit ihrem Land, Weinberg, Wald, Grüngarten, Oliven, Obst, Bäumen und einer casa massaricia dortselbst mit dem nämlichen Zubehör und dem sie bewirtschaftenden Leibeigenehepaare; ausgenommen wird ein Leibeigenehepaar mit seinem Sohn und einem Kind. Der Kaufpreis waren 300 Goldsolidi (CDL Nr. 65. S. 306). Wir haben hier das Muster einer langobardischen Sonderform des gentilischen Besitzes, zu dessen Zubehör auch die casae von massarii mit ihren unfreien Bewirtschaftern gehören. Sunderad und sein Onkel Bischof Peredeo von Lucca (CDL. Nr. 154. S. 73) teilen sich (761) 36 Abhängige; nach einem Breve hatten sie vorher schon an 29 Abhängige getauscht; der Onkel hatte zum Seelenheil seines Vaters Sundipert und seiner selbst früher 23 freigelassen. Die Menschen, über deren Besitzzugehörigkeit und Rechtsstand verfügt wird, werden namentlich genannt, sind also nicht an eine casa oder terra gebunden und haben teilweise einen besonderen Beruf wie calicarius, pistrinarius, vestiarius, caballarius, clericus, cocus, porcarius, vaccarius. Es handelt sich um die große Zahl von fast 90 abhängigen Menschen, über die zwei Mitglieder einer hohen langobardischen Familie Verfügungsgewalt haben, auch wenn die Bischofsleute zum Teil kirchenangehörig gewesen sein können. Die *patronalen Schutzverhältnisse* dieser Abhängigen zeigt 721 eine cartula mundii (CDL Nr. 29. S. 105), in der ein geistlicher exceptor civitatis Placentinae einer mulier Anstruda beurkundet, daß sie den Preis von 3 Goldsolidi für die Aufnahme in das mundium nach der Heirat mit einem servus ihrer Brüder bezahlt hat; sie selbst hat das Geld von den Brüdern erhalten, die cives von Castelseprio waren und in Como wohnten. Auch die aus der Mischehe hervorgehenden männlichen Kinder sollen im mundium der Brüder bleiben (vermutlich also aldii werden). Der Vater dieser Frau ist vir honestus, also angesehener Mittelstand.

Zur Durchführung ihres Entschlusses von zwei Klostergründungen im Friaul, eines für Männer, eines für Frauen und besonders ihre Mutter, treffen die Gründer 762 im Kloster Nonantola (CDL. Nr. 162. S. 98) Verfügungen über casae massariciae in 13 Orten, unter denen der Ortsname fara iuxta turionem (Udine) vor allem auffällt; dazu kommen weiter casae, Grundstücke, curtes in 8 Orten; dies alles soll das Frauenkloster bekommen. Dem Männerkloster im friaulischen Sesto weisen sie zwischen den Flüssen Tagliamento und Sivenza 3 curtes = Guts-höfe mit casae, curtes, campi, prata, vineae, silvae, astalariae, montes, rivi, pascua, paludes und molinae zu. Dazu kommen casae massariciae im Gebiet von Verona, Belluno und über dem Tagliamento, wobei der Besitz in den Karnischen Alpen hervorgehoben wird. Sie lassen bei dem Schenkungsakt zu Gunsten einer

Klostergründung alle servi, ancillae, aldiones, aldianae frei und stellen ihnen Freilassungsurkunden dafür aus und bestätigen den Abhängigen ihre casae und ihre früher gewonnene Freiheit. Wir sehen hier modellhaft die Bestandteile und die Form des *Gutsbesitzes einer Familie* bestehend aus drei geistlich gewordenen Brüdern und ihrer Mutter. Zugleich erhalten wir einen Begriff von der großen Zahl der auf eigenen Bauernstellen *(massariciae)* sitzenden und an den Gutshöfen wohnenden *Leibeigenen und Unfreien.* Das berechtigt uns trotz der früheren Feststellung einer relativ hohen Zahl von Angehörigen der Mittelschicht der honesti und devoti zur Annahme einer sehr hohen Prozentzahl (an die 90%) der Unfreien und Abhängigen im Rahmen der Gesellschaft Ober- und Mittelitaliens im 8. Jahrhundert. Einen genauer belegbaren Schluß läßt die undeutliche und allgemeine (nicht individuelle) Aussage der Quellen für die Unterschichten nicht zu. Es bleibt somit nur das Verfahren, an besonderen *Musterfällen* zu argumentieren und so exemplarisch und vergleichend eine nicht mögliche demographisch = besitzmäßige Statistik zu ersetzen.

Einen besonderen Hinweis verdienen hier die hohen Zahlen von *Freigelassenen,* die das Problem ihrer *Freiheit* und ihres Rechtsstandes besonders dringlich machen; es war zweifellos eine *servilis libertas,* die auch die Frage der *Libellarpacht* besonders naherückt. Ein solcher liber homo schließt 764 in Lucca mit dem dortigen Bischof Peredeo eine Art *Libellarvertrag.* Der letztere weist ihm eine casa in loco Ligiori zur habitatio zu, von der er jedes Jahr je 2 Scheffel granum und farra, ein Rind oder Tier von gutem Gewicht, ein Paar Osterhühner, 10 Eier zu liefern und Fronarbeit (angariae) auf dem bischöflichen Gutshof zu leisten hat, wie es die Gewohnheit der massarii im Orte ist. Er unterscheidet sich also in seiner Freiheit wenig vom massarius (CDL. Nr. 176. S. 141). Diesen *liber homo massarius,* der weiter verschenkt wird, finden wir im gleichen Jahr und am gleichen Ort in der Stadt Lucca bestätigt in der Schenkung eines Lucheser Eigenkirchenherrn zu Gunsten seiner Frau und Töchter, die an dieser Michaelskirche Nonnen werden wollen. Das Schenkungsgut besteht in drei casae außerhalb, in Besitzungen an 7 genannten Orten, im Kirchengrund in der Stadt mit curtis, puteus, granarium und sala. Die casae werden mit den Bewirtschaftern übertragen, deren Namen langobardisch sind; auf der casa in Versilia sitzt der oben angeführte liber homo massarius, der trotz seines Liber-Status auch geschenkt wird. Aus einem zu erschließenden größeren Gutsbesitz, der nicht Gegenstand der Schenkung im ganzen war, wurden in bestimmten Orten Vierteile von Besitzungen, vor allem von sundrio und sala, von Öl, Wiesen, Gehag, Weinberg, terra der Übergabe zugefügt (CDL Nr. 178. S. 145). Besonders interessant sind die Bestandteile einer in Brescia 765 (CDL. Nr. 188. S. 171) getätigten Schenkung an die Martins- und Vituskirche in Sermione, an die Peterskirche in Mavinas und die Martinskirche in Gusnago (Ceresara, Mantova). Auch hier sollen alle servi und ancillae nach dem Tode des Schenkers und seiner Frau befreit sein. Es handelt sich um eine curtis und die dazu gehörigen coloni, die ein anderes casale per cartulam (Libellarpacht?) bewirtschaften. Die curtis mit Wohnhaus in Gusnago am Fluß Alisio besteht aus casa, Haus und tectorae scandoliciae und palliariciae mit Stall und Mühle der curtis, breidae, terrae, arva, Wiesen, Wälder, Weinbergen und Weidengebüsch (salecta). Die einen coloni gehören zum Hof, andere betreiben ein casale am Ort Stulengarius mit casae und tectorae, wieder andere «tributario nomine» ein casale in Marmoredolo. Eine geschenkte Wiese hat er vom König erhalten. Welcher Mittel- oder Oberschicht der traditor zuzuweisen ist, kann ich nicht entscheiden.

Ein *habitator der Stadt Pisa* tauschte 766 mit dem Bischof von Lucca eine Leibeigene, das Eheweib eines bischöflichen massarius in Sovana mit ihren zwei kleinen Kindern gegen eine andere ancilla mit Sohn und Tochter (CDL Nr. 199. S. 196), zum Zwecke der Bereinigung der Besitzverhältnisse an Leibeigenen. Ein vir devotus und seine drei Söhne schenken an ihre Eigenkirche 767 in Pistoja Güter (CDL Nr. 206. S. 217), darunter einige casae massariciae, auf denen Romani sitzen, die für die luminaria ihrer Kirche jährlich Öl, Wachs und Geld zu geben haben (= cerocensuales im Frankenreich) und die jährlich vier Wochen lang für die Kirche Hand- und Spanndienste durch massarii leisten müssen. Diese *Romani homines* sollen nach dem Tode der Schenker befreit werden, die Kirche aber soll dem Kloster S. Bartolomeo in Pistoja dann unterstellt sein, ihren Eigenkirchencharakter verlieren. Zur Schenkung gehören mehrere casae habitationis in verschiedenen Orten. Die casae massariciae und die darauf sitzenden Romani und ihre Erben müssen ihre Verpflichtungen erfüllen, die massarii ihre angariae leisten; es werden 4 casae aufgezählt. Der Abt von Farfa erhält 768 bei einem Tausch von der Äbtissin Ansilperga, des reichen Klosters S. Salvatore in Brescia, das ihr Vater, König Desiderius, gegründet hatte, 768 (CDL Nr. 217. S. 246) eine curtis auf dem Gebiet von Rieti in Vallantis mit ihren casae massariciae et aldiariciae und mit den dazu gehörigen familiae und servi, liberi und aldiones. Die Äbtissin bekommt dafür eine cellula in Classicella in der Sabina mit der Kirche und eine weitere cella in Fagiano im Gebiet von Viterbo mit Zubehör. Die Fronhöfe mit selbständigen Bauernwirtschaften benötigen viele abhängige Menschen, die in verschiedenen Rechtsformen die aufgeteilte Wirtschaft betreiben. Auf den Einzelhöfen saßen Aldien, Massarii und Freie (CDL. Nr. 226. S. 271). Bei der testamentarischen Verfügung über eine Kirchengründung auf einer curtis in Monza und über die Errichtung eines Xenodochium, die beide der Johannisbasilika in Monza unterstehen sollen, vergabt 769 zu Pavia der reverentissimus diaconus Grato, Sohn eines habitator in Monza, u. a. eine area casa in Mailand, casae aldionaritiae und massaritiae, domus coltiles, curtes mit casa, Besitz in Bologna, die Besitzeinweisung von mancipia in das Aldienrecht, die Befreiung von 4 genannten Menschen zum Recht der *cives Romani* und patronatus. Seine ganze übrige familia, servi et ancillae, aldiones vel aldianae sollen zu römischen Bürgerrecht befreit sein, sie sollen ihren Wohnsitz und jede res und casa, die sie jetzt bewirtschaften, weiter behalten und alle Abgaben an Kirche und xenodochium leisten; ihre *libertas* befreit sie von der *servilis conditio*. Unter den Zeugen sind zwei *negotientes* (Kaufleute), ein Münzer, ein Arzt und ein Goldschmied angeführt, sodaß wir annehmen dürfen, daß der Vater des Schenkers, der habitator (civis) in Monza war, einem angesehenen Kreis von wirtschaftlich gehobenem, reichen und freien «*Städtern*» und selbständigen oder vom König abhängigen und geehrten Wirtschaftsleuten an zentralen Herrschaftsorten angehörte. Dieser Schicht muß ein nach gotischem Recht lebender Einwohner von Sablonaria, der civis in Brescia war, auch angehört haben, der 769 (CDL. Nr. 228. S. 272) an die oben genannte Äbtissin Ansilperga von S. Salvatore in Brescia eine curticella in Alfiano mit Zubehör verkaufte mit casae massariciae, familiae, servi und liberi. Von Interesse sind die Zeugen: 4 viri magnifici, darunter ein Sohn des Goten, ein königlicher marcarius sowie zwei königliche gasindii.

Im Vergleich mit dem Frankenreich ist die *mobile Gesellschaftsstruktur* der Langobardia in Italien wesentlich detaillierter und klarer zu zeichnen. Wir sehen sowohl auf dem Lande in den zur «Freiheit» aufsteigenden Unterschichten und Leibeigenenmassen bereits Bewegung und erkennen auch in den Städten eine reichlich differenzierte Bevölkerung, sowohl was ihre Tätigkeit (besonders in zentralen Orten) wie ihren Rechtsstand betrifft. Sowohl der Einfluß des römischen Rechts (Freilassung zu römischem Bürgerrecht und römischer Eigentumsbegriff) wie auch die Ideen der stark langobardisierten Kirche, die selber über große Zahlen von Abhängigen und Leibeigenen verfügte, haben die bereits in Mischung und Ausgleich befindliche Gesellschaft stark geprägt. Es ist ein kulturell differenzierterer Eindruck von Menschen und Sachen, den man aus diesen (Privatrechts-)Urkunden gewinnt. Vielleicht sollte man auch nicht den Einfluß der *byzantinischen Kultur* in Ober- und Mittelitalien geringschätzen, denn es ist offenbar, daß die Bewegung des Bildersturms viele Intellektuelle als Emigranten auf die Halbinsel gespült hat; die kunstgeschichtliche Forschung glaubt ja in den berühmten, höchst modern anmutenden Fresken von Castel Seprio, von Brescia oder San Procolo in Naturns byzantinische Künstlerhände aus dem Ende des 8. Jahrhunderts erkennen zu können. Wir sollten auch nicht die Wirkung von *König*, *Königspfalz* und *Königshof* vergessen und die Vielzahl königlicher und bischöflicher *Notare* als Träger der sich mischenden Rechtskultur hoch einschätzen. Das *Wirtschaftsgefüge* dieser *Epoche* ist sowohl groß- wie kleinteilig, den Besitzformen wie Rechtsverhältnissen nach sind *Grund und Boden* und die dazu gehörige Verfügungsgewalt über menschliche *Arbeitskraft* sehr vielfältig differenziert und dementsprechend auch die Struktur der Mittel- und Unterschichten. Die

Mittelschicht der *honesti* und *devoti* ist eine sehr aktive Gruppe, die arbeitenden Unterschichten sind äußerst zahlreich und in Bewegung nach oben. Die führende *Oberschicht*, die vom König abhängt und seiner zentralen Herrschaft dient, ist sowohl laikal wie klerikal. Durch die Franken wird sie dezimiert und auf die Seite geschoben. Geblieben aber sind die Mittel- und Unterschichten, denen neue fränkisch-alemannisch-bayerische Elemente zufließen, die aber die Strukturen nicht verändern, sondern sich allmählich assimilieren. Eine Gesellschaft, deren wirtschaftliche, soziale, geistig-kulturell-mentale Bewegung man in den Quellen spürt.[26].

3) Gesellschaftsstrukturen im 10. Jahrhundert

Wenn wir im Vergleich zur *Situation des 8. Jahrhunderts*, die wir eben aus den Quellen zu beschreiben versuchten, nun die Gesellschaftsstruktur Ober- und Mittelitaliens in der Zeit der *nationalen Könige und Kaiser* an Hand der von diesen gegebenen und in ihrem Auftrag ausgestellten Diplome zu analysieren versuchen, dann bedienen wir uns des Vorteils eines geschlossenen Bestandes an Quellen, der aus der Spitzenschicht stammt, räumlich deshalb sehr umgreifend ist und einen breiten Überblick bietet; freilich werden damit nicht alle Bereiche erfaßt; doch kann man diesen Mangel in Kauf nehmen.[27] Der entscheidende Unterschied besteht darin, daß die Mittelschicht der als devoti und honesti im 8. Jahrhundert bezeichneten und rechts- und handlungsfähigen Menschengruppe, die als Mittelschicht auftrat, um die Wende vom 9. zum 10. Jahrhundert verschwunden ist. Dagegen hat sich die Zahl der abhängigen Leute, die jetzt meist als Objekt von

---

[26] Besonders aufschlußreich sind die Beziehungen des Klosters San Ambrogio in Mailand zum fränkischen und alemannischen Adel und seinen Aftervasallen. Alemanne war ein Gunzio, Vicedominus in Gnignano, Sohn eines verstorbenen Izo, possessor in Gessate und Inzago. Vasallen des Grafen Alberich waren der Franke Teodericus sculdascio, und die Alemannen Teotecar und Autecar. Im Gebiet von Seprio schenkten Alemannen an San Ambrogio und bei einer Güterübertragung in Sumirago gaben zahlreiche ihr Handzeichen. In Mailand bezeugten eine Abtretung der Gastald Walderich von Mailand, der Gastald Rotheno von Seprio und der Sculdascio Agepert, habitator in vico Sexto (CDL. 146. ao 842). Abt Peter II. von San Ambrogio (855–900) war auch Franke. Franken und Alemannen saßen in den strategisch wichtigen comitati Seprio und Stazzona. Der Franke Alchar übergab 842 Güter und 30 servi unserem Kloster. Den Langobarden blieb als einziger Ausweg oft nur die Kirchenlaufbahn.

[27] L. SCHIAPARELLI, I diplomi di Berengario I. (Fonti per la storia d'Italia Bd. 62–64) (Roma 1903); DERS., I diplomi di Guido e di Lamberto (Bd. 36) (Roma 1906); DERS., I diplomi di Lodovico III. e di Rodolfo II. (Bd. 37) (Roma 1910); DERS., I diplomi di Ugo e di Lotario, di Berengario II. e di Alberto (Bd. 38) (Roma 1924); DERS., Diplomi inediti dei secoli IX e X, in Bull. Ist. Stor. Ital. XXI (Roma 1899).

Schenkung, Tausch, Güterverkehr erscheinen, bedeutsam vermehrt, es ist zweifellos eine *Nivellierung* der verschiedenen Schichten und Gruppen dieser *abhängigen Klassen* eingetreten, sie haben sich einander in ihrem Rechts- und Sozialstand stark angeglichen und der Begriff der «libertas» ist zweifellos noch weiter entwertet worden. Es hat auf der anderen Seite den Anschein, als sei die Kluft zwischen den herrschenden Oberschichten und den abhängigen, besonders leibeigenen Klassen größer geworden, der dualistische Charakter der sich bildenden feudalen Gesellschaft im Sinne von Ganshof ist ausgeprägter geworden. Man muß jetzt in Italien darauf achten, in welchem Ausmaß in der *Oberschicht* selber eine *Differenzierung* eingetreten ist, die schließlich zwischen *Großvasallen* und *Kleinvasallen* unterschied, die nach Ausgleich zwischen beiden Gruppen drängte. Festzustellen ist weiter, gemessen an Deutschland, teilweise auch an Frankreich, die *relativ hohe Zahl von Städten* und *nichtagrarischen Orten*, die die sogenannten dunklen Jahrhunderte überlebten und seit dem 8./9. Jahrhundert trotz aller Invasionen und Kriege sich zusehends mit Leben verschiedener Art füllten. Die Zerstörungen und Schäden aktivierten die Menschen zu neuer Unternehmung, wie die Urkunden zeigen.

Bei den *Oberschichten* bildete sich seit der Übernahme der Herrschaft durch die Karolinger der Wandel vom Amt zur Herrschaft auf dem Umweg über das sich durchsetzende Lehenswesen, über die Vasallität aus. Es leben die alten Titel wie illuster fort, es treten neue wie strenuissimus, inclytus, gloriossimus, nobilissimus stärker in den Vordergrund; die Bezeichnung fidelis, fidelissimus, dilectus, vor allem in Verbindung mit dem Amt des comes, des königlichen consiliarius, marchio, dux, vasallus, vassus, macht den Sieg der Vasallität und des Lehenswesens als Form der Regierung und der Staatsverwaltung, dann auch der adeligen Herrschaftsformen eigener Autorität sichtbar; die wiederkehrende Unterscheidung zwischen magna und parva persona, denen Amtsausübung verboten wird, zeigt die beiden Schichten, in denen die politische Führungsgruppe auftritt. Als Königsämter im vasallitischen Verhältnis werden genannt dux, marchio, comes, vicecomes, sacri palacii comes, vor allem consiliarius, gastaldius, actionarius aut actor rei publicae, missus, sculdasio, decanus. Eine besondere Rolle spielte der königliche Rat, dem vor allem Angehörige der höchsten Ämter angehörten. Auffällig ist die hohe Zahl von Richtern (iudices) und Notaren, Schreibern, Kanzleileuten, die nicht nur am Königshof begegnen. Bei einem königlichen placitum in Mailand waren 896 neun namentlich genannte iudices augusti zugegen neben einem iudex Mediolanensis; an einem Gericht in Piacenza nahmen 903 sechs iudices augusti und ein Notar teil; 906/9 treffen wir an einem Ort 15 bzw. 16 königliche iudices; bei einem Gericht in der civitas Parma unter dem Vorsitz des Pfalzgrafen waren 935 versammelt: 1 königlicher vassus, 13 iudices von zwei Königen, 6 Pfalznotare, 1 Schöffe und 6 Notare aus Parma, 10 vassi des dortigen

Bischofs, 5 vassi eines Grafen und 5 Leute aus der Stadt Parma. Die Intensität des Rechtslebens und des Geschäftsverkehrs, des menschlichen Zusammenlebens war größer als irgendwo anders in Europa. Gerade das halte ich für ein starkes Anzeichen gesellschaftlicher, menschlicher Mobilität. Das geht auch daraus hervor, daß 896 ein Richter von Mailand, vasalli des Abtes von San Ambroggio, Notar und Vogt von Ambroggio genannt werden.

An den großen Hof- und Gerichtstagen tritt die herrschende und kontrollierende Oberschicht in Erscheinung, wenn auch regional begrenzt. Da wurden 900 genannt als iudiciariae potestatis personae: dux, marchio, comes, vicecomes, sculdasius, locopositus und jede Art von publicus exactor. Da waren 900 bei der Wahl König Ludwig III. im sacrum palacium zu Pavia anwesend der illuster Tusciae marchio dilectus fidelis noster, Bischöfe, carissimi comites und cuncti maioris inferioris personae ordines. Unter dem Vorsitz des Papstes und Königs nahmen 901 an einem placitum zu Rom teil: 12 Bischöfe aus den fines Romani, 12 aus der Langobardia (steht nicht im Text), 13 comites, 10 iudices Romani, 6 iudices augusti, 3 Pfalzleute des Königs und mehr als 4 Leute aus der päpstlichen Pfalz. Sie alle bilden die 904 so genannten magnae parvaeque publico ministerio fungentes (personae) = das herrschende, politische *Führungselement,* das auch in seiner Differenzierung die gesellschaftliche Oberschicht darstellt. Die unteren Kreise stellen wohl dar die 910 in Cremona anwesenden: 10 königlichen vassi, 1 cancellarius, 3 iudices, 1 Pfalznotar, 2 königliche Kapläne, 7 Vasallen des Bischofs. Der Bischof von Cremona klagte damals über die Übergriffe der hier mit den Worten «secularis et publica potestas» bezeichneten (Unter-)Schicht der Führungskreise auf kirchlichem Grund- und Herrschaftsboden. Sie hielten ihre placita (Gerichtstage) per plebes (Pfarreien) et ecclesias, auf predia und in domus der Bischofskirche ab, verfügten über liberi massarii, die auf Kirchengut saßen, ebenso über servi und aldiones (Leibeigene und Schutzleute) forderten von ihnen Abgaben und körperliche Leistungen (tributa, census, donaria, angarias et operae) sowohl grundherrlicher wie vogtei- und gerichtsherrlicher Art und beschwerten damit sogar alle liberi, die arimanni und Kirchenfreien. Wir sehen hier die positive Tätigkeit dieser unteren Führungsschichten, die durch Übergriffe ihre Stellung verbessern und ihre Macht erweitern. Was mit der zusammenfassenden Bezeichnung einer Königsurkunde nach der Mitte des 9. Jahrhunderts «ceteri boni homines de eodem conitatu (Cremona, Bergamo, Parma)» wirklich gemeint ist, vermag ich nicht zu entscheiden; jedenfalls meine ich, daß es sich um Leute handelt, die in der Nähe zum König und seinem Grafvasallen stehen; ob sie der unteren Gruppe der Oberschicht oder (bzw. und) der oberen Gruppe der unteren (ehemals mittleren?) Klassen zugehören, vermag ich nicht genau zu sagen. Doch hilft uns der Gerichtstag von 918 in der civitas Verona weiter, an dem 3 Bischöfe, 2 Grafen, 2 königliche Richter, 1 scavinus, 1 vicedominus von Verona, 1 scavinus von Vicenza, 3 Pfalznotare, 3 gräfliche Notare, 13 gräfliche, 5 bischöfliche Vasallen zugegen sind. Offensichtlich zählen die hier nach den magnae personae aufgeführten Leute zu den *boni homines*[28], die in einer Schenkung an das Kloster S. Silvester in Nonantola (911 oder 913) mit 17 Personen anwesend sind, denen sculdasius, scavini, monetarii, notari zugehören.

Die Besitzgrundlage = der Reichtum der damaligen Oberschicht, die zugleich ihre Verfügungsgewalt über Grund, Boden, menschliche Arbeitskraft anzeigt und den gewaltigen Zahlenumfang der abhängigen Menschen in dieser feudalen Gesellschaft widerspiegelt, wird aus einigen Beispielen einsichtig. Die Könige weisen 937 der Königin Berta als dos (Wittum) 4 cortes (Gutshöfe) und 1 castellum mit über 1000 mansi (= Hufen) zu, in Tuszien 4 cortes mit 19 mansi, in der Grafschaft Lucca und Pisa 2 cortes mit 110 mansi, in der Grafschaft Luna 1 cortis mit 100 mansi, in der Grafschaft Pistoja 1 cortis mit 500 mansi, eine Abtei mit 100 mansi und 3 weitere cortes mit 160 mansi. Wenn ich den Sinn der Verleihung richtig verstehe, handelt es sich dabei um fast 2000 Hufen, die Bestandteile d.h. selbständig bewirtschaftete Bauernstellen eines *Fronhof*(-verbandes) waren; die Zahl dieser *Villikationen* war 15, zuzüglich einer Abtei und 1 castellum. Diese zweiteilige Grundherrschaft mit Hufenbetrieb, die Neuverteilung von vorher eigenbewirtschaftetem Salland, Gutsboden, Kolonisation, Rodung, Siedlung, Wiederinbetriebnahme, auch Siedlungsverdichtung, Bevölkerungszunahme, Intensivierung und Erfolg wirtschaftlicher Tätigkeit, neue Betriebs- und Verwaltungsformen anzeigt, geht vor allem auch auf die Initiative des karolingischen und nachkarolingischen Königtums, der (Königs-)Klöster und der adeligen Herrenschicht zurück; König Lothar schenkte 937 seiner Frau Adelheid zur Heirat: 3 cortes mit 1000 mansi, 2 in der Grafschaft Cornino mit 80, die Abtei Sesto in der Grafschaft Lucca mit 2000, die Abtei St. Antima in Siena mit 1000, die Abtei S. Salvatore in monte Aniate in der Grafschaft Chiusi mit 500, insgesamt also 4580 Hufen. Es muß sich dabei sowohl um große *Königsgutbezirke* und *Salländer* wie um Villikationsbezirke von (Reichs- oder Königs-)Klöstern gehandelt haben. Wenn diese Hufen wirklich bewirtschaftet und nicht nur ausgemessene Bauernstellen waren, dann wurden bei den beiden Schenkungen an die Königinnen gering gerechnet auch an die 20 000 Menschen transferiert (den Mansus zu Mann und Frau und 2 Kindern gerechnet); das aber ist bei der damaligen Bevölkerungszahl sehr viel und läßt auch einen Schluß auf die für die damalige Demographie Europas relativ hohe *Siedlungsdichte* im damaligen Ober- und Mittelitalien zu. Moderne Vorstellungen verbieten sich allerdings trotzdem. Das Hufensystem setzte sich offenbar auf herrschaftlichem Boden neben und an die Stelle der

---

[28] C. GIARDINA, I «boni honimes» in Italia. Contributo alla storia delle persone e della procedura civile et al problema dell'origine del contado, in RSDI 5 (1932) 28–98, 313–394.

alten Besitzeinteilung, die anscheinend sehr differenziert war, wie wir gesehen haben, und verdrängte die alten Strukturen zu Gunsten der neuen *feudalen Grundherrschaft,* die vom Ertrag und der Besitzverteilung des ausgeliehenen und fremd mitgenutzten Bodens lebte und abhängig war.

Neben dem Königsbesitz ist das Klostergut die ergiebigste Quelle zur Feststellung von Macht und Reichtum der Herrschaftskirche unter dem Schutz und im Dienst von König und auch Adel. Das beste *Modell* für das 9./10. Jahrhundert bietet das große Kloster Bobbio und seine bekannte Adbrevatio der Güter und Einkünfte aus dem Jahre 862. d.h. der Zeit Kaiser Ludwig II., die durch seine idonei et fideles missi angelegt wurde, die alles genau untersuchten (Cipolla, Bobbio Nr. 63. S. 184–217); dazu kommen noch das Fragment eines Breviarium der Güter aus dem 9./10. Jahrhundert (Cipolla I. Nr. 76. S. 254) und das Breviarium III des 10. Jahrhunderts (Cipolla I. Nr. 107. S. 368).[29] Der Güterbeschrieb von 862 verzeichnet die Naturalerträge der einzelnen Güter und die Leistungen der abhängigen Bearbeiter. Klostergut in unmittelbarer Umgebung ist verpachtet an 28 libellarii, die ein Viertel des Ertrages einer guten Ernte von 260 modia, 5 amforae Wein zahlen, 9 Wochenfronen leisten und 8 solidi, 36 Hühner und Eier abliefern. Im «Klostertal» arbeiten 4 Salinen, die für den Gesamtbedarf der Mönchsgemeinde festgesetzte Naturalien zu liefern haben (Korn, Heu, Wein, Honig, Wachs, Salz). Als Einnahmequelle dienen 7 oracula (Kirchen) im Klostertal mit ähnlichen Abgaben wie die Salinen. Dazu kommen zahlreiche cellae au-

---

[29] C. CIPOLLA, Codice Diplomatico del monastero di San Colombano di Bobbio fino al anno MCCVIII. Vol. 3 (Roma 1918). – L. M. HARTMANN, Bemerkungen zu den ältesten langobardischen Königsurkunden, NA 25 (1899); DERS., Abbreviatio de rebus monasterii Bobiensis, in Boll. Stor. Bibliogr. Subalp. 8 (Torino 1904); DERS., Die Wirtschaft des Klosters Bobbio im 9. Jhdt., Analekten z. Wirtschaftsgeschichte Italiens im frühen Mittelalter (Gotha 1901). – J. JUNG, Bobbio, Valeia, Bardi = Neue Mitteil. d. Inst. f. österr. Gesch. 20 (1889); DERS., Die Stadt Luna und ihr Gebiet, ibid. 21 (1901). – V. POLONIO, Il monastero di S. Colombano di Bobbio della fondazione all'epoca carolingia (Gênes 1962). – V. FUMAGALLI, Crisi del dominico e aumento del maserizio nei beni «infra valle» dell'monastero di San Colombano di Bobbio dall 862 al 883, in Riv. Stor. Agric. VI (1966) 352 ff. – Ähnliche Güterverzeichnisse wie die Adbreviatio von 862 für Bobbio hatten auch S. Giulia in Brescia und das Bistum Lucca. Dazu kommen die Registri von Subiaco und Farfa (liber largitorius). – Die Ländereien des Klosters Bobbio waren im 9. Jhdt. offenbar in curtes = Hofbezirke von verschiedener Größe und nicht ganz systematisch eingeteilt. Untergliederungen bildeten: domusculte (domus cultiles), deren Ländereien in sortes aufgegliedert waren, die von massarii, libellarii und fictuarii bewirtschaftet wurden; gleich ob in Betrieb oder nicht (absentes), waren *sortes* die ländliche Grundeinheit. Die Mehrzahl der bebauten sortes war einer domusculta principalis zugeordnet; sie fiel mit der kirchlichen plebs zusammen und gab der curtis den Namen, wobei aber nicht alle domusculte eine curtis bildeten. Die einzelnen domuscoltiles, curtes, curticellae waren auch bewohnte Zentren von geringerer Bedeutung sowohl der Zahl der einwohnenden Familien wie den sortes nach; die bildeten weder eine kirchliche Einheit = plebs, noch hatten sie eine Kirche, sondern nur eine capella oder ein oratorium.

ßerhalb des näheren Klosterbereiches (Klostertal), die cellae exteriores genannt werden und häufig mit einer Kirche verbunden sind; ob es sich um eine spezifische klösterliche Besitzstruktur oder um eine Form klösterlicher Siedlung mit Seelsorge und Besitz handelte, ist mir nicht ganz klar geworden; es würde sich dann um eine ältere Vorform des konzentrierten karolingischen Hufensystems handeln. Insgesamt habe ich an die 22 cellae festgestellt. Die dazu gehörigen Güter wurden von massarii und libellarii bewirtschaftet; bei Libellarpacht werden consortes als Mitbewirtschafter verzeichnet; man könnte an eine Art Obernutzung des Libellarpächters denken, der für das Eingehen der Abgaben der consortes verantwortlich, also ein kleiner Unternehmer war. In dieser Besitzgruppe sind an 165 libellarii mit über 40 consortes und ca 185 massarii, insgesamt also über 350 bzw. 390 Bewirtschafter klösterlicher Güter und Gutsteile verzeichnet (im ganzen also ca. 1600 abhängige, unfreie Menschen). Hinzu kommen 33 arimanni, davon am Viridi oratorium sti. Hilarii allein 30. Libellarii und massarii leisten gemeinsam Wochenfron und Herrendienst auf den Klosterhöfen, doch unterscheiden sie sich darin, daß die libellarii an einer fixierten Zahl von Tagen am Herrenhof arbeiten, die massarii unbeschränkten Herrendienst auf Anforderung zu leisten haben. Unter modernem Gesichtspunkt muß man also neben den Naturalerträgen auch die geleisteten Arbeitstage oder das Arbeitssoll in Rechnung stellen, wenn man den Gesamtertrag eines solchen Großgutes mit Herrenhöfen und in Streulage schätzen will.

Das Kloster ist zudem mit Privilegien und Gütern am damals sicher schon lebhafteren Schiffsverkehr (navis) auf dem Po und den Seen beteiligt gewesen (Mantua); als Träger des Verkehrs zu Wasser sind die Venezianer bezeugt. Das Kloster ist vor allem auch an den menschlichen Verkehr auf Straßen und Gewässern angeschlossen durch den Besitz und Betrieb von 6 xenodochia = Herbergen und Hospitälern. Der dazu gehörige Grund und Boden ist zumeist zu Libellarpacht vergeben; es werden so 55 libellarii und nur 6 massarii verzeichnet; in den Städten haben die libellarii vor allem domus coltiles. Libellarii leisten dabei z.B. 2 Tage Wochenfron oder können ihre Arbeitsverpflichtung in Geld ablösen. Die Herbergen sollen den pauperes dienen, was vor allem die schwächeren Schichten, auch die der feudalen Oberschicht meint, die Leute also, die herrschaftslos sind, des Schutzes bedürfen, vor allem auch auf der Reise, nicht nur die Pilger, sondern besonders die Handelsagenten (negudiantes, negotiantes) und Kaufleute (mercatores). Versteht sich, daß das Kloster Taufkirchen und ihre Pfarrsprengel zu betreuen hat; es sind 4 verzeichnet mit 9 fronenden massarii und 6 libellarii. Als Konsumgüter der Klosterbrüder und abhängiger Produzenten schlägt die Adbrevatio im ganzen an: 1873 Scheffel Saatgetreide, 1083 anforae, 4 congii Wein (inter domos coltiles et massarios atque absentes), 1494 Fuder Heu, Wald für die Eichelmast von 2890 Schweinen und dazu 610 massarii, libellarii und absentes mit domus coltiles, zu denen in Nachträgen noch weitere 60 libellarii, massarii und absentes kommen. Vermutlich hat sich eine *Kloster-Grundherrschaft* wie Bobbio außer ihrem Eigenkonsum auch am *Lokal- und Regionalmarkt*, vielleicht sogar am *Fernhandel* beteiligt durch ihre Erzeugung von Getreide, Wein Öl, Wachs, Schweinen, Silber und Eisen. In einer Urkunde des Abtes Wala von Bobbio außer ihrem Eigenkonsum auch am *Lokal- und Regionalmarkt*, vielleicht sogar am *Fernhandel* beteiligt durch ihre Erzeugung von Getreide, Wein, wähnten cellae genannt. Doch daneben ist auch «terra» an «liberi honimes» (freie) habitatores z.B. 844 in fabrica (Cipolla I. Nr. 39. S. 145) übertragen, die sie vorher per libellum (Pachtvertrag) auf 28 Jahre erworben haben. Kaiser Karl d. Gr. und Ludwig d. Fr. übertragen (846) Hoheitsrechte (Cipolla I. Nr. 40. S. 147), indem sie den comitatus Bobbiensis errichten «cum omni suo honore et potestate (Einnahmen und Verfügungsgewalt)» mit «castra, villae, terrae, loci et rationes universae», mit dem merum et mixtum imperium», (Kommandogewalt) zu Lehen und ihn damit investierten (iure honorabilis feudi = als Großvasallen). *Immunität und Schutz* (immunitatis defensio) beruhen (nach Cipolla I. Nr. 60. S. 172) laut Diplom Kaiser Ludwig II. von (860) auf Privilegien der langobardischen Könige Agilulf, Adalwald, Grimoald, Cunibert, Liutprand, Ratchis, Aistulf und Desiderius sowie der Frankenkönige Karl d. Gr., Ludwig d. Fr. und Lothar I.

Diese Immunitätsverleihungen durch den Herrscher bezogen sich auch auf allen Besitz und alle homines liberi sive servi, coloni et familiae utriusque sexus, womit alle Abhängigkeitsschichten des Klosters umschrieben sind; der König bestätigt ihm insbesondere Forsten (Monslongus, Adra) und Schenkungen von genannten Personen, vor allem die freie Durchfahrt von Schiffen auf Po und Tessin und befreit das Kloster von Arbeiten an Brücken und Fischereien (im Gebiet des Gardasees). Dem Kloster müssen entwendete oder entlaufene mancipia (Leibeigene) wieder zurückgegeben werden, sie müssen im servitium des Klosters bleiben (Fluktuation unter den Unterschichten und Emanzipation!). Außer dem Grundbesitz im Klostertal und in der weiteren Umgebung und außerhalb der Grafschaft Bobbio und dem klösterlichen Immunitätsbezirk besaß Bobbio laut einer Urkunde Kaiser Otto I. von 972 (Cipolla I. Nr. 96. S. 325 = MG. DO I Nr. 412, S. 561) Streubesitz in den Gebieten von Mailand, Piacenza, Parma, Tortona, Aqui, Vercelli, Torino, Ivrea, Novara, Como, Lodi, Bergamo, Brescia, Mantova, Verona, Cremona, Trento, Grado, in Tuscia, Lucca, Pisa, Pistoja und anderswo, also fast in ganz Ober- und Mittelitalien. Die Wirksamkeit des kaiserlichen Schutzes auch für den klösterlichen Streubesitz bezeugt ein Gerichtsurteil von 972 (Cipolla I. Nr. 97. S. 335), in dem das Martinskloster in Pavia wegen widerrechtlichen Eindringens in das genau umgrenzte Klostergebiet von Bobbio am Monte Longo verurteilt wird; an der Gerichtsverhandlung nehmen 10 kaiserliche Richter teil. Das Breviarium III. = Güterbeschrieb des 10. Jahrhunderts (Cipolla I. Nr. 107.

S. 368) zeigt, daß die cortes aufgeteilt sind in domus coltiles und eine Anzahl von *sortes:* Teilgütern oder Teilwirtschaftseinheiten, daß also die *Fronhofsverfassung* im Laufe des 10. Jahrhunderts zu zerfallen begann, d. h. daß die Fronhöfe und ihr Eigenregieland (nicht wie oben die Hufen als selbständige Wirtschaftseinheiten) aufgeteilt und die Teile verpachtet wurden; außerdem werden die die Güter und sortes bewirtschaftenden Leute nicht mehr nach ihrem Rechts- und Sozialstand (liberi, massarii, aldiones, servi), sondern einfach nur mit dem technischen Begriff «manens» bezeichnet; das könnte eine *Nivellierung der Unterschichten* andeuten, die dann in der kommunalen Bewegung wirksam wurde; freilich läßt sich das nicht genau sagen. Zusammenfassend läßt sich feststellen, daß die Güterbeschriebe und Urkunden des Klosters Bobbio trotz aller offenbleibenden Fragen ein anschauliches Bild von der Macht und dem Reichtum der an der politischen Herrschaft beteiligten Königskirche und ihrem adelig-bischöflichem Anhang vermitteln und uns auch relativ viel von der gesellschaftlichen Struktur einer kirchlichen Großgrundherrschaft, ihrem Lehenscharakter und ihren arbeitenden Unterschichten zu berichten vermögen.

Ein süditalienisches Modell ist das große Kloster Monte Cassino, dem der König 943 mit 15 cellae, 3 Klöstern in den civitates Tiana und Capua, 4 Frauenklöstern, vor allem 5 cortes in Canni, dann predia und possessiones im Gebiet von Benevent, Calabria und Apulia mit allem Zubehör an Klöstern, Zellen, Kapellen, castra, cortes, sortes, massarii, servi et ancillae, aldiones et aldianae, coloni, portus, ripae, Fischwassern, Mühlen, terrae = Ländereien, Weingärten, campi, prata, pascua, silvae, Wasserläufen, Bergen, Alpen, Tälern und Ebenen bestätigt. Das ist das von Bobbio wenig verschiedene Bild einer Großgrundherrschaft mit großem Besitz in Streulage im südlichen Teil der Halbinsel und mitsamt der sicher großen Zahl landbebauender und wirtschaftender abhängiger Menschen. Dieses nämliche Bild gibt die Königsbestätigung von 941 ff. für das Kloster St. Vinzenz am Volturno im Gebiet von Benevent, das neben dem Recht der Inquisition und dem Schutz 9 monasteria und cellae mit zugehörigen castra, capellae, tituli, casae, terrae, vineae, campi, prata, pascua, silvae, piscaturae, molinae und aquarum decursus besitzt. Zum Vergleich wäre der Besitz einer Bischofskirche, nämlich derjenigen der Pfalzstadt Pavia, heranzuziehen, der die Könige und Lothar 943 (?) alle res, familiae, abbatiae, plebes und cortes mit Zubehör bestätigen, namentlich die Abtei St. Salvator in campania bei der Stadt Pavia, St. Maria ad perticam, St. Michael Maior, St. Romulus, Sta Cristina, Sta Mustiola, alle capellae cardinales innerhalb und außerhalb der Pfalzstadt sowie zwei weitere Klöster; es werden 8 cortes und 1 Kloster am Comersee in valle Tellina genannt, dazu vada (Furten), piscaria, portus = navicella episcopi und der portus Caballaricius auf dem Tessin. Alles zwischen dem portus Barbiani und dem portus Burigo sowie vom caput Vernaule bis zum vadus Farigeni mit Inseln,

Fischereien, Mühlen sollen in Besitz und Verfügungsgewalt der Kirche sein. Für den König waren *Flußschiffahrt* und *Straßenverkehr* ein einträgliches Geschäft, umgekehrt auch für die Königskirchen, die wie die von Pavia von einer Vielzahl von Straßengeldern, Verkehrsabgaben und Zöllen (ripaticum, terraticum, teloneum, palificatura) befreit war. Zubehör der Klöster, Abteien, Höfe, Taufkirchensprengel und Hofteilen waren massarii, servi et ancillae, aldiones et aldianae. Der reiche Grundbesitz der römischen Bischofskirche und ihre Herrschaftsgebiete fallen hier aus dem Rahmen und seien deshalb nur genannt; vielleicht war die Organisation wenig verschieden.

Auf Ämtern, Lehen, Herrschafts- und Hoheitsrechten und auf Initiative und Tatkraft im Auftrag des Königs und gegen ihn beruhte die Machtstellung des hohen Adels, der Bischöfe und Äbte vom 8. bis zum 10. Jahrhundert; das waren die magnae personae. Ihnen gegenüber standen die parvae personae der allgemeinen Führungsschicht, die kleinen Vasallen und Beamten, die auch Möglichkeiten des Aufstiegs hatten und sie wahrnahmen. Neben dieser Klassifizierung taucht 891 auch die nach superior und inferior ordo rei publicae auf. Verschwunden ist offenbar die Schicht der devoti und honesti, sofern sie nicht unter den parvae personae und den boni homines der verschiedenen Gebiete zu suchen sind. In dem von mir herangezogenen Urkundenbestand taucht ein einziges Mal 905 (Dipl. Bereng. I. Nr. 54. S. 154) ein devotus fidelis und illuster vir Grimaldus auf, der interveniert und ein großer Vasall war. Er setzt sich für einen kleinen Königsvasallen ein, der habitator (Einwohner) im Tal Pruvinianum in der villa (Dorf, Herrenhof) Canziago war; ihm schenkt der König Weingärten und Ackerland an 2 Orten zusammen mit montes, planicies, einer silva und einer collis mit allen Ausdehnungen, wie sie zur Grafschaft Verona gehörten. Es liegt nahe anzunehmen, daß die devoti und honesti des 8. Jahrhunderts tatsächlich in der Schicht der kleinen und mittleren Vasallen aufgegangen sind. Dafür scheinen andere Leute nachzuwachsen, die wir im 10. Jahrhundert vorab in den Städten und an grundherrschaftlichen Orten (vielleicht Zentralorten) greifen. Um sie aber darstellen zu können, ist es notwendig zuerst und mit ihnen die *Unterschichten* zu analysieren. Gemeint sind Leibeigene und die *Geschützten,* die vor allem gemessenen und ungemessenen Frondienst leisten, auch die coloni und die vielen, die zu Libellarpacht Gutsteile für eine Zeit bis 29 Jahre zur Bearbeitung und Nutznießung erwerben. Es gehören aber auch die «liberi» = Freien dazu, die zum größten Teil Leute gewesen zu sein scheinen, die zu römischem Bürgerrecht, das fast als Leerform hier noch weiterlebte, freigelassen worden waren. Meinem Prinzip getreu, daß vor einer zusammenfassenden Verallgemeinerung die Begriffe, Worte und Inhalte der Quellen, vor allem die des Rechts- und Geschäftsverkehrs befragt werden sollen, versuche ich zunächst diese Menschen nach der Quellenaussage zu klassifizieren.

Bedrückungen von Seiten der Beamten und Funktionäre (rei publicae ministri) sind ausgesetzt manentes, servi ancillae, mancipia, aldi, aldianae, ingenui, commendati, cartulati, sie sind Leibeigene, Geschützte, Pächter, die des Schutzes bedürfen und sich selbst und ihr Recht nicht wirksam gegen Funktionäre und Mächtige verteidigen können. Als homines = Abhängige, auch Eigenleute eines Klosters werden 891 liberi aut servi bezeichnet, homo ist also eine Bezeichnung, die für beide Gruppen gilt, auch liberi unterstehen der Verfügungsgewalt des Abtes und Klosters, ihre «Freiheit» ist demnach eine *Minderfreiheit*, die gleich näher zu analysieren sein wird. Die Belastungen, die königliche = staatliche = öffentliche «ministri» diesen dienenden, abhängigen, zu Abgaben und Arbeit (Fron) verpflichteten Menschen, die die Wirtschaft tragen, auferlegen können, sind 891 der Zwang, vor Gerichtstagen zu erscheinen, zu denen sie nicht verpflichtet sind, Bannbußen und Steuern zu bezahlen, Herbergsdienst oder Reiterdienst (Boten-, Postdienst) zu leisten, dann die Forderung nach Geiseln und Bürgen sowie die Verfügungsgewalt (districtio) über ingenui quam servi commanentes (auf dem Klosterbesitz) auszuüben. Die Abgaben dieser bodengesessenen Leute (manentes, comanentes) an den König = Fiskus und den Bischof, aber auch an den feudalen (vassallitischen) Adel und die ministri rei publicae bestanden in: annonae, vinum, casei, pulli, ova, castanee, fructus, mellis, clusatica, calv, venationes und arbusta. Als das bearbeitende und produzierende «Zubehör» einer curtis mit 20 corticelli werden 898 bezeichnet: familiae, liberi et servi utriusque sexus, libellarii ac cartulati. Ihrem Realwert nach werden 900 klassifiziert in Arezzo: res, familiae (abhängige Familien oder Personalverbände beiderlei Geschlechts,) plebes, monasteria, coloni (!), liberi (nach coloni!), aldiones (Schutzhörige), servi (Leibeigene), vasalli (wohl niederster sozialer Stufe) und alle männlichen und weiblichen homines, die auf den Klostergütern sitzen (residentes supra res ecclesiae) und sie bearbeiten. Sachen = Besitzwerte und Menschen stehen bei diesen Rechtshandlungen und Transaktionen auf gleicher Stufe und das nicht nur bei Kirchen, für die wir allerdings die meisten Quellen haben, sondern in der ganzen Wirtschaft und Gesellschaft von damals. Als besondere Gruppen treten auch massarii und libellarii auf, d. h. Leute, die als Leibeigene oder Abhängige auf casae sitzen, die zu curtes gehören, oder solche, die einen Pachtvertrag auf Zeit mit einem Grundherrn oder Besitzer abgeschlossen haben und die eine gewisse Handlungsfähigkeit besessen haben müssen, da sie Vertragspartner sind, wie die Libellarverträge zeigen; zu dieser mittleren Gruppe der unteren Schichten zählen auch die cartulati und commendati, die entweder ihr Gut auf Grund einer carta bewirtschaften oder die sich einer Kirche wie einem Herrn übergeben haben oder übergeben worden sind und die zum Teil vermutlich auch Wachs für die Kirchenlichter (ad huminaria) zinsten. In der civitas Asti erscheinen 924 sieben servientes (nicht servi) des Königs, die in der Stadt wohnten, alle namentlich genannt sind, massariciae (casae), bewegliches und unbewegliches Gut besitzen und vom König verschenkt werden; diese Leute, die in der Stadt wohnen, haben besondere Dienstleistungen zu erbringen, stehen über den servi, aldiones, massarii usw. und sind zweifellos Leute, die den deutschen Vorministerialen entsprechen, aber Vasallen wurden, wie eine Königsschutzurkunde für das Salvatorkloster in Tolla von 903 zeigt, die sich auch auf die vasalli erstreckt, die dem Abt «deterviunt» (servientes!). In den verschiedenen Namen der Leute, die wir alle zu den Unterschichten zählen müssen, drückt sich a) eine verschiedene historische Schichtung, b) ein differenziertes Sozial- und Wirtschaftssystem c) ein Unterschied zwischen den untersten Graden der Leibeigenschaft und Schutzhörigkeit (servi, ancillae, aldii, aldianae, massarii) und denen, die ein bestimmtes Verfügungsrecht und eine gewisse Freizügigkeit besitzen, die sich auch juristisch in ihrem Nutznießungs-, Pacht- oder Leihegut sichern können, die freigelassen sind, d) eine Auflockerung dieser unteren Klassen in solche, die kollektiv als «Massen» ohne Namen begegnen, als familiae utriusque sexus zum Besitz gehören, oder als namentlich genannte, teilweise rechtsfähige Individuen in verschiedener Stellung und mit garantiertem Besitz oder Nutznießungsrecht begegnen. Das fluktierende und *mobile Element* dieser unteren Klassen sind die freizügigen, nichtschollegebundenen, rechts- und handlungsfähigen, namentlich genannten, also individuell in Recht und Besitz differenzierten Menschen, die nicht allein als Zubehör eines Besitzes, Hofes, Königsgutes, Bischofs- oder Klostergutes in den Urkunden auftauchen. Diese alle machen die große Masse der Gesellschaft aus, die wir auch in Italien auf über 90% veranschlagen dürfen. Diese Leute sitzen in den Städten, castelli, an cortes und auf dem Lande, sie wohnen in casae, domus, sie bewirtschaften sortes, terrae, vineae, campi, prata, pascua, orti, salecta, stationes, piscariae, Wasserläufe, Mühlen und zahlen davon ihren Zins, ihre Steuern und sonstigen Abgaben und leisten gemessene und ungemessene Frondienste.

Gegenstand der Forschung und Diskussion waren immer wieder die *liberi = die Freien*.[30] Sie begegnen in dem hier analysierten Urkundenbestand in einer zweifachen Form, einmal pauschal vor oder nach den coloni an der Spitze der abhängigen Leute des Königs, des Bischofs und Klosters ohne Namensnennung als *oberste Klasse der Unterschichten*, ein andermal aber treten sie individuell in besonderer persönlicher Situation auf und erscheinen dabei differenziert von den pauschalen liberi. Daß letztere *Freigelassene* sind, zeigt eine Urkunde von 892 über die Freilassung des Sohnes eines Einwohners Maurus in der Stadt Vercellae; dieser wird befreit vom *vinculum et condicio servitutis*, was der Freilassung zu römischem Bürgerrecht (civis Romanus) gleichkommt; dieser Freigelassene hat Besitz (proprietas) in der civitas Vercellensis und soll frei darüber verfügen.

---

[30] G. TABACCO, I liberi del Re nell'Italia carolingia e postcarolingia (Spoleto 1968).

Einem Bischof wird 900 gestattet sich advocati = kleinere Beamte entweder aus der Zahl seiner eigenen oder fremder liberi homines zu wählen, um die rerum utilitates zu exerzieren; es muß sich um gutsherrliche Aufgaben gehandelt haben, die sie zu erfüllen hatten. Das Kloster S. Zeno in Verona besitzt eine corticella mit Einkünften von liberi homines und als weitereres eine Scheune (orreum) in der Stadt Verona mit areae (= Baustellen) in deren Umkreis und außerhalb der Stadt. In einer Urkunde für Cremona von 910 ist von liberi massarii die Rede, die gegen die Verwaltungsakte königlicher Beamter geschützt werden und durch patronus und Vogt, also die Vertreter ihres «Herrn» 912 dem Königsrichter vorgeführt werden müssen. Nach römischem Recht werden freigelassen durch den König der namentlich genannte königliche servus (Leibeigene) Aregisus, seine Frau und Kinder; das brachte Freiheit von jedem servititutis ligamen. Die Freilassung erfolgte in der Form der denariatio = Pfennigwurf, Schatzwurf. Die «Freiheit» ist genau umschrieben als die eines miles publicus (Vasall des Königs?) und des civis Romanus. Frei soll auch ihr Hausrat und ihr Hausgut sein wie bei Leuten, die von idonei et ingenui homines abstammen; sie können also über ihre Habe verfügen, sie sind vor allem von opus servile, servitium befreit, sind freizügig, wenn sie offensichtlich in höherer Funktion dem König dienen. Die Kirche in Padua erhält 915 Königsstraßen und Landbesitz im Territorium von Ceneda und Trient, das Königsgut ist, dazu die Gerichtgewalt über *arimanni und andere liberi homines,* die im Solagnetal wohnen. Deren terrae werden geschenkt mit banni, census und redditus und der Bischof kann auch ein castrum errichten. *Liberi* und *arimanni* können also auf gleicher Rechts- und Gesellschaftsstufe stehen. Liberi können Freigelassene sein. Die Urkunden haben ja gezeigt, daß in großer Zahl bei Schenkungen von Gütern mit dem üblichen sachlichen und menschlichen Zubehör entweder die Freilassung der Leibeigenen bei der Übergabe oder meist bei Todfall verfügt wurde. Ihre Zahl muß groß gewesen sein. Libertas ist in vielen oder besonderen Fällen identisch mit *römischem Bürgerrecht,* mit der Stellung des *exercitalis* oder auch des kleineren *vassus.* Ich würde die Zahl der kleineren, abhängigen, pauschal genannten «Freien», die in den Pertinanzformeln erscheinen, nicht gering ansetzen, möchte aber auf ihre Abhängigkeit hinweisen; vielleicht war die Freiheit vom *opus servile,* die freie Verfügung über Besitz, das entscheidende Charakteristikum ihres rechtlichen Personalstandes.

Eine Sondergruppe stellen die arimanni und exercitales dar und daneben gibt es besondere Fälle, die ich belegt habe. Solche Freie scheint es besonders in Städten gegeben zu haben. Aus welchen Schichten solche Neufreie aufsteigen, kündigt der servus comitatus Petrus an, der als Zubehör der cortis Ronco am Flusse Lambro mit einem Teil des Marktes Vimercate (vicus mercatus) dem Grafen Grimold zwischen 911 und 915 geschenkt wurde. Petrus ist also direkt gräflich = fiskalischer, indirekt königlicher Leibeigener und saß selbst auf einer cortis, also einem Hof, der zum Fronhofsverband von Ronco gehört haben muß; genannt wurde auch sein Vater, der im vicus Antoniano lebte. Mit Petrus werden auch Weib und Kind geschenkt. Solche Leute hat man wegen ihrer besonderen Leistung freigelassen. Tabacco (80) erschloß aus Kapitularien Karls d. Dicken und Hugos ein allgemeines königliches Interesse an den Kirchen und allen Grundherrn = patroni, an den kleinen possessores, den arimanni und an allen freien und unfreien Landbebauern. Liberi homines sitzen auf Kirchengrund (filii ecclesiae), in Brugnato werden liberi massarii vel erimanni genannt. Im Pfalzgrafengericht zu Mailand erscheinen 901 sechs Einwohner (habitantes) aus dem vicus Cusago und behaupten ihre Freiheit gegen den Herrenhof von Palazzolo, der zum comitatus von Mailand gehörte und von einem Vasallen des Grafen Sigefred von Mailand, und von San Ambroggio vertreten wurde, für das ein Einwohner von Mailand und advocatus publicus des comitatus Handlungsvollmacht hatte; sie waren zu aldii herabgedrückt worden, weil sie Wochenfron am Hof zu Palazzolo leisteten. Sie erklärten *liberi homines arimanni* zu sein und Allod = Eigengut zu besitzen. Allerdings mußten sie für bestimmte Güter in Bestazzo (sw. Cusago) zum Hof von Palazzolo Handdienste leisten; der Dienst war aber an die Güter, nicht an ihre Person gebunden, was aber für ihren rechtlichen Personalstand gefährlich war. Die Leute betonten vor allem, daß auch ihre Eltern schon frei waren. Das Potential an Freien muß sehr fluktuierend und schwankend, auch expansiv gewesen sein. In Cusago handelte es sich um kleine Leute mit kleinem Vermögen; sie nahmen auf ihre paupertas (= Schutzbedürftigkeit) Bezug; der Besitz von freiem Eigenland verpflichtete sie nicht zu den herkömmlichen Diensten der exercitales. Die exercitales saßen oft auf fremden Boden und auch auf früherem Allod, das sie dem Schutz eines patronus kommendiert hatten. Daneben gab es kleine Eigentümer = *possessores*, die keine Arimannen waren; in langobardisch-frühkarolingischer Zeit war der Arimanne aber gekennzeichnet durch Herresdienst und Erscheinungspflicht auf dem placitum (= servitium); er wohnte auf dem Lande und in der Stadt als liber possesssor oder als libellarius = Pächter, ohne Sondergrund zu haben, von dem er seine Verpflichtungen bestritt. Zwischen 785 und 822 stellen wir lociservatores und haremanni als Zeugen fest, finden sie 786 auf einer Stufe mit den sacerdotes in der Stadt Lucca und als filii ecclesiae 803 bezeichnet; sie sind identisch mit dem exercitus von Siena = Volk in Waffen (CDLT. Nr. 50. S. 165) = populus. Der civis des 8. und der folgenden Jahrhunderte muß nicht mehr identisch mit dem antiken Stadtbürger sein. Der exercitus von Siena (730) hat sicher seine Entsprechung in den cives von Lucca zu 722. Der stärkste Schutz der Freiheit dieser Bürger und Arimannen (Lucca, später Mantova) war ihr gemeinsamer genossenschaftlicher Zusammenschluß innerhalb der Stadtmauern. Wirtschaftliche Selbständigkeit und Beziehung zur öffentlichen Macht = König und Beamten, begründete ihr gesellschaftliches Prestige. Diese

Die «Dienste» der Freien

Teilhabe am «öffentlichen» (kollektiven) Leben war nicht feudal geprägt, stand außerhalb der Macht der Feudalherren, die dann das Leben der Landleute beherrschten.

Laut Adbrevatio von 862/3 besaß das Kloster Bobbio 30 Arimannen, 30 auf der curtis von Valverde, 3 in Montelungo; 20 davon schnitten Gras (begrenzte Fron) und machten die Brücke für das Kloster in Pavia, einer leistete 5 Wochendienste zum Kloster; dort waren auch 39 massarii, mit einer Verpflichtung zu 16 Scheffel Getreide und täglicher Fronarbeit am Klosterhof. Diese arimanni und massarii haben 41 sortes absentes (nicht besetzt), für die sie Naturalabgaben und Gelddienste zahlen. Jeder Arimanne arbeitete 5 Jahreswochen auf dem dominicum = Herrenhof, Herrenland, fast wie ein libellarius; die massarii leisten willkürliche = ungemessene Dienste. Das Inventar von S. Giulia in Brescia verzeichnet 15 liberi homines, die ihr Eigengut dem Kloster übergaben und sich gemessenen Frondienst von 1 Wochentag ausbedangen. Auch die Arimannen können solche Leute gewesen sein, die ihren eigenen Grund und Boden dem Kloster übergaben und sich unter den Schutz des Klosters stellten. Bei ihrem Brückenbau handelte es sich um eine allgemeine Verpflichtung der possessores. Im Immunitätsprivileg Karls d. Gr. für die Kirche von Metz (D. Karol. I. Nr. 91. S. 132) ist von *homines bene ingenui* (anstatt liberi) = liberi auf Kirchengrund die Rede, die in Beziehung zu König und öffentlicher Gewalt stehen, die Heeresdienst (Verteidigung) und Wachtdienst leisten und sich am Brückenbau beteiligen (hostis, pons, placitum). Vermutlich waren auch die Arimannen von Bobbio solche Menschen. Über die ethnische Zugehörigkeit dieser Leute kann man in karolingischer Zeit nichts Genaueres mehr aussagen, aber sie werden liberi genannt. Die terra publica der liberi und arimanni, die durch Übergabe Kirchengut wird, entgleitet dem Fiskus und mündet in die freie Güterzirkulation ein, die von Großgrundbesitzern und kleineren possessores bewegt wird; wer aber so ein öffentliches Gut hat, muß die damit verbundenen Pflichten (hostis, placitum, pons) erfüllen; das trifft auch die mittleren und kleinen possessores. Den Schutz übt die öffentliche Gewalt, vor allem der König über sie gegen die oppressiones der potentes = Feudaladel aus, wie die Kapitularien zeigen. Da dem König große unbebaute Areale = die qualdi der Langobarden verblieben waren, wiesen sie diese zur Besiedlung besonderen Gruppen von exercitales und liberi an. Das belegt der qualdo exercitale von Pozzaglia von 818 des Klosters Farfa (nordöstl. Territorium von Reate); dieser wird ad opus et utilitatem des Klosters geschenkt, er gehört dem *liber et exercitalis populus* und betrifft alles, was dort liberi homines zu Eigen haben. Ein anderer Name sind die *coloni publici* von 747 im qualdus publicus von S. Giancinto in der Sabina östlich von Farfa. Die Abtretung von freien Gütern und der Erwerb von Land zum Urbarmachen löste eine große gesellschaftliche Mobilität bei den Menschen aus, die zum publicum gehörten,

König und Herzog verpflichtet waren. Auch im 10. Jahrhundert erhielt sich noch die karolingische Tradition der exercitales. Doch haben die Könige aufgehört, eine niedere, bäuerlich-städtische Kriegerschicht, die unabhängig von persönlichen Banden vasallitischer Treue war, die Gruppe der exercitales (arimanni) und liberi regis, zu schützen und an sich zu binden. Unter gleichen Namen aber bildete sich eine neue Gruppe, jedoch ohne die alten Funktionen. Das aber steigerte die Mobilität der Unterschichten der Gesellschaft bedeutsam.

In diesem schon im 9. Jahrhundert laufenden Prozeß sind diese liberi homines dabei gewesen mit dem Verlust ihrer öffentlichen Funktionen auch ihre gesellschaftliche Stellung zu verlieren, die eine wirtschaftliche Grundlage erforderlich machte. Ihre nimia paupertas, wie die Quellen sagen, bringt sie in die Nähe der aldii. Zu einem ländlichen Gerichtstag des Vicedominus der Mailänder Kirche, der sich mit servi des Hofes von Limonta der Kirche von San Ambroggio befaßte, wurden 882 nobiles et credentes omnes liberi arimanni habitantes von Belasio als Zeugen geladen. Es waren wohl possessores von einigem Gewicht, auch boni homines liberi, bonam famam habentes (Ehrbaren), die die karolingischen Kapitularien für ein Gerichtszeugnis forderten. Ich scheide die nobiles von den liberi arimanni und rechne letztere aber den liberi homines «qui tantum proprietatis habent, utunde hostem facere possunt» oder den «mediocres, quippe liberi, qui non possunt per se hostem facere» oder denen, «qui propter nimiam paupertatem neque per se hostem facere neque adiutorium prestare possunt» zu (Vgl. auch Cap. de expeditione Corsicana von 825 – Cap. regni franc. I. Nr. 162. S. 325). Darum übergeben die Könige seit Karl d. Gr. der Kirche, die ihre Verpflichtungen mit ihren Vasallen dafür übernehmen muß, mit Gerichtsgewalt (iudiciaria potestas), mit öffentlichen Straßen, Zoll oder Geleit und Königsgut auch die Hoheit über «arimanni quam alii liberi homines, qui nunc (im Valle di Solagna) habitant aut habitaturi sunt», mit den dem König gehörigen Banngeldern, Zinsen und Einkünften an Padova (CDL Nr. 101. S. 265) oder in den Bergen von Piacenza an die dortige Bischofskirche Gerichtshoheit und Zoll vom Hof Guslano von den «arimanni quam alii liberi homines per memoratos fines vel infra consistentes» (808: Dipl. Carol. I. S. 277. Nr. 207). Nach einer Königsurkunde von 940 (Schiaparelli Nr. 53, S. 160) lebten in der villa Runco Arimannen, die die Verpflichtung hatten, das placitum zu schützen (custodire). Diese villa gehörte zur curtis Forum am Tanarofluß. Nicht alle Bewohner dieser Villa und dieses Gutsbezirkes waren liberi homines; der Normalmensch unter den contadini war servus oder aldio und auf Komplexen von Fiskalgütern wie der curtis Forum saßen in aller Regel keine liberi. Sicher hat Tabacco recht, daß nicht alle liberi auch arimanni = exercitales waren, die ich ebenfalls als Heermänner auf Fiskalland ansehen möchte und zwar in karolingischer Zeit, in der die «consorzi di antichi coloni langobardi» sich längst aufgelöst haben müssen. Der König/Kaiser schenkte im 10./11. Jahrhundert mit den Städten und Kastellen an die Kirchen auch die dort wohnenden liberi homines, qui vulgo herimanni dicuntur, mit all ihrem Besitz und ihrer Verpflichtung (967 für S. Zeno in Verona). In der kommunalen Zeit haben die Arimannen ihre Funktionen verloren.

Die Analyse des *Gesellschafts- und Rechtsstandes der liberi und arimanni* führt uns abschließend noch auf die *habitatores* in vici, villae, civitates, castella und auf die genannten *cives* in den Städten sowie auf die einzeln oder kollektiv tätigen Handelsleute und Produzenten, d. h. auf die Schichten, die in der kommunalen Bewegung seit dem 11. Jahrhundert eine größere Rolle spielen werden. Diese sind auch im Zusammenhang der seit dem 8. Jahrhundert sich belebenden Wirtschaft zu sehen. Kein armer, sondern ein Mann der Mittelschicht muß am Ende des 9. Jahrhunderts «Winibert Tusciae habitator in comitatu Aretino (im contado)» gewesen sein, der vom König eine cortis mit 20 corticelli d. h. einen Fronhofsverband erhält. Ein Königshof in Bene Vagienna wird 901 mit einer Größe von 100 000 Joch und ein zur plebs gehöriges Kastell mit 30 000 Joch ausgegeben. 898 erscheinen königliche servi und aldiones im vicus und fundus Luniano; 899 sitzen auf drei sortes auf Königsland liberi und andere mit ihren consortes; diese sortes sind bewirtschaftet von servi, ancillae, libellarii. Auf einem Gerichtstag 906/9 werden als anwesend bezeichnet: 3 Männer de civitate Papiensi und auch 26 abitantes de Salvinate und 6 abitantes de Callonico = Lemontas am Comersee; sie wollten aldii sein, aber der Klostervogt setzte durch, daß sie servi blieben. Gesellschaftsbewegung am Anfang des 10. Jahrhunderts auch auf dem Lande! Homines der Stadt Novara erhielten 911 das Recht ein castrum zu bauen (königliches Befestigungsrecht!). Diese Bitte stellten mit dem kgl. Richter und dem vicedominus der Kirche von Novara an der Spitze 21 habitatores in vico Galiato und 5 vom vicus Berconate, unter ihnen ein notarius, scavinus. Vermutlich waren diese auch die Einwohner des neuen Kastells, das der Verteidigung gegen die Ungarn dienen sollte. Diese *Kastellbauten* und die Ungarngefahr haben Mobilität und Fluktution der Bevölkerung sehr beschleunigt. Das Kloster San Teodda in Pavia erhielt 912 das Recht, auf seinen Gütern und im italienischen Reich gegen die Ungarn Befestigungen = castella zu errichten; damit bekam es auch die Erlaubnis, das Wegesystem um die castella zu verändern (incidere et claudere vias publicas). Dabei nahm der König auch die servi et ancillae, libellarii, coloni und commendaticii des Klosters in seinen Schutz. Ja zwischen 902 und 919 darf ein königlicher Vasall (fidelis) ein castellum in einer villa der Grafschaft Reggio wegen der Ungarngefahr errichten; dafür werden er und seine libellarii vom Besuch der gräflichen placita befreit und ihnen der Gerichtsstand vor dem königlichen missus zuerkannt. Der fidelis Lupo darf auf dem Po bis Bondilus die Schiffahrt der Venetianer betreiben, wie alle anderen auch, und darf im castellum Jahrmärkte abhalten. Die Ungarneinfälle – aber nicht nur sie allein – waren der

Anlaß zu zahlreichen Genehmigungen für den Bau von castella, womit meist ein Markt verbunden wurde. Zur hier gemeinten Schicht gehörte auch ein einzelner liber homo, der eine königliche massaricia auf einem bestimmten fundus im vicus Varianus betrieb; diese wurde vom königlichen Gründer an das Salvatorkloster in der königlichen cortis in der urbs Verona 915 geschenkt. König Hugo gewährte 927 (?) genannten Leuten im suburbium der Stadt Orte, die habitatores im territorium Balneense waren, nämlich einem Mann und seinen drei Söhnen von Bagno di Romagna, einen Schutzbrief für ihren Besitz im genannten territorium in den Grafschaften Montefeltre, Bobbio (Sarsina), Cesena, Rimini, Borgo San Sepolcro, in der Romania, Tuscia, Italia, in ganz Spoleto und an den Meeresküsten mit allem Zubehör an Gut und Menschen (familiae, servi, liberi). Modellfigur eines reichen (nichtadeligen?!) Grundbesitzers = possessor mit reichem Streugut, für das die sehr große Bannsumme von 2000 Goldmansen festgesetzt wurde.

An einem Pfalzgrafengericht zu Parma nahmen 935 neben 1 königlichem Vassus, 13 iudices von zwei Königen, 6 Pfalznotaren, 1 Schöffe aus Parma, 6 Notaren aus Parma, 10 vassi des Bischofs und 5 vassi des Grafen auch 5 homines de civitate teil. Besonders interessant ist die publica civitatis moneta, die 945 schon länger dem Bischof von Mantova gehört; ihre Münzen sind gültig in den urbes (!) Mantova, Verona, Brescia und deren *cives* (!) entscheiden frei über Mischung des Silbers und Gewicht.[31] Als Intervenient trat 948 der Albertus civis Tergestinus (Triest) beim König im Auftrag der comunitas civitatis auf und erhielt vom König die perpetua libertas et franchisia gewährt, alles Königsgut und -recht, alle Verfügungsgewalt, Gerichtshoheit, und was öffentlich war, in der Stadt Triest = Hauptstadt von Istrien und außerhalb der Stadtmauern auszuüben. Die Verhandlungen sollen vor der communitas stattfinden in den Formen

---

[31] E. BERNAREGGI, Il sistema economico e la monetazione dei Langobardi nell'Italia superiore (1960). – R. S. LOPEZ, Monete e monetieri nell'Italia barbarica, in Moneta e Scambi nell alto medioevo = Settimana VIII. (Spoleto 1961); DERS., Continuità e adattamento nel medievo: Un millenio di storia delle assoziazioni di monetieri nell'Europa meridionale, in Studi in onore di G. Luzzatto (Milano 1949); DERS., An Aristocracy of money in the early middle ages, in Speculum XXVIII (1952) 1–43. – C. M. CIPOLLA, Appunti per una nuova storia della moneta nell'alto medioevo, in Moneta e scambi = Settimana VIII. (Spoleto 1961) 619–625. – D. HERLIHY, Treasure Hoards in the Italian economy 960–1139, in The Economic History Review 2, s. X (1957) 1–14. Herlihy zeigte, daß in Ober- und Mittelitalien von 960 bis 1139 in den Quellen 60% der Zahlungen in Geld, 40% in Ersatzgeld = Waren erfolgte, die auf dem Markt eine Liquidität wie Geld hatten, nämlich Wertgegenständen aus Kirchenschätzen und antiken Münzen, die von Bischöfen, Kirchen und Klöstern genutzt wurden, um ihre Grundherrschaften auf dem Lande, die zerstreut waren, wiederherzustellen. In Mailand erfolgten die Zahlungen im 11. Jahrhundert immer in Geld; dort gab es auch zahlreiche monetarii und magistri monetarii in der zweiten Hälfte des 10. und im 11. Jahrhundert. – C. M. CIPOLLA, Money, prices and civilization in the mediterranean world. 5–17th century (Princeton 1956).

des Königs- und Pfalzgerichts. Zehn Jahre später (958) bestätigten die Könige auch den nostri *fideles et habitatores* der civitas Genova ihre Güter und Leute. Seit dem Ende des 9. und zu Beginn des 10. Jahrhunderts traten Einwohner von Städten (habitatores, cives) immer stärker in den Vordergrund. Die *cives* dieser großen bewohnten Orte standen direkt in Beziehung zum König, teils ohne, teils mit Arimannie. Wir haben eben Beispiele dafür gesehen. Kaiser Otto III. sprach von den «cives Cremonenses *liberi divites ac pauperes*», die nach Rechtsstand, Reichtum und Armut bzw. Schutzbedürftigkeit am Ende des 10. Jahrhunderts differenziert waren. Der König schenkte an Kirchen und Herren liberi und arimanni, die lokal verschieden waren und keine einheitliche Klasse mehr darstellten. Ein interessantes Muster ist der vicus Lazise am Gardasee, wo im 10. Jahrhundert ein Königshof ist, der mit Zubehör und Abgaben von liberi homines (am Ort) an S. Zeno in Verona geschenkt wurde. Der Königshof war ein Verwaltungszentrum; ein Priester erhielt aus dessen Gutsbestand königliche massariolos. Der Ort war 983 befestigt und 18 genannte Personen durften die Befestigung erweitern und Übergangsrechte einziehen; 1077 wohnten pauperes homines piscatores in der villa; im 10. Jahrhundert bestanden exklusive Fischrechte am Ort. Ein Diplom Kaiser Heinrich IV. von 1077 richtete sich an eine ganze comunitas; 1193 erwarb die Comune von Verona hier Rechte. In Königsurkunden des 10. Jahrhunderts erscheinen am Ort Menschen von lokaler Bedeutung, Arimannen und exercitales, am Ende des 11. Jahrhunderts stellen wir 19 Personen an der Spitze einer Ortsgemeinschaft fest. Während 1065 die Leute von Vigevano und der Umgebung von Lomellina sich von der Arimannenpflicht befreien lassen (Schutz des placitum), lassen sich etwas früher die Einwohner von Saccisica nel basso Padovano und im Comitat von Treviso sich das ehrenvoll gewertete Recht des Arimannennamen von König Heinrich III. bestätigen, auch wenn sie schon einem potens unterstehen. Bis in das 13. Jahrhundert leisteten die erimanni von Primeriaco 3 Mark honorancie dem Propst von Cividale; 1223 werden außerdem mehr als 6 Personen und ihren Nachkommen alle servicia, iura, rationes und albergariae, die sie als Arimannen zu leisten hatten, gegen Weinlieferungen und Weinfahrten für den Propst erlassen. Die früher eine besondere Stellung anzeigenden Abgaben wurden zu Kennmarken allgemeiner Abhängigkeit, ja sogar Leibeigenschaft, was andererseits die früheren untersten oder niedrigeren Klassen gesellschaftlich hob. Der Pertinenzcharakter der arimanni gleicht sich dem der coloni an; der Name Arimannie wird aus einer Personal- zu einer Landbezeichnung. Die exercitales verwandelten mit und ohne Arimannennamen ihre Beziehung zum publicum, wobei sie in festerer oder schwächerer Beziehung zum Königtum blieben; wenn sie sich aber der neuen feudalen Herrschaftsbildung eingliederten, verschwand dabei der Arimannenbegriff; sie näherten sich dabei der Stellung der commendaticii.

Arimannen und Bürgertum standen im Rahmen der Städte in besonderer Beziehung. Das haben die Diskussionen um die Fälle von Mantova und Ferrara gezeigt, die hier noch zu skizzieren sind.[32] In einem Diplom Kaiser Heinrich III. für die Mantuani cives von 1055 (D H III. Nr. 356. S. 484) werden diese als «eremanni in Mantua civitate habitantes» bezeichnet. In einem Diplom Kaiser Heirich II. von 1014 war noch nicht von cives die Rede, sondern von «cuncti arimanni in civitate Mantua sive in castro, quod dicitur Portus, sive in vicoras, que nominantur Sancto Georgio, Cepada, Formigosa seu et in comitatu Mantuano habitantes die Rede; die Arimannen wohnten in Stadt, Kastell und in vici im Contado auf dem Lande. Ein Diplom des Kaisers Friedrich Barbarossa von 1159 gebrauchte die nämliche Formel. Der König gewährt diesen Leuten und ihren Gütern Schutz, schirmt ihr Erbe, wahrt den Besitz ihrer kollektiven Güter, ihre Fischrechte. Diese Arimannen besaßen familiae und servi; sie hatten daber auch Land in Libellarpacht oder zu precaria. Sie haben Gemeingüter und sind von Abgaben vor allem aus dem Handel befreit. Der König schützt ihre abhängigen Leute, servi, ancillae, liberi homines in eorum terra residentes und schirmt die eremannia und die comunes res der Stadt Mantua vor Eingriffen; letztere lagen zu beiden Seiten des Mincho. Sie besaßen Lehen, Libellarii, precarii. Heinrich II. befreite die Arimannen von Mantua von jeglichem hospitium und öffentlicher Funktion für Herzog, Bischof, Markgrafen, Grafen Vizegrafen, Gastalden, Sculdasio, decanus auf ihren mansiones. Der Name Arimannen hält sich hier im ganzen 11. und 12. Jahrhundert und meint die Städter und die possessores auf dem Land, die beide sich auf den König beziehen. Einen ähnlichen Musterfall haben wir in Ferrara. Papst Nikolaus I., dem der Comitatus von Ferrara wie der ganze Exarchat im 9. Jahrhundert gehörte, ordnete gegen die Ansprüche des Erzbischofs von Ravenna 861 an, daß dieser keine homines liberi in Ravenna und in den übrigen Städten der Pentapolis und der Emilia, gleich ob sie nobiles oder ignobiles seien, von der publica districtio befreien dürfe, auch nicht die coloni, die ingenui sind. Die homines liberi werden von den coloni ingenui unterschieden, obwohl sie beide der publica districtio unterstehen; die ersteren sind nach Belegen von 956 und 970 Arimannen, die aber jetzt als «boni arimanni» sich dem Erzbischof ergeben «salva libertate» = unbeschadet ihrer arimannischen Freiheit. Der comitatus von Ferrara nimmt von diesen Leuten servicium, ministracionem, districtionem und placitum vergeblich in Anspruch. Der Liber Papiensis aus der Zeit um 1000 (MG. LL IV. 505. c. 99) gibt an, wie diese Klasse sich im 10. Jahrhundert auflöste; er verweist dabei auf die ganze Unterschicht der servi,

---

[32] V. COLLORNI, Il territorio Mantovano nel sacro Romano imperio I (Milano 1959); DERS., Die drei verschollenen Gesetze der Reichstage von Roncaglia (1969).

aldiones, libellarii (antiqui vel noviter facti). Die einen entzogen sich hinterlistig oder böswillig dem publicium, die anderen bebauten wegen paupertas oder necessitas Kirchengrund; nur letztere dürfen zu keinem servitium gezwungen werden; denn damit würde man die Kirche schädigen, die ihrerseits zahlreiche Dienste für den König tun muß. Diese Übertragungen an die Kirche vollzogen auch liberi homines und arimanni wegen paupertas und necessitas; so zerfiel die Schicht der «Freien». Kaiser Heinrich III. (D H III. S. 478. Nr. 351) gab 1055 in einem Priveleg für den «universus populus» von Ferrara eine Beschränkung der Lasten im placitum publicum bekannt. Die Arimannen von Mantova wie Ferrara waren noch im 12. Jahrhundert proprietarii und precaristi im contado, sie blieben den placita publica unterworfen und leisteten Abgaben. In einer zu 985 gefälschten Papsturkunde des 12. Jahrhunderts, die von der Schutzpflicht für das placitum publicum spricht, die die Freien als Einwohner der Stadt und alle freien Arimannen im Territorium zu leisten haben, ist die Rede von den «in maiori massa Ferraria habitatores liberae personae cum aliis liberis personis de aliis singulis habitatoribus arimanni prefate maioris massae». Die ravennatischen Urkunden Karls d. Dicken sprachen von «liberi arimanni et liberi massarii». Der Liber Censuum der römischen Kirche vom Ende des 12. Jahrhunderts zählt noch vier Arimannien in der Diözese Ferrara auf. Die nachkarolingischen Arimannien stehen sehr wahrscheinlich in der Romania wie in der Langobardia auf einer Stufe mit den exercitales und possessores. Als cives sind sie keinesfalls Arimanniennkolonisten gewesen, weder in Tortona, Cremona, Mantova, Monselice noch in Ferrara, auch nicht in den ländlichen Gemeinden Italiens. Arimannia – dieses Substantiv begegnet seit der zweiten Hälfte des 10. Jahrhunderts – ist sowohl Kollektivbesitz einer Gruppe, der mit öffentlichen Diensten belastet und überhaupt öffentlich-fiskalischen Ursprungs ist, oder die Gruppe von Menschen, die auf diesem Grund und Boden sitzt. Aber die karolingischen Arimannen sind nicht alle possessores, die nachkarolingischen nicht alle Nachfahren der karolingischen; die persönliche Zusammensetzung wie der Rechts- und Personalstand haben vom 8.–10. Jahrhundert vielfach gewechselt. Es dünkt aber sehr naheliegend, daß in der Beziehung der Arimannen, exercitales, liberi (regis) zum König, zur res publica, zum publicum und fiscus das römisch-byzantinische Erbe einer territorialen, staatlichen, gesellschaftlichen d.h. öffentlich rechtlichen Ordnung weiterlebt, die an den Schutz der liberi gebunden ist, die auf eine bestimmte wirtschaftliche Basis gestellt ist und Funktionen für res publica und Kirche erfüllt. Dieser große Versuch mißlang; zwar überwand man damit die dualistische Struktur der römisch-germanischen Reiche, aber dieses System wurde wieder überwunden durch die Entfaltung des gesellschaftlichen und rechtlichen Feudalismus und den Aufstieg neuer lokaler Gruppen im Gesellschaftsgefüge und im Rahmen einer neuen kommunalen Ordnung, die das Grafschaftsprinzip nachahmte und neu gestaltete. Der karolingische ordo rei publicae hat die öffentliche Gewalt und die staatliche Macht intensiviert, gerade in Italien.

Zum Abschluß dieser Strukturanalyse für das 8.–10. Jahrhundert ist noch festzuhalten, daß die zunehmende Fluktuation und Mobilität der breiten differenzierten Unterschichten, die den Herrenschichten unterstehen, sich auf dem Hintergrund eines wachsenden *Handels und Verkehrs,* einer sich entfaltenden *Wirtschaft* vollzogen. Die Ungarinvasionen haben dabei zwar zeitweise gehemmt, aber auch zu neuer Aktivität, Mobilität, Siedlungsbewegung angespornt. Da fällt zunächst die Häufigkeit der Erlaubnis zum *Bau von castella und castra* gegen die Ungareinfälle auf. Das bedeutete Bevölkerungsverschiebungen vom Land und von offenen Städten in befestigte Siedlungen. Diese neuen Orte haben viele Menschen angezogen und festgehalten und ihr Leben wirtschaftlich gefördert durch königliche Verleihung von Märkten. Interessant ist die königliche Bestätigung von 894 für den Bischof von Mantova, daß er teloneum, ripaticum, fictura pallorum des Ufers der Stadt und des Hafens einheben und fordern dürfe, daß ihm die Isola Revere gehöre und daß er öffentliche Münze und Jahresmärkte (annualia mercata) in der Grafschaft abhalten und Inquisition und Immunität genießen dürfe. Der Bischof von Modena erbaute 904 ein castellum neben der civitas nova. König Berengar I. erlaubte 904 dem Bischof von Bergamo, Türme, Mauern und Tore seiner Stadt, die durch Krieg hart bedrängt, durch Ungareinfälle und die Bedrückung der Grafen und seiner Beamten in Unruhe versetzt wurde, mit eigener Anstrengung seitens des Bischofs, seiner concives und aller Flüchtlinge in den Schutz der Domkirche wieder aufzubauen. Es erhält sogar 906 ein Diakon die Erlaubnis in Nogaro ein castrum zwischen den curtes duorum roborum (Zweieichen) [wohl in der Grafschaft Verona, wo 905 der König eine Peterskapelle dem Bischof von Verona geschenkt hatte] und der villa Tilliona am Flusse Tartaro zu bauen und gibt dazu das Recht, Handel zu treiben und einen Markt zu errichten. Ja sogar homines der Stadt Novara erhalten 911 das Recht zum castrum = Bau. An der Spitze dieser Antragsteller stehen ein königlicher Richter und ein vicedominus der Kirche von Novara; die Leute selber werden bezeichnet als 21 habitatores in vico Galiato und 5 vom vicus Berconate, darunter ein Schöffe, ein Notar. Diese Leute waren wohl die Einwohner der neuen befestigten Siedlung. Zwischen 911 und 913 wird der Vicedominus der Kirche von Novara wegen der Ungarngefahr berechtigt, in 4 villulae im Gebiet von Piombo castella mit Jahrmarkt zu errichten, was in der gleichen Zeit einem Diakon in Pavia (in der villa Figara) auch erlaubt wird. Nicht nur der Bischof von Reggio Emilia darf 911 ein castrum in der plebs sti. Stefani in vico longo erbauen und dort Immunität besitzen, sondern die Äbtissin von S. Teodda in Pavia auf allen Klostergütern und im ganzen italischen Reich gegen die Ungarn castella errichten und die öffentlichen Straßenzüge um die neue Befestigung verändern. Zwischen 902 und 913 erhält auch ein königlicher Vasall (fidelis) wegen der Ungarngefahr das Recht, ein castellum in einer villa der Grafschaft Reggio zu errichten. Der fidelis, seine Libellarpächter und die übrigen homines = Eigenleute werden vom Gericht des Grafen eximiert und dem Gericht des königlichen missus unterstellt, erlangen also «Königsfreiheit». Es werden zugleich Jahrmarkt und Schiffahrtsrechte auf dem Po nach Brauch der Venezianer gewährt. Castra gehören offenbar zum Zubehör größerer villae und cortes (Fronhöfe), wie eine Schenkung König Hugos von 929 an die Andreaskirche in Turin bezeugt; als Pertinenzen werden verzeichnet castrum, villa, cortis, dominium cortile, iurisdictio, teloneum. Die Könige gewähren 951 der Geminianuskirche in Modena den ganzen Bannbezirk (districtus) der castra Aventus, Rovereto, Civitas Nova und Isabardus, dazu Zoll, curatura, redibitio ipsius ripariae und ligatura navium sowie die königlichen Rechte auf dem Pofluß auf dem Wasser wie außerhalb der castra. Mit dem Befestigungsrecht waren immer wirtschaftlich nutzbare Rechte verbunden.

Daß *Handel und Verkehr* bereits lokal wie auch regional und über größere Strecken hin im 9. und 10. Jahrhundert rege waren, beweisen eine Reihe von Einzeltatsachen in dem von mir benutzten Urkundenbestand, die sich zu einem sicheren Gesamtbild zusammenfügen. Fernverkehr zu Wasser deutet es an, wenn 901 die Schiffe eines Klosters die Befugnis erhalten, durch den Hafen der Hauptstadt Pavia wie durch den Hafen (portus) Buricius und jeden anderen Hafen ohne Aufenthalt und Zoll zu fahren. Es erscheinen öfter negiotatores = Kaufleute, so in der Stadt Cremona 924, die außerhalb und innerhalb der Stadt wohnten, die sich auch gewalttätig gegen die Bischofskirche benahmen, den portus dort auflösten und ihn anderswohin verlegten. Im gleichen Jahr erhielt das Kloster S. Zeno in Verona vom König das Recht, zwei Schiffe auf Po, Etsch und anderen Schiffen fahren zu lassen, also eine Art Speditionsbetrieb zu Wasser zu unterhalten. Von den bedeutenden Einnahmen aus dem Schiffsverkehr in Zusammenhang mit Münze, Jahrmarkt, Inquisition und Immunität, die 894 der Bischof von Mantova erhielt, war oben schon die Rede. Der Herrscher verlieh 902 dem Kloster S. Christina bei Corteleone einen Königshof zu dessen Zubehör Wasser cum alveo Padi, sortito et non sortito (in sortes = Anteile aufgeteilt oder nicht) mit Leibeigenen und Schutzhörigen beiderlei Geschlechts, mit Inseln und vadi im Po, die zum Hof gehören, und mit der Jagd. Ein Kloster in Piacenza hatte 903 zwei Fischwasser im Po, dazu dort Märkte sowie teloneum und portoria. Die Kirche in Treviso erhielt 905 vom König Zweidrittel des Zolls und Marktrechts im Hafen von Treviso, Zweidrittel der öffentlichen Münze, die einst zur Pfalzverwaltung (camera) gehörte, dazu den Zoll innerhalb und außerhalb der Stadt, der bislang in des Königs Hand war, und zwar von *Christen und Juden,* die dort Handel treiben (negotia exercent). Der Bischof von Bologna erhält vom König den portus, wo ein catabulum navium in flumine Reno war; catabulum < καταβολή hat mit Lastschiffahrt zu tun. Es sollten alle Leute und Handelschaften (mercationes) mit ihren Schiffen und Geräten ungestört vom Po zum Reno (in Bologna) fahren können, wo ein neuer Markt im Walde Piscariola errichtet werden muß. Es deutet dies auf ein Flußschiffahrtsnetz hin, dessen Hauptachse der Po war, der schon damals die Hauptschlagader der mobilen Wirtschaft des Landes, des Handels und Verkehrs vor allem, gewesen sein muß. Ähnliches deutet auch die Schenkung eines portus von Livanza genannt Settimo an; damit verbunden waren die Rechte bzw. Pflichten der palifittura, des ripaticum und teloneum, des mercatus und der zwei silvae sowie der Flußlauf von der Quelle bis zum Meer 15 Fuß auf beiden Seiten. Der Bischof von Como bekam 911 einen Monatsmarkt in der plebs s. Abondini mit den Rechten des königlichen Fiskus; das Kloster Nonantola aber wird 907 oder 911 in seinen Schiffahrts- und Fischfangrechten vor den Leuten (vermutlich Kaufleuten) von Pavia, Cremona, Ferrara, Commachio und den Venezianern geschützt. Von der Schiffahrt der Venezianer auf dem Po war zwischen 902 und 913 die Rede. Wie stark Handel, Verkehr und Münze zusammenhingen, beweist eine Königsurkunde von 945 für die Mantuaner Bischofskirche, die davon spricht, daß der Bischof schon längere Zeit eine publica civitatis moneta besitzt, deren Münzen Gültigkeit für Brescia, Verona und Mantova hatten. Wichtig war dabei, daß die cives (!) dieser drei Städte nach freier Übereinkunft über die Mischung von Silber und Gewicht entscheiden sollten. Jedenfalls war dies eine zwar von oben gelenkte Münzeinigung und das Gebiet dieser drei Städte ein einheitliches Münz- und Währungssystem.

Die größte Spannweite hatten im 9. und 10. Jahrhundert bereits Handel und Verkehr der *Stadt Venedig*[33], deren Regiment und Herrschaft damals am ausgeprägtesten entwickelt war. Drei Königsurkunden von 888 und 925 bzw. 927 beweisen diese Feststellung. Im erstgenannten Jahre waren der Doge von Venedig und der populus Veneticorum bereits Vertragspartner eines Bündnisses mit dem König. Als populus Veneticorum (= des Landes) werden die habitatores (Einwohner) von Rivalto, castrum Olivoli, Amoriane, Methaumacensis, Albioli, Clugie, Bronduli, Fossionis, Laureti, Torcelli, Amianae, Buriane, Civitas Nova, Finis, Equili, Caprilarum Gradus, Caput Argelis und alle Einwohner seines Machtbereiches bezeichnet. Der Vertrag nennt darüber hinaus als Partner den Patriarchen, die Bischöfe und Priester, mit den primates, dem übrigen Volk sowie der cuncta «generalitas» ad ducatum Venetiae pertinens. Als Partner eines Vertrages mit König Berengar I., der 888 im Königshof Olona abgeschlossen wurde, erscheinen neben dem Dogen Peter als vicini Veneticorum (selbständige Mächte) die Regio-

---

[33] H. KRETSCHMAYR, Geschichte von Venedig I (Gotha 1905). – R. CESSI, Storia di Venezia 2 (1958). – G. FASOLI, Comune Venetiarum (Firenze 1965). – A. R. LEWIS, Naval power and trade in the Mediterranean A. D. 500–1100 (Princeton 1951).

nen und Städte: Istrien, Cividale, Ceneda, Treviso, Vicenza, Monselice, Padova, Ferrara, Commachio, Ravenna, Cesena, Rimini, Pesaro, Fano, Pinigallia, Ancona, Umano, Fermo, Penna. Das Chronicon Dandoli (Muratori SS. XII. 204) berichtet, daß der König in diesem Vertrag von Olona zwischen den Veneti und seinen subiecti = Untertanen die Gebiete dieser Städte (civitates) von den urbes des regnum Italiae geschieden hat und die Zahlung des quadragesimum solum «in Venetis» = in Venetien angeordnet hat. Doge, Patriarch, Bischöfe, Äbte und der populus subiectus sind die konstitutiven Elemente der «Verfassung» im damaligen Venedig und seinem Bereich. König Rudolf II. gewährt «diesen» genannten Venetianern uneingeschränkte Verfügungsgewalt über ihren Besitz, Immunität, Handelsfreiheit und Münzrecht. Jeder Venetianer bleibt im ganzen Reich Untertan des Dogen. Die Handelsfreiheit bezieht sich auf alle Plätze und Flüsse im ganzen Reich des Königs. Populus und negotiatores sollen unbeschwert bleiben, vor allem zoll- und abgabenfrei sein. König Hugo erneuerte 927 den gleichen Vertrag mit dem Dogen Ursus. Venedig war am frühesten in Ober- und Mittelitalien dabei, eine selbständige Macht und eine relativ geschlossene Gesellschaft zu werden, in der wirtschaftlich die negotiatores eine weitausgreifende und führende Rolle spielten, die im ganzen Potal spürbar war und sich auf das Land an der nordöstlichen Adria erstreckte. Venedig hat für Mobilität der Menschen vor allem durch seinen *Sklavenhandel* gesorgt, den der Vertrag von Olona von *888* (s. o.) belegt. Der Doge verspricht dem König Berengar I, freie Christen aus dem Machtbereich des Königs nicht zu handeln, damit sie nicht in Gefangenschaft kommen oder sie ihr Herr verliert, er verspricht auch zu verhindern, daß irgendein Christ in die Verfügungsgewalt von Heiden kommt. Sollten solche mancipia (Leibeigene) in den ducatus eingeführt werden, werden sie dem zurückgegeben, der sie zum Verkauf angeboten hat. Die captivi, die man im Ducatus aufgefunden hat, die Personen, die diese Gefangenen überstellt haben, werden dem König mit allem Sachbesitz und allen familiae übergeben. Geschieht das nicht, muß der Orts-iudex über den Verwahrort dieser mancipia einen Offenbarungseid leisten.

Zusammenfassend läßt sich am Ende der versuchten Strukturanalyse vom 8.–10. Jahrhundert sagen, daß man bei einem Vergleich der italienischen mit den deutschen Urkundenbeständen vom Ende des 9. und im 10. Jahrhundert sagen muß, daß das Bild ungleich ist und die gesellschaftliche und wirtschaftliche Mobilität trotz des gleichen Grundsystems der Grundherrschaft im regnum Italiae viel höher, die Intensität von Handel, Verkehr, zwischenmenschlicher Beziehung viel größer, Besiedlung und Leben in den Städten viel dichter war. Wir haben in Italien auf engerem Raum eine relative Vielzahl lebensvoller zentraler Orte, in denen man kirchlich = religiöses, rechtliches, administratives Leben und menschlichen Verkehr deutlich spürt. Es gab in diesen Städten vor allem eine Vielzahl von Klöstern, auch außerhalb derselben, auf dem Lande gab es Seelsorgsdistrikte.

Es nimmt deshalb nicht wunder, daß der gesellschaftlche und wirtschaftliche Aufbruch Europas und die kommunale Bewegung am frühesten in diesem Land erfolgte.[34]

---

[34] H. Keller, La marca di Tuscia fino al anno mille, Atti del V. Congresso (Spoleto 1973) 117–140. – G. Sergi, Una grande circoscrizione del regno italico: la marca arduinica di Torino = Studi medievali 3ª s. 12,2 (1971) 637–712. – V. Fumagalli, Le origine di una grande dinastia feudale Adalberto-Atto di Canossa (Tübingen 1971). – C. E. Boyd, Tithes e parishes in medieval Italy. The historical roots of modern problems (Ithaca, New York 1952). – G. Fasoli, Castelli e signorie rurali, in Agricoltura e mondo rurale in Occidente nel alto medio evo = Settimana XIII. (Spoleto 1966) 531– 567. – G. Tabacco, L'allodialità del potere nel medioevo in Studi medievali 3ª s. 11,2 (1970) 565–615. – G. Rossetti, Formazione e caratteri delle Signorie di castello e dei poteri territoriali dei vescovi sulle città nella «Longobardia» del secolo X, in Aevum 48 (1974) 1–67. – P. S. Leicht, L'organisation des grande domaines dans l'Italie du Nord pendant les XIᵉ–XIIᵉ siècles, in Le Domaine = Rec. J. Bodin 4 (1949) 165–173. – D. Herlihy, L'economia della città e del distretto = Atti de 5. Congr. intern. (Spoleto 1973) 363–388. – C. Manaresi, Alle origini del potere dei vescovi sul territorio esterno della città, in Bull. Ist. Stor. Ital. 58 (1944). – H. Keller, Der Gerichtsort in oberitalienischen und toskanischen Städten. Untersuchungen zur Stellung der Stadt im Herrschaftssystem des Regnum Italiae vom 9. bis 11. Jhdt., in QuFIAB 49 (1961) 1–72; ders., Senioren und Vasallen – Capitane und Valvassoren. Untersuchungen über die Führungsschicht in den lombardischen Städten des 9.–12. Jhdts. (Habil. Schrift Freiburg i. Breisgau 1971); ders., Zur Struktur der Königsherrschaft im karolingischen und nachkarolingischen Italien, in QuFIAB 47 (1967), 123–223. – G. Tabacco, Ordinamento publico e sviluppo signorile nei secoli centrali del medioevo, in Bull. Ist. Stor. It. 79 (1968) 37–51. – J. Fried, Der Regalienbegriff im 11. und 12. Jahrhundert, in DA 29 (1973) 49 ff. (über publica functio). – D. Herlihy, The history of the rural seigneury in Italy (751–1200), in Agricultural History XXXIII (1959). – P. Toubert, Les structures du Latium médiéval. Le Latium meridional et la Sabine du IXᵉ siècle a la fine du XIIᵉ siècle (Roma 1973). – C. Violante, La società milanese nell'età precomunale (Bari ²1974); ders., Problemi di storia della società medioevale, in Quaderni di cultura e storia sociale I (1952). – V. Cavallari, Raterio e Verona. Qualche aspetti di vita cittadina nel X. secolo (Verona 1967). – F. Weigle, Zur Geschichte des Bischofs Rater von Verona. Analekten zur Ausgabe seiner Briefe, in DA 5 (1942); ders., R. v. V. im Kampf um das Kirchengut, in QuFIAB 28 (1937/8); ders., Der Prozeß Raters v. V., in Atti del Congr. intern. di diritto Romano e di storia di diritto, Verona 1949. 4. Bd. (1953, ed. G. Moschetti); ders., Urkunden und Akten zur Geschichte R. v. V., in QuFIAB 29 (1938/9). – H. M. Schwarzmaier, Lucca und das Reich b. z. Ende des XI. Jhdts. (1972). – R. Schumann, Authority and the Commune. Parma 833–1133 (Parma 1973). – G. Dilcher, Bischof und Stadtverfassung in Oberitalien, in ZRG. GA 81 (1964) 225–266. – E. Dupré-Theseider, Vescovi e città nell'Italia precomunale, in Vescovi d diocesi (1964) 55–109. – P. Delogu, Vescovi, conti e sovrani nella crisi del regno Italico, in Annali della Scuola Spec. per archivisti e bibliotherarii dell'Univ. di Roma 8 (1968) 3–72. – V. Fumagalli, Vescovi e conti nell'Emilia occidentale da Berengario I. al Ottone = Studi mediev. 3ª s. 14,1 (1973) 137–204. – K. Fischer Drew, The immunity in carolingian Italy, in Speculum 37 (1962) 182–197. – A. Visconti, Negotiatores de Mediolano, in Annali R. Univ. Macerata 5 (1929) 177–196; ders., Note per la storia della società milanese nei secoli X e XI = ASL 7ª s. 61 (1934) 289–329. – V. Cavallari, Una «coniuratio» cittadina nel X. secolo, in RSDI 26/27 (1953/4) bes. 317 ff. – P. Rasi, Le corporazioni agricoli del Liber Consuetudinum Mediolani, in Scritti in memoria di A. Visconti (Milano 1955) 351 ff.; ders., Le corpora-

zioni fra gli agricoltori (Milano 1940). – H. GRONEUER, Caresana. Eine oberitalienische Grundherrschaft (Stuttgart 1970). – J. IMBERCIADORI, Mezzadria classica toscana con documentazione inedita del IX. al XIV. secolo (Firenze 1951). – G. BRIACCA, Le Cartulae Libertatis Novaresi dei secoli X e XI ed il Concilio del 1022, in Le Istituzioni ecclesiastiche della «Societas Christiana» dei secoli XI–XII. Diocesi, pievi e parrochie = Atti Mendola 1944 (Milano 1977) 521–535. – J. BOUSSARD, Serfs e colliberti (XI. e XII. siècles), in Bibl. de l'école des chartes 107 (1947/8) 205–234. – P. BRANCOLI BUSDRAGHI, La formazione storica del feudo lombardo come diritto reale (Milano 1965). – P. VACCARI, La territorialità come base dell'ordinamento giuridico del contado, Arch. della FISA (Milano 1963). – A. SOLMI, L'amministrazione finanziaria del Regno Italico nell'alto medioevo (Pavia 1932). – A. HOFMEISTER, Markgrafen und Markgrafschaften im italienischen Königreich, in MIÖG Erg.bd. VII (1907). – G. FASOLI, Re, imperatori e sudditi, in Studi mediev. 3ª s. 4 (1963) 52–74; DIES., Il re d'Italia (1949); DIES., Momenti di storia e storiografia feudale italiana (1957). – R. S. LOPEZ, The tenth century. A Symposium, in Mediaevalia e Humanistica IX (1955).

III.

Die kommunale Bewegung in Italien. Gesellschaftsprozeß und Gesellschaftsgeschichte der italienischen Stadt und auf dem Lande vom 11. bis zum 14. Jahrhundert

1) Perioden, Zonen, Grundelemente der Gesellschaftsgeschichte der italienischen Stadt

Eine Gesellschaftsgeschichte der Städte Italiens[35] muß durch Einzelarbeiten modernen Stils noch erarbeitet werden. Für die frühe Epoche hat C. Violante[36] mit seiner präkommunalen Entwicklungsgeschichte Mailands einen entscheidenden Schritt vorwärts getan und ein Modell für das frühe Mittelalter geboten. Festzuhalten ist, daß alle städtischen Zentren der Halbinsel, mit Ausnahme von Venedig, Ferrara und einiger Städte Süditaliens, antike römische civitates waren, die mit einem territorium zusammen die Verwaltungseinheit des municipium

---

[35] Der eigentliche Anreger einer modernen italienischen Stadtgeschichte des Mittelalters war Gioacchino Volpe, der mit Pisa begann. G. Volpe, Studi istituzionali di Pisa (1902); Ders., Origine e primo svolgimento dei Comuni nell'Italia Longobarda. Studi Preparatori. Presentazione di C. Violante (Roma 1976); G. Volpe, Storia d'Italia. I. Dalla caduta di Roma agli albori del Rinascimento (Roma 1968); Ders., Studi sulle istutzioni comunali di Pisa. Hrsg. von C. Violante (Firenze 1970). – E. Sestan, Per la storia della città nell'alto medioevo, Studi in onore di A. Gapori I (Milano 1957) 115; Ders., La città comunale italiana nei secoli XI–XIII, im XI. Congrès intern. sc. hist. Rapport (Uppsala 1960) 87ff. – G. Fasoli / R. Manselli / G. Tabacco, La struttura sociale delle città italiane dal V al XII secolo = Vortr. u. Forsch. XI (Stuttgart 1964) 291–320. – G. Fasoli / P. Brezzi, Nuove questioni di storia medioevale (Milano 1964) 173ff., 199ff. (Bibliographie). – C. Violante, Storia d'Italia, a cùra di N. Valeri 1 (²Torino 1967) 272ff. – G. Tabacco, Il regno italico nei secoli IX–XI = Settimana XV (Spoleto 1968) 763–790. – L. Salvatorelli, L'Italia nell'alto medio evo (Milano 1936); Ders., L'Italia nell'età comunale (Milano 1940). – E. Dupré-Theseider, Aspetti della città medioevale Italiana (Bologna 1956); Ders., Il Medioevo come periodo storico (Bologna 1968); Ders., Roma dal comune di popolo alla signoria pontificia 1252–1377 (Bologna, 1952). – Y. Renouard / Ph. Braunstein, Les villes d'Italie de la fin dú Xe siècle au debut du XIVe siècle, 2 Bde. (Paris 1969). – J. Lestocquoy, Les villes de Flandre et d'Italie sous le gouvernement des Patriciens (XI.–XVe siècles) (Paris 1952). – G. Dahm, Untersuchungen zur Verfassungs- und Strafrechtsgeschichte der italienischen Stadt im Mittelalter, in E. R. Huber (Hrsg.), Idee u. Ordnung des Reiches I (1941) 5–87. – A. Sapori, Caratteri ed espansione dell'economia comunale italiana. I problemi della civiltà comunale = Atti

bildeten; sie waren fast alle auch Bischofsitze, Sitze der weltlichen und geistlichen Organe, die das Umland verwalteten. Die Gotenherrschaft hatte im allgemeinen den urbanen Gesellschaftsspiegel nicht wesentlich verändert; doch erfolgte langsam eine Differenzierung der Rechte und Pflichten der Organe und der Einwohnerschaft von Stadt und Land. Als «Bürger» qualifizierte sich zusehends der Einwohner innerhalb der Stadtmauern. Die langobardische Invasion schuf eine völlig neue Situation für die von ihnen besetzten Städte mit vielfachem Wandel. Militärische Herrschaft und Verteidigung bestimmten das Leben der Einwohner; es bildete sich eine neue Aristokratie in den byzantinischen Städten und Gebieten, die Bevölkerung gliederte sich in optimates, cives honesti (Händler und Handwerker), plebs. Die antiken collegia überlebten und bildeten sich aus ursprünglichen Pflichtverbänden mit steuerlich-fiskalischer Aufgabe zu freiwilligen gesellschaftlich-wirtschaftlichen, herrschaftsbezogenen Körperschaften um. Da Byzanz schwach war, mußten sich seine Städte selber helfen; es entstand eine führende Oberschicht in den Städten, in der Geistliche die erste Rolle spielten (Rom, Umbrien). Der Klerus von Rom war Mitglied der römischen Senatorenaristokratie (Gregor I.). In den italienischen Städten unter Langobardenherrschaft spaltete sich die Stadtbevölkerung in eine dünne aristokratische Oberschicht und das Volk; das Besitzrecht, die wirtschaftliche Tätigkeit und persönliche Freiheit der Besiegten ist vermutlich mit Beschränkungen erhalten geblieben. Das Gros, auch possessores, der römischen Bevölkerung mußte überlebt haben und im Besitz seiner Güter geblieben sein. Eine Assimilation von Siegern und Besiegten setzte gerade in der Stadt ein. Die Umwandlung der Langobarden zu «cives» hatte verschiedene Voraussetzungen a) die Übernahme der katholischen Religion der Besiegten und der überkommenen Verwaltungsstruktur, b) die Zulassung der Rest-Römer zum Heer, zur Verwaltung und Politik. Um 750 erschienen die Kaufleute der Stadt in denselben drei Steuerklassen aufgeteilt wie die Landbesitzer; es

---

del Congr. Intern. per VIII. Centenario della prima lega lombarda. Comune di Bergamo (1971). – PH. WOLFF, Structures sociales et morphologies urbaines dans le developpement. Historique des villes (XIIe–XVIIIe siècles) = XIV. Congr. Intern. of H. So. (San Francisco 1975) 17–29. – La ville Recueils de Soc. J. Bodin 6–8 (Bruxelles 1954/5). – TH. MAYER (Hrsg.), Studien zu den Anfängen des europäischen Städtewesens = Vortr. u. Forsch. 4 (1958); DERS., Untersuchungen zur Gesellschaftsstruktur der mittelalterlichen Städte in Europa = Vortr. u. Forsch. 11 (1966). – La città nell'alto medio evo = Settimana VI (Spoleto 1959). – Les libertès urbaines et rurales du XIe au XIVe siècles = Colloque intern. Spa 1966 (Bruxelles 1968). – E. ENNEN, Die europäische Stadt des Mittelalters (Göttingen 1972). – H. JANKUHN / W. SCHLESINGER / H. STEUER, Vor- und Frühformen der europäischen Stadt im Mittelalter = Abh. Ak. Göttingen. Ph. H. Kl. 3. Folge 63 (1973). – R. CAGGESE, Classi e comuni rurali nel medioevo Italiano (Firenze 1907). – W. GOETZ, Die Entstehung der italienischen Kommunen im frühen Mittelalter (1944); ital. Übersetzung: Le origini dei comuni (Milano 1965).

[36] C. VIOLANTE, La società milanese nell'età precomunale (Bari ^{2}1974).

gab sowohl römische wie langobardische negotiantes, eine ethnische Diskrimination war verschwunden. Handwerker müssen sowohl von Großgrundbesitzern abhängig und servi auch im Stande persönlicher Freiheit gewesen sein; die Herren bestimmten aber Preise und Lasten. Handwerker und Berufe waren differenziert. Die Werkstätte unter der Leitung eines magister war die Produktionsstätte und diese war sowohl auf Eigenkonsum wie auf den Markt ausgerichtet. In der Karolingerzeit gab es in den Städten relativ zahlreiche Einwohner und der Geschäfts- und Güterverkehr war den Urkunden zufolge recht lebhaft. Im 8. Jahrhundert treten die Placentini geschlossen und selbständig handelnd auf, Anzeichen autonomer Kollektivität. Unter den liberi homines der karolingischen Stadtbevölkerung treten Händler hervor und beginnt die Kaufmannsschicht eine gehobene Stellung einzunehmen und zu behaupten. Neben ihnen gab es viele Besitzer von Alloden und Landeigentümer. Die Bischöfe fordern in ihren ecclesiae und civitates diejenigen zu Beiträgen für die Mauer Roms und für die Verteidigung gegen die Sarazenen auf, welche keine Lehen und Allode, aber Geld haben (Genua 958, Cremona 1007).

In Karolingerzeit blieben die wirtschaftlich-gesellschaftlichen Beziehungen zwischen Stadt und territorium sehr lebendig. Bischöfe und Kleriker, Königsbeamte und Vasallen bildeten die Spitze der Städte, die Zentren der Bistümer und comitatus waren. Unbekannt ist, wie weit sich die Franken in das städtische Leben einließen. In Lucca waren 815 aremanni huius Lucane civitatis und etwas später Francisci genannt, auch unter dem Sammelnamen Arimannen. Noch im 11. Jahrhundert wurden in Mantova arimanni und cives gleichgesetzt (Collorni). Da die Honorantiae civitatis Papiae, die am Anfang des 11. Jahrhunderts aufgezeichnet wurden, eine Quelle für die Strukturen des 9./10. Jahrhunderts sind, kann man in der Hauptstadt Pavia bereits damals magni et honorabiles et multum divites Kaufleute und zwar in der Organisation der Handwerker annehmen. Man sieht in den ministeria der Münzer, Goldschmiede, Gerber, Frachtbootfahrer und Seifensieder Überreste oder Weiterbildungen römischer Korporationen und bewertet sie als Zeugen einer weiter ausgedehnten Ordnung des Berufslebens, die unter byzantinischem Einfluß die Karolinger entwickelt haben und zwar für eine monopolistische Auswertung der Regalien. Wenn Bischof Rather von Verona 935 in seinen Praeloquia den negotiatores und anderen Gesellschaftsschichten hohe Aufmerksamkeit widmet, den artifices = Handwerkern eine geringe, dann kann deren Bedeutung noch nicht groß gewesen sein kann. Rather setzt die nobiles auf eine Stufe mit den patroni und seniores, welchen die commendati und clientes unterstehen. Es muß aber nach dem Zeugnis der vielen Aufsteiger in Norditalien damals schon eine relativ starke gesellschaftliche Mobilität geherrscht haben. Die Ämterlaufbahn bot dazu viele Chancen, vor allem auch der Waffendienst für König, Bischof und potentes, der zum miles machte und den

Eintritt in den vasallitischen Kreis der feudalen Beziehungen eröffnete. Andere Aufstiegsmöglichkeiten zeigen die magistri nobiles et divites der Münzergenossenschaften in Mailand und Pavia in den Honorantiae von Pavia und die in Stadt und Land wirksamen iudices. Milites waren Gefolgsleute von Bischöfen und Grafen, aber man hat keine Belege für ihre Anwesenheit in der Stadt im 9./10. Jahrhundert. Die Einwohner von Städten rühren sich zwar schon gegen ihren Bischof (Novalese, Modena) und betreiben malivola conspiratio, ja in einem Kaiserdiplom erfahren wir etwas von einem Gemeinwillen und -beschluß der «cives» von Mantova, Verona und Brescia, hinter dem kaufmännische Interessen standen, da es sich um eine Münzordnung handelte. Ob damit ein popolo gemeint war, kann man nicht sagen. Ein Diplom Berengars II. und Adalberts wendete sich an alle fideles et habitatores von Genua (Lehensleute und Einwohner in der civitas) und garantierte ihnen Stadt- und Landbesitz in Eigentum und Libellarpacht, in Kontrakt oder Erbschaft. Das verweist auf land- und häuserbesitzende Kaufleute, die ihren Gewinn in Immobilien anlegten.

Gegen den Bischof von Cremona intrigieren Kaufleute in Cremona, keine milites. Cremona, das gegen Bischof und Reich unabhängig auftrat, erwarb von Otto III. Wirtschaftsrechte (Wald, Weide) und Handelsfreiheit überall, aber auch gräfliche Rechte in der Stadt, die dem Bischof entzogen wurden. Das Diplom richtete sich an «omnes cives Cremonenses liberos, divites ac pauperes; das klingt schon an popolo an, meint sicher Kaufleute und Landbesitzer, aber nicht milites. Die Cremoneser waren von Otto III. bis Konrad II. recht revolutionär gesinnt. Heinrich II. stellte sich vor den Bischof und drohte den kirchlichen milites = Vasallen den Verlust ihres Lehens (beneficium) und den cives (Altstadtkern) und suburbani (Vorstädter) den Entzug ihrer predia und possessiones an; Vasallen und Bürger rebellierten offensichtlich gemeinsam und vertrieben den Bischof aus der Stadt, zerstörten die Burg und warfen ministeriales, Mönche, Kleriker, die ihm treu blieben, ins Gefängnis. Jedenfalls müssen damals milites in der Stadt gewesen sein. Diese politische Verbindung zwischen dem niederen «Adel» und den «gehobenen» Einwohnern der Stadt war dem Kanzlisten Kaiser Heinrich III. schon ganz bewußt, als er protokollierte, daß ein königlicher missus zur Unterstützung des Bischofs sich gewandt habe an «omnes milites vavassores omnisque populus in episcopatu Cremonensi seu in comitatu habitantes nec non cuncti cives tam maiores quam minores». Ganz gleich, ob cives nur die freie Stadtbevölkerung anspricht oder nicht und sie von den milites absetzt, sie nicht als populus bezeichnet werden, was aber bei Bewohnern des Bistums und des comitatus geschieht, ist diese Formel aus der Mitte des 11. Jahrhundert doch bereits ein Zeugnis für die aktiven Kräfte in Stadt und Land und ihr dynamisches Zusammengehen, das für die kommunale Bewegung charakteristisch ist. In Verona war 100 Jahre früher die Bürgerschaft von Verona (urbani) sowohl gegen wie für den

Bischof (Rather) politisch aktiv und trat handelnd im placitum auf. Als bewaffnete Klientelen haben die milites im 10. Jahrhundert den Revolutionen der «cives» sicher Beistand und Hilfe geleistet, vielleicht ergriffen sie sogar die Initiative. Die cives aber waren possessores, livellarii, arimanni, liberi homines, die im Langobarden- und Karolingerreich das iter exercitale leisteten (exercitales); aber dieses System war im 10. Jahrhundert in die Krise geraten, da kein starkes Königtum diese militärischen Funktionen lenkte und in Anspruch nahm. Die Städte waren nicht nur wirtschaftliche, administrative und kirchliche Zentren, sondern vor allem befestigte Mittelpunkte, deren «cives» im Kriege exercitales waren. Dies führte cives und milites in den Städten zusammen; sie waren die militärische und feudale Klientel des *bischöflichen Stadtherrn.* Wenn auch am Ende des 10. Jahrhunderts in Modena milites civitatis und populus nebeneinanderstanden, so nahm doch zur gleichen Zeit allgemein in der Stadt die feudale Schicht der großen kirchlichen und laikalen seniores den ersten Platz ein. Diese Vasallen, geschieden in capitanei und valvassores, in milites maiores und minores, waren dem Bischof verbunden. Die Entstehung dieser Führungsschicht ist noch ungeklärt; man weiß nicht, ob sie vom Lande kamen oder der Stadt entstammten, ob sie als bewaffnete Leute, Vorsteher der Höfe und Kastelle im Territorium oder an den Mauern und Toren der Stadt wirkten; vermutlich muß man beides in Rechnung stellen, wie ein Vergleich mit der Entwicklung in Regensburg ganz deutlich zeigt. Den frühen Begriffsinhalt von capitaneus kennt man nicht genau. Es besteht auch noch Streit über die Bedeutung der colonia arimannica am Stadtrand für die Ausformung der bürgerlich-städtischen Feudalschicht. Vermutlich haben alle diese Faktoren zusammengewirkt, aber in einer Intensität, die von Ort zu Ort und nach den Voraussetzungen verschieden war.

Entscheidend scheint jedoch die Einwanderung der milites in die Stadt im 10. und 11. Jahrhundert gewesen zu sein; diese aber war Teil und Ausfluß einer stetig steigenden Mobilität der ganzen Gesellschaft, eines großen Wirtschaftsaufschwungs in ganz Italien, einer starken Bevölkerungszunahme und der dadurch ausgelösten wirtschaftlichen und gesellschaftlichen Differenzierung.[37] Diese Mo-

---

[37] A. DOREN, Italienische Wirtschaftsgeschichte I (1934) bes. S. 162 ff. – F. CARLI, Storia del commercio italiano bes. II. Il mercato nell'età comunale (Padova 1936). – G. LUZZATO, Storia economica d'Italia. Il medioevo (Firenze ²1963). – R. S. LOPEZ, The commercial revolution of the middle ages 950–1350 (New York 1976); DERS., Economy, society and government in medieval Italy. Essays in memory of R. L. Reynolds ed. b. D. Herlihy – R. S. Lopez – V. Slessarev (Kent 1969). – R. S. LOPEZ / I. W. RAYMOND, Medieval trade in the mediterraenean world (New York 1955). – R. S. LOPEZ, La prima crisi della banca di Genova (Milano 1956). – C. M. CIPOLLA, Before the industrial revolution. European society and economy 1000–1700 (New York 1976); DERS., Money, prices and civilization in the mediterranean world 5.–17. century (Princeton 1956); DERS., The economic history of world population (Baltimore 1962). – G. DUBY, The early

bilität wirkte sich gegen Bischof und Graf aus, die Stadt wurde zu einer Chance des Aufstiegs für militärische und feudale Gruppen, die hier Macht und Einfluß gewinnen konnten. Der beste Weg dazu war der politische Zusammenschluß, die Kooperation aller relevanten Kräfte, die ja einen gemeinsamen Feind und Widerpart im Bischof der Stadt hatten. In Mailand verbanden sich im 11. Jahrhundert capitanei, valvassores, milites und universi cives und schufen damit das Comune[38], das in der Krise des Investiturstreits seine große Stunde fand, in der sich diese Bürgerschaft in Honoratioren ausformte und sich Anfänge eines bürgerlich-kommunalen Lebens und einer festeren Lebensform zeigten; da bildete sich in verschiedenen Ausmaßen und lokal verschiedenen Ausprägungen die *politische Rolle der cives*. In ihr flossen feudale, vassalitische, besitzende und verwandtschaftliche Elemente mit Kaufleuten und Richtern zusammen. In den ersten Jahrzehnten des 12. Jahrhunderts richtete sich eine Botschaft in Mailand an consules, capitanei, omnisque militia, universus populus [Zit. bei G. Zanetti, Comune di Milano, Arch. Stor. Lomb. LXI (1943) 127]. Ein Gebot des Erzbischofs Frederico di Colonia in Mailand (1107–1136) umschreibt die Stadtfreiheit von Mailand so: «Civitas Dei inclita, conserva libertatem tuam, ut pariter retineas nominis tui dignitatem, quia quamdiu potestatibus ecclesiae inimicis resistere niteris, vera libertate auctore Christo domino nostro adiutore parfrueris (Martine, Coll. vel. script. et monum. I. 640).

Im ehedem langobardisch-karolingischen Italien einschließlich Ravenna vollzog sich seit der zweiten Hälfte des 11. Jahrhunderts eine Entwicklung, deren ersten Höhepunkt wir in der Regierungs- und Herrschaftsform der *konsularen Aristokratie*[39] zu sehen haben. In der noch nicht gesellschaftlich-institutionell

---

growth of the European economy. Warriors and peasants from the seventh to the twelfth century (Ithaca. N.Y. 1974). – H. P. Krueger, Economic aspects of expanding Europe. Twelfth century Europe. – L. Ruggini, Economia e società nell'Italia annonaria (Milano 1961). – A. Schaube, Handelsgeschichte der romanischen Völker des Mittelmeergebietes bis zum Ende der Kreuzzüge (München 1906). – R. S. Lopez, The trade of medieval Europe: The south = The Cambridge Economic History of Europe 2 (Cambridge 1952) 257–354. – R. H. Bautier, Les grandes problèmes politiques et economiques de la mediterranée médiévale, in RH 234 (1965) 1–28. – A. O. Cittarella, Patterns in medieval trade: The commerce of Amalfi, in The Journal of Econ. History 28 (1968) 531–555. – G. Pistarino, Genova medievale tra Oriente e Occidente, in Riv. Stor. It. 81 (1969) 44–73. – R. D. Face, The techniques of business in the trade between the fairs of Champagne and the south of Europe in the twelfth and thirteenth century, in Economic Historical Review 10 (1953/4) 7–38.

[38] O. Banti, «Civitas» e «Comune» nelle fonti italiane dei secoli XI e XII, in Critica Storica 9 (1972) 568–584.

[39] G. Tabacco, Interpretazioni e ricerche sull'aristocrazia comunale di Pisa = Studi medievali 3ª s. 3 (1962) 707–727. – L. Fasola, Una famiglia di sostenitori milanesi di Federico I., in QFIAB 52 (1972) 116–218. – G. Ardenna, Una famiglia di «cives» proprietari terrieri nella pieve di Cesano

gefestigten Comune und innerhalb der aufsteigenden bürgerlichen Gesellschaft war es eine Chance und Notwendigkeit zugleich, daß ein beschränkter Kreis von Familien Ämter und Macht an sich rissen und im 12. Jahrhundert monopolisierten. Zugleich eroberten sie den contado, erwarben systematisch die lokalen (Grund-)Herrschaften, die an Grafenfamilien, große Kastelle und Kirchen übergingen. Dieser Prozeß territorialer Konzentration monopolisierte, genau wie in der städtischen Comune, die Macht auf dem Lande. Im übrigen Italien verlief die Entwicklung anders. Trotz starker Kontinuität römischer Staatselemente und Institutionen und einem langen Nachwirken des römischen Vulgarrechts in Italien wie in Gallien kann man nicht von einem «Staat» mehr sprechen, wenn man die politische Ordnung im langobardisch-karolingischen, auch auf Dauer nicht im byzantinischen Italien sprechen. Deshalb halte ich es für gefährlich, die Unterscheidung in öffentliches und privates Recht aufrechtzuerhalten, auch wenn Elemente beider Sphären vor allem bei iudices, notarii lange bewußt geblieben sein mögen. Wenn man die sogenannten Privatrechtsurkunden des 8./9. Jahrhunderts genauer untersucht, dann stellt man bald fest, daß die *herrschaftlichen Elemente und Kräfte überwiegen*. Nur wo die staatlichen Organisationen und das von ihnen gehandhabte Recht, wo vor allem der freie römische Staatsbürger in irgendeiner Form noch Träger von Gesellschaft und Staat sind, da hat die Unterscheidung von öffentlichem und privatem Recht einen realen Sinn. In Italien gibt es vom 7./8. Jahrhundert an nur Herrschaft und ihre Organe sind Vollstrecker

---

Boscone: i Cagapisti, in Racc. di studi in memoria di S. Mochi Onori = Publ. ... S. Cuore. Contributti s. 3ᵃ, 15 (Milano 1972) 641–686. – M. L. Corsi, Note sulla famiglia da Baggio (sec IX–XIII), in Contributi I (1968) 166–204. – C. D. Fonseca, Ricerche sulla famiglia Bicchieri e la società vercellese dei secoli XII e XIII., in Contributi I. 207–264. – E. N. Rocca, Palazzi e fosse gentilizie nei quartieri della città italiane medioevali. L'esempio di Piacenza, ibid. 303–323. – G. Tabacco, Nobili e cavallieri a Bologna ed a Firenze tra XII e XIII secolo, in Studi medievali 3ᵃ s. XVII, 1 (Spoleto 1976) 41–79; ders., Nobilità e potere ad Arezzo in età comunale (Spoleto 1974); ders., Fief e seigneurie dans l'Italie comunale, in Le moyen âge 75 (1969) 16ff. ders., L'aristocrazia comunale di Pisa (1962). – C. Violante, Nobilità e chiese in Pisa durante i secoli XI e XII: il monastero di S. Matteo, in Adel und Kirche, Festschrift f. G. Tellenbach (1968) 259ff. – E. Cristiani, Nobilità e popolo nel comune di Pisa dalle origini del podestariato alle signoria dei Donoratico (Torino 1962). – F. Nicolai, I consorzi nobiliari ed il comune nell'alta e media Italia (Bologna 1940). – Ch. Ludwig, Untersuchungen über die frühesten «Potestaten» italienischer Städte (Wien 1973). – C. Campiche, Die Comunalverfassung von Como im 12. und 13. Jahrhundert (Zürich 1929). – H. Keller, Senioren und Vasallen – Capitane und Valvassoren. Untersuchungen über die Führungsschicht in den lombardischen Städten des 9.–12. Jahrhunderts (Habil. Schrift Freiburg 1971). – G. Duby, Les origines de la chevalerie, in Ordinamenti militari in occidente nel'alto medioevo = Settimana XV. 2 (Spoleto) 739–761. – G. Luzzato, Les activités économiques du patriciat venetien, Annales E SC. 9 (1937) 25–57. – A. E. Sayous, Aristocratie et noblesse à Gênes, ibid. 366–381. – R. S. Lopez, Aux origines du capitalisme genois, ibid. 429–454. – E. Bach, La cité de Gênes au XIIᵉ siècle (Kopenhagen 1955).

eines mehr oder minder zentralen Willens und sind einem starken oder schwachen König, Bischof, Adel in wechselndem Ausmaß verantwortlich; das geht so weit, daß sie mit Hilfe der Erblichkeit der Lehen selber relativ autonome Träger von Herrschaft werden. Die frühmittelalterliche «Herrschaft» ist auch in Italien archaisch, personal, nicht rational, nicht zentralistisch und wenig institutionell entwickelt, wenn auch intensiver und stärker wie im übrigen damaligen Europa. Wenn man also die politische und gesellschaftliche Ordnung im «archaischen» Italien als ein Geflecht von personenrechtlichen und lehensmäßig vasallitischen Beziehungen und von größeren und kleineren individuellen wie kollektiven Abhängigkeiten leibrechtlicher, wirtschaftlicher und schutzmäßiger Art erkennt, dann kann man die italienische Comune des 11. und 12. Jahrhunderts nicht als eine private Vereinigung ansprechen, die erst langsam politischen Charakter annahm, indem sie Einfluß auf Rechtsprechung und Personalstand gewann. Sie ist ein bedeutsames Phänomen der *Emanzipation* bestimmter Gesellschaftsschichten von den Herrschaften der Bischöfe, conti, visconti, vicedomini und advocati und anderen Herren in Stadt und contado, auch vom König. Im Zuge dieser evolutionären wie revolutionären Emanzipation erkämpften sie sich zuerst Mitsprache und Teilhabe an der Herrschaft, Befreiung von Belastungen und Zwängen, eigene Beschlußfähigkeit in einem wachsenden Kreis von Fragen und Forderungen, Ausübung gewisser Hoheitsrechte und Autonomieforderungen durch eigene = gewählte Vertreter, Selbstverwaltung und eigene Führung im Rahmen der alten und der eigenen auch über den contado ausgedehnten Herrschaften. Im Verständnis des Mittelalters ist das alles *Herrschaft*, nicht Staat, nicht Privat- oder öffentliches Recht. Auch in Italien wurde das römische Recht im 12. Jahrhundert eigentlich erst wiederentdeckt und angewandt. Das führte einen tiefgreifenden Wandel herbei und brachte neue unarchaisch-rationale Formen zur Geltung.

Die *konsulare Ratsaristokratie* war die erste von unten aufgestiegene und politische Herrschaft in der Comune und für sie erkämpfende politische Führungsschicht verschiedener Herkunft; sie repräsentierte die emanzipative politische und gesellschaftliche Kraft des neuen Bürgertums als Klasse, das schon einen langen Weg des Strebens nach Befreiung und Selbständigkeit inmitten einer feudalen Herrschaftswelt und mit feudalen Bundesgenossen hinter sich hatte; es war ein Durchbruch durch die dualistische Ausschließlichkeit, ja Erstarrung der feudalen Herrschaftswelt, deren Führungsschicht hauchdünn war. Das erforderte einen machtvollen Zusammenschluß innerhalb der Bischofstädte, die Erweckung eines spontanen politischen Willens. Sicher war darin ein Stück städtischer Tradition wirksam; die Städter fühlten sich den Leuten im contado überlegen, die Kirche war städtisch-zentral organisiert; die Lebenformen der seniores und milites prägten zunehmend das Bürgertum. Der Besitz- und Vasallenadel waren in der Stadt groß geworden. Diese Vielfalt wirkender Kräfte und Formen verhinderte eine ruhige, stabile Ordnung des kommunalen Lebens. Die konsularische Oberschicht war in sich nicht einheitlich, sie hatte sich gegen Widerstände in ihren eigenen Reihen durchzusetzen. Aber die Teilhabe am kommunalen Regiment verstärkte die gemeinsamen Bande der Familien, der Klientel, der Kaufleute, Besitzer und Feudalherren. Am Ende des 12. Jahrhunderts bildeten sich jedoch in mehreren Städten zwei Lager, die sich nach verschiedenen Klassen benannten: *milites und populus*. Der Hintergrund dazu war eine *Wanderungsbewegung* vom Land in die Stadt. Die Eroberung des contado, eingeleitet von der konsularischen Aristokratie, brachte die Anerkennung der Autorität der Comune. Fortan wohnten die seigneuralen Familien des contado einen Teil des Jahres in der Stadt, sie bauten ihre Herrschaft aber in Konkurrenz mit den großen Stadtbürgern auf. Im Kampf um die Macht in der Stadt urbanisierten sich die Familien mit starker und feudalisierter Herrschaft im contado sehr stark und wurden in die aristokratische Bürgerschaft aufgenommen. Die Bildung anderer bürgerlicher Genossenschaften vergrößerte zugleich die politische Unsicherheit und löste in anderen gesellschaftlichen Gruppen Reaktionen aus, die bislang außerhalb der kommunalen Ämter und des direkten Streits um sie geblieben waren. Die Urbanisierung der *kleinen Besitzer und rustici*[40], die den contado wegen vielfacher Herrschaftsgegensätze flohen oder sich vom Leben in der Stadt faszinieren ließen, erfolgte in den teils handwerklichen, teils militärischen Verbänden des sich formierenden «*populus*». Die Fortschritte in der Landwirtschaft, im Handel und in der gewerblichen Industrie vermehrten und verstärkten wirtschaftlich und gesellschaftlich Schichten der Bevölkerung, die vom Konsulat ausgeschlossen waren und nur kleine Ämter bekleideten. Ihre stetig wachsende Zahl und ihr steigendes wirtschaftliches Gewicht reichten aber nicht aus, um ihren Aufstieg durchzusetzen. Diese Elemente stellten sogar die Mehrheit in der städtischen Bevölkerung dar, die sich der Rekrutierung zum bürgerlichen Heer stellen mußte, wenn sie das Bürgerrecht besaßen. Die Handwerker und Kaufleute dieser Schicht taten sich im Laufe des 12. Jahrhunderts zu *arti* = *Zünften* zusammen in Weiterbildung der alten collegia und ministeria, die z.B. in Pavia der königlichen Verwaltung unterstellt waren, anderenorts auch der Aufsicht der lokalen Grafen. Abhängige und Lohnempfänger scheinen nicht zugelassen gewesen zu sein.

Die *Comune* versuchte die Kontrolle über die Wirtschaft auszuüben; nicht alle Menschen aus dem Ernährungs- und Transportgewerbe konnten sich ungehindert von Herrschaftsautorität in Freiheit vereinigen. Jedenfalls scheinen die Freien sich in den berufsständischen Verbänden organisiert zu haben, da sie die Nichtfreien davon ausschlossen und deren Tätigkeit beaufsichtigen wollten. Die

---

[40] G. BARNI, Cives e rustici alla fine del XII. secolo e all'inizio del XIII. Secondo il Liber Consuetudinum Mediolani, in Riv. St. Ital. 69 (1957) 5–60. – E. CRISTIANI, Città e campagna nell'età comunale in alcune publicazioni dell'ultimo decennio, in Riv. St. Ital. 75 (1963) 829–845.

Leute der Zünfte sicherten vielfach ihren Gewinn im Erwerb von Immobilien in Stadt und Land. Da die Gewerbe vielfach erblich durch die Generationen hindurch betrieben wurden, trat eine starke Verfilzung der wirtschaftlichen Macht ein, die diese arti ausübten. Zur Teilhabe an der Macht und zum politischen Aufstieg verhalfen aber nicht die arti, sondern *militärische Verbände,* die einen harten Druck auf die herrschende Konsulararistokratie auszuüben vermochten, sie auch zwangen, ihre internen Streitigkeiten beizulegen. In diesen Wehrverbänden kamen Leute der arti wie solche niederen Standes zusammen; doch gesellten sich auch Vertreter höherer Stände, große Kaufleute, Wechsler, Richter, Angehörige der großen feudalen Häuser dieser Bewegung der popolari zu. Durch diese militärische Kraft des populus wurde die bisherige militärische Überlegenheit des konsularischen Stadtadels und seiner milites gebrochen und der Weg für die neue allgemeinere Herrschaft des popolo freigekämpft; dabei war das gesellschaftliche und persönliche Prestige der adeligen und patrizischen Mitglieder eine wesentliche Hilfe; deshalb wurden auch so häufig nobili zu Führern dieser neuen societates gewählt. Aber Arbeiter, Lohndiener und Nichtzünftige bzw. Parteilose blieben außerhalb dieser Kreise. Weil die Gruppen des popolo die Teilhabe am Stadtregiment im Bunde mit Adel und Pariziat ertrotzten, wurden sie in den großen Gegensatz zwischen Guelfen und Ghibellinen hineingezogen. Wenn es auch gelang die Exklusivität der alten Ratsklasse zu sprengen, ihr neue Wahlsysteme aufzuzwingen und neue Herrschaftsorgane zu schaffen, die allein dem popolo vorbehalten waren, blieb trotzdem der census = der Besitz an Immobilien die Grundlage der Wählbarkeit. Schließlich entledigte sich der popolo um die Mitte des 13. Jahrhunderts seiner adelig-patrizischen Helfer = der *magnati* wieder und sperrte sie aus seinen Verbänden aus. Einer der Gründe dafür war es, daß viele reiche Kaufmannsfamilien Lehen erworben hatten und Glieder der Ritter-Gesellschaft geworden waren. Die antimagnatische Gesetzgebung dieses herrschenden popolo blieb im ganzen 14. Jahrhundert in Kraft. Es ist eine wichtige Beobachtung, daß die wirtschaftliche Kapazität der einzelnen wie der Familien von Situation zu Situation wechselte. Ein Dauerelement der Gesellschaft bis zur Mitte des 14. Jahrhunderts blieb der Strom der possessores und coloni vom Land in die Stadt sowie der Rückfluß vom investierten Kapital der Kaufleute und signori aus der Stadt. Nicht immer dieselben Kreise waren am bürgerlichen Regiment beteiligt. Die *Signorie,* die die popolo-Herrschaft ablöste, ging auch aus verschiedenen gesellschaftlichen Situationen hervor, stand nicht selten in Verbindung mit der vielfach ungebrochenen Macht der großen Familien und den traditionellen militärischen und feudalen Cliquen. Sie stellte Funktionäre an Schlüsselstellungen, umgab sich mit einem Hofadel und einer neuen Feudalschicht, dort wo sie sich in Ruhe in das *Prinzipat* verwandeln konnte. Jetzt verschwanden die bewaffneten Verbände des popolo, es blieben aber die beruflichen Zünfte.

Die nichtlangobardischen Zonen Italiens haben eine eigene gesellschaftliche Entwicklung und verschiedenen politisch-institutionellen Charakter gehabt. Die Anfangseinwohner in der Lagune von *Venedig*, Flüchtlinge aus Aquileja, Padova und anderen Städten, haben lange den Charakter von Venedig geprägt. Jede Insel befehligte ein tribunus und das Haupt der Inseln war ein byzantinischer magister militum. Unter einem duca entwickelte sich eine starke Autorität auf den Inseln; die lokalen Ämter und Lasten lagen in den Händen von maiores terrae. Sie setzten die Übertragung des Regierungssitzes auf die Insel Rialto durch. Handel und Landbesitz auf der terra ferma häuften große Vermögen an und beförderten die Politik der großen Familien um die Macht und ihre Expansion. Auch in Venedig war die Bevölkerung in maiores, mediocres, minores wie anderswo geteilt. Von einem «bürgerlichen» Geist zeugt die Wahl des Dogen Domenico Silvio, die durch Akklamation des Volkes ohne Widerspruch stattfand. Dieser Schwiegersohn des byzantinischen Kaisers Michael III. Dukas erhielt zum Dank für die Hilfe, die er Alexios Conmenos gegen die Angriffe des Robert Guiskard leistete, 1082 ein Chrysobulon, das die Venetianer aus Untertanen zu Bundesgenossen des byzantinischen Reiches machte, das ganze Reich als Freihandelsgebiet eröffnete und so jede andere Konkurrenz beseitigte. Die Volkswahl des Dogen durch Akklamation am Ende des 11. Jahrhunderts in der relativ kleinen Stadt Venedig hat Voraussetzungen, die wir auch in anderen Städten des italienischen Festlandes finden; die Zeremonien der Investitur des Dogen aber haben Züge des Kaiserritus und hoben ihn über alle Podestàs und Konsuln hinaus. Fast gleichzeitig mit der Bezeichnung des venetianischen Staates als «Comune Veneciarum» wird ein collegium der sapientes sichtbar, die 1147 preordinati, 1160 conciliatores, 1165 sapientes consilii heißen, die die curia ducis unterstützen und von der Volksversammlung gewählt werden. Große Landbesitzer, Kaufleute, Handwerker und Händler machen einen Teil der Bevölkerung aus, zu denen die Arbeiter auf den Marinewerften und die Matrosen kommen. Zu den Führungsschichten zählten Kaufleute und Reeder mittlerer Größe. Ihr wachsender Reichtum und ihre steigenden politischen Aspirationen gaben ihnen Kraft und Mut, dem Dogen bei seiner Inthronisation Zugeständnisse abzuringen, die seine Macht begrenzten. Es wurde 1298 in Venedig der Maggior Consiglio ausgesperrt und damit die berechtigte Bevölkerung wesentlich beschränkt. Dieser Wechsel der venetianischen Oligarchie beseitigte für Jahrhunderte jeden Versuch einer signoria.

In den anderen Städten Italiens außerhalb der Langobardia scheint die *spätantike curia* überlebt zu haben; sie wählte den defensor urbis für die Handhabung der Gerichtsbarkeit; der vom Kaiser ernannte curator hatte Ruhe und Sicherheit des städtischen Lebens zu schaffen. Die zahlreichen Papyri der Hauptstadt *Ravenna* bezeugen das. In den Zeiten des Karolingerreiches setzte sich der Erzbischof als Haupt eines selbständigen Territoriums und der Stadt durch. Doch bildete sich eine militärische Schicht heraus, deren Familien den Titel duca führten; sie setzten sich neben den byzantinischen Funktionären durch. Im Gegensatz zur Selbständigkeit Ravennas waren am Ende des 8. Jahrhunderts die Städte Apuliens, Calabriens, Siziliens, der Campagna und Rom in das byzantinische Verwaltungs- oder Militärsystem der Themenverfassung eingegliedert. In der Zeit der langobardischen Expansion und der sarazenischen Invasion kamen in den Städten militärische Führer mit den byzantinischen Titeln duca, consoli, ipati hoch. Da Byzanz und seine Macht sehr ferne und inaktiv waren, mußten sich die Städte selber helfen und wurden dabei immer autonomer, wie wir in Neapel. Amalfi, Bari sehen können. Duchi und vescovi mußten sich verbünden, auch mit dem römischen Bischof, um zu überleben. Zusammen mit ihrem militärischen Gefolge und ihrem Klerus bildeten sie die *städtische Oberschicht*. Erhalten blieben die kulturellen Beziehungen zu Byzanz, es erhielt sich die griechische Sprache im Süden der Halbinsel. Nach einer langen sarazenischen Besetzung 847 bis 872 wurde Bari 874 wieder an Byzanz zurückgestellt; unter der Herrschaft eines catapano über das Territorium wurde die Stadt wieder ein Zentrum von Handel und Verkehr; wie in Neapel und Amalfi bildete sich eine reiche und mächtige Oberschicht aus. Doch war es für Bari schwierig, die Abhängigkeit von Byzanz zu lockern oder zu lösen, da hier der Einfluß der byzantinischen Funktionäre zu stark und Byzanz auf dem Schiffsweg zu nahe war. Deshalb mußte 1009 nach einer mißlungenen Erhebung der reiche und mächtige Bürger Melo nach Ascoli und zu den langobardischen Fürsten, schließlich sogar nach Deutschland fliehen, wo er in Bamberg starb. Die Gesellschaftsstruktur dieser Städte ist noch weithin unbekannt, unerforscht oder unerforschbar (Briefe Gregors d. Gr. von 599 an den Bischof von Neapel und den defensor von Otranto: collegium von Seifenfabrikanten und Bäckern). Gegen Ende des 10. Jahrhunderts widersetzen sich in Neapel und Amalfi mächtige Vereinigungen von curiales, anderswo nolarii genannt, gegen eine Auflösung. Starke Gruppen von Kaufleuten erscheinen in Bari, Amalfi, Neapel, Gaëta, die sich gegen das päpstliche Verbot des Handels mit den Ungläubigen wehren. Das pactum, das 1029 der duca Sergio mit den Neapolitanern = populus schwor, begrenzt auch hier die Anfänge einer Entwicklung zur autonomen Bürgerschaft hin. Am Ende des 11. Jahrhunderts bekunden die Einwohner von Ravello ein bürgerliches Selbstbewußtsein (Nos ommes populi rabellenses 1096) und erscheinen in Biterto drei «constituti sindici ab universitate Bitecti».

Gesellschafts- und verfassungsgeschichtlich unterscheiden wir grob *drei Perioden* italienischer Stadtentwicklung in der Epoche des europäischen «Aufbruchs»: 1) Von der Mitte des 11. bis nach der Mitte des 12. Jahrhunderts; das Hauptelement ist die Regierung der Consules und die Macht der Ratsaristokratie. 2) Am Ende des 12. und zu Beginn des 13. Jahrhunderts die Erweiterung der politischen Basis durch Beteiligung neuer gesellschaftlicher Gruppen am Regiment. 3) Von der Mitte des 13. Jahrhunderts an die Herrschaft des popolo, militärische Organisation neben den Zünften, neben dem podestà jetzt der capitaneus populi. Die folgende Signorie oder Oligarchie bringt das Ende der Comune, soweit sie den politischen Willen einer urbanen Gesellschaft ausdrückt. Man muß zwischen der städtischen Entwicklung im Norden und Süden der Halbinsel unterscheiden. In Nord- und Mittelitalien gewannen alle Städte volle Autonomie und verloren sie wieder an mächtigere Städte oder Feudalherren. Eine volle und siegreiche Entfaltung der kommunalen *Bewegung* erlebten Mailand, Bologna, Florenz. Zwar verlief die Entwicklung anders in den castelli, burghi, villae, aber ihre Comune hatten sie alle.[41]

Die *kommunale Bewegung* und ihr Sieg im kollegialen Konsulat füllten die erste Periode der Stadtgeschichte im 11./12. Jahrhundert. Was ist Comune, was Bürgerschaft, was Volk? Die Kaiser-, Königs- und Privaturkunden sprechen von cives maiores, mediocres, minores und drücken damit wohl einen Unterschied der Lebensführung, des Prestiges, des Reichtums und der militärischen Pflichten aus; langobardische Urkunden unterschieden die negotiatores = Kaufleute in maiores et potentes, sequentes et minores entsprechend dem census der Grundeigentümer. Im 10. Jahrhundert sind belegt Kaufleute und Geldleute in den Städten, sie sind qualifiziert als «magni et honorabiles et multum divites» (Honorantiae von Pavia). Eine große Rolle spielten daneben die iudices, die in Rechtsschulen wie Pavia ausgebildet worden waren, und zwar meist als Funktionäre von König, Markgraf, Graf und Bischof, als Berater großer Grundherren, von Kaufleuten und cives. Sie waren sowohl Kleriker wie Laien. Die reichen Kaufleute suchten in größerer oder geringerer Nähe zur Stadt reiche Ländereien, die iudices vor allem Lehengüter, Lehenämter zu erwerben. Sie beide fanden Aufnahme in den Kreis der kleinen Vasallen = secundi milites, die die sehr mobilen Lehensleute der Bischöfe und Grafen waren und von Privilegien in den Städten neben den signori lebten. Die italienische Stadt hat eine viel stärkere Anziehungskraft auf das *Lehenswesen* ausgeübt, als es in einem anderen Lande der Fall war.[42] All' die genannten Gruppen stellten die städtische Führungsschicht, deren Glieder gegeneinander nicht abgeschlossen waren. Notare, Richter, Priester und Dom-

---

[41] G. FASOLI, Castelli e signorie rurali, in Agricoltura e mondo rurale in Occidente nell'alto medioevo = Settimana XIII (Spoleto 1966) 531–567. – F. CUSIN, Per la storia del'castello medioevale, in Riv. Stor. Ital. 5 und 6 (1939) 499–542. – R. ROMEO, La signoria dell'abbate di San Ambrogio di Milano sul comune rurale di Origio nel secolo XIII, in Riv. Stor. Ital. 69 (1957) 340–377, 473–507. – E. CONTI, La formazione della struttura moderna nel contado Fiorentino I. Le campagne nell'età precomunale = Ist. Stor. It. medio evo. Stud. Stor. fasc 51–65 (Roma 1967).

[42] G. LUZZATO, Tramonto e sopravivenza del feudalesimo nei comuni italiani del medioevo, in Studi medievali 3ª s. 3 (1962) 401–419.

kanoniker rekrutierten sich aus reichen Kaufmannsschichten und Kaufleute, Richter, bischöfliche und gräfliche Vasallen waren durch vielfache Beziehungen miteinander verbunden, zunehmend durch Ehen; es waren den Mitgliedern dieser Gruppen die geistliche und Ämterlaufbahn immer offener. Die Belebung der Wirtschaft im 10. Jahrhundert beförderte die Aufstiegsbewegung in der Gesellschaft und erneuerte die Gesellschaft an der Basis. Die aktiven Kräfte der Gesellschaft griffen nach Fiskal- und Kirchengut, um ihren Ehrgeiz nach einer großen Karriere zu befriedigen. Auf Kosten der Grafen stieg die Macht der Bischöfe in den Städten durch die zahlreichen Immunitätsverleihungen, die die Könige in der Grafschaft wie in der Stadt durchführten; die Städte kamen oft zur Gänze unter Herrschaft und Verwaltung des Bischofs.[43] Die gräfliche (im Grunde königliche) Macht schrumpfte, auch dadurch, daß die Lehen erblich wurden und die damit verbundenen Funktionen sich auf die Vasallen beschränkten, die schon vor 1037 diese als Familienbesitz behandelten. So mußten die großen Grafenfamilien nach dem Bischofsamte streben, wenn sie an der Macht und reich bleiben wollten. Mit dem Schrumpfen der Macht des Stadtherrn (König, Graf, Bischof) verfiel die herrschaftliche Stadtverwaltung. Je nach Stand und Vermögen beteiligten sich die Einwohner in beschränkten Verbänden an städtischen Aufgaben. Eine dynamische Kraft waren die Lehenshöfe (curiae vasallorum) der Vasallen von Graf, Bischof, Domkapitel; diese Leute leisteten Rat und Hilfe ihrem Lehensherrn. Die gemeinsamen Interessen wurden in den Lehensversammlungen erörtert und die Abhängigkeit von *einem* Herrn solidarisierte diese Lehensverbände der Herren. Eine ähnliche Wirkung übten auch die meist wirtschaftlichen Genossenschaften (Handelsgenossenschaften) auf die Kaufleute aus, die ihre gemeinsamen Fragen und Streitigkeiten dem schiedsrichterlichen Spruch von Experten ihrer Wahl unterwarfen. Ähnliche Zusammenschlüsse tätigten die Richter wie die Geistlichen eines Domkapitels, wie die fraternitates aller Geistlichen einer Stadt. Die cives minores verteilten sich auf verschiedene Kreise der maiores und mediocres, die durch Wirtschaftsbeziehungen verbunden waren. Die ältesten und bedeutendsten Familien konzentrierten sich topographisch im Altstadtkern, um das alte Forum, den Dom und die Pfalz des Königs und Bischofs, in bestimmten Straßen waren die

---

[43] C. MANARESI, Alle origine del potere dei vescovi sul territorio esterno della città, in Bull' Ist. Stor. Ital. e Arch. Mur. 58 (1943) 221–234. – S. MOCHI-ONORY, Vescovi e città (Bologna 1933). – E. DUPRÉ-THESEIDER, Vescovi e città nell'Italia precomunale, in Vescovi e diocesi in Italia nel medio evo (Padova 1964) 55–110. – C. VIOLANTE, I vescovi dell'Italia centrosettentrionale e lo sviluppo dell'economia monetaria, in Vescovi e diocesi in Italia nel medio evo (sec. IX–XIII) = Atti del II. Convegno di storia della chiesa in Italia (Padova 1964). – H. KELLER, Origine sociale e formazione del clero cattedrale dei secoli XI e XII nella Germania e nell'Italia settentrionale = Le istituzioni della «societas christiana» dei secoli XI e XII: diocesi, pievi e parocchie = Settimana VI. Internat. = Publ. dell'Univ. S. Cuore. Misc. VIII (Milano 1977) 136–186.

Werkstätten der artifices lokalisiert, die Handwerker und minores aber wohnten weiter weg vom Zentrum oder in den Vorstädten (suburbia). In besonderen Situationen setzten sich alle diese Gruppen für das Interesse der Stadt ein oder wurden zu pressure groups, wie wir schon zu Anfang des 10. Jahrhunderts in Cremona, zwischen 1035–1037 im Streit der secundi milites gegen die capitanei zu Mailand und im Streit des vicecomes mit dem Bischof 1052 in Genova gesehen haben.

Da die Bedürfnisse des kollektiven Zusammenlebens und des gesellschaftlichen Verkehrs noch relativ einfach und beschränkt waren, erschöpfte sich das Leben der Geistlichen[44] in einfacher Lehre und Seelsorge, der Bewohner der Nachbarschaften (vicinie) in der Sicherung der Quartiere gegen Raub, Brand, Verbrechen, Brunnenvergiftung und Straßenschmutz, gegen feindliche Angriffe von außen. Dafür legte die Stadtverwaltung territoriale Beschriebe an. Die milites trugen dafür an der Seite ihrer Herren die Last der auswärtigen Kriege. Die Fragen allgemeinen Interesses wurden in den allgemeinen Stadtversammlungen verhandelt, doch ging der Anstoß dazu vielfach vom consilium seniorum = der Versammlung der Notabeln aus, die je nach Stadt verschieden zahlreich waren. Ihre Mitglieder gehörten zu den Gesellschaftsschichten der milites, iudices, Grundbesitzer, Kaufleute, Kirchenleute. Den entscheidenden Wendepunkt in der gesellschaftlich-politischen Entwicklung der Stadt und ihrer Institutionen brachte der Investiturstreit[45], der die religiösen Gefühle der Laien weckte und aktivierte. Es ist sehr charakteristisch, daß es zuerst nicht die Mönche und die Kleriker waren, die laut gegen Simonie, Nikolaitismus, Priesterehe auftraten, sondern die reichen Kaufleute, Handwerker und die arrivierten Schichten wie in Mailand, die den verheirateten und beweibten Geistlichen und Seelsorger ablehnten und die

---

[44] A. DRESDNER, Kultur- und Sittengeschichte im 10. und 11. Jahrhundert (1890).
[45] K. A. NITSCHKE, Die Wirksamkeit Gottes in der Welt Gregor VII., in Studi Gregoriani 5 (Roma 1956) 115–219; DERS., Das Verständnis für Gregors Reformen im 11. Jhdt., ebd. 9 (Roma 1972) 143–166. – G. MICCOLI, Chiesa Gregoriana. Ricerche sulla Riforma del secolo XI (Firenze 1966) bes. 117ff. – C. VIOLANTE, I laici nel movimento patarino = I laici nella societas christiana dei sec. XI e XII., Publ. Univ. S. Cuore (Milano 1968) 577–687. – DERS., La Pataria Milanese e la riforma ecclesiastica (Roma 1955). – L. PROSDOCIMI, Lo stato di vita laicale nel diritto canonico dei sec. XI. e XII., ibid. [ein wichtiger Beitrag zum Begriff des zweiten populus im kanon. Recht]. – E. WERNER, Die gesellschaftlichen Grundlagen der Klosterreform im 11. Jhdt. (Berlin 1953); DERS., Zwischen Canossa und Worms. Staat und Kirche 1077–1122 (²Berlin 1975); DERS., Pauperes Christi. Studien zu sozial-religiösen Bewegungen im Zeitalter des Reformpapsttums (Leipzig 1956). – R. BULTOT, La dignité de l'homme selon S. Pierre Damien = Studi medievali XII (1972). – O. CAPITANI, Esiste un età gregoriana? Considerazioni sulle tendenze di una storiografia medievistica, in R. Se. Lat. Relig. 1 (1965) 454–481. – H. E. J. COWDREY, The papacy, the Paterenses and the church of Milan, in Transact. Royal Hist. Society 5th ser 18 (1968) 25–48.

ideale Seelenführer sich wünschten. Die städtische Bevölkerung erhob sich gegen einen simonistischen und nikolaitischen Bischof im Namen der Kirchenreform. Es hat sogar den Anschein, daß die römische Reformkirche, die seit den endenden 50iger Jahren in Beziehungen zum arrivierten Bürgertum in Mailand und seiner Sektenbewegung, der Pataria[46], stand, sich in ihrem besonders unter Gregor VII. aktuellen Kampf gegen Simonie und für Zölibat sogar von den Forderungen der Städte und der Pataria vorwärtstreiben und anregen ließ. In den Städten mit ihrem erwachenden bürgerlichen Geist schürten improvisierte Prediger diese Bewegung unter den Massen. Daneben stießen sich viele aus religiösen und moralischen Motiven an der Art der Ausübung der weltlichen Macht durch die Bischöfe und ihre Helfer. Die Erhebung und der Ungehorsam gegen den schismatischen und exkommunizierten Bischof, der als Stadt- und Immunitätsherr zugleich die höchste herrschaftliche Autorität in der Stadt war, erschütterte die herrschaftlich-politisch-gesellschaftlichen Unterordnungsverhältnisse und Beziehungen. Das motivierte vor allem diejenigen Notabeln-Familien, die nicht durch simonistische und konkubinatäre Mitglieder kompromittiert waren, zum Eingreifen, besonders, wenn auch noch persönliche Vorteile dazu rieten, zu intervenieren. Dabei ließen sich ja auch Renten und Kirchengut erwerben. Es konnten sich auch die vom lokalen Klerus gewählten und vom Papst ernannten Bischöfe als Exponenten einer geistlich-reformerischen Richtung nicht durchsetzen, wenn sie nicht die Hilfe der Notabeln hatten und diesen gestatteten, fortan in ausgedehntem Maße an Herrschaft und Verwaltung der Stadt teilzunehmen und zwar in Anerkennung der Dienste, die sie im Augenblick der Krise geleistet hatten. Die Reformer brauchten Helfer, um sich dem Risiko gegen die Träger der Herrschaft aussetzen zu können. Und die Städte konnten sich nach beiden Seiten freier entscheiden, sich vom Kaiser oder Papst umwerben lassen, wenn sie wußten, was sie wollten.

2) Voraussetzungen und Anfänge kommunaler Bewegungen im archaischen Zeitalter des Frühmittelalters

a) Spezifische Faktoren der Gesellschaftsgeschichte Italiens

Die deutsche Herrschaft in Italien ruhte nicht auf sicherem Grund. Die Versuche, sie nach dem Süden der Halbinsel auszudehnen, scheiterten. Rom war ein

---

[46] H. KELLER, Die soziale und politische Verfassung Mailands in den Anfängen des kommunalen Lebens, in HZ 211 (1970) 34–64; DERS., Pataria und Stadtverfassung. Stadtgemeinde und Reform: Mailand im Investiturstreit, in Investiturstreit und Reichsverfassung = Vortr. u. Forsch. 17 (1973) 321–350; DERS., Einwohnergemeinde und Kommune. Probleme der italienischen Stadtverfassung im 11. Jahrhundert, in HZ 224 (1977) 529–560.

Condominium von Kaiser und Papst, das nur so lange funktionierte, als der Kaiser persönlich anwesend war. Im regnum Italiae herrschte durch die Machtkämpfe der großen Vasallen und Dynasten stetige Unruhe, hinter der neue gesellschaftliche Kräfte ihren Aufstieg vorbereiteten, die das Feuer schürten, aber auch mehr Klarheit und schöpferische Kraft zum Prozeß beisteuerten. Von inneren Gegensätzen war die kleine Welt der langobardischen Fürstentümer im Süden der Halbinsel zerrissen. Es gab keine gemeinsamen Interessen, die Natur war zerklüftet, die Erben teilten, die Gastalden usurpierten die Macht, es herrschten dynastische und familiäre Rivalitäten; entgegengesetzt und vielfach waren Politik und Pläne der Päpste, Byzantiner, Sarazenen und Küstenstädte. Alles arbeitete auf eine Auflösung hin. Das Fürstentum Benevent war noch mehr erschüttert als alle anderen, ausgelaugt von seinen Randlandschaften her, nicht mehr imstande die Barriere von Neapel einzudrücken. Die Fragmente griechisch-byzantinischer Herrschaft (Ravenna, Exarchat, Pentapolis, Rom, Seestädte der Adria und der Campania, Amalfi, Neapel, Gaeta) waren der Schauplatz neuer politischer Hierarchien und der Bildung eines gemeinitalienischen Feudalismus; sie unterhielten noch wirtschaftliche, intellektuelle und familiäre Beziehungen zum Osten; aber die Verbindungen zum Westkaiser, zum Papst und zu den langobardischen Fürsten, häufige Unterwerfungs- und Huldigungsakte und der Zwang, den Kampf gegen die Sarazenen ohne Unterstützung und mit ihren eigenen Kräften zu bestreiten und sich des Friedens wegen mit ihnen auch zu verbünden, machten die Verbindungen zu Byzanz immer schütterer. Die griechischen Titel, Heiraten und Huldigungsakte des Dogen von Venedig (ὕπατος, πρωτοσπατάριος, πρωτοσεβαστός; dominus noster omnipotens = griechischer βασιλεύς) waren nur mehr Schein, auch wenn der dux als hoher östlicher Würdenträger erschien. Die Oberschichten in Venedig gaben ihren byzantinischen Lebensstil auf und wollten keine Untertanen des Ostkaisers mehr sein. Sie verstärkten ihre Handelsbeziehungen, auch die politischen zum regnum Italiae und fühlten sie auch als die Länder an der Adria, wo die Byzantiner nur mehr fischten. In Istrien, am Quarnero und mit einem byzantinischen Intermezzo des 12. Jahrhunderts auch in Dalmatien erneuerten und entwickelten sich Kultur und Sprache wie auf der italienischen Halbinsel aus der Gemeinsamkeit der Wurzeln heraus.

Im Tyrrhener Meer war die Insel Corsica nach fränkischer Eroberung an die Toscana angegliedert und durch die «Schenkungen» in den Interessenbereich päpstlicher Politik gerückt worden. Auch Sardinien brach die Brücken zu Byzanz ab; denn der Verlust Siziliens machte die Beziehungen des Ostreichs zum westlichen Mittelmeer sehr schwierig. Die im wesentlichen selbständige Insel war in Provinzen aufgeteilt und dies sicher im 11. Jahrhundert. Trotz aller Krisen aber konnten die Byzantiner sich im Süden der Halbinsel, in Apulien, im Land von Otranto und in Calabria behaupten, wo Reste griechischer Dialekte sich bis in das 20. Jahrhundert erhalten haben. In Puglia hatten die Funktionäre griechische Namen (strateghi, catapani, spatari), aber Sprache und religiöses Brauchtum waren weniger griechisch beeinflußt, weil die Menschen im allgemeinen langobardisch und der Ortsadel und seine Namen lateinisch waren. Dagegen hielt sich der heiß umstrittene und deshalb umso zäher behauptete griechische Geist in der Bevölkerung in Moral, Politik, Heerwesen umso stärker. In Calabrien fanden die aus Konstantinopel unter Kaiser Leo dem Isaurier vertriebenen Basilianermönche eine Zukunft und entfaltete der große Mönchsvater Nilus von Rossano weit über Rom hinaus im 10. Jahrhundert eine breitgestreute Wirksamkeit. Viele Griechen aus Sizilien suchten nach der arabischen Eroberung im Stiefel Italiens Zuflucht. Griechische Kolonien, vor allem von freigelassenen Leibeigenen, übergaben sich häufiger den byzantinischen Kaisern. Basilianerklöster häuften sich in den Gebieten von Reggio di Calabria und Aspromonte. Aber die Länder des nördlichen Calabria und von Otranto rückten diesen Einflüssen immer ferner. Das zeigte sich im Widerstand gegen das aus dem Süden siegreich vordringende griechische Mönchtum, das nicht nur durch Nilus auch in Rom Einfluß besaß. Diesen Widerstand aus dem lateinischen Norden trugen die Klöster Monte Cassino, San Vincenzo am Volturno, Conversano und Cava, gefördert von den langobardischen Fürsten und der römischen Kirche, die politisch Feinde, aber gegen die Griechen Verbündete waren. Die mehr oder minder romanisierten Langobarden hielten den griechischen Strom gegen den Norden auf und erwiesen sich als Hüter der Romanitas. Die Bevölkerung selber aber befand sich in einem steten, offenen oder geheimen Widerstand gegen die byzantinische Herrschaft und ihre Funktionäre; doch einte sie die dauernde Drohung der Sarazenen sowohl als es sie wieder trennte, da die byzantinische Verteidigung ungenügend und unkoordiniert war. Jeder mußte für sich selber sorgen. Die Folge war das Erwachen eines Geistes der Unabhängigkeit unter den Menschen; doch war eine andere Konsequenz der drückende Fiskalismus sowie die unerträgliche Überlegenheit der Regierung und ihrer griechischen Funktionäre. Auf die Dauer aber nährten Langobarden, Montecassino und lateinischer Klerus, der Heirat und Konkubinat in den Kreisen des griechischen Klerus sich ausbreiten sah, zwar große Verstimmung bei sich selber, aber auch das Gefühl tiefen Gegensatzes.

Die Sarazenen waren am Anfang des 11. Jahrhunderts zwar von den Randgebieten der Halbinsel vertrieben, aber in Sizilien hatten sie festen Fuß gefaßt und unternahmen von dort aus ihre Beutezüge gegen die Küsten der Halbinsel und die großen Inseln des Tyrrhener Meeres. Die Bewohner Italiens, allen voran Papst und Kaiser, aber auch die Christianitas, waren niemals einig und verbündet gegen diese Ungläubigen gewesen. Es war das Schicksal der von den Mittelmeerreichen der Byzantiner, Araber und ein wenig auch von der römischen Kirche beherrschten Gebiete, die später unter die Herrschaft der Staufer, Anjous und der Spanier kamen, daß ihre Herrschaftszentren außerhalb Italiens lagen und sie deshalb immer fremden Interessen dienen mußten. Allmählich lockerte sich der innere Zusammenhalt der Araberherrschaft in Sizilien und lösten sich langsam die Verbindungen zu den Glaubensgenossen in Afrika. In Sizilien faßte die alte einheimische und christliche Bevölkerung wieder Mut, besonders im östlichen Teil an der Meerenge, wo engere Verbindungen zu den sizilianischen Emigranten in Calabria bestanden, die auch die Inselregion wieder an die christliche Welt anschlossen.

Es ist ein besonderes Charakteristikum italienischer Gesellschaftsgeschichte, daß sie sich auf einer herrschaftlich-politisch, ethnisch, kulturell, religiös und mental völlig uneinheitlichen Grundlage vollzieht und entfaltet, daß vielfach die bestimmenden Kräfte, die auch herrschaftlich integrativ wirken, von außen her in die Welt der Menschen auf der Halbinsel hineinwirken, die Byzantiner, Langobarden, Franken, die Sarazenen und die Normannen. Die Langobarden sind integriert worden, haben aber einen nachhaltigen Eindruck in Ober- und Mittel-Italien hinterlassen und sind dabei in der Bevölkerung ihrer Herrschaftsgebiete völlig aufgegangen. Die byzantinische und die fränkische Herrschaft hatten ihre Zentren außerhalb der Halbinsel, sie haben nachhaltig auf Gesellschaft und Kultur teils der Ober-, teils der Unterschichten Einfluß genommen, der deutsche König als Westkaiser, der auch König des regnum Italiae und Mitregent in Rom war, der oströmische Kaiser, dessen Herrschaft auf die Dauer sprachlich, ethnisch, kulturell nur die Südländer der Halbinsel zu prägen vermochte. Nicht zu vergessen der Bischof von Rom als einzige italienische Macht mit dem Anspruch auf ein gesamtchristliches Prestige, der sich selbst vom 8.–11. Jahrhundert aus dem stadtrömischen Adel (Tuskulaner, Creszentier) rekrutierte und der oberste Reichsbischof zeitweise war, dann sich aber aus den Bindungen an die westliche Macht emanzipierte und auf der Basis des alten Kirchenstaates eine ausgreifende Territorialpolitik in Italien und eine supraterritoriale, supranationale, hierokratisch-hegemoniale Politik in Europa zugleich zu betreiben versuchte. Es kann nicht geleugnet werden, daß Herrschaft gesellschaftsbindend wirkt, daß sie aber die von ihr wesentlich geschaffenen oder beeinflußten Strukturen zu konservieren und nur, wenn nötig, weiter zu entwickeln versucht.

Es gibt niemals einen Stillstand im menschlich-gesellschaftlichen Leben, denn jeder einzelne wie die Kollektive sind schon rein natürlich einem gegebenen Wachstumsvorgang von der Wiege bis zum Grabe unterworfen. Aber wo Herrschaft unter verschiedenen Voraussetzungen und Zwängen besonders stark geworden ist und werden mußte, wo sie die Untertanen auch mental, religiös und rechtlich-wirtschaftlich fest in den Griff bekam, da geht der Gesellschaftsprozeß langsamer vor sich, ja so langsam, daß historisch nicht tiefblickende Soziologen, Politologen, Ethnologen, Juristen von «statischen» Gesellschaften gesprochen und vor allem die mittelalterliche vorab bis zum 12./13. Jahrhundert als statisch bezeichnet haben. Es gibt keine statische Gesellschaft, verschieden sind nur Tempo, Beschleunigung, Dynamik und Voraussetzungen in den verschiedenen Gesellschaftskörpern, die nicht einmal in einer Großgesellschaft einheitlich und konform verlaufen müssen. Ich würde anstatt «statisch» lieber von archaischen oder herrschaftsgeprägten oder kulturell langsamen Gesellschaften sprechen. In diesem Sinne sind trotz ihrer turbulenten Schicksale und ihrer Invasionen und Fremdbeeinflussungen unter gegebenen Voraussetzungen Süditalien, Sizilien, das südliche Mittelitalien und zum Teil auch der Kirchenstaat (die Urbs selber zum guten Teil ausgenommen) herrschaftsbezogen-feudal, gesellschaftlich und wirtschaftlich von gewissen Küstenregionen abgesehen wenig entwickelt worden und archaisch geblieben. Das hat man im hochindustriellen 20. Jahrhundert mit Entsetzen gesehen und zu spüren bekommen. Was hier an Mobilität und Dynamik fehlte und durch allzu starke Herrschaftsbildung (und zwar kleinteilige) verhindert war, entwickelte sich schneller, stärker, erfolgreicher und offener als im ganzen übrigen Europa, auch in Frankreich, in unserem Ober- und Mittelitalien, das seit dem 11. Jahrhundert eine große kommunale Bewegung, einen tiefgreifenden gesellschaftlichen Aufbruch modernen Ausmaßes erlebte. Während in Süditalien die meist kleinteilige Herrschaft auch den notwendigen gesellschaftlichen Wandel verlangsamte oder verhinderte, erzwang eine in den abhängigen Mittel- und Unterschichten schon mobile, sich zu Freiheit und Freizügigkeit emanzipierende und in diesem Aufstieg von König und Herrschaft geförderte Gesellschaft, deren Oberschicht sich differenziert hatte, diesen Wandel und bereitete die kommunale Bewegung in den zahlreichen und bereits entwickelten Städten vor und zwar auf der Grundlage einer neuen Wirtschaftsgesinnung, Mentalität, Religiosität, Moral und Geistigkeit. Es flossen in dieser halbwegs offenen Gesellschaft, deren dynamische Kräfte das Herrschaftssystem der alten Oberschichten (Bischöfe in den Städten) umformten, verschiedene Bewegungen und Ströme zu einer neuen Struktur zusammen. Es wuchs eine neue Mittelschicht und sprengte den alten feudalen Dualismus.

b) Die niederen Vasallenschichten, ein neues niederes Führungselement und die gesellschaftliche Anarchie des 10. Jahrhunderts

Wichtige gesellschaftliche Veränderungen im 10. Jahrhundert, die vor allem die führenden Oberschichten betrafen, brachten die Neubildung der *niederen Vasallität* im Rahmen der Feudalverfassung, der Valvasoren, milites, castellani, gastaldi usw.; davon gingen starke Impulse für eine Umgruppierung der Führungsschichten in der mittelalterlichen Gesellschaft aus; dieser Prozeß ging nicht ruhig vor sich, aber er war erfolgreich und führte seine Träger nach oben und leitete eine neue Sicherheit der Rechtsordnung ein. Sie bildeten die Unterschicht der Vasallen von König, Graf, Bischof, traten überall auf und wurden in den Quellen vasalli und milites genannt. Es wurde für die Gesellschafts-, Rechts- und Staatsordnung Italiens entscheidend, daß diese Leute von unten in großer Zahl sich in die Feudalordnung der Vasallität eingliedern konnten. Dadurch mußte sich nicht wie in Deutschland außerhalb der Feudalgesellschaft eine zahlreiche Schicht leibeigener servientes (adelige Unfreiheit) entwickeln, die erst nach zwei und mehr Jahrhunderten Eingang in die Feudalgesellschaft fand, die sich als ritterlich höfische Gesellschaft etablierte. Und dies war auch erst möglich, nachdem ihre Fähigkeit zu echten vasallitischen Lehen von der Herrenschicht anerkannt, sie also auf eine ähnliche Rechtsbasis gestellt wurden. Für eine solche Breitenwirkung waren Lehenswesen, Vasallität und Feudalismus in Deutschland noch nicht offen und flexibel genug. Und darum suchten in Deutschland zuerst die Könige, dann die Kirche und der «Hochadel» nach dem Ausweg der «Ministerialität»; die Dienstmannen arbeiteten nicht nach Lehen-, sondern nach Dienstrecht. Ansätze dazu hat es im 9., vor allem 10. Jahrhundert auch in Italien gegeben, wie wir gesehen haben, aber sie mündeten in die Vasallität und personale Freiheit ein. In Italien verband sich diese niedere Vasallenschicht mit der kommunalen Bewegung und erlebte hier ihren großen Aufstieg. Trotz älterer Städte aber war Deutschland keine Stadtlandschaft wie Italien oder Frankreich, die staufische Blütezeit der Städte ereignete sich erst zwischen 1170 und 1250/60. Der Aufstieg der Dienstmannen in der Stadt bahnte sich in Regensburg zwar schon im 11. Jahrhundert an, erfolgte in Deutschland aber allgemein erst im 12. und 13. Jahrhundert. Wenn wir dann in der Stauferzeit in ganz Italien in höchsten Regierungsposten wie in kommunalen (podestà) und fiskalischen Verwaltungsstellen zum Teil sehr mächtige und sehr bedeutende Ministerialen finden, dann sind das deutsche Reichs- und Königsministerialen, die wegen ihrer hohen amtlichen Stellung in den Zeugenreihen italienischer Urkunden der Staufer vor dem hohen Geblütsadel rangieren. Doch mit dem Untergang der Staufer verschwinden sie wieder von der italienischen Bühne, geblieben aber sind die Nachkommen der kleinen valvassores und milites des 10. Jahrhunderts, aber nun in höchst bedeutsamen Amts-, Wirtschafts-, Herrschaftsstellungen als die Mitträger und Hauptkräfte der kommunalen Bewegung.

Ich erinnere an die Mittelschicht der honesti und devoti des 8. Jahrhunderts, an die karolingische und postkarolingische Gruppe der arimanni, der exercitales, der liberi und commendaticii, der libellarii und cartulati, der zu römischem Recht Freigelassenen, relativ vielen habitatores in Städten und auf dem Land, die hinsichtlich ihres Vermögens und Reichtums, ihrer Dienste und Pflichten keineswegs gesellschaftlich und wirtschaftlich eine einheitliche Gruppe bildeten. Aber aus allen diesen Kreisen scheint sich mir je nach sachlichen und persönlichen Voraussetzungen dieses *neue untere Führungselement* der *valvassores* und *milites* innerhalb der sich entfaltenden Feudalordnung ausgeformt zu haben. Der Anlässe und Möglichkeiten = realen Chancen für eine solche Gruppierung gab es seit der zweiten Hälfte des 9. und im 10. Jahrhundert übergenug (Kriege, Herrscherwechsel, Herrschaftsbildung, Invasionen, Anlage von castra und castella, Schutz und Verteidigung von Städten und ländlichen Regionen). Jedenfalls möchte ich nicht die Arimannie als ausschließliches Becken für diese neue Vasallität ansehen, obwohl sie dabei war. Für viele kraftvolle Leute wie auch Absteiger der Mittelschicht, aber auch für zahlreiche Aufsteiger der gehobenen Unter- und Leibeigenenschichten war dieser Wandel der Situationen die langdauernde Chance zur Emanzipation und zur Verbesserung. Das geschah vielfach auf dem Weg der commendatio, ungeachtet der schon besprochenen vielfachen Schutz- und Hilfsaktionen der Könige gerade für diese Schichten, die vielfach in engsten Beziehungen zu König und Bischofskirche standen, die ja das Königtum auch besonders förderte, nicht zu reden von den Königsbeamten (Grafen, Markgrafen, Herzögen usw.), die allmählich zu Herrschaftsträgern wurden, die streitbare Helfer brauchten, auch nicht zu reden von der großen Zahl der kleineren Funktionäre, die ja auch kaum in Lohn standen, aber entschädigt werden mußten. Man mußte diese Leute zum Teil mit Land ausstatten, das ihnen zu Lehen gegeben wurde, vor allem die Kirche praktizierte diesen Weg. In diesen Zeiten hatte Land für Großgrundbesitzer nur soweit realen Wert, wenn sie sich damit die Dienste anderer Menschen verschaffen konnten; damals suchten alle, die den gesellschaftlichen und politischen Vorzug hatten, Waffen zu tragen, Schutz und Schirm den sogenannten pauperes zu gewähren und die Verteidigung zu übernehmen, die eine hohe politische Stellung zu wahren hatten, also die weltlichen und geistlichen Inhaber der großen Positionen in Herrschaft und Gesellschaft, nach Helfern und Getreuen, gleich wo sie diese finden konnten. König und Kirche hatten damals große Ländereien und Großgrundherrschaften, die sie benützten, um vassi zu gewinnen; andererseits löste dies auch die ausgedehnten kirchlichen patrimonia (massae) auf und führte das Ende des Großgrundbesitzes herbei. In Deutschland behalf man sich vergleichsweise in der gleichen Situation damit, daß das karolingische Hausmeier- und Königtum des 8. Jahrhunderts die Kirche veranlaßte, ihr Gut als beneficia oder precariae verbo regis an königliche milites = Kleinvasallen auszugeben, daß die Königsfreien (liberi del re) sich der Reichskirche mit ihrem Gut ergaben und diese dann mit ihren Vasallen deren militärische Leistungen erfüllen mußte, daß im 10. Jahrhundert die bayerischen principes der Luitpoldinger die Klöster ihres Herzogtums zwangen, Güter an herzogliche Vasallen auszugeben (wieder beneficia verbo ducis), die dafür die Verteidigung des Landes gegen die Ungarn übernehmen mußten.

Es ist kein Zweifel, daß die entscheidende Voraussetzung für den Aufstieg der meist gehobenen Unterschichten (wobei aber servi und aldiani keineswegs ausgeschlossen waren), die *gesellschaftliche Anarchie des 10. Jahrhunderts* war, die in Italien wie in Frankreich, aber nicht in Deutschland, das Feld beherrschte. Unter dem ständigen Druck der Kriege und der Invasionen der Ungarn, Sarazenen, Slaven und Normannen füllten sich die Ebenen und Berglandschaften, die Züge der großen Straßen, die Talebenen und Küstenstreifen mit castelli und castra (einfache Erdbefestigungen mit einem Grabenschutz) zu Verteidigung und Angriff. Die Initiative zu diesen Befestigungsbauten ging von den landbesitzenden Grundherren, aber auch von Gruppen von Freien, von habitatores in Land und Stadt, und von Vasallen aus. Die ackerbautreibende Landbevölkerung der Umgebung suchte und fand in diesen castella eine sichere Zuflucht in Zeiten der Gefahr, sie organisierte sich auch militärisch unter der Kontrolle des signore = Grundherrn, dessen Macht und Einfluß sich schnell erhöhte; dabei gerieten diese Menschen in feudale Abhängigkeit und leisteten auch einen Fidelitätseid. Bischöfe und weltliche Großherrn nahmen bei ihrem Versuch, möglichst viele fideles et milites = vassi zu gewinnen, auch servi und schollegebundene Hörige in diesen Kreis auf, selbst wenn Kaiser und Päpste es verboten, Leibeigene zum Kriegsdienst heranzuziehen, weil damit der Fiskus, die Großvasallen und die Kirchen die Kräfte verloren, die ihre Ländereien bewirtschafteten. Man brauchte – grundsätzlich gesagt – nur entlaufene Leibeigene (fugitivi) aufzulesen, ihnen Ackerland und Bauland auf einer Anhöhe, ein wenig persönliche Freiheit anzubieten, damit Gruppen von Häusern und Mauer und Graben herum sich bildeten, daß so ein *castellum, castrum* entstand. Darin wohnten Vasallen der untersten Klasse, die später zu Valvassores wurden, sich teilweise in die Städte aufnehmen ließen und dadurch sogar in die städtische Aristokratie allmählich eintreten konnten. Man gab diesen Menschen in den castella Waffen und Pferde, sie bildeten die Leibwache für den Herrn der Befestigung, wurden milites ohne Zeremonie und formierten die Gemeinschaften oder Gruppen der masnadieri (homines, milites, equites de masnada), die ihr Gesetz von oben empfingen. Die Ländereien und Gutsteile, die sie zuerst nur zur Nutznießung erhielten, konnten sie leicht in Eigengut verwandeln; das geschah durch testamentarische Verfügung des Herrn oder durch langsame Ersetzung und Usurpation. Dank ihrer ritterlichen Waffen, ihres Aufenthaltes im castellum zusammen mit der Familie des Herrn, dank auch der Verwaltungsverpflichtungen, die man den homines de masnada anvertraute, profitierten sie von der gesellschaftlichen Unruhe und Anarchie des 10. und 11. Jahrhunderts; Streitigkeiten der Herren und im Herrenhaus, eine schwierige Bischofswahl boten ihnen genug Chancen, sich Ländereien und Rechte im Kastell und über die ackerbautreibende Bevölkerung anzumaßen, die letzten Reste alter Leibeigenschaft abzustreifen und sich selbst dem Niveau der alten arimanni, exercitales, liberi anzugleichen, die sich im Abstieg befanden. Wie schon einmal erwähnt, kamen dazu die ministeriales, gastaldi, iudices, vicecomites auf den Herrenhöfen auch Italiens, unter denen sich servi und semiliberi, Freigelassene und solche befanden, die mit belastetem Land beschenkt waren, das sie möglichst schnell zu Eigengut machen wollten.

Wir haben oben schon die alte Sitte beobachtet, daß Herren bei Schenkung, Tausch, Verkauf ihre Leibeigenen und Hörigen freiließen oder die Freilassung für ihren Todfall ausbedangen. Die zahlreichen Urkunden der Bischofskirchen und Klöster der Lombardei und der Toscana belegen nicht nur die Freilassung dieser kleinen vassi, sondern auch ihren Aufstieg vom 10. bis 12. Jahrhundert. Alte freigelassene (1113) masnadieri waren die milites von Gambassi und Montopoli im Arnotal, die Anghiari im Apennin über Arezzo, auch 1104 beim Tode des Herrn freigelassen und mit ihren Lehen zu Allodialrecht beschenkt. Ein besonders instruktives Beispiel waren die liberi homines libellarii des 10. und 12. Jahrhunderts im castellum von Nogara im Gebiet von Nonantola; milites und homines traten hier im 12. Jahrhundert in Streit. Die Päpste verboten Rodungen dieser Leute auf kirchlichem Waldboden. Im 10. Jahrhundert bewohnten diese homines die cortis von Nogara, errichteten ein castrum gegen die Ungarn, bekamen ihre casalini und casae nach üblichem Libellarrecht für 29 Jahre zur Nutznießung und verpflichteten sich, dauernd dort zu wohnen, das Kastell zu schützen und instandzuhalten und die umliegenden Weiden gegen Erlegung eines Zinses zu nutzen. Die «homines qui dicebantur milites» des 12. Jahrhunderts waren die Nachfahren der alten coloni, die Nonatola im Gebiet von San Mariano im Arnotal besaß. Nach den Klagen des Abtes von 1123 leisteten sie der Kirche keine Dienste mehr, sondern nahmen Zehnt und schuldigen Zins für sich in Anspruch. In ungezählten Orten Ober- und Mittel-, auch Süditaliens (Monte Cassino) wurden Verträge zwischen Eigentümern bzw. Herren und liberi coloni oder servi über das incastellare, gueitare, laborare und cludere abgeschlossen, man hob sich von der bäuerlichen Bevölkerung ab; es gab oft keinen Herrn mehr, oft war er aber auch an den consensus seiner ehemaligen Eigenleute in Fragen der Verwaltung und des Güterverkehrs gebunden. Zwischen den servi und coloni am Abhang des Burghügels und den belehnten milites in der Burg wuchs eine feindselige Gesinnung, je aristokratischer und ritterlicher die Lebensart der letzteren wurde, je mehr sie sich den valvassores anglichen. Der Aufstieg dieser *milites* war gesichert, weil sie Gericht und Herrschaft im Kastell erwarben, weil sie eine Gefolge anderer Burgmannen und kleinerer milites sich schufen und Beziehungen zum *alten Feudaladel* anknüpfen konnten; ihr Aufstieg wurde möglich, weil die öffentliche Gewalt immer schwächer und die signori von den inneren Zwistigkeiten und äußeren Kämpfen immer stärker zermürbt wurden, weil die bäuerliche Bevölkerung abnahm und verarmte und die Städte immer ferner rückten.

Die Verwirrung in den Titeln dieser milites und vasalli in den Libri feudorum

Norditaliens bis zum 13. Jahrhundert drückt den wirklichen realen Wandel der Gesellschaft aus, der stattgefunden hat (diese Leute nannten sich conti und visconti, gastaldi in den bischöflichen Immunitäten, die valvassini nannten sich valvassores, die valvassores aber capitanei). Nur einer Minderheit aber gelang ein großer Aufstieg, die Mehrheit besaß nur eine kleine patrimoniale und feudale Gerichtsbarkeit über die Menschen, die auf ihrem Allod und ihren Lehen saßen, auch Rechte über die freien Eigner in den Dörfern der Umgebung, die Schutz gegen Ungarn, Sarazenen und die anarchische Herrschaftswillkür der großen Herrn hinter den Burgmauern suchten. Ihr weiteres Ziel war es die städtische Entwicklung zu bremsen und die fortschrittlichen Bestrebungen der feudalen Klassen und die Erhebungen der Kleinen gegen die Großen zu beenden und zwar auf dem Lande zuerst, bevor sie in den Städten mit wachsender Dynamik wirksam wurden. Aber vor dem großen Stillstand hatte diese *mittlere Feudalschicht* Zeit genug zum Handeln. Es handelte sich um verwandte Familien mit ungeteilter Grundherrschaft und um auswärtige, die genossenschaftlich oder durch künstliche Blutsbrüderschaft miteinander verbunden waren, die Wälder oder Gemeinländereien in jedem Kastell hatten. Den expansiven Herrschaftsdrang dieser mobilen Gruppe bekamen die Großen wie die Kleinen zu spüren. Dieser beschränkte, aber zahlreiche, ehrgeizige, tollkühne, kinderreiche, zu allem bereite *Landadel*, der aus der Schwäche der anderen seinen Vorteil zog, war die mobilste und revolutionärste Kraft im Übergang von der archaischen zur Aufbruchsepoche Europas und im Besitzgefüge des feudalen Gesellschaftssystems. Das mag auch im ethnischen und sozialen Mischcharakter dieser neuen Gruppe seinen Grund haben. Gesellschaftlich ebnete diese ländliche «Aristokratie» die Wege zum Bürgertum, mit dem sie sich später zum Teil im contado sowohl wie von allem Anfang an in der Stadt identifizierte. Das Leben dieser feudalen Schicht, revolutionär gegen die Großen, zurückhaltend gegen die Landbevölkerung, war angefüllt mit Kampf. Mit dem Wachsen der Bevölkerung und der Annäherung und Assimilation der Menschen verband sich auch eine Angleichung von Recht und Gewohnheit im wechselseitigen Verkehr, im gleichen Land, von dem man lebte, in der gleichen Herrschaft im Umkreis, die allen einen einheitlichen Lebens- und Arbeitsrhythmus vermittelte. Nach 1000 wurden römisches und langobardisches Recht das gemeine Recht für alle und ergänzten sich gegenseitig. Die Konstitutionen Kaiser Friedrich II. sprachen dann von den «iura communia longobarda scilicet et romana». Es änderte sich die römische emphyteusis unter dem Einfluß des Lehensvertrages, dem sie sich angleichen wollte, und das Lehen entartete durch Annäherung an die mehr römischen Formen der Konzession. Juristisch war das Lehen ein römisch-germanisches Mischprodukt. Das gilt besonders für die Unterscheidung der Feudisten und Kanonisten des 12./13. Jahrhunderts zwischen dominium directum und dominium utile, zwischen Obereigentum und Nutzeigentum. Die verschiedenen Kreise lokalen Lehens formten um 1000 die verschiedenen Rechte zur Einheit und drängten die Familiengesetze in den Hintergrund. Um die Wende vom 10. zum 11. Jahrhundert, im Übergang von einer archaischen zu einer Aufbruchsepoche, war alles in Fluß gekommen und mischte sich, verlor alles seine alte Gestalt und Form: das langobardische und römische Recht im Privatleben, öffentliches und privates Recht in den Herrschaftseinrichtungen, Leibeigenschaft und Freiheit in den Lehensbeziehungen, weltliche und kirchliche Kultur, Laientum und Klerus von den unteren Rängen bis hinauf zu Papsttum und Kaisertum. In diesen Kreisen versteht man Gesellschaft als einen einheitlichen mystischen Körper mit zwei Häuptern, beide universal, beide göttlichen Ursprungs, beide mit der nämlichen Aufgabe der Fürsorge für Körper und Seele, beide dem Namen und den Attributen nach verschieden. In dieser Gesellschaft war alles schon in Bewegung und Aktion, aber meist noch unter der Decke und noch ohne kreative Explosivität, ohne Unterscheidung; Wirtschaft und Leben wurden bei Laien und Geistlichen noch von Landwirtschaft, Landbesitz, Groß-Grundherrschaft geprägt, obwohl in Ober- und Mittelitalien die Entwicklung schon viel weiter fortgeschritten war, als in Frankreich und vor allem in Deutschland, das noch lange archaisch blieb.

c) Das incastellamento des 10. Jahrhunderts. Ein erster Verstädterungsprozeß. Markt und Stadt, Produktion, Handel, Verkehr im 9./10. Jahrhundert

Das Phänomen des *incastellamento*[47] war ein entscheidender Vorgang der Siedlungs-, Wirtschafts- und Gesellschaftsgeschichte des 10. Jahrhunderts, dessen Anfänge aber schon im 8./9. Jahrhundert lagen. Nach Toubert bedeutete es einen tiefen «Bruch» (?) in den demographischen und agrarischen Strukturen, es war ein Neuanfang, der das alte curtis-System ablöste, feste Einheiten einer Neubesetzung des Bodens schuf, aber nicht als Rodungsbewegung, als Kolonisation verstanden werden darf, sondern als Konzentrationsvorgang begriffen werden muß, als System neuer kleinerer *Zentralorte* außerhalb der befestigten Städte. Gegen Ende des 11. Jahrhunderts ist mindestens in Mittelitalien die große Woge der Neugründungen vorüber, die Umgruppierung des Landes beendet, die Pertinenzen der Kastellbezirke begrenzt und abgeschlossen, kein leerer Platz mehr vor-

---

[47] P. Toubert, Les structures du Latium médiéval. Le Latium meridional et la Latine du IXe siècle a la fine du XIIe siècle (Roma 1973); ders., Recherches de diplomatique et d'histoire lombardes, in Journal des Savants (1965) 171–203 (Bibliographie). – G. Fasoli, Castelli e signorie rurali, in Agricoltura e mondo rurale in Occid. nel alto medio evo = Settimano XIII (Spoleto 1966) 531–565.

handen. Diese Art von «*urbanisme villageois*» eröffnete eine neue Periode des Bevölkerungswachstums und setzte den Willen der seigneuralen Gründung zur Errichtung neuer Wohnplätze voraus; sie verbesserte die Landeskultur durch neue Zentralorte für die Bevölkerung, für Produktion und Warenaustausch. Um 1100 bezeichnen die Notare die Kastellbezirke nicht mehr nach linearen Grenzen (Bergen, Wegen, Flüssen, plebes usw.), sondern nach den Pertinenzen der anrainenden castra. Eine absolute topographische Kontinuität älterer Orte ist bei Kastellgründungen sehr selten und casale, curtis, villa haben sich selten in ein castrum verwandelt. Eine besondere Bedeutung kam im Rahmen des incastellamento den Urbarmachungen und Rodungen zu, da den Landleuten vielfach ihre Parzellen zu klein wurden. «Incastellamento» ist Teil einer größeren Bevölkerungszunahme in ganz Europa seit dem beginnenden 10. Jahrhundert und einer gleichzeitigen Massierung von Menschen in einer Vermehrung ländlicher Zentralorte und durch eine Eroberung neuen landwirtschaftlichen Bodens. In Latium waren castrum, castellum, rocca castri, domus maior castri vom 10.–13. Jahrhundert der Normalfall des Dorfes, für den im 12. Jahrhundert auch die Begriffe oppidum und arx aufkamen; villa bedeutet hier kaum das Dorf. Bei dieser Bewegung handelte es sich nicht um Menschen am Rande der Gesellschaft, sondern meist um Gruppen ehelicher Familien, denen sich Individuen ohne verwandtschaftliche Bindungen anschlossen. Einen Teil der Ansiedler bildeten ländliche Handwerker, ferrarii, viri honesti, homines bonae iuventutis. Den incastellati = Binnenkolonisatoren bot der signore einen günstigen Platz für die beabsichtigte Ansiedlung, ein geeignetes Areal zur Errichtung der Befestigung, innerhalb derer er jedem Familienoberhaupt einen abgemessenen Wohnplatz anwies, der in einem Ansiedlungsvertrag festgelegt war (Gründungsurkunden). Die alten domanialen Zentren: curtes, domuscultae, domuscoltiles und die großen seigneuralen Einheiten der massae hatten schon lange begonnen, die jüngeren, unorganischen Zentren der agrarischen Kolonisation (coloniae), die verstreuten Bodenbearbeitungen (casae, casalia) sich zu integrieren. Das incastellamento des 10./11. Jahrhunderts aber machte den auf seinen ländlichen villae, casalia, praedia rustica relativ ungebundenen Bauern zum *Dorfmenschen*, der an festere Regeln und Ordnungen des Zusammenlebens gebunden war. Das schuf auf dem Lande einen mächtigen kleineren und mittleren Laienadel, der die Initiative zu einer großen Umgruppierung von Land im Gebiet der alten fundi, der jüngsten Urbarmachungen und auf noch jungfräulichem Boden ergriff. Diese Umorganisation der Besitzverteilung und Wirtschaftsorganisation auf dem Lande war nicht die Folge spontaner Entscheidungen der contadini, sondern ein Akt des Herrenwillens zu seinen und der Landleute Gunsten, denen er im castrum Schutz bot und die er zugleich wieder abhängig machte. Das castrum wurde der Zentralort eines neuen Aktionskreises, den die Herren zur öffentlichen Sphäre einer Burgherrschaft mit Zwing und Banngewalt (placitum generale) ausbauten. Das castrum beeinflußte auch die religiös-kirchlichen Strukturen (ecclesiae castri), die reformerischen Bewegungen des kirchlichen und monastischen Lebens, sogar die Politik der Päpste, die ihre weltliche Macht zu einem territorialen Organismus verwandeln mußten, um die Autorität der römischen Kirche sichtbar zu machen.

Für die Entwicklung und den Aufstieg der *Städte* war neben anderen Faktoren das *Marktgeschehen* und die *Marktfunktion* von erheblichem Gewicht. Die vom König den großen Herren vorab im 9. Jahrhundert verliehenen Hofmärkte dienten nicht nur und im geringeren Ausmaß der Verteilung der produzierten Güter innerhalb der Hofsysteme und Villikationen, sondern sie hatten vor allem den Verkauf der landwirtschaftlichen Überproduktion, des Bergsegens und der handwerklichen Erzeugnisse der curtes und der Einfuhr notwendiger Erzeugnisse des Außenhandels zu dienen. Dies fällt zusammen mit einer Expansion der Großgrundwirtschaft und zeigt darum an, daß die Konzentration von Land in wenigen Händen Überproduktion erzeugte und in den Zentralhöfen zusammenlaufen ließ, wo in zunehmendem Maße Handelsgüter verfügbar wurden, die eine Wiederaufnahme des Handels im 9./10. Jahrhundert verursachten. Das förderte freie Leistung, intensivierte den Verkehr. Das erhöhte die politische Macht der Landbesitzer; der König verlieh Marktrechte zuerst auf dem Lande und dann erst in der Stadt. Die Marktverleihungen des 10. Jahrhunderts an die castra hatten politische Gründe. Diese Privilegien belegen eine stete, wenn auch langsame Wiederbelebung des Handels und Verkehrs. Mit der Zunahme der städtischen Bevölkerung, der steigenden Zahl von Berufshandwerkern und Berufskaufleuten, nahmen Usurpationen und Verleihungen von Marktrechten in den Städten zu. Viele dieser Märkte entstehen in der Nähe wichtiger Häfen oder bedeutender Straßen und Flußläufe. In den Märkten lebten Kaufleute, die im 10. Jahrhundert bereits soviel Betriebskapital angesammelt hatten, daß sie Schiffe bauen konnten. Wir treffen im 10./11. Jahrhundert soviele Bürger und Kaufleute in diesen Märkten, daß dort eine größere wirtschaftliche Tätigkeit vorhanden gewesen sein muß. Das aber bedeutet Konkurrenz gegen die bischöflichen Marktrechte in den Städten. Der Außenhandel setzte in den Jahrmärkten ein und die Kaufleute lebten und arbeiteten vor den Stadtmauern oder in Orten an Hauptverkehrsstraßen. Der Wochenmarkt, der innerhalb der Mauern stattfand, diente der Versorgung der Bürger und dem Handel mit Handwerksprodukten; er wurde aber auch nach dem Jahrmarkt des Contado zum Emporium des Fernhandels. Venedig und das Potal waren eine Zentrallandschaft des frühmittelalterlichen Handels und Verkehrs in Europa; es gab einen Handel mit Lebensmitteln, Seide, Holz und Eisenarbeiten gegen orientalische Produkte aus Byzanz, mit dem die Francia zuerst in direkter Verbindung über die Häfen der Provence stand (syrische Händler) und Italien über Ravenna, Comacchio und Venedig. Die ganze Halbinsel blieb trotz Fremdherrschaft Glied des Bereichs der gemünzten, figürlichen Goldwährung von Byzanz. Als die direkten Verbindungen Westeuropas zu Byzanz im 8. Jahrhundert sich lösten, wurden das *Potal* und die Adria die neuen internationalen Handelswege für West- und Mitteleuropa nach Osten und zwar für einen steigenden Umlaufhandel, der zuerst in Venedig und Pavia einsetzte, wo die Waren aus und von dem Orient umgeschlagen wurden, wo allein auch das Gold als internationaler Wertmesser des mediterranen Verkehrs zu finden war; im Karolingerreich setzte sich ja die Silberwährung durch. Die Venetianer, die die Waren aus Byzanz mit dem Gold bezahlten, das sie aus ihren Verkäufen an die Araber gewannen, waren es vor allem, die die Goldreserven des Ostens für den internationalen Warenverkehr und Geldumlauf mobilisierten. In den 50 Jahren der Wende vom 9./10. Jahrhundert zeichneten sich die ersten Symptome einer Erneuerung von Wirtschaft und Gesellschaft ab; damals verliehen die Könige und Kaiser den Bischöfen ihre städtischen Marktrechte. Seit den Anfängen des 10. Jahrhunderts erwarben die Kaufleute Grundbesitz – sie verfügten über flüssiges Geld – und leisteten keine Frondienste oder Scharwerke (opera, angariae) mehr, sondern erlegten ihren Pachtschilling (Kanon) in Geld.

Wir machen im 9. Jahrhundert schon zahlreiche *Kaufleute* in Städten wie Cremona, Comacchio, Mailand aus, aber diese beteiligten sich auch am wirtschaftlichen Leben des Contado, zeugten in Notariatsakten für den Landbesitz im Contado, erschienen in vici und loci in der Umgebung von Städten; doch sie hatten ihren Wohnsitz in der Stadt und wurden cives oder habitatores genannt; denn in diesem Jahrhundert konzentrierte sich das wirtschaftliche Leben schon in der Stadt. Die Kaufleute erschienen neben iudices und Grundherrn auf dem Lande, offenbar wurden sie in Mailand 863 zu den boni et nobiles homines gezählt; in der Mitte des 10. Jahrhunderts unterscheidet man zwischen Leuten, die Geld verdienen, die bewegliche Güter besitzen und nobiles, deren Adel nicht in ihrer Abstammung, sondern in ihrem Landbesitz besteht (Rather von Verona). Die Expansion von Fern- und Binnenhandel im Potal brachte den Kaufleuten um die Wende vom 9./10. Jahrhundert große Gewinne und setzte sie instand, Landbesitz zu erwerben. Seit dem Ende des 9. Jahrhunderts erwerben auch *Handwerker,* sogar kleinere, sowie die reichen Münzer von Mailand Landbesitz. Die Zahl der freien Leute, die Berufe ausüben, wird im 10. Jahrhundert immer größer; die Münzer sind schon erblich; zahlreiche Menschen sind ferrarii und fabri, die Landbesitz im contado von Mailand haben. Handwerker, die ihre Erzeugnisse an Königshöfen verkauften und an Klöster und Bistümer übergingen, waren wohl zuerst redditales von Königshof und Kirche, die ihre Freiheit zurückforderten. Vermutlich gab es viele Kaufleute (Mailand z.B.), die redditales waren. Kaufleute zahlten einen Zins dafür, daß sie in klösterlichen casae wohnten. Schmiede, Schildmacher, Sattler, Bäcker, Schuster, Metzger, Tuchwäscher, Kürschner,

Weinhändler, Gastwirte, milites waren unter denen, die für 2500 casae Zins in Mailand zahlten. Die Bewohner des vicus militum hatten Pferd, Schild, Spata, Lanze zu stellen. Der karolingische Feudalismus schloß diese Leute vom Wehrdienst aus und brachte sie um ihr Ansehen in der Gesellschaft; Adel und Macht beruhten ausschließlich auf *Landbesitz*. Aber sie wahrten eine gewisse Freiheit und Freizügigkeit, besonders begünstigt durch Expansion und Dekomposition des *Hofsystems*. Im 10./11. Jh. befreiten sie sich von wirtschaftlichen Fesseln und servitus und errangen die Macht in der Stadt, wobei einige besonderen Erfolg hatten.

Mit der Vermehrung der großen *Produktionszentren* in den Händen der *Feudalherren*, die ihren Überschuß an Erzeugnissen absetzen mußten, wuchs die Zahl der *Märkte*. Wo einst der königliche Fiskus Zölle und Abgaben erhoben hatte, wirkten jetzt die Leute der Feudalherren. Die neuen Kastelle wurden errichtet, um die bestehenden Märkte zu schützen oder um zugleich einen neuen Markt zu errichten oder um wichtige Handels- und Verkehrsstraßen zu decken. Wachsende Sicherheit förderte den Handel trotz Vermehrung der Abgaben und die Feudalherren, als die größten *Erzeuger* und *Verbraucher* des Landes, waren selbst am Aufstieg von Handel und Verkehr interessiert und zwar nicht so sehr am Austausch der Waren innerhalb ihrer Villikationen, sondern an großen internationalen Handelsunternehmungen. Die negotiatores waren jetzt vielfach *freie Leute* und betrieben den Handel auf eigene Rechnung, aber sie waren trotzdem nicht frei in unserem Sinne, sondern abhängige Leute, die Abgaben zahlten, um geschützt zu werden und ihren Handel ausüben zu können. Sie leisteten allerdings keine servitia wie aldi und redditales = die Transportleute z.B. auf den Gütern des Bischofs von Lucca. Sie betrieben ihr Geschäft mit eigenen abhängigen Leuten. Der Güterumschlag auf den verschiedenen Teilen eines Flusses wurde von servi besorgt. In Aachen und Pavia wirkten königliche Kaufleute, die von der camera regis abhängig waren und an deren Spitze magistri negotiatorum, magistri magni et honorabiles et multum divites standen. Nach den Honorantiae civitatis Papiae (9./10. Jhdt.) lebten in Pavia auch freie Handwerker, die liberi waren und an deren Spitze magistri, nobiles, magni, honorabiles, boni homines standen, die ihrerseits iuniores zur Verfügung hatten. Diese königlichen Kaufleute versorgten die Königsleute mit den geforderten Waren, aber den Handel mit den Erzeugnissen der königlichen curtes betrieben höchstwahrscheinlich die lokalen Kaufleute in ganzen regnum Italiae. Die reichen Händler und Münzer wurden immer selbstbewußter und empfanden Königsschutz und was damit zusammenhing, als Last. Violante deutet darum die Zerstörung des palatium von Pavia 1024 mit Recht als Protest gegen das administrative Reglement von Wirtschaft und Gesellschaft, gegen Bürokratie und gelenkte Wirtschaftsorganisation des Königs. Die explosive Dynamik der aufsteigenden wirtschaftlichen und politischen

Kräfte schaffte sich Luft. In den *handwerklichen Korporationen* (ministeria) von Pavia, deren Mitglieder freie Leute waren, die in gleicher Beziehung zum königlichen Stadtherrn wie Bauern und Hofhandwerker standen, die auch von oben korporativ organisiert und bürokratisch verwaltet waren, kommt auch schon der fortschreitende *Verfall des Hofsystems* zum Ausdruck. Die bislang von den Herrschaftsmächten beherrschten wirtschaftlichen Kräfte suchten sich frei zu kämpfen vom Druck der herrschaftlichen Verwaltung und Kontrolle. Diese neuen Energien aus dem Volk, aus den Unterschichten benutzten die *Kirche* als Helfer ihres Aufstiegs und als Brücke ihrer selbständigen Organisationen. Die Wirtschaft betätigte sich um die Kirche, der Markt der Stadt lehnte sich an sie an, die unentbehrlichen Handwerker und Kaufleute schlossen sich in religiösen Verbrüderungen freiwillig zusammen; dieser neue genossenschaftliche Zusammenschluß untergrub die staatlichen Institute und Korporationen. Aber in der feudalen, archaischen Gesellschaft, in der die Macht zwischen König, Bischof, Abt, Adel gespalten und aufgeteilt war, hatten sich Kaufleute und Handwerker unter dem Schutz eines Mächtigen (potens) im eigenen Interesse sammeln müssen. Im Aufstieg eines neuen wirtschaftlichen Lebens aber kämpften Handwerker, Kaufleute und dann die Kommunen gegen die Knebelung freier Kräfte durch erstarrte, alte Herrschaftsformen der Wirtschaft, wie sie die ministeria von Pavia waren.

Um 1000 schüttelten die Kaufleute ein als drückende Last empfundenes wirtschaftliches Joch ab, das ihnen vor allem die bischöflichen Stadtherren, aber auch der König auferlegt hatte; seit dem 9. Jahrhundert war der *Bischof* immer stärker als Repräsentant und natürlicher *Schutzherr* der Kaufleute in den Vordergrund getreten, das Eulogium des Kanzlers Umbertus hatte den toten Erzbischof von Mailand Aribert als «mercatorum protector» gefeiert. Dem Bischof, nicht den Kaufleuten von Asti hatte Kaiser Otto III. das Privileg des freien Handels allüberall gegeben und dem Bischof hatte er alle Zollrechte, Marktgebühren, Wasser- und Ufergebühren im Flußbett zu beiden Seiten und durch das ganze Bistum bestätigt, die öffentliches = königliches Recht waren. Um die Mitte des 10. Jahrhunderts beherrschten Bischof und Kirche von Mailand die Alpenpässe von Konstanz, Zürich und Coira über den Lukmanier = St. Bernhardpaß nach Mailand und besaßen Güter und Rechte im Bleniotal und in der Leventina, d.h. sie kontrollierten die bedeutendsten Verkehrswege zwischen der Poebene und Mitteleuropa. Die Kirchherren (Bischöfe und Klöster) waren zumeist die Besitzer der stationes, die den Stadthandel umgaben. Das Kloster Nonantola gab einem Kaufmann eine statio auf dem forum clausum von Pavia zu Libellarpacht; stationes wurden oft mit dem Marktrecht verschenkt und waren demnach Regale. Nicht nur die Mailänder Kaufleute standen im 9./10. Jahrhundert in wirtschaftlichen und rechtlichen Beziehungen zu den *Klöstern* und waren nach Ausweis der Zeugenreihen in den Klosterurkunden oft zum Zeugnis bei Rechtsgeschäften gebeten;

dabei erscheinen sie als Richter, Notare und Söhne von diesen, als bodenbesitzende Anrainer an Klostergrund, als Vasallen und Vögte des Klosters; jedenfalls befanden sich viele Kaufleute unter den Genannten. Bei Urkunden für *Münzer* und *Kaufleute* unterschreiben sicher deren Kollegen. Um die Wende vom 10./11. Jahrhundert verlegt die wachsende Zahl der Kaufleute und Münzer ihren Wohnsitz vom contado in die Stadt; dort pachten sie von Kirchen und Klöstern, den städtischen Eigentümern dieser Immobilien, Häuser und Grundstücke. Seit dem Ende des 10. Jahrhunderts verschwanden aber die negotiatores aus den Urkunden der Klöster, d.h. die gegenseitigen Beziehungen ließen nach und persönlich-wirtschaftliche Abhängigkeit hörte nach 1000 auf. Die liberi livellarii lösten sich vom padrone. Die *Libellarpacht* war in diesem Fall zugleich ein Schutz gegen das Absinken in klösterliche Abhängigkeit. In der entscheidenden Phase der Wiederbelebung von Wirtschaft Handel und Verkehr waren die Kaufleute auf dem Lande durch den Erwerb von Grund im contado, wie in der Stadt durch Pacht oder Besitz von casae verankert und zwar unabhängig von der Kirche. Ihre wachsende Kraft und ihr steigendes Selbstbewußtsein gaben ihnen den Mut, den Bischöfen die Zahlung von Zöllen zu verweigern. Diese neuen wirtschaftlichen und gesellschaftlichen Kräfte vermochten sich aus alten Bindungen von Herrschaft und Korporationen zu lösen und hatten die Chance zwischen dem Aufstieg der niederen feudalen Schichten der vassi/valvassores einerseits und der konservativen Macht der alten bischöflichen Stadtherrn andererseits sich ihren eigenen Weg zu Freiheit und Selbständigkeit zu bahnen, sich zu profilieren. Die niederen Feudalherren machten den Versuch, den Verkehr mit neuen Fesseln zu behindern, und verbündeten sich deshalb zuerst mit der Kirche; doch spürten sie bald, daß der Wind nach einer anderen Seite blies, und wechselten in das Lager der Kräfte gegen die Kirche. Die *Kaufleute* gewannen 1067 eine eigene Stellung in der Mailänder Gesellschaft neben capitanei, valvassores und den übrigen Städtern (cittadini). Die gewonnene Unabhängigkeit, die auf gegenseitigen Verbindungen aufruhte, einte sich mit den Interessen und Haltungen der *Handwerker* und *Landbesitzer* zur neuen politischen *Klasse der cives*. Sie entwickelten danach freie genossenschaftliche Verbände und Korporationen aus eigener Kraft. Die Münzer von Mailand suchten sich aus der Abhängigkeit vom Erzbischof zu lösen. Es war ein Mailänder Münzer, der die Patariabewegung gegen den simonistischen Erzbischof in seiner Stadt finanzierte.

Im Aufstieg der neuen *städtischen Klasse* im 10./11. Jahrhundert, die sich aus *Kaufleuten, mittleren und größeren Allodialeigentümern* und den zum nämlichen Kreis gehörigen *possessores inurbati* rekrutierte, waren die Kaufleute der vitalste Teil. Sie wurden die «Reichen» der Aufbruchszeit. Kaufleute, die Regional- und Fernhandel treiben, dürfen nicht schollegebunden, müssen freizügig sein, es sei denn, es handelte sich um königliche oder bischöfliche negotiatores, die im Auftrag und auf Rechnung ihrer Herren Handel, Karawanenhandel betrieben. Es können durchaus Kaufleute der Spätantike in der Langobardenzeit überlebt haben; doch muß man auch zugeben, daß nichtschollegebundene oder entlaufene Leibeigene aus Land und Stadt Kleinhandel ausübten und durch zahllose Teuerungen und die ihnen folgenden Preissteigerungen profitierten. Sie konnten sich auch dadurch im Windschatten der Gesellschaft entfalten, daß der Adel die Kaufleute nicht achtete und die Kirche diesen Beruf verurteilte; sie konnten, weil man sie trotz aller Unterbewertung aber doch brauchte, in günstigen Situationen aufsteigen und im Verlaufe eines Jahrhunderts zum städtischen Patriziat, zur Führungsschicht sich emporarbeiten. Die Invasionen der Araber haben in Italien den Handel sicher nicht unterbrochen, sondern wegen des möglichen Ausfalls der direkten Handelsbeziehungen der Provence eher verstärkt. Nur mußten sich die Kaufleute zusammentun gegen die Kaiser und Könige, Bischöfe und Äbte, die die Überschüsse ihrer Hofwirtschaft in den wachsenden Verkehr einzubringen versuchten, also nicht handelsfeindlich zu ihrem Schaden sein durften. Neben *Kleinhändlern*, deren Abgaben verzeichnet wurden, gab es im 9. und 10. Jahrhundert viele reiche und gesellschaftlich angesehene *Berufskaufleute*. Aus diesen und anderen Schichten, die sich damit verbanden, muß die städtische Oberschicht des *Patriziats* hervorgegangen sein, wenigstens in den größeren Städten wie Mailand, Lucca usw. Dazu gehören sicher auch Abkömmlinge kleiner Wanderhändler des 10. Jahrhunderts, vor allem aber Landeigentümer, die in die Stadt einwanderten, und Adelige des contado, die gleichzeitig mit dem Adel in der Stadt Handelsunternehmungen begannen. Das waren die Leute, die Gesellschaft und Leben der Comune erweckten und trugen. Das Patriziat ist eine neue Schicht.[48] Man kann nicht sagen, daß die Kaufleute, die im 10. Jahrhundert Land kauften, Nachkommen großer Händler (negotiatores maiores) des 8. Jahrhunderts waren. Kaufleute ohne Kapital haben keinen Zugang zum landbesitzenden Adel und um die Wende vom 9./10. Jahrhundert waren sie von den possessores noch nicht unterschieden. Die *neue Bürgerschicht,* deren Grundlage im Landbesitz beruhte, bestand aus Kaufleuten, die sich durch die Wiederbelebung der Wirtschaft bereicherten, die ihre Wirtschaftskraft und Zahlungsfähigkeit absichern, ihr gesellschaftliches Prestige in der Feudalgesellschaft durch Landbesitz heben, ihre merkantilen Interessen durch Erwerb von terre auf dem Lande und von Häusern in der Stadt zementieren wollten oder mußten. Nach den Ungarneinfällen, den Kriegswirren im Königreich Italien und in der pax Ottoniana begannen die zu Landbesitzern und Städtern gewordenen Kaufleute sich mit den Landbesitzern im contado und den

---

[48] E. NASSALI ROCCA, Il patriziato piacentino nell'età del Comune e della signoria, in Studi in onore A. Visconti (Milano 1955); DERS., Il patriziato piacentino nell'età del Principato, in Studi Paleografici in onore C. Manaresi (Milano 1952).

Richtern wie Notaren in den Städten zu verheiraten; viele von ihnen wurden Priester. Sie alle zusammen machten das neue Bürgertum aus, das sich in steter lebendiger Entwicklung befand und keine abgeschlossene Klasse darstellte. Aus diesen Reihen gingen einzelne primores civitatis hervor, die in Opposition zum Bischof, in Mailand zum Erzbischof, traten, die Vasallen wurden. Eine Geldaristokratie wurde aus diesen wirtschaftlich und politisch hochaktiven neuen Städtern schon deshalb nicht, weil sie sich gegen capitanei und valvassores behaupten mußten, die selber einen revolutionären Aufstiegsprozeß zur *gleichen* Zeit durchliefen, der auch einen Teil der präkommunalen Entwicklung ausmachte. Seit der zweiten Hälfte des 11. Jahrhunderts setzten sich dann die drei Klassen vom *populus* ab und bildeten die eigentliche *comune*.[49] Doch standen die cives weiterhin den Massen der popolari nahe und verspürten immer wieder deren Druck.

Die Frage nach den Gründen für das *Steigen der Preise* am Ende des 10. Jahrhunderts und der fortschreitenden Verminderung des Gewichtes des gemünzten Geldes um die Hälfte führt nicht zur Feststellung einer Schrumpfung der Produktion, einer Verengung des Verkehrs, einer Verarmung der Gesellschaft wie im 3. nachchristlichen Jahrhundert, sondern zu Symptomen einer neuen Gesellschaftsentwicklung und Lebensform. Die Charakteristika der letzteren waren

---

[49] Zum Wort comune: P. S. Leicht, «Comunitas» e «comune» nell'alto medio evo, in Leicht, Scritti vari I (Milano 1943) 377–383. – R. Grand, De l'étymologie et de l'acceptation première du môt «comunia» = commune au moyen âge, in RHDFE 4ᵉ ser. 26 (1948) 144–149. – A. Vermeesch, Essai sur l'origine et la signification de la commune dans le Nord du France XIᵉ et XIIᵉ siècles (Heule 1966). – P. Michaud-Quantin, Universitas. Expressions du mouvement communautaire dans le moyen âge latin (Paris 1970). – O. Banti, «Civitas» e «Comune», in Critica storica 9 (1972) 568–584. – Wichtige Literaturübersicht bei H. Keller, Die Entstehung der italienischen Stadtkommune als Problem der Sozialgeschichte, in Frühmittelalterliche Studien 10 (Berlin 1976) 170–211. – L. Chiapelli, La formacione storica del comune cittadino in Italia, in Arch. Stor. Ital. 84 I. (1926) 3–59, 85 I. (1927) 177–229, 86 II. (1928) 3–89, 88 I. (1930) 3–59, II. 3–56. – Ch. W. Previtè – Orton, The italian cities till 1200, in Cambridge Medieval History 5 (1929) 208–241. – W. Goetz, Die Entstehung der italienischen Kommunen im frühen Mittelalter, SB. Ak. München. Ph. H. Kl. (1944). – N. Ottokar, Il problema della formazione comunale, in Questioni della storia medioevale, ed. E. Rota (Como 1946) 355–388. – E. Sestan, La città comunale italiana dei secoli XI.–XIII. = XI. Congr. itern. sc. h. Rapp. 3 (Stockholm 1960) 75–96. – G. Fasoli, Le autonomie cittadine nel medio evo = Nuove Questioni di storia medioevale (Milano 1964) 145–176. – G. Dilcher, Die Entstehung der lombardischen Stadtkommune (1967). Dazu H. Keller, Die Soziale u. polit. Verfassung Mailands, in HZ 211 (1970) 34–64. – G. Fasoli / F. Bocchi, La città medievale italiana (Firenze 1969). – J. K. Hyde, Society and politics in medieval Italy. The evolution of the civil life 1000–1350 (London 1971). – Y. Renouard, Les villes d'Italie de la fin du Xᵉ siècle au debut du XIVᵉ siècle (Paris ²1969). – D. Waley, The Italian City Republics (London 1969); deutsch, Die italienischen Stadtstaaten (München 1960). – G. Cassandro, Comune in Novissimo Digesto Italiano 3 (Torino 1959) 810–823.

Verstädterung, Bevölkerungswachstum, Wiederaufnahme von Verkehr und Handel, Fortschritte in der Organisation der *Landarbeit,* in der *Organisation* neuer Geschäftseinheiten im Hofsystem, gemeinsame Interessen der *Arbeiter, Aufstieg neuer Gesellschaftsschichten aus der Leibeigenschaft* zum Libellarpächter, kleinen Landbesitzer, Händler und Lehensträger, ein schöpferischer gesellschaftlicher Wandel mit neuen politischen Forderungen in der Stadt, Steigen der Lebensbedürfnisse, der Qualität der aufsteigenden Klassen, Wachsen des Nah- und Fernverkehrs, langsamer Sieg des Geldes als Schätzwert, als Zahlungsmittel für Abgaben und Steuern (der livellarii und massarii) bis zur Ablösung des leibeigenen opus servile. Die Entwicklung einer *neuen Gesellschaft* seit dem 10. Jahrhundert war im 9. Jahrhundert eingeleitet worden durch eine Intensivierung des internationalen Verkehrs zwischen Ost und West (passiv für Europa, aktiv für den Westen) durch die Entfaltung neuer Kulturen und differenzierterer Gesellschaftskörper. Die Verschiedenheit der auf den Märkten verfügbaren Waren und der Bedürfnisse regte *Arbeitsteilung* an. Die Krise des curtis-Systems und die Ausbildung ländlicher Klassen führten den Wandel in der Organisation landwirtschaftlicher Arbeit herbei. Trotz steigender Preise vermehrten sich Kapitalinvestitionen und Verbrauch; es wuchsen die Menge der verfügbaren Waren, die Menge des gemünzten Geldes, es beschleunigte sich die Zirkulation. Das war *antizyklisch.*

d) Die Stadtwanderung vom 10. bis 13. Jahrhundert. Abhängige Schichten in der Periode des Übergangs und die Aufstiegsgesellschaft

Ein besonderes Phänomen des 11. Jahrhunderts war der wachsende *Bedarf an Boden* in der Stadt, infolge der steigenden Einwanderung aus dem Lande. Die Äbte von S. Ambroggio in Mailand traten areae fabricabiles in Mailand an solche Immigranten im Tausch gegen umfangreichere Ländereien im contado und zwar an Orten ab, woher diese Menschen gekommen sind. Schon 955 tauschte Abt Aupald II. mit dem negotiator Leo von Mailand, dessen Vater im vicus Ornago Einwohner war, 1 campus von 1 Joch und 4 pertiche nahe der Stadt beim Tauri Turris gegen 2 campi von 1 Joch und 8 pertiche «in vico et fundo Buornaco (Ornago)». Ein Beispiel für den *Verstädterungsprozeß* des 10./11. Jahrhunderts speziell in Mailand war die Einwanderung der Familie von Sertola, die dann in das städtische Patriziat aufstieg. Auch Erzbischöfe kamen aus dem contado und ebenfalls der hohe Klerus. Durch diese *Immigration* entstand eine mit den Interessen des *contado* festverbundene neue städtische Führungsschicht. Neben der Familie von Sertola zog auch die des possessor iudex Angilbert in die Metropole. Die Auswanderung betraf nur die reicheren Schichten, die sich eine casa innerhalb der Mauern kaufen und in das städtische Leben einordnen, sich dort wirtschaftlich betätigen oder die geistliche Laufbahn ergreifen konnten. Sicherheit und Anschluß an stärkere gesellschaftliche Gruppen waren vielfach stärkere Motive als berufliche Interessen. In der Stadt bildete sich eine neue *Führungsschicht*, an der Familien von iudices und negotiatores stärker beteiligt waren, vor allem aber Familien von Eigentümern im contado. Die Wanderbewegung des 10. Jahrhunderts in die Kastelle und in die Städte hatte eine *Entvölkerung des Landes*, aber auch eine größere menschliche *Konzentration* zur Folge. Es entstanden die neuen Gerichtsbezirke der Kastelle, es veränderte sich die Struktur des contado, es verschwanden die kleinen Dörfer und Orte der langobardischen Zeit. Die Stadtwanderung war keine Bewegung von Leibeigenen und Habenichtsen, die ihre Lebensbedingungen verbessern und neue wirtschaftliche Möglichkeiten suchen wollten, die sich um 1000 eröffneten. Es gab weder eine starke Zuwanderung des Proletariats, noch eine starke Landflucht der Arbeitskräfte; die Comune suchte das gerade zu verhindern, sie trieb keine planmäßige Befreiungspolitik, sondern ließ 1289 den Verkauf von coloni, censiti, ascripticii, inquilini, manentes vel servi zu. Ein Entlaufener mußte in der Stadt 10 Jahre leben, bis er als Bürger anerkannt wurde. Aus dem contado verschwanden offenbar die negotiatores, iudices, notarii, die fortan die Stadt zum Mittelpunkt ihrer großen Interessen machten; aus den Kreisen des contado bildete sich in der Stadt auch eine neue Klerikerschicht. Doch wurde der Kontakt zwischen Stadt und Land damit nicht unterbrochen, der Austausch von Personen und Gütern ging weiter.[50]

Die allgemeine Struktur einer *Übergangs-* und beginnenden *Aufstiegsgesellschaft* muß noch durch eine Skizze der *Unterschichten* vervollständigt werden. Den rusticus = den Mann auf dem Lande und die Leute der untersten Schichten greift man trotz ihrer wirtschaftlichen Bedeutung in dieser Feudalgesellschaft, die die Arbeit unterbewertet und den arbeitenden Menschen deklassiert, nicht als Individuum, sondern nur als Masse und als Glied einer Arbeits- und Wirtschaftsorganisation, als unbenanntes Anhängsel von Betriebseinheiten, die sie für andere bewirtschaften; man muß Besitzformen und Besitzrecht analysieren, um ihren Sozialstatus darstellen zu können. Die mansi = Hufen, die wir zu Tausenden vorab bei Königsgütern festgestellt haben, waren keine wirtschaftlich unabhängigen Betriebe; zwar bewirtschaftete sie der rusticus selbständig, aber er mußte auch auf dem Salland des Herrn zusammen mit anderen persönliche Fronarbeit leisten; er mußte einen Teil seiner Erträgnisse: pars dominica an die Herrenhöfe

---

[50] Vgl. J. PLESNER, L'emigration de la campagne à la ville libre de Florence au XIIIe siècle (Copenhagen 1934).

abführen, d.h. die Verwaltungszentren, die nahe dem Markt lagen. Die Erzeugnisse, die dem Bauern zugewiesen wurden, reichten kaum aus, seine Familie zu ernähren; daneben hatte er noch die annona dominica zu erfüllen. Dem Curtis = Markt standen also der census der Hufenbauern und die Produkte des Sallandes für den Handel zur Verfügung. Die karolingische *curtis* bestand aus *pars dominica* und masserizium; die erstere wurde direkt vom Herrn bewirtschaftet und zwar durch die in einem gemeinsamen Haus untergebrachten coloni und servi prebendarii unter der Leitung eines magister oder villicus; der Herr ernährte sie. Das *masserizium* war dagegen in mansi aufgeteilt und von coloni verschiedenen Rechts- und Sozialstandes selbständig bewirtschaftet; diese Hufenbauern = servi casati zahlten Naturalabgaben (¼ oder ⅓ Getreide, ⅓ oder ½ Wein) und arbeiteten an bestimmten Tagen der Woche (3 oder 4 oder nach Ermessen des Herrn) auf dem Herrenland in Eigenregie. Gewöhnlich nannte man diese Leute *massarii* ohne Rücksicht auf leibeigene oder freie Herkunft; sie vererbten ihr Leihegut. Auch die durch Kontraktverhältnis gebundenen *liberi livellarii* (Pachtbauern) mußten einen «Kanon» von Naturalabgaben in festgesetzter Höhe zahlen, Tagesarbeit auf der pars dominica leisten, die auf ganz wenige Tage im Jahr beschränkt war, die donativa (Eier, Hühner) erlegen, den missus des Herrn verköstigen und die Erzeugnisse in das Lager des Zentralhofes transportieren. Die commendati gaben keinen Kanon und arbeiteten nur zwei Wochentage; sie alle hatten das Recht der Verköstigung durch den Herrn (annona dominica), wenn sie auf dem Salland arbeiteten. Aus den Pachtverträgen italienischer Klöster des 9./10. Jahrhunderts ursprünglich mit Einzelbauern, die zur Arbeit auf dem Lande und zum Wohnaufenthalt dortselbst verpflichtet wurden und auf dem Herrenland gemessenen Frondienst leisteten, können wir einen allmählichen Wandel der grundherrschaftlichen Organisation erkennen. Sicher kam der Arbeit der *livellarii* = Pächter eine große Bedeutung zu; doch verschlechterten sich ihre Verhältnisse im 10. Jahrhundert unter dem Einfluß der Verminderung des Geldwertes, was besonders bei Erneuerung des Pachtvertrages zum Ausdruck kam. Der Bauer versuchte über das conquestum (Zuerwerb) und die beweglichen Güter zu verfügen; Libellarbauern kamen in den Besitz von Häusern und Ländereien neben ihrem Pachtgut. Bei Verminderung ihrer körperlichen Arbeitsleistungen für den Herrn im 10. Jahrhundert blieb Zeit, das eigene Land besser zu bewirtschaften und vor allem sich auch der Viehzucht zuzuwenden. Die Herren suchten ihrerseits den Arbeiter für eine bessere *Bodenkultur* zu interessieren; man gab Land, das von massarii bewirtschaftet war, an livellarii, einen massarius-Teil sogar an zwei Pächter. Man setzte die Abgaben herab, um die Leistungen der coloni auch für Bauarbeiten, Reparaturen an den Häusern und Kanälen, für die Einfriedung von Weinbergen, Höfen, Gärten, die Rodung eines Geheges zu erhöhen, anzureizen (Amelioratioformel der Urkunden).

Im 10. Jahrhundert wurden die festen Naturabgaben durch höhere Geldzahlungen ersetzt. Libellarpachtverträge wurden mit direkten, aber auch mit indirekten «Bauern» geschlossen. Gegen Ende des 10. Jahrhunderts wurden diese *Kontrakte* eine ganz gewöhnliche Form der Veräußerung von Kirchengütern durch den simonistischen und konkubinatären Klerus; darin drückt sich der wirtschaftliche und gesellschaftliche Strukturwandel des 10. Jahrhunderts aus. Es wurden von einem bestimmten Punkt an nicht allein nur Pachtverträge mit indirekten Bauern, sondern ausschließlich gegen einen *Geldkanon,* ohne Verpflichtung zur Fronarbeit und dies auch nicht für proprii coloni = Eigenleute geschlossen. Wenn nun Grafen und Bischöfe einen Hof oder case und terre in verschiedenen Orten gegen einen kleinen Kanon pachteten, dann waren das verschleierte Verkäufe oder Konzessionen zu Gunsten anderer Feudalherren. Auch Priester und Richter befinden sich unter diesen indirekten Libellarbauern.

Das Wort *liber homo,* das oft dem *libellarius* beigegeben wurde, schied ihn vom unfreien oder nichtfreien Bauern. Trotzdem waren die Lebens- und auch Rechtsverhältnisse der beiden Gruppen wenig verschieden. Es läßt sich auch bei der *Leibeigenarbeit* eine Entwicklung feststellen. Die servi prebendarii am Herrenhof durften keine legale *Familie* bilden; der Herr konnte Mann und Frau trennen, da sie als bewegliches Gut betrachtet und auch ohne Land veräußert werden konnten. Doch suchte man sie seit dem 8. Jahrhundert an das Land zu binden, gab ihnen ein Wohnhaus und ein Stück Land zur eigenen Bewirtschaftung, anerkannte die *Unteilbarkeit der Familie.* Von den *coloni* unterschieden sie sich nur durch die *Ungemessenheit* ihrer *Arbeitsleistungen,* die aus verschiedenen religiösen oder wirtschaftlichen Motiven allmählich festgelegt wurden; es bildete sich ein Gewohnheitsrecht heraus. Dadurch verbesserte sich die Lage der *prebendarii,* sie setzten dem die Gewohnheit brechenden Herrn auch Widerstand entgegen, sie strebten in die nächsthöhere Schicht der aldii = Schutzleute aufzusteigen; sie wollten sich den besonderen Auflagen ihrer Herren entziehen, sie wollten eindeutig die rein persönlichen Beziehungen zum Herrn abschütteln. Auch die *servi casati* und manentes serviles mußten eine Anzahl von Arbeitstagen auf dem Herrenland ableisten; diese Leute waren kinderreicher, hatte eine feste Familie, waren unteilbar, lebten in einem Haus und auf einem Grundstück, es war auch die Verbesserung der Nutznießung ihres masserizium gesichert; die Zahl der servi casati war viel größer als die der prebendarii; doch lassen sich keine genauen Zahlen angeben. Ein wesentliches Mittel, die Zahl der prebendarii zu vermindern, die der freien Arbeiter zu erhöhen, waren die *affrancazioni* = testamentarischen Befreiungen bei Gutsveräußerung oder Todes- oder Erbfall; sie waren besonders zahlreich im 9. Jahrhundert. Mit solchen zum Teil religiös, z.T. wirtschaftlich motivierten Akten verfolgte man die bestimmte Absicht, servi in liberi umzuwandeln und dabei sich deren obsequium zu erhalten bei gleichbleibenden

Leistungen (des casatus). Der padrone schuf sich damit freie und ergebene Menschen, die ihm Waffen- und Gerichtshilfe leisten sollten. Die reale wurde durch eine persönliche Bindung verstärkt. Die Bedingungen der *servi* glichen sich dabei den alten coloni an; ihre große Mehrheit blieb auf dem von ihnen bebauten Land sitzen. Im Grunde war dies ein Angleich der persönlichen und der wirtschaftlichen Bedingungen, da die wirtschaftlichen Funktionen der *casati* und *manentes* praktisch die gleichen waren wie die der *liberi*; das aber bedeute auch eine wesentliche Verbesserung der Situation der untersten Volksschichten, die sich im Schrumpfen der prebendarii im 10. und 11. Jahrhundert ausdrückte. In Frankreich bildete sich auf diesem Wege eine einheitliche Klasse von servi heraus, die die karolingischen liberi, manumissi, coloni, servi, manentes in gewissem Sinne unifizierte; wem es nicht gelang, die volle Freiheit zu bewahren oder zu gewinnen, der wurde in die *Einheitsklasse der servi* eingeschmolzen. In Italien verdünnte sich im 10. Jahrhundert die Schicht der prebendarii, verwandelte sich in casati und ordnete sich in die neue Klasse der servi ein, die im allgemeinen «Pächter» wurden. Neben diesen Gruppen waren die censuales (Wachszinser) geschützte Freie der Kirche, der sie einen persönlichen Zins (capitatio) zahlten; sie hatten sich der Kirche kommendiert oder wurden ihr kommendiert, wenn sie servi oder Freigelassene oder geschützte liberi waren.

Hand in Hand mit der gezeichneten fortschrittlichen Entwicklung auch in den bäuerlichen Schichten, bei der sich die coloni immer mehr von den Bindungen an ihre Herren absetzten, ging die *Aufteilung der terra salica* in masserizie, die Überhandnahme der Aufteilung von Herrenland in selbständig bewirtschaftete, aber nicht freizügige Bauernstellen. Die direkten landbebauenden *libellarii* lösten sich allmählich von der Masse der manentes durch Aufgabe der Verpflichtungen an den Herrn und Zahlung in Geld. Diese persönlich und in der Betriebsführung auch wirtschaftlich unabhängigen Leute emanzipierten sich aus der Einheit des curtis-Systems, sie wurden in gewissem Sinne freischwebend in dieser Gesellschaft wie die kleineren und mittleren *possessores* = *Eigentümer*. Gehoben wurde auch die Stellung der indirekt landbebauenden libellarii, die ihren Kanon immer in Geld zahlten, normalerweise in der Stadt und nicht mehr auf dem Landgut wohnten, um die Wende vom 10./11. Jahrhundert sogar den Kanon abstreiften. Das Pachtland ging in die Hände der possessores, aber auch von Nichtbesitzern wie Richtern, Priestern, Notaren, städtischen Handwerkern über und schied so für immer aus der wirtschaftlichen Einheit und Organisation der curtis aus, deren Arbeitseinheit auf der terra salica ebenso verschwand wie die Unterscheidung zwischen terra salica und masserizium, wo die terra salica (= Eigenregiebetrieb) sich auflöste, hörten die Frondienstleistungen der casati, manentes, coloni, libellarii etc. von selber auf. Das Salland aber wurde in Teilen zur Bebauung ausgegeben, wie man sehr schön im Inventar von S. Giulia in Brescia sehen kann. Dieser Vorgang aber war gesamteuropäisch. In Frankreich begann die Teilung der villa hundert Jahre früher als in Italien die Auflösung der curtis.[51] Dieser Prozeß der Auflösung der Produktionseinheit der curtis und des Übergangs ihrer Landteile an freie Bebauer wurde angeregt und vorwärtsgetrieben durch die wachsende *Ausdehnung der großen Kirchengüter* und ihre besondere Sanktion in Prekarienverträgen, Schenkungen, Tausch und Kauf im Verlauf der Jahrhunderte, durch die Zertrümmerung des Eigentums und die wachsende Entfernung der Landgüter vom Zentralhof (curtis dominica). Der nie untergegangene Flußverkehr und die Wiederbelebung des Handels haben die unabhängigen wirtschaftlichen Betriebseinheiten sehr gefördert. Die Kirche sah sich gezwungen, die Arbeitsbedingungen ihrer abhängigen Leute zu verbessern, weil sie ihre Produktion heben und sich dem Anstieg des Lebensstandards der aufsteigenden Klassen anzupassen hatte. Man mußte den Boden verbessern, um die *Produktion* zu steigern, man mußte den landbebauenden Schichten einen besonderen Anreiz geben, ihre *Leistung* zu erhöhen. Auf einer Vielzahl neuer Märkte konnten die kleinen Landbesitzer ihre Erzeugnisse selbständig absetzen. Die Bürger, Handwerker, Priester, Richter und Notare hatten *Geld* genug, um Land zu pachten und sich eine sichere wirtschaftliche Basis und ein erhöhtes gesellschaftliches Prestige zu schaffen. Diese *Mittelschicht* erhöhte die Nachfrage nach Pachtland zu indirekter Bebauung; ihr Aufstieg zur Gruppe der Eigentümer war eine wichtige Voraussetzung der kommunalen Bewegung und Gesellschaft. Das Anwachsen des gemünzten Geldumlaufs im damaligen Europa erhöhte den Kapitalwert der Geldzinsen (in den Pachtverträgen). Die evolutionäre Entwicklung der Agrarwirtschaft, des Handels und der Marktwirtschaft hat gerade die gesellschaftlichen Strukturen der arbeitenden Unterschichten nicht nur verändert, sondern auch wesentlich verbessert und einer neuen Mittelschicht wesentlich zum Aufstieg verholfen. Inhalt und Ausmaß dieses Prozesses zu bestimmen, ist aber kaum möglich, da man Produktion, Bevölkerung, Geldumlauf, Edelmetallvorkommen und die Preise der Waren nicht statistisch erfassen kann.

e) Das feudale Band der Gesellschaft. Die großen Herren und der Aufstieg neuer führender Schichten.

Feudalismus ist sowohl rechtliches System wie Form der Gesellschaft und ihrer Strukturen. Sein Ziel war es, die politisch-herrschaftliche Ordnung in einer voll-

---

[51] Vgl. A. DUMAS, Le régime domanial et la feodalité dans la France du moyen âge, in Rec. Soc. J. Bodin IV. 149 ff. – CH. E. PERRIN, Recherches sur la seigneurie rural en Lorraine d'après les plus anciens censiers (IX. e X. siècle) (Paris 1935).

kommenen *Hierarchie* zu sichern und zu gliedern und mit seiner Hilfe die neuen Kräfte in sein System einzufügen. Das Band der *fidelitas* zentralisierte die Macht in den Händen des Herrschers und dehnte sie auch auf die provinzialen Funktionäre der comites und marchiones aus; diese aber erhielten als Vasallen die Sicherheit des *Lehensgenusses* auf Lebenszeit und dann erblich in ihrer Familie; so wurde das Lehensband auch ein Werkzeug der *adeligen Selbständigkeit* und *Macht*. Die feudale Macht, die der hohe Adel beim Zusammenbruch des Karolingerreiches erwarb, gab ihm die Möglichkeit die liberi sich unterzuordnen; deshalb schützten die Könige und Kaiser die Arimannen und exercitales, deren Leistungen als Lehensobjekte gebraucht wurden. Die adelige Anarchie zwang die Herrscher den *Bischöfen* als Gegengewicht Macht durch Immunitätsverleihungen und Gerichtsprivilegien zu übertragen und auch sie in die feudale Hierarchie einzugliedern. Die hohen Adeligen erwiesen sich unfähig zum Widerstand gegen die Invasionen, sie zerstörten ihre Macht und ihr Prestige in Bruderkämpfen. Deshalb stiegen neue Kräfte auf, die sich ihre Macht gerichtlich bestätigen lassen wollten, die sie während der Invasionen ausgeübt hatten. Es setzten sich auch die concives in den Städten durch und erlangten das Privileg, die Mauern wiederaufzubauen, wodurch sie den bischöflichen Stadtherren irgendwie gleichgestellt wurden. Die Ottonenkaiser brachten die Macht der Bischöfe wieder unter Kontrolle, besetzten die Stühle mit ergebenen Leuten, meist Deutschen, investierten erprobte Vasallen mit Kirchengut und eröffneten ihnen kirchliche Laufbahnen. Das drückte die Moral und schädigte das Kirchengut. Die kleineren Laienvasallen der Kirchen-valvassores mußten darin einen Angriff auf ihre Güter sehen; auf dem Lande draußen aber verließen die Leibeigenen ihre Scholle und flohen in die «Freiheit», versuchten die Libellarpächter das Pacht- in ein Eigenland zu verwandeln. Das wollten die Salierkaiser stoppen, in einer Reform (Gorze) wollten sie den Güterbestand und die Sitten der Kirche sanieren, wirtschaftliche und moralische Kraft von Kirche und Papsttum wiederherstellen. In der Krise der Kirche verstärkten die neuaufsteigenden feudalen Gruppen ihre Macht und eigenen Reichtum und faßten festen Fuß in der Stadt; sie wurden eine wirtschaftliche und politische Kraft im neuen Gesellschaftsprozeß. Das gilt besonders von den *valvassores*, die mit den Lehen, die ihnen die *capitanei* übertragen hatten, sich einen Zugang zur politischen Mitbestimmung und Mitregierung erzwangen; sie emanzipierten sich damit zur *vollen politischen Freiheit*. Im Kampf gegen die capitanei wandten sie sich an den Kaiser um Unterstützung. Sie hatten dabei nicht die Absicht, die feudale Ordnung zu verstärken, sondern eher sie zu zerstören. Die Einbeziehung neuer zahlreicher Schichten in das feudale System eröffnete einen so großen *Freiheitsraum* in der Gesellschaft, daß auch andere Klassen davon erfaßt wurden, allen voran die städtischen Gruppen der possessores, iudices, negotiatores, die auch den Weg der Eingliederung in die feudale Hierarchie gehen mußten, wenn sie ihre Freiheit durchsetzen wollten. Sie stritten solange mit capitanei und valvassores, bis man sich gegenseitig anerkannte und die Neulinge Teilnahme am kommunalen Regiment zugebilligt erhielten und zwar durch eine gewählte Vertretung. In Mailands Gewohnheiten kam dies dadurch zum Ausdruck, daß capitaneus, valvassor, civis ihre Macht vom Kaiser, der gemeinsamen Spitze der feudalen Hierarchie ableiteten, von der alle iurisdictio ausgeht.

Ein ähnlicher Kompromiß kam auch auf dem Lande in der Entwicklung der Unterschichten zustande. Diese liefen in ihrem Kampf um persönliche und wirtschaftliche Freiheit und um ein Korporationsrecht Sturm gegen die neuen Ortsherren, die am Ende des 10. Jahrhunderts ihre patronalen, grundherrlichen in öffentlich-herrschaftliche Rechte über alle rustici des districtus ausdehnten, mit dem sie belehnt waren. Das währte solange, bis die *comunitas der rustici* und der dominus sich über die Gerichtsrechte des senior sich einigten und nach neuen Gegensätzen die *ländliche Gemeinde* entstand. In den Augen der modernen Menschen seit dem Ende des 18. Jahrhunderts war Feudalismus Niedergang, Korruption, Demoralisierung, in der Wirklichkeit des 8.–12. Jahrhunderts war er der oder ein Weg fortschrittlicher Entfaltung des politisch-moralischen Lebens und des Ausgleichs mit den neuaufsteigenden Kräften der Gesellschaft, der so erfolgreich in Deutschland nicht gelang. Das Wirtschaftssystem der curtis und die politische Ordnung des Feudalismus sind nicht schlechthin identisch. Die Anreicherung und Differenzierung der Kultur kam im 10. Jahrhundert zum Ausdruck in monastischen Reformen und religiöser Erweckung, aber auch im *Aufstieg neuer Klassen* und ihrer Eingliederung in die *feudale Hierarchie,* in der entscheidenden Verbreiterung des *Freiheitsraumes* der Menschen von den servi bis zu den vassi an der Schwelle der Großvasallen. In Frankreich war schon am Ende des 9. Jahrhunderts ein großer Teil der großen Lehen erblich geworden und hatte sich die Großgrundwirtschaft in *seigneurale Herrschaft* verwandelt. In Italien entfaltete sich die *feudale Gesellschaft* erst nach der Hälfte des 10. Jahrhunderts. Bis dahin erscheinen keine vasalli des landbesitzenden Adels, der nobiles, dessen Ländereien mercennarii und commendati bearbeiteten. Dieser Adel wurde *miles* genannt, war freier Eigentümer und Vasall, stand wohl auf der untersten Stufe der Adelshierarchie, weil er keine valvassores hatte und nach ihm die Grafschaftsfunktionäre rangierten. Erst gegen Ende des 10. Jahrhunderts wurden Markgrafschaften und Grafschaften erbliche Lehen. Die Vasallen ihrerseits gewannen auch districtus, indem sie capita plebium = Häupter der Pfarreien und lokale Spitzen wurden. Die bekannte Constitutio de feudis, die Kaiser Konrad II. 1037 erließ, stellte in der Gesellschaft des regnum Italiae den *feudalen Ausgleich* wieder her. Im 10. Jahrhundert waren die zu Lehen von Privaten besessenen Landgüter nicht mit Immunität begabt, hatten keine eigenen Gerichtsrechte; curtes cum districtibus et honoribus erscheinen erst im 11. Jahrhundert. Als die *capitanei* gegen Ende des 10. Jahrhunderts die *Zwing- und Banngewalt* über die pievi erhielten, war die *Gerichtsstruktur* vollendet und die feudale Hierarchie mit staatlich-herrschaftlichen Funktionen vollständig. Der Gesellschaftsprozeß wurde seit dem beginnenden 11. Jahrhundert von zentrifugalen und revolutionären, feudalen und kommunalen Elementen getrieben und getragen. Aber diese Spannungen und Gegensätze haben Gesellschaft und Kultur nicht zerbrochen, sondern mit vielfältigem Leben gerade in Italien erfüllt.

Die *capitanei* in Mailand stiegen zum Rang von *milites maiores* durch die erzbischöfliche Investitur von 983 mit Kirchenlehen empor. Die ottonischen Kaiser hatten seit der Niederlage Berengars ihre Autorität in den norditalienischen Städten durch Berufung erprobter, loyaler Lehensleute und Männer auf die Bischofstühle wiederhergestellt. Das wurde auch dadurch erleichtert, daß es in Städten wie z. B. Mailand nur wenige boni milites et strenuissimi cives gab. Wenn nun gegen einen vom Kaiser gesetzten mißliebigen und der Simonie beschuldigten Bischof sich der Klerus erhob und die Städter sich zu einer Eidgenossenschaft verbanden und den Erzbischof und seinen Anhang aus der Stadt verjagten, dann blieb dem Erzbischof (von Mailand) nichts anderes übrig, als sich ergebene Vasallen und eine treue Gefolgschaft dadurch zu verschaffen, daß er den milites ecclesiae nun «facultates et clericorum beneficia» übertrug. Dabei überging er den Rat besonderer Leute, die zum Ausgleich rieten. Es waren also in der Stadt Leute von gehobener durch Geburt, Rang, Reichtum, Wissen und Ansehen begründeter Position (Richter, Grafschaftsfunktionäre aus der Reihe der Städter) zurückgeblieben. Die nobiles söhnte der Bischof abermals durch Übertragung von «omnes plebes omnesque dignitates atque xenodochia» sowie von Gerichtsrechten darüber aus. Diese *nobiles* waren maiores milites, deren virtus er sein archepiscopium verdankte; sie stammten vermutlich aus dem *contado* und waren deutlich geschieden von den *nobiles civitatis* (sapientes), die die oberste nichtfeudale Schicht der Städter bildeten, die mit anderen auch an der Vertreibung des Erzbischofs beteiligt und in der Stadt geblieben waren. *Milites* und angesehene *cives* spielten also eine führende Rolle; letztere, (boni homines, sapientes) waren keine abgeschlossene Schicht mit bestimmten Ämtern; waren vertrauenswürdige Leute, die auch an Gerichts- und Kaufhandlungen beteiligt waren, Landbesitzer, Richter, Notare, Kaufleute, Handwerker. Klerus und Volk von Mailand kämpften aber nicht nur gegen die (simonistischen) Erzbischöfe, sondern auch gegen den Kaiser, der diese eingesetzt hatte. Trotzdem schloß der *Erzbischof* einen Kompromiß mit den nobiles civitatis und stellte eine Einheitsfront gegen die kaiserliche Politik her, deren Ziel die Unterdrückung einer städtischen Autonomie war. Die Kirche war es, die die *capitanei* zu Ortsherren auf dem Lande, im contado machte. Sie waren aber zu Beginn des 11. Jahrhunderts auch schon eine Macht in der Stadt, die den Quartieren oder portae vorsaßen oder im Kampf die Leute unter ihrer Fahne anführten, den Zoll an den Toren einhoben und verschiedene Regalien besaßen, die von den Grafen direkt an sie übergingen. Im Laufe der Entwicklung wurde der Bischof eine Kreatur seiner capitanei, deren Interessen sich mit denen des bischöflichen senior und dominus verbanden. Da dies aber auch den Interessen der *nobiles civitatis* zuwiderlief, mußte er sie durch Lehensübertragungen aussöhnen. Diese *Feudalisierung* war revolutionär und kam den Belangen einiger milites des contado und der städtischen nobiles entgegen, lieferte zugleich den bischöflichen Stuhl dieser *feudalen Klasse* aus, die sich dadurch etablierte, daß sie Prärogativen der Grafen usurpierte und durch einen Schein von Legalität ihr moralisches Ansehen festigte. So entstanden in Mailand die «novitii capitanei», die maiores milites, die der Bischof «plebes dando ... sublimavit». Wahrhaft Aufstieg einer neuen Führungsschicht, dem der Übergang der curtes an neue Lehensherren = domini locorum parallel lief. Doch damit war der Feudalisierungsprozeß noch nicht zu Ende, denn nun setzten sich auch die Vorkämpfer der nächsten Auseinandersetzungen in der Stadt als Klasse durch. Zuerst im Dienste der capitanei mit dem Ziel, deren neugewonnene Stellung zu behaupten, und von diesen mit Ländereien im contado mit und ohne districtus ausgestattet, bildeten die *valvassores* = kleineren milites im contado das bewaffnete Vasallengefolge der großen capitanei = Herren in der Stadt, denen sie nachzogen. So bildeten die capitanei eine neue milites = Schicht in der Stadt heran; dadurch urbanisierten sich letztere auch kulturell und gewannen Einfluß in der Stadt.

Parallel diesem gezeichneten Aufstieg der unteren Führungsschichten (Adel) lief ein patrimonialer Niedergang der großen Laienherren, des *hohen Adels* der Grafen und Reichsaristokraten im Gefolge der inneren Auseinandersetzungen im regnum Italiae und ihres erfolglosen Widerstandes gegen die Sachsenkaiser; ihr Verfall war wirtschaftlich und finanziell bedingt. Noch schwieriger war die Lage der *Kirche*, gegen die alle sich zusammenfanden. Die Laieninvestitur hatte ihr schon seit langem schwere Vermögenseinbußen, die Simonie aber im 10. und 11. Jahrhundert schwere Moralkrisen und großen Verlust an Ansehen und Glaubwürdigkeit zugefügt. Reiche Inhaber von Ländereien und Kirchenlehen, die die hohen Summen einer Investitur durch Kaiser und Lokalherren aufbringen konnten, hielten sich natürlich nachher schadlos am Kirchengut, das in ihren Händen auch substantiell litt. Die *Feudalstruktur der Kirche* war der schlimmste Feind ihrer geistlichen Funktionen; denn sie fügte die Kirche zwangsweise in die weltliche Wirtschaft und Gesellschaft und benahm ihr die Möglichkeit, sich ihnen entgegenzustellen. Der Lehenscharakter übertrug sich auf das *kirchliche Amt*; die Laienherren brauchten die *Investitur* der Güter und Herrenrechte, die an die kirchliche Würde gebunden waren; ungeistlich aber waren die Motive des Strebens nach Kirchenlehen; Treue und Loyalität, nicht religiöse und moralische Haltung waren die Auswahlkriterien für König und Kaiser bei der Auswahl der

Bischöfe. Der Nikolaitismus löste das kirchliche Eigentum auf, die Vergebung von Kirchengütern an Frauen, Konkubinen und Söhne der großen Kirchenleute verwandelten die Priester-Eigenkirche in eine *Priestererbkirche.* Dieser Wandlungsprozeß kirchlichen Vermögens und seiner Organisation entsprach dem Aufstieg neuer Klassen am Ende der *archaischen* Gesellschaft. Die Libellarii lösten sich von der Arbeit auf dem Herrenland, der Residenzpflicht auf dem ländlichen Pachtgut und vom Lande überhaupt. Sie mischten sich mit den städtischen Besitzern und den Libellarii, die das Gut nicht mehr direkt bebauten, also den Priestern, Richtern, Notaren, sogar Grafen. Sie waren die ersten, die sich von der wirtschaftlichen Betriebseinheit freimachten. Auf diesem indirekten Wege wurde das Kirchengut durch die *Pacht* entfremdet, wenn der Kanon nicht mehr oder nur symbolisch bezahlt wurde. Die größten Feinde des Kirchengutes waren die Valvassoren, wie ein Anklagebrief des Bischofs von Ivrea gegen Arduin zeigt. Der soll die secundi, minores milites (= valvassores) aufgehetzt haben, in die kirchlichen Ländereien einzufallen. Als capitanei und valvassores sich geeinigt hatten, gingen sie gemeinsam gegen die Macht des Bischofs in der Comune vor; die valvassores wollten zunächst Landbesitz, die capitanei jedoch die Macht in der Stadt. Der Aufstieg und die Urbanisierung der ersteren drängte die capitanei wieder auf der Seite der Bischöfe. Die Grafen aber wurden von der städtischen Politik ausgeschlossen und verlegten dann ihre Energien auf die Wiederherstellung des regnum Italiae.

Der Einbruch der valvassores in die Ländereien der Kirche lockerte die alten Ordnungen auf dem Lande, in die die untersten Schichten der servi fest eingebaut waren, die *Leibeigenen* profitierten vom Aufwind der Freiheit, den der gewaltsame Einbruch der secundi milites auslöste; sie lösten sich von den Bindungen an Kirche, mittlere Eigentümer und Pächter, die auf sie drückten. Die Quellen sprechen von Gewaltakten der milites usw. gegen die kirchlichen Leibeigenen, die sich in ihrem Lebensrecht bedroht sahen; diese *Anwendung* von Gewalt zerstörte auch das Band zwischen Leibeigenen und kirchlichen Herren. Das schuf Freiraum für Gärung und stärkere Bewegung der *ärmeren Unterschichten,* deren Urteil sich aber nicht am wachsenden Reichtum einer abgeschlossenen Herren- und Privilegiertenschicht orientierte, also nicht sozialrevolutionär war; auch die Unterschichten verbesserten ja seit den Anfängen des 10. Jahrhunderts ihre Stellung, sie wurden casati mit fixierten und realen Diensten. Trotz ihres Eingriffs in die Rechte der kirchlichen servi, mobilisierten die valvassores letztere zum Kampf gegen die Kirchenherrn und heizten die Bewegung zu Freiheit und Aufstieg an. Die Unordnung und Zerstreuung des Kirchengutes beschleunigte die *Fluchtbewegung* der servi (fugitivi), die am Anfang des 11. Jahrhunderts eine schöpferische *Unruhe* zu Freiheit und neuem Leben bewegte. (De servis libertatem anhelantibus: Titel eines Capit. Otto III. zwischen 996 und 1002. MG. Const. Nr. 24. S.

47). Diese Unruhe erfaßte aber keine Proletarier, sondern Menschen im Aufstieg zur Freiheit. Im 11. Jahrhundert unterschieden sich die servi kaum mehr von den liberi livellarii. Die Umwandlung der persönlichen Arbeitsleistung in eine *Geldabgabe* war ein Motor des Aufstiegs; die Zahlungsfähigkeit dieser Leute steigerte sich; wer einen Mitservus tötet, muß eine beachtliche Summe an Bußgeld zahlen. Wichtig als Zeichen des Aufstiegs war auch die Leistung des Besthaupts (Bestkleides) an den padrone bei Tod = oder Erbfall des Leibeigenen. Es lockerte sich der *Heiratszwang,* man erkannte in engen Grenzen ein Recht von Nutznießung oder Eigentum im Umkreis des Hofes den dazugehörigen servi zu. Ein Weg des Leibeigenen in die Freiheit war die Aufnahme in den geistlichen Stand, ein anderer die Heirat mit freien Frauen; ihre Kinder (Söhne) erbten dann vom Vater das Kirchenlehen, von der Mutter den liber status. Die Reformsynode von 1022 zu Pavia gibt genügend Aufschluß darüber, da sie sich mit der Frage der leibeigenen Geistlichen beschäftigt, konkret mit der Wiedergewinnung des verlorenen kirchlichen patrimonium. Darin äußerte sich ein neues religiöses Bewußtsein, das mit der Erneuerung des kirchlichen Organismus auch eine Reform von Kirche und weltlicher Gesellschaft bezweckte. Das Volk war tief beunruhigt über die Verderbnis von Kirche und Klerus, so wie die ganze Gesellschaft durch die Eroberungen der capitanei, die Usurpationen der valvassoren, durch den Drang der Kaufleute auf das Land getrieben war. Der Aufstieg der Unterschichten war nicht veranlaßt durch einen Zusammenbruch der starren Struktur der Feudalgesellschaft im Zusammenhang mit dem Hofsystem, sondern entsprang der inneren Gesetzlichkeit des Feudalismus selber, der damals nicht statisch und extrem dualistisch, sondern hierarchisch und dynamisch zugleich war. Die stärkste Anregung ging dabei von den mittleren Klassen, vorab den Valvassoren aus. Dem Chronisten Landolf senior stellt sich dieser Gesellschaftsprozeß als eine Fülle von Übeln dar, deren schädlichste Zwietracht und Krieg in der Stadt, Unterdrückung und Leiden der Kaufleute und Bauern waren. In dieser *Anarchie* entfalteten sich die neuen Kräfte, die sich auf den Frieden beriefen; doch das taten sie nicht aus Ermüdung und Erschöpfung, sondern in der natürlichen, starken Absicht, die günstigsten Voraussetzungen für ihre neue wirtschaftliche Aktivität zu schaffen.

Ein untrügliches Anzeichen des Tiefgangs und der inneren Dynamik des gesellschaftlichen Wandels zwischen 950 und 1050 ist die Tatsache des Erwachens starker *religiöser Bewegungen* und *häretischer Zirkel* und *Predigten,* die sich außerhalb des Rahmens der offiziellen Kirchenlehre bewegten und damit auch eigene Wege in der feudalen Gesellschaft beschritten.[52] So forderten die Haereti-

---

[52] G. VOLPE, Movimenti religiosi e sette ereticali nella società medievale italiana (XI–XV) (Firenze 1961). – ILARINO DA MILANO, Le eresie popolari del secolo XI nell'Europa occidentali, in Studi Gregoriani II (1947) 68 ff. – R. MANSELLI, La religione popolare medioevo: prime considerazioni

ker des Gerhard aus Monforte in der Diözese Asti absolute Keuschheit zwischen Mann und Frau, Enthaltsamkeit vom Fleischessen, Fasten und ununterbrochenes Gebet und verstanden Trinität als Allegorie und Erlösung als intellektuellen Vorgang; sie leugneten die Sakramentswirklichkeit der Eucharistie, den Wert der Taufe und verweigerten die Kreuzverehrung. Bei diesen moralischen Bewegungen handelte es sich nicht in erster Linie um Theologenstreit, um intellektuelle Religion, auch wenn sie eingeschlossen war, sondern um ein Anliegen der Klassen der Gesellschaft, vor allem der aufsteigenden Schichten, um Volksfrömmigkeit und um Volksreligion. Diese Menschen, die nach dem Martyrium verlangten, beriefen sich auf die Heilige Schrift, forderten Gütergemeinschaft und suchten das Volk durch eine asketische Moral zu gewinnen. Doch darf man daneben den intellektualistischen Zug und eine lange Kulturtradition, die diesen Haeresien auch eignete, nicht aus dem Auge verlieren; sie standen in der Nähe antiker intellektualistischer Mentalität, aber auch der Gnosis, des Neuplatonismus und Manichäismus mit ihrer Überzeugung, daß die Schöpfung keineswegs aus dem Nichts erfolgte, daß die Dinge in Gott ewig seien, die Naturgesetze mit dem göttlichen Denken zusammenfielen, daß die Vernunft das einzige Kriterium der Wahrheit und die Erlösung eine intellektuelle Erleuchtung sei. In den Häresien lebten gebil-

---

metodologiche, in Nuova Riv. St. 58 (1974) 1–15; DERS., La religion populaire au moyen âge (Montreal-Paris 1975); DERS., Studi sulle eresie del secolo XII. (Roma 1953); DERS., Per la storia delle eresie nel secolo XII. in Studi Minori (1956) 189–264. – C. VIOLANTE, I laici nel movimento patarino = Studi sulla cristianità medioevale (Milano 1972) 145–246. – G. MICCOLI, Pietro Igneo, Studi sull'età gregoriana (Roma 1960). – S. BOESCH-GAJANO, Storia e tradizione vallombrosana, in Bull Ist. Stor. Ital. 76 (1964) 99–215. – L. ZANGONI, Gli Umiliati nei loro rapporti con l'eresia, l'industria della lana ed i comuni nei secoli XII e XIII (Milano 1911). – E. WERNER, Häresie und Gesellschaft im 11. Jhdt. = SB Ak. Leipzig. Ph. H. Kl. 117. H. 5 (Berlin 1975); DERS., Frühscholastik und bürgerliche Emanzipation in der ersten Hälfte des 12. Jhdts. = SB. Ak. Leipzig 118. H. 5 (Berlin 1976); DERS., Patarenoi = Patarini. Ein Beitrag zur Kirchen- und Sektengeschichte des 11. Jhdts., in Vom Mittelalter zur Neuzeit = Festschrift H. Sproemberg I (Berlin 1956). – E. DELARUELLE, Devotion populaire et hérésie au moyen âge dans l'Europe preindustrielle 11e–18e siècles (Paris 1968). – P. ZERBI, La chiesa ambrosiana di fronte alla chiesa romana dal 1120 al 1135; DERS., Alcuni resultati e prospettive di ricerca sulla storia religiosa di Milano dalla fine del secolo XI al 1144, in Problemi di storia religiosa lombarda (Como 1972) 17–29. – H. KELLER, Pataria und Stadtverfassung, Stadtgemeinde und Reform. Mailand im Investiturstreit = Vortr. u. Forsch. 17 (Konstanz 1973) 321–350. – R. FOSSIER, Remarques sur l'étude des «commotions» sociales aux XIe et XIIe siècles, Cahiers de Civilisation mediev. Xe–XIIIe siècles XVI (1973). – P. VACCARI, Classi e movimenti di classi in Pavia nell' XI. secolo, in Boll. Soc. Pavese Nor. Serv. 1 (Pavia 1946) 38 ff. – A. P. EVANS, Social aspects of medieval heresy. Persecution and liberty, Essay in honor of G. L. Burr (New York 1931). – G. TELLENBACH, Libertas. Kirche und Weltordnung im Zeitalter des Investiturstreits (Stuttgart 1936). – G. MARTINI, Lo spirito cittadino e le origini della storiografia comunale lombarda, in I problemi della civiltà comunale = in Atti Congr. intern. per VIII. Centenario della prima lega Lombard ed. C. D. FONSECA (Bergamo 1971) 137–150.

deter Intellektualismus und praktischer Moralismus der gehobenen Schichten wie der Volksbewegungen, also ein intellektuelles und ein volkhaftes Element. Wenn auch die Häupter der Haeresie gehobenen Standes und Kleriker waren, fand ihre Lehre doch weite Verbreitung bei den Unterschichten, den kleinen castellani und Landarbeitern = homines plebei. Die soziale Seite dieser religiösen Bewegung wird erkennbar, wenn man daran denkt, daß es sich um servi fugitivi vom Kirchengut, um coloni oder kleine libellarii auf Kirchenboden, die das volle Eigentum an ihrem Pachtgut wollten, sich vom tributum fiscale oder den decime befreien wollten, auch um kleine Vasallen, die gegen das Kirchengut und die großen Lehensträger kämpften, handelte, die sich mit Arduin von Ivrea während der Erhebung der valvassores verbanden. Man muß kein radikaler Denker oder Historiker sein, um diese Zusammenhänge zu sehen, man muß nur die tägliche Erfahrung menschlicher Totalität, körperlich-geistigen Funktionalzusammenhangs und struktureller Ungeteiltheit gelten lassen, um auch einmal die *Einheit menschlichen Sinns* in *archaischer Gesellschaft* zu sehen. Noch verbindet sich mit diesen Haeresien nicht eine ausgesprochene Kirchenkritik, die zur Gesellschaftskritik sich erweiterte. Ich glaube nicht, daß die Religiosität der aufsteigenden Schichten die religiöse Erweckung in der Häretikerbewegung verursacht hat, aber ich glaube an die Prädisposition des Ganzen und den Zusammenfall günstiger und sich ergänzender Elemente. Dafür gibt es noch keine Methode der Berechnung, obwohl auch hier die Computer-Zählung einen Schritt weiter führen könnte. Freilich war das Prinzip der Gemeinsamkeit der Güter antikirchlich; denn man erlebte es ja tagtäglich, daß die Kirche ein Herrschaftsinstrument des feudalen Staates geworden, darum verweltlicht und Beute der großen Lehensträger war. In den Haeresien kamen aber nicht nur Kritik und Protest hoch, sondern ein neuer Geist, eine Wiederbelebung der Intellektualität, eine neue Vitalität, die einem neuen Horizont entsprach, den die Erweiterung des Freiheitsraumes in der Gesellschaft aufgetan hatte und den die Ausdehnung von Wirtschaft, Handel und Kultur stetig verstärkte und die Intensivierung der Beziehungen zwischen Stadt und Land vertiefte. Allen Häresien eignete eine tiefe Weltfremdheit (Askese, absolute Ablehnung des Tötens auch von Tieren, Ablehnung der irdischen Güter). Diese moralische Haltung, die auf einem theologischen Intellektualismus aufruhte, war nur nach außen ein Widerspruch zu ihrem Freiheitstraum, es war die innere Kraft zur Durchsetzung der Freiheit.

Am Vorabend der Revolution von 1035 hatte *Erzbischof* Aribert alle Macht in der Stadt Mailand in seinen Händen, wenigstens de facto. Die *iudices civitatis,* an sich durch Privileg königliche Funktionäre, waren zumeist Vasallen des Erzbischofs; dieses wurden auch andere Leute des Grafen, als der fähige Politiker Aribert an das Ruder kam. Unter denen, die in den Kreis des Erzbischofs kamen, war auch ein *vicecomes,* der anfangs gastaldo war und die curtes regiae des contado verwaltete; da diese an den Erzbischof geschenkt wurden, kam auch der vicecomes in den Bann des geistlichen Machthabers und nahm zusammen mit dem magister beati Ambrosii scolae die Spitzenstellung unter den Laien der erzbischöflichen Hofgesellschaft ein, der auch Priester und Diakone aus der Stadt und vom Lande (urbani und decumani) zugehörten. Auch Handwerker, negotiatores und monetarii gerieten unter erzbischöfliche Abhängigkeit. Aribert genoß nicht nur in der Stadt, sondern im ganzen regnum Italiae hohes Ansehen und konnte sich auf die bedingungslose Unterstützung der capitanei gegen die valvassores verlassen, die erst jüngst in die Stadt aufgenommen worden und ihre Gegner waren. Es ging auch um die Unabhängigkeit der Stadt vom König. Aribert hatte capitanei und cives für sich, deren revolutionärer Aufstieg durch die valvassores behindert war. Ariberts Politik war so weit konform mit der feudalen Politik von Kaiser und Papst innerhalb und außerhalb Italiens, als sie ihm diente, sich unabhängig von allen gesellschaftlichen und politischen Kräften zu halten. Die valvassores aber bildeten ein starkes Gegengewicht gegen capitanei und cives, da sie den ersteren die Macht entreißen, den letzteren ein neues Joch auferlegen wollten und darum in der Stadt das Zünglein an der Wage spielten. Es ist festzustellen, daß beide gegnerische Parteien das nämliche revolutionäre Ziel der Eroberung der Macht in der Stadt hatten, die als Typus ja in ganz Europa der Schauplatz der wirtschaftlichen, gesellschaftlichen und geistigen Entwicklung wurde und war. In Mailand stand der popolo auf der Seite des Erzbischofs. Die Valvassoren standen im Kampf um die Anerkennung ihrer Rechte zuerst gegen den Kaiser und dann gegen die kaisertreuen Kirchenherrn; gegen letztere verbündeten sie sich mit den großen feudalen Laienfürsten; da letztere umfielen, suchten die valvassores im Kampf gegen die Bischöfe und die großen Kirchenvasallen (novitii capitanei) Hilfe und Anerkennung ihrer feudalen Rechte beim Kaiser, der nun für eine Neuorientierung seiner Politik frei war. Die Erhebung der valvassores beschränkte sich nicht auf Mailand, Stadt und contado, sondern weitete sich auf ganz Norditalien aus, während verschiedene geistliche und weltliche Großvasallen Italiens Aribert zur Seite traten und sich mit den capitanei verbündeten. Letztere versammelten die Städter, nichtfeudale Eigentümer, um sich; die valvassores (milites gregarii bei Wipo von Burgund, minores) gewannen in den servi Verbündete, die sich jetzt auch erhoben und zwar gegen die maiores = großen Feudalherren, die sie bedrückten (wie die valvassores an sich auch). In dieser gefährlichen Situation – die valvassores hatten sich auf das Land zurückgezogen und fanden Unterstützung bei den Herren des contado – riefen capitanei und Erzbischof, aber auch die valvassores die Hilfe des Kaisers an, die damit drohten, Gesetze für sich selber zu machen. Als Kaiser Konrad II. in Mailand erschien, zwang ihn der *popolo* eiligst die Stadt zu verlassen und in Pavia Zuflucht zu suchen. Das erlebte der Kaiser und sein Heer recht häufig im 10. und 11. Jahrhundert. Der popolo von Mailand fürchtete die direkte Einmischung des Kaisers in soziale Kämpfe der Bürger zur Verteidigung ihrer Freiheitsrechte, diesmal gegen die valvassores und zugunsten der Vormachtstellung Mailands über benachbarte Städte. Konrad II. wollte letztlich die valvassores an sich binden, um die Macht des Erzbischofs zu brechen. Deshalb gewährte er ihnen mit der Constitutio de feudis die feudalen Rechte ihrer Gegner, vor allem die Erblichkeit der Lehen und hob sie auf dieselbe Stufe.

In der *Constitutio* sieht man ein politisches Manöver des Kaisers gegen den Hochmut und das Selbstgefühl des Mailänder Erzbischofs und seiner durch wirtschaftliche und politische Interessen geeinten Stadt und ihres aufsteigenden Bürgertums; sie wurde während der Belagerung von Mailand erlassen, weil der Angriff auf Mailand mißlang. Die minores milites erhielten Erblichkeit und Unwiderruflichkeit ihrer Lehen zugebilligt, wessen zuerst sich die maiores vasalli allein erfreuten. Fortan entschied auch bei den minores das Gericht der Pares-Standesgenossen über Lehensverlust und im Gericht, das über Lehens- und Strafsachen urteilte. Gegen seine Entscheidung gab es Appelation an das Reich; Streitigkeiten der valvassores untereinander sollten vor dem Fürsten oder einem missus dominicus ausgetragen werden im Gegensatz zum hohen Adel, Grafen oder Bischof, deren Schiedsrichter der Kaiser war. Das Verbot, daß Lehensherrn ohne Zustimmung der Vasallen Lehen veräußerten, sollte das persönliche Band besonders beim Kirchenlehenvasallen wieder stärken, das in Italien fast schon verloren war, und verhindern, daß Lehen veräußerbares Eigentum und immer freier verfügbar in den Händen eines Kirchenherrn wie Aribert von Mailand wurden. Im Grunde war dieser Akt wenigstens in Italien *gegen* die Entwicklung gerichtet. Das entscheidende Gewicht dieser Reichsverordnung beruht in seinen *gesellschaftlichen Wirkungen*. Der Kampf der Valvassoren um die Rechte der capitanei war damit besiegelt, der deutsche Ausweg der Ministerialität war unnötig geworden, das *Lehensrecht* hatte sich als ein *gesamtgesellschaftliches Prinzip* durchgesetzt; die Macht der Großen in Stadt und Land wurde davon berührt, die feudale Hierarchie alter Ordnung wurde erschüttert. Die Möglichkeiten der Entwicklung gingen nach zwei Richtungen: der Adel konnte sich gegen die cives vereinigen, es konnten sich aber auch adelige und bürgerliche Gruppen annähern. Das regte neue gesellschaftliche Dynamik an, den Aufstieg von neuen Klassen. In jedem Falle verfehlte die Constitutio ihr Ziel. Adel und Bürger von Mailand blieben geeint. Der eigentliche Verlierer war schließlich der Erzbischof Aribert, der die eiserne Krone Graf Odo von der Champagne anbot und vom Papst gebannt wurde. Am Ende waren die *Städter* von Mailand von ihrem erzbischöflichen *Stadtherrn* getrennt, der für das reiche und mächtige Mailand eine religiöse und nationale Figur geworden war. Als die Vasallen im Sommer 1038 in großen Haufen in das Gebiet von Mailand einbrachen, das Umland verwüsteten, die

Stadt belagerten und sie zur Übergabe zwingen wollten, rief Aribert alle Schichten vom rusticus und inops bis zum miles und dives zu den Waffen und appellierte an ihren *Bürgergeist* in der Stunde der Gefahr. Gemeinsames Kriegserlebnis stärkte den Willen zur Emanzipation von auswärtiger Herrschaft. Aribert wollte kein regnum Italiae gegen den Kaiser.

Gegen die wachsende Übermacht der nobiles in der Stadt erhob sich das bürgerliche Element der *cives* in einem Kampf um Freiheit und Anerkennung seiner in harten Auseinandersetzungen geschmiedeten Rechte. Die antiadelige *Bürgerrevolte* wollte sich vom Joch des Adels befreien, aber nicht unter den Schutz der Kirche von Mailand zurückkehren. Was der Bürger wollte und brauchte, waren *pax*, Ordnung, Ende der feudalen Anarchie und der Tyrannis der Vielen. Erzbischof Aribert wurde mit seinem Streben zur absoluten Macht eine große Gefahr für alle Bürger, die sich zu einem heiligen Bunde einten. Den auslösenden Funken zur Revolte der Bürger zündete ein Gewaltakt eines valvassor gegen einen popolanus an; nach kurzer Auseinandersetzung mußten die nobiles die Stadt verlassen und sich verschanzen. Erzbischof Aribert gab auf zu Gunsten des Adels. Bezeichnend war, daß an der Spitze des rebellierenden *popolo* ein *nobilis et capitaneus* altus Lanzone stand, der materiell und geistig alle Fäden in der Hand hatte; er war Notar und Pfalzrichter. Lanzone stand mit dem Volk allein gegen die Grafen und kleinen Vasallen und kämpfte gegen zwei Fronten. Doch der Eingriff Kaiser Heinrich III. in die Auseinandersetzungen einte die Parteien wieder. Nach der Mitte des 11. Jahrhunderts stellen die Quellen die *drei Klassen* der capitanei, valvassores und *mercanti* fest und ordnen ihnen reliqui = die plebs ninuta der kleinen Handwerker, Taglöhner, Landarbeiter, aber auch anderer Städter verschiedenen Rechts-, Wirtschafts- und Sozialstandes nach, die Landbesitz und Chancen bzw. Fähigkeiten zum Aufstieg haben. Violante versteht mit aller Vorsichtigkeit unter cives freie Bewohner oder arimanni (Mantova!) in der Stadt, die weder Vasallen, noch Nichtlandbesitzer, noch pertinentes von Landgütern waren. Da *civis* und *suburbanus* (Vorstädter) gleichgestellt werden und sie praedia und possessiones bei Eingriff in das Kirchengut verlieren, sind sie propietarii terreni = Landeigentümer, und umfassen die freien Besitzenden. Ein- und Umwohner einer Stadt waren also noch nicht ein dritter Stand. Zu diesen cives gehören die negotiatores, aber auch Richter, Notare, Priester. Doch haben die mercanti schon soviel Gewicht, daß sie bald das bestimmende Element eines dritten Standes waren. Trotz Unsicherheit des Landbesitzes und Instabilität der Bodenpreise in den Zeiten der Krisen und Kriege, waren die Kaufleute die einzigen, die Grundbesitz erwerben konnten und damit ihr gesellschaftliches Prestige hoben: Das Landeigentum wurde gemeinsame Basis des heterogenen 3. Standes. Die Rebellion endete mit einem Vergleich, der ein neues persönliches Band und einen kollektiven Eid unter den drei Klassen der milites und cives der *Stadt* und des *suburbium* schuf. Die Comune wurde fortan durch ein neues territoriales Element geprägt. Die Gemeinschaft der milites und cives war noch kein festgefügter Körper; sie versprachen sich gegenseitig negativ ja nur die Nichtanwendung von Gewalt; erst später verpflichten sie sich – das ist der bedeutende Schritt nach vorne – Macht, Recht und Funktion eines jeden einzelnen in die Hand der Gemeinde zu legen. Der Gesellschaftsprozeß war noch in vollem Gang, die civis-Schicht war von den unteren Klassen noch nicht klar geschieden; das geschah erst durch den weiteren Versuch, sich den Schichten der capitanei und valvassores anzupassen. Der Friede von 1045 besiegelte den Sieg der Bürger über den Adel und die Teilnahme aller Städter an der Wahl des Erzbischofs. Neue politische und religiöse Kräfte verwandelten das Leben in Kirche und Stadt von Mailand, es stiegen Popolarenbewegung und Pataria hoch. Aber erst am Ende des 12. Jahrhunderts wurde ein juristischer Unterschied zwischen *habitator* und *civis* ganz deutlich; das 11. und 12. Jahrhundert kannte den römischen Rechtsbegriff der civitas nicht. Die feudale Gesellschaft ist geprägt durch persönliche Verpflichtungen und Bindungen; die realen sind weitgehend geschwunden. Eine Ausnahme machen nur die volkreicheren Städte mit häufigem Wechsel zwischen Stadt und Land; in diesen waren Mauerbau, Wacht, Verteidigung des Mauerrings, Aufrechterhaltung der Gebäude öffentliche Verpflichtungen der Stadtbewohner, die man aber im 11. Jahrhundert dem Erzbischof in Mailand schuldete; es beteiligten sich alle Stadteinwohner, concives und confugientes, daran. *Bürgerrecht* beginnt erst mit der freiwillig beschworenen Einung, die die Comune entstehen läßt. Der Eid schafft die Gemeinschaft, in die jeder seine bisherigen Rechte und Funktionen in der Stadt einbringt, die er bislang als Lehen des Stadtherrn ausübte und innehatte. Um 1184 ist man in Mailand Bürger, wenn man ein Haus in der Stadt besitzt und den Nachweis der Wachdienstleistung erbracht hat.

f) Die feudale Führungsschicht in der Toskana vom 9. bis 11. Jahrhundert, besonders am Modell der Städte Lucca, Mailand und Rom

Zur Führungsschicht zählen a) Bischof, Herzog, Markgraf, Graf und b) Leute, die an dieser Herrschaft beteiligt wurden und in den Quellen als missi und vassi domini regis, gasindi, scabini, iudices, notarii regis, als Träger öffentlicher Ämter erscheinen.[53] Die führende langobardische Adelsgruppe in Lucca vor der Mitte

---

[53] C. VIOLANTE, La società milanese nell'età precomunale (Bari ²1974); DERS., L'Arcivescovo Ariberto II (1018–1045) e il monastero di San Ambrogio di Milano, in Contributi Ist. Stor. Medioevale Sacro Cuore III (Milano 1972) 608–623; DERS., Les prêts sur la gage foncier dans la vie economique et sociale de Milan au XIe siècle, in Cahiers de civil. mediev. V (1962) 147–168,

des 8. Jahrhunderts war eng mit dem Königtum verbunden, wie anderswo auch. Herzogs- und Bischofsamt waren im 8. Jahrhundert in den Händen weniger, miteinander eng verwandter Adelsgruppen; diese setzten z.B. in Lucca Karl d. Gr. keinen Widerstand entgegen. Es ist ein seltener Fall, daß in der frühfränkischen Zeit in Lucca die Arimannen als Träger der Verwaltung sicher belegt sind. Die massive fränkische Staatssiedlung in der Mitte des 9. Jahrhunderts erfolgte dort, wo vorher Arimannen angesiedelt gewesen sein müssen. In Lucca gehörten zur Königsverwaltung vassi, gastaldi, seit 812 ein bayerischer Graf und sein Sohn, der im Amte folgte. Karl d. Gr. machte ihn zum Herzog der Toscana. Die Karolinger des 9. Jahrhunderts konzentrierten um Lucca eine starke Königsherrschaft. Der seit 837 amtierende Bischof Berengar war wahrscheinlich ein Franke. Das langobardische Führungselement hielt sich in dieser Stadt und wurde nicht überlagert; so bildete sich hier keine fränkische Gesellschaft, aus der sich Stadtadel und Bischöfe später rekrutiert hätten. Noch die Grafenfamilien des 10. Jahrhunderts waren fast ausschliesslich langobardischer Herkunft. Die Richter als Vasallen des Grafen bzw. Bischofs gehörten aber einer anderen Gesellschaftsschicht an als die höherstehenden Königsbeamten. Die Königsbeamten waren in der Stadt nicht verwurzelt, wohl aber Notare und Schöffen, die als Kenner von Recht und Schrift aus der Bevölkerung herausragten und als privilegierte städtische Schicht zur Exklusivität neigten. Das Zurücktreten der Geistlichen von den Ämtern des Königs und Bischofs hatte zur *Bildung eines laikalen Berufsstandes* geführt. Überregional waren Vassi und Gastalden, die aus einer nichtgeschlossenen, aber zur Exklusivität neigenden Gruppe kamen. Die Königsvassi des Anfangs und der Mitte des 9. Jahrhunderts rangierten gesellschaftlich zwischen den wenigen Fami-

---

437–459; DERS., Per lo studio dei prestiti dissimulati in territorio milanese nel secolo XI, in Studi in onore di A. Fanfani (Milano 1962) I. 641–735. – G. C. ARDENNA, Una famiglia Milanese di «cives» proprietari terrieri nella pieve Cesano Boscone: i Cagapisti, in Contributi Sacro Cuore II (Milano 1972) 641–668. – M. L. CORSI, Piccoli proprietari rurali in Garbagnate Marcido i Veneroni, ibid. 687–726. – E. OCCHIPINTI, Una famiglia di rustici proprietari legata alla canonica di S. Ambroggio: i da Trezzano, ibid. 747–778. – E. OCCHIPINTI, Piccoli propretari rurali in Garbagnate Marcide, i da Vico ibid. 727–746. – G. ROSSETTI, Motivi economico-sociali e religiosi, in Atti di cessione di beni a chiese del territorio milanese nei secoli XI e XII, in Raccolta G. Soranzol (1968) 349–410. – H. M. SCHWARZMAIER, Lucca und das Reich b. z. Ende des 14. Jahrhunderts. Studien zur Sozialstruktur einer Herzogsstadt in der Toskana (1927); DERS., Der Adel Luccas im 10. und 11. Jahrhundert, in GFIAB 52 (1972) 69–69. – Erschienen: H. KELLER, Untersuchungen über die Führungsschicht in den lombardischen Städten des 9.–12. Jahrhunderts. Teil I: Senioren und Vasallen – Capitane und Valvassoren = Habilschrift Freiburg i. Breisgau 1971 (Ms). – W. KÖLMEL, Rom und der Kirchenstaat im 10. und 11. Jahrhundert (1935). – P. TOUBERT, Les structures du Latium médiéval. Le Latium méridional et la Sabine du IXe siècle a la fin du XIIIe siècle 1 (Roma 1972) 325–429, 974–1024, 1085. – C. R. BRÜHL, Das «Palatium» von Pavia und die Honorantiae civitatis Papiae = Atti del IV. Congr. intern. di studi (Spoleto 1969) 189–220.

lien der fränkischen Grafen und Herzoge und den sich erst politisch formierenden städtischen Beamten, die von Graf oder Bischof abhängig waren. *Königsvassi* waren mit Königslehen und Fiskalgut ausgestattet, sie hatten das Amt des Gastalden, auch des Schöffen und waren in der königlichen Verwaltung tätig; sie setzten sich aus Franken und Langobarden zusammen; nach anfänglichem Ausbleiben des conubium zwischen Franken und Langobarden, kam es dann doch zur Bildung einer *kleinen, aber geschlossenen langobardisch-fränkischen Oberschicht,* die das politische Leben bestimmte. In Lucca führte der fränkische Graf den Herzogstitel der Langobarden weiter. Hier wuchs seit 840 die Zahl der Königsvasallen stark an, seit 845 werden die Belege für Franken zahlreicher. Aktive Leute, die seit 840 in der Toscana als Werkzeuge einer neuen Politik des Königs erscheinen, wurden mit ihren Familien überhaupt zu Trägern des politischen Lebens und hatten am Ende des 9. Jahrhunderts die entscheidenden Positionen des Landes in ihren Händen. Seit dem Erlöschen der Königsmacht nach dem Tode Ludwig II. trat der *Herzog* in die beherrschende Position in Bistum, Stadt, Grafschaft ein. Und damit traten auch neue gesellschaftliche Kräfte in den Vordergrund, die mit Königsgut in den Komitaten ausgestattet waren; deren Nachkommen bauten den Besitz zu Allodialherrschaften aus. Aus dieser Schicht kamen die Bischöfe, Grafen, Hofkapläne des endenden 9. und des 10. Jahrhunderts.

Diese neue Gruppe adeliger Familien wird seit dem ersten Drittel des 10. Jahrhunderts unter den Königen Berengar und Hugo, dem König, Herzog, Markgrafen zur Gefahr, sie weichen in der nördlichen Toscana in Pistoja und Florenz das Markgrafenamt auf und machen die Grafschaft erblich, erwerben Fiskalgut zu Lehen. Dieser Aufbau gräflicher Amts-Herrschaft vollzog sich seit 915 sehr rasch und wurde gefestigt durch den Kastellbau und die Eigenklöster. Die Vorfahren bedeutender Adelsfamilien waren *Großlivellarier*. Mit der Bildung eines adelig-gräflichen Standesbewußtseins vollzog sich im 10. Jahrhundert auch ein ständischer Abschluß nach unten. Diese Grafenfamilien, die auch durch Heiraten mit älteren Geschlechtern derselben Rangstufe hochkamen, hatten Besitz in Stadt und Land, ihre Güter waren über die Diözese und den contado verstreut. Für diese zweite Schicht hat man den Namen *Großlivellarier* oder Großbesitzer gewählt. Sie vereinigten Besitz verschiedenen Rechts, allodialisierte Reichsrechte, vasallitische Lehen und Erbpacht zum Aufbau politischer Stellung in ihren Händen. Diese gesellschaftliche Neubildung hatte Vermögensverschiebungen zur Voraussetzung. Die geistlichen Inhaber verpachteten Taufkirchen und ihre Liegenschaften an Laien; diese kamen so am Anfang des 10. Jahrhunderts erstmals in den Besitz großer Zehnteinkünfte und kirchlicher Zinsgüter. Diesen Besitz verwendeten sie zum Aufbau allodialer Grafschaften, wie die Familien der Avocati und Visconti in Lucca, Pisa und anderswo = also «Domvögte» und «Vizegrafen» belegen, die ihre Chance wie andere Grafenfamilien nutzten. Einige führende Familien besaßen Hunderte von Burgen und Höfen; man kann von einer zweiten Phase der Besitzkonzentration und Herrschaftsbildung sprechen, da die schwächeren Familien dieser Gruppe, wenn auch langsamer, diesem Beispiel folgten. Voraussetzung dieser Herrschaftsbildung war eine starke Fluktuation von Gütern, (Burgen, Kirchen, Lehen, Pachtgüter), die im ganzen 10. und noch zu Beginn des 11. Jahrhunderts andauerte. Am Ende des 10. Jahrhunderts stieg auch die Bevölkerungszahl stark an, Hand in Hand nahm auch das bebaute Land zu, das durch Melioration von Sumpfland und Rodung im Wald gewonnen wurde. Im Raum von Lucca setzte sich damals das Pachtsystem durch, das den Pachtherrn größere Einkünfte sicherte. Die *Großpacht* aber sicherte dem Pächter nahezu das Erbeigentum am Pachtland. Die Bischöfe in Lucca und anderen Städten griffen zu diesem Mittel wirtschaftlicher Nutzung ihres großen Besitzes und einer schnellen Kapitalbeschaffung. Nach dem Erliegen der Sklavenwirtschaft reichten die Arbeitskräfte für die Bewirtschaftung des Kirchengutes nicht mehr aus; deshalb nahm man umfangreiche Verpachtungen vor, die zu großen Besitzanhäufungen in den Händen der Pächterfamilien führten. Am Anfang der 80iger Jahre des 10. Jahrhunderts bildete sich eine weltliche Beamtenschicht des Bistums in Lucca, auch in Florenz heraus. In dieser Zeit entstammten die Bischöfe in Lucca nicht dem Domkapitel, sondern den großen Vasallenfamilien. Die Kanoniker, deren Gut vom Kathedralgut damals ausgeschieden wurde, gehörten einer anderen nicht städtisch gebundenen Schicht an. Das Bistumsgut organisierte sich selber wie eine weltliche Grundherrschaft, dessen Beamtenapparat die Kontinuität sicherte. Am Ende des 10. Jahrhunderts verfügte der dem König loyale Markgraf der Toscana über einen Beamtenstab aus gelehrten Richtern und Notaren. Am Anfang des 11. Jahrhunderts schuf sich dieser selbstbewußte reiche Adel in Klostergründungen Zentren seiner immer intensiveren Herrschaft; die Grafenfamilien beherrschten und prägten das politische Lehen im Lande.

Hinter dem um 1004 in Lucca konsolidierten Adel kamen die neuen Schichten und Vorstufen der kommunalen Bewegung bereits hoch, die im Investiturstreit politisch aktiv wurden. Der Adel hatte in der Stadt nur einen Herrensitz als Absteige, seine Herrschaft aber lag auf dem Lande. Dem Beispiel des Grafenadels folgend gründeten diese Adeligen in der zweiten Hälfte des 11. Jahrhunderts Eigenklöster. In der Stadt dominierte der Markgraf mit seinen Organen als Stadtherr. Daß der Prozeß der Neubildung innerstädtischer Führungsschichten im Zusammenhang mit dem Aufstieg der kommunalen Bewegung in vollem Gange war, zeigen die Versuche der Markgrafen, alle Ansätze städtischer Sonderentwicklung und Selbstbestimmung im Keim zu ersticken. Man muß annehmen, daß die feudale Oberschicht an der Ausbildung eines städtischen Selbstbewußtseins keinen Anteil hatte, da ihre Interessen im Lande lagen und an den Hof von König und Markgraf gebunden waren. Die neuen Reformbischöfe des 11. Jahrhunderts kamen in Lucca nicht mehr aus der Diözese und nahmen auf den Adel keine Rücksicht, als sie das kirchliche Leben erneuern wollten. Auch wenn es schwierig ist, bis zu den Anfängen des 11. Jahrhunderts zwischen capitanei und valvassores zu scheiden und diese gegen populus und plebs abzugrenzen (Schwarzmaier 157ff. 260), kann man doch feststellen, daß bis zu dieser Zeitmarke die Vasallenfamilien zu besitzmächtigen Feudalherren geworden waren und es auch blieben, jedoch seit dem 11. Jahrhundert neue Kräfte das Leben in der Stadt bewegten und zwar auf nichtfeudalen Bahnen. Das waren die Kaufleute und Handwerker, aber auch die in der zweiten Hälfte des 11. Jahrhunderts vor Gericht maßgeblichen gelehrten Juristen (causidici, legisdoctores), die besonders typisch sind und im 12. Jahrhundert in Lucca eine wichtige Rolle spielten; einige von ihnen wurden hier Konsuln für die Rechtspflege. Die consules in Lucca standen im späten 11. Jahrhundert in engstem Kontakt mit den Richtern und Juristen; 1107 sind die consules maiores Lucanorum bezeugt. Man muß schließen, daß sich unter der Decke des markgräflichen Zentralismus in Lucca und in der Toscana ein kraftvolles kommunales Verfassungsleben wirkungsvoll in aller Stille bilden konnte. In der Stadtbewegung waren jedenfalls die iudices führend. Um die Wende zum 12. Jahrhundert wurde das Gericht des Markgrafen zu einem kommunalen Organ, ohne daß sich seine personale Zusammensetzung änderte. Die kommunale Bewegung in Lucca wuchs erst im Laufe der Kämpfe gegen Markgraf und Bischof; sie umfaßte hier den größten Teil des hohen Klerus, einen Teil des hohen Adels und verschiedenste städtische Interessengruppen. Die Entscheidungen fielen, als die Interessen mehrerer ganz verschiedener Parteien miteinander verschmolzen waren und man stark genug wurde, Bischof und Stadtherrn zu vertreiben. Vermutlich führten die iudices. Die bürgerliche Kultur des 12. Jahrhunderts und ihre kommunalen Formen waren das Werk der Gruppe der Notare und Richter, des hohen Klerus und der Gelehrten. Im 11. Jahrhundert entwickelten sich die Comune und ihre Organe gegen die deutschen Könige und ihre Bevollmächtigten, die den Wandel nicht bemerkten. Das Kaisertum wurde als Fremdherrschaft empfunden. Die *neue* städtische Gruppe wollte keine feudalen Bedingungen mehr eingehen; sie war ja nicht mehr adeliger Herkunft, auch nicht außerhalb der Stadt begütert. In den Machtkämpfen am Ausgang des 11. Jahrhunderts trat die Stadt Lucca erstmals als selbständiger politischer Partner auf.

An den Begriffsinhalten von capitaneus, miles, populus, plebs und civis läßt sich der fortlaufende Wandel in den Führungsschichten und im Stadtvolk am besten ablesen. Im 11. Jahrhundert gehörten die führenden *Domkleriker*[54] in Mailand zum Adel und zu den capitanei-Familien; die decumani = niederen

---

[54] H. KELLER, Origine sociale e formazione del clero cattedrale dei secoli XI e XII nella Germania e nell'Italia settentrionale = Pubbl. Sacro Cuore. Misc. VIII (Milano 1977) 136–186.

Priester mußten viri boni testimonii bonaeque famae sein; der primicerius und coepiscopus wurden dem populus entnommen. Die klerikale Oberschicht des 11. Jahrhunderts war überwiegend in Mailand geboren, kam aber auch aus dem contado. Der capitaneus Lanzo, der 1142/4 den Aufstand der plebs gegen den Mailänder Adel anführte, ist als Richter und Königsbote auch urkundlich belegt. Auch die Patarenerführer Erlembald und Landulf (1057–1075) kamen aus Mailand und zwar einer Familie, die Königsboten stellte. Die höheren Richterfamilien überschnitten sich mit den capitanei der literarischen Quellen und wurden maiores laici civitatis und nobiles urbis genannt. Doch gab es daneben auch Richter aus dem Kaufmannsstand (negociens, negotians). Als Notare, Richter, Münzmeister und Verwandte von Kaufleuten waren die Adeligen schon um 1000 in das städtische Wirtschaftsleben einbezogen, aber 1067 bildeten die negotiatores noch eine eigene Gruppe neben den reichen valvassores und den schwerreichen capitanei. Die capitanei scheinen die Träger des ersten kommunalen Aufstiegs zu Stadtregiment und kommunaler Autonomie gewesen zu sein. In der Zeit der *bischöflichen Stadtherrschaft* seit Beginn des 10. Jahrhunderts (vorher Grafenregiment in den Städten) war das Verhältnis zwischen König und Stadtführung eng; gräfliche Notare und Schöffen wurden königliche Richter, erhielten vom Bischof Lehen, übten bischöfliche Hoheitsrechte aus und besetzten den bischöflichen Stuhl. Seit dem Ende des Jahrhunderts verstärkte sich die bischöfliche Herrschaft in der langobardischen, die markgräfliche in der toskanischen Stadt. Die Mailänder Erhebungen unter Erzbischof Aribert (1018–1045), der Herr in der Lombardei war, richteten sich gegen den Ausbau der Herrschaft des Bischofs und der capitanei. Die beiden obersten laikalen Führungsgruppen der capitanei und valvassores saßen innerhalb und außerhalb der Stadt und bildeten den Adel. Der populus umfaßte begüterte und arme Schichten innerhalb und außerhalb der Stadt. Milites und valvassores können zusammengehören. Stadtbewohner aller Gesellschaftsklassen werden *cives* genannt, soweit sie *frei* sind; 1117 waren in Mailand capitanei und valvassores = beide vasalli ecclesiae, sowie der populus die cives der Stadt. Für Arnulf von Mailand, der zwischen 1075 und 1077 seine Chronik vollendete, waren cives die Freien gegenüber den Unfreien; er unterscheidet zwischen milites und plebeii, zwischen nobilitas und plebs. Die capitanei werden bezeichnet als maiores civitatis, ingenuus miles civitatis, als Mitglied der nobilitas, miles episcopi oder strenuissimus miles, die valvassores als quidam urbis miles, vulgo valvassor nominatus, als fideles der capitanei, potentes, nobiles. *Populus* meint undifferenziert die Einwohner der Stadt mit Einschluß der Unterschichten (auch im Gegensatz zum Klerus), später im Gegensatz zum Adel. *Cives* heißen alle Stände der Stadt, manchmal auch nur die politisch einflußreichen. Aber 1136 unterscheidet Landulf zwischen milites und cives in Mailand, Lodi, Como; er bezeichnet damit die nichtadeligen Schichten in der Stadt; doch waren deren Oberschichten dem Adel schon sehr stark angenähert; deshalb unterschied man schon 1084 in Pavia zwischen cives maiores und minores. Man trennte milites und cives, als die aufsteigende Comune sich mit dem außerhalb der Stadt wohnenden Teil des Adels auseinandersetzte. In der ersten Hälfte des 12. Jahrhunderts setzte die städtische Comune als Abschluß einer früh einsetzenden Entwicklung die Unterwerfung des contado endgültig durch, wie Otto von Freising bezeugt. Friedrich Barbarossa hatte dies nur noch zur Kenntnis zu nehmen. Zur selben Zeit brachen allmählich die Trennwände zwischen nobiles und plebs ein. Es bildete sich nach dem *alten Adel der milites* ein *neuer städtischer Adel,* in dem alte nobilitas und plebs sich mischten. In den italienischen Comunen wurden auch Leute aus plebs oder populus zu milites erhoben, wie Gesta Friderici (II, 13) bezeugen. Auch der reiche Bürgerstand, die Patrizier, wurden schon als ordo equester bezeichnet. Die alte Gesellschaftsordnung der capitanei, valvassoren, Patrizier = bürgerlichen equites und cives minores wird zum *Gegensatz von populus und nobilitas* ins 12. Jahrhundert nivelliert und dieser bestimmte die Stadtgeschichte Italiens seit dem 13. Jahrhundert (Cristiani, Lestoquoy, Waley). Die nobilitas hatte in sich die alten milites = capitanei und valvassores sowie den neuen ordo equester aufgenommen; das war der *neue Adel,* der sich in den italienischen Comunen des 11. Jahrhunderts bildete; der alte Adel dachte familien- und geblütsrechtlich, der neue gesellschaftlich-kommunal. Der Ausgleich der beiden Adelsschichten wurde ausgelöst, mindestens befördert 1) durch die Auflösung der Grundherrschaften, die in Italien von starkem sozialen Wandel begleitet war, 2) durch die Ausweitung von Handel und Verkehr und 3) durch den Aufstieg der städtischen Wirtschaft (Violante 22 ff., 45 ff., 71 ff., 127 ff.). Die wachsende Mobilität des Grundbesitzes machte reichen plebeii den Erwerb von Liegenschaften möglich. Im 11. Jahrhundert hatten *alle* zur Verteidigung städtischer Interessen bereits zu den Waffen gegriffen. Zudem konnten negotiantes und iudices verwandt sein. Das alles beschleunigte die Verschmelzung der oberen Schichten zur neuen Mobilität des 12./13. Jahrhunderts. In diesem Prozeß übernahm die Stadtgemeinde immer ungehemmter die alten Herrschafts- und Gerichtsbefugnisse und wurden die alten kapitaneischen Richter- und Notarsfamilien vom gelehrten Richter- und Notarsstand verdrängt.

In der *Stadt Rom* wie im Patrimonium Petri spielte wie im übrigen Italien des 10. und beginnenden 11. Jahrhunderts der *Adel* die entscheidende Rolle. Im 10. Jahrhundert verband sich die Familie des Teofilatto mit dem Prinzipat des Alberich, um alle politische Macht auszuüben und auch um den Stuhl Petri zu beherrschen. Von der Mitte des 10. bis in das 11. Jahrhundert hinein war der römische Bischofsitz Objekt harter Kämpfe zwischen den Crescenzi und den Tuscolani, besser gesagt zwischen den verschiedenen Clans, die nicht homogen und schwer zu identifizieren waren und die man bisher als Crescentier und Tusculaner bezeichnete. Die stadtrömischen Adelssippen haben im 10. Jahrhundert im Patrimonium Petri ein relativ geschlossenes Territorium aufgebaut. In Latium und in der Sabina setzte zu Beginn des 10. Jahrhunderts eine vom Adel initiierte Siedlungsbewegung ein, die zu einer Bevölkerungsballung um Kastelle führte, über die die Burgherren weitgehende Rechte ausübten, weil es gelang, die Zuwanderer als homogene Schicht von Zinsern sich unterzuordnen. Mit diesen Kastellbezirken schufen die seit 1012 zur Macht gelangten Tuskulaner ihren Familienpäpsten eine Verwaltungsorganisation, die ein brauchbares Machtinstrument wurde, weil die Rechtsprechung darin zentralisiert, der kleine Landadel unter Kontrolle gehalten und ein funktionierendes Abgabensystem für die Bauern vorhanden war. Das Tuskulanergeschlecht versperrte der römischen Aristokratie die Einflußnahme auf die Päpste; letztere konnten so ihre herrschaftliche Gewalt über das Patrimonium ausbauen. Diese Aktivitäten paßten das Papsttum an den wirtschaftlichen und gesellschaftlichen Wandel Mittelitaliens schon in der ersten Hälfte des 11. Jahrhunderts an; daran brauchten die Reformpäpste nur anzuknüpfen. Kaiser wie Heinrich III. unterstützten die Reformer in ihrem Kampf gegen Simonie und Nikolaitismus und wahrten die Einheit der Kirche gegen die zu immer größerer Autonomie strebenden Bischofskirchen, die an einer straffen Bindung an Rom nicht interessiert waren. Darum belobte 1052 Petrus Damani den Kaiser Heinrich III. ausdrücklich wegen seiner Maßnahmen gegen die Simonisten.

g) Das Modell des populus von Cremona

In einer Königsurkunde von 916 stehen sich in Cremona gegenüber 1) comes, vicecomes, gastaldus, decanus aut aliqua magna parvaque persona publice et imperialis aut regie partis und 2) servi, servae, aldi et aldianae als Pertinenzen von plebes, curtes, celle et villae; mercatores werden nicht genannt; 924 kommen duces auf der Seite der ersteren, libellarii et manentes auf den bischöflichen Güter (qui absque proprio sunt et propium non habent) hinzu; letztere suchen das Gericht von Bischof und König auf. Der Bischof beherrscht im 10. Jahrhundert einen Teil des contado und hat eine besondere Gerichtsgewalt auf seinen bischöflichen Ländereien. König Berengar hatte dem Bischof 916 fiskalische und Herrenrechte über die Stadt Cremona und außerhalb in einem Umfang von 5 Meilen verliehen, was einen bischöflichen contado ausmachte und den Königshof Sospiro sowie den contado von Brescia einschränkte. In der Stadt Cremona wohnten damals Bischof, Kanoniker, Klerus, famuli, daneben cives: milites, mercatores, artigiani. Die Stadt Cremona umfaßte im 10. Jahrhundert ein Fünftel des Mauerberings, im 12., ein Siebentel oder Achtel der Stadt des 20. Jahrhunderts. Der größte Teil der Bevölkerung waren Kaufleute und Handwerker, die den Bischof zum Herrn hatten. Den Hafen von Cremona, Vulpariolo, besuchten nur venetianische Schiffe, es kamen forestarii und Leute aus der Kaufmannschaft der Stadt. Bis 820 läßt sich ein regulärer Handelsverkehr zurückverfolgen; seine Träger waren die Bürger von Cremona, die Befreiung von den Hafengebühren anstrebten, die früher nur die forestarii zahlten. In engster Verbindung mit den negotiantes standen die Handwerker, die einzeln oder als Mitglieder älterer Verbände, als Organe des Fiskus oder im Rahmen herrschaftlicher familiae begegnen. Milites und Adel im technischen Sinn, die in der Stadt vertreten waren, kamen von außen. Sie waren entweder Lehensleute des Bischofs oder eines Laienherrn; sie beide hatten Landbesitz, waren Eigentümer, Besitzer und Inhaber beweglichen Vermögens. Unzufrieden mit famuli und servi(entes), vasalli und milites wollte die bischöfliche Gesetzgebung von 1037 eine neue adelige Bischofsklasse ins Leben rufen, um den Kampf gegen die Kaufleute bestehen zu können. In hartnäckigen Auseinandersetzungen hielten die Städter immer daran fest, daß ihnen das ius civitatis ihre Vorrechte gegenüber den nichtstädtischen Kaufleuten wie gegenüber dem Lande garantiere. Der Zwiespalt zwischen Bischof und Städtern ging bis in die Zeit vor 1000 zurück. Der Bischof aber konnte sich in der Stadt nur dadurch behaupten, daß er seinen Besitz in Lehen umwandelte und für den honor militärisches servitium verlangte. Die Cremoneser, die sich im 10. Jahrhundert schon gerne cives nennen ließen, die die Quellen in divites und pauperes aufteilten, wollten wirtschaftlich völlig frei, in und außerhalb der Stadt gesichert sein, ungehindert Wald, Wasser, Weide auf einer bestimmten Strecke zu beiden Seiten des Po nutzen und ungehindert ihrem Geschäft zu Wasser und zu Land nachgehen (DO III. 198); aber sie hatten noch keine politischen Interessen, etwa Bischof, Klerus, milites von Bischof und Kaiser oder Verwaltungsleute zu vertreiben; sie waren mehr Consumenten als Produzenten und dachten noch an keine politische Organisation. Der Bischof war *Stadtherr* und übte in der Stadt und innerhalb eines Umkreises von 5 Meilen gräfliche Rechte, Kaiser Otto III. hatte ihm die districtio in seinem Territorium verliehen, er übte sein Gericht in der alten sedes municipialis, dem domus civitatis. Er suchte der drängenden Bürgerschaft Schutz und Sicherheit zu geben. Nach einer kurzen Sedisvakanz des Stuhles nach 1000, während der sich die Bürger bischöfliche Rechte angeeignet hatten, setzte Kaiser Heinrich II. seinen Kaplan Landolf als Bischof ein; gegen ihn erhoben sich die Bürger bewaffnet, vertrieben ihn zwischen 1027 und 1030 aus der Stadt, beraubten ihn seiner Güter, zerstörten den Turm von Grund auf, verkauften seine famuli in die Sklaverei; es wurden auch die alten bischöflichen Befestigungen der Kanoniker teilweise zerstört. Es wurde ein größerer Bereich neu ummauert, der auch Teile der suburbia umfaßte, wo die Rebellen wohnten, die Kaufleute, Schiffer, Handwerker, die eine größere Sicherheit wünschten.

Die Botschaft Kaiser Heinrich III. von 1040 wandte sich an milites, valvassores *omnisque populus* in episcopatu Cremonensi seu in comitatu habitantes nec non *cuncti cives* tam maiores quam minores. Die Motive des bürgerlichen Kampfes gegen den Bischof waren teils *wirtschaftlich*, teils *religiös*. Das Haupt der Pataria war hier der Benediktinerabt von San Pietro am Po; an ihn wandte sich 1067 Papst Alexander II. In ihrem integralen Kampf gegen die Korruption des KLerus identifizierten sich die Benediktiner mit dem popolo, der unter dem Einfluß eines Cristoforo und 12 Laien stand, die die Anführer der Pataria waren. Doch 1076 war der popolo militärisch bereits so stark, daß er dem königlichen missus Graf Eberhard riet, Cremona wie Piacenza zu überfallen, um die Pataria auszurotten. Wenn wirklich die cives sich in der Form einer coniuratio gegen den Bischof zusammentaten, dann wohl unter Anerkennung gleicher Rechte sowohl wie aus Eigeninteresse und aus religiös-reformerischen Impulsen, auch aus Widerstand gegen Kaiser und Reich. Jedenfalls konnten sich Geist und Bewegung der Pataria leicht mit gesellschaftlichen Gruppenzielen verbinden. Die feudale Schicht war im allgemeinen weder patarinisch noch reformerisch, wie die Bürger es waren, sie waren aber vielfach gegen den bischöflichen Stadtherrn eingestellt. Wenn 1093 Cremona, Lodi, Piacenza und Milano einen antikaiserlichen Bund mit der Markgräfin Mathilde von Tuszien auf die Dauer von 20 Jahren beschlossen, dann bezeugt das ihren Willen zu kollektiver Unabhängigkeit, aber auch die besondere politische Stellung des Bischofs im Stadtkreis, die dieser wieder errungen hatte, und das Fehlen eines letzthin gemeinsamen Interesses. Der Adel, dessen Vertreter vor dem populus oder gleichzeitig mit ihm in die Stadt kamen, nahm im Grunde wenig am Leben der Stadt teil; sie wollten die alte Stellung der Grafen und Gastalden wieder gewinnen oder in die neue bischöfliche Feudalität einsteigen, deren eigentliche Aufgabe es war, die kirchlichen Interessen zu schützen. Die kleinen und mittleren Vasallen, die zeitweise Feinde des Bischofs waren, verbesserten ihr Verhältnis zu ihm nach der Constitutio de feudis von 1037. Es waren keine wirtschaftlichen Interessen, die den großen wie kleinen Adel für oder gegen den Bischof motivierten, und die kommunalen Probleme der städtischen Klasse des popolo erregten sie nicht. Dafür einzutreten war allein die Sache des popolo; denn aus Revolution und Kampf gegen den Bischof konnte er sich den meisten Nutzen errechnen. Um die Mitte des 11. Jahrhunderts hatte der popolo noch kein sichtbares Profil; ihm standen gegenüber milites und valvassores, cives maiores und minores, der civis war noch nicht identisch mit dem populus, dessen wahrscheinlichste Vertreter damals Kaufleute und Produzenten waren, die damals auch die Steuerzahler waren. Wenn zwischen 1047 und 1056 Kaiser Heinrich III. den cunctus populus Cremonensis ansprach, so drückt das zwar schon eine politische Körperschaft, aber noch keine Rechtspersönlichkeit aus. Freiheit von Handel und Verkehr war der Inhalt ihres Strebens nach Autonomie, vielleicht noch die Beseitigung der Simonie. Aber politische Ziele lagen ihm noch fern, vor allem war er an der politischen Führung nicht interessiert; die Leitung der Volksbewegung überließ er dem ehrgeizigen, herrschaftsgewohnten und kampferprobten Adel, der schon Ämter innehatte und den Trends sich anpassen mußte. Im 11. Jahrhundert gab es noch keine einheitliche Form der Stadtregierung und die Sonderinteressen der Gesellschaftsschichten orientierten sich noch nicht am Gemeinwohl der Comune. Die *capitanei civitatis* waren die einzigen städtischen Laienbeamten neben dem Bischof, die die praedia civium und den kommunalen Besitz der Städter verwalteten. Im 11. Jahrhundert formte sich erst die städtische Gesellschaft der cives (= Einwohner) in Klassen. Als die stärkste und mobilste Gruppe setzte sich dabei der populus durch und begann sich politisch, militärisch, wirtschaftlich, religiös und auch topographisch für die kommenden zwei Jahrhunderte auszuformen; in dieser Zeit entwickelte sich das öffentliche kommunale Recht und wandelte sich der populus zur *societas populi*. Um 1120 war der populus zwar schon eine starke Kraft der Comune, aber noch nicht ganz identisch mit ihm. Arengo *und* populus stimmten damals einer Investitur zu, d.h. alle Stadtbürger zusammen im arengo und der besondere popolo als die stärkste Partei, die in der jungen Comune die Funktion der militärischen Verteidigung wahrnahm. Seitdem stand die Cremoneser Comune unter seinem übermächtigen militärischen Einfluß. Bei einer feudalen Investitur von 1120 schworen die milites von Soncino dem populus (und nicht der civitas) Treue und versprachen Einnahme oder Einäscherung von urbs und suburbium zu verhindern.

Zur gleichen Zeit erschienen auch Konsuln und Konsulat. Es gab in der Stadt nur wenige Ämter, die zeitlich für bestimmte Aktionen begrenzt waren. Die exekutive Gewalt nahm ein Ausschuß aus dem consilium civitatis wahr; diese war kontrolliert vom aringus wie vom populus oder consilium populi. Der Adel war anfänglich Teil des aringus ohne Ausnahmestellung in ihm. Um 1120–1130 verstärkte sich die Stellung des Adels. Die Stadt zog den Adel auf dem Lande an. Um 1138 versuchte der Adel auch in den populus einzutreten; man unterschied damals in Cremona nur mehr zwischen homines maiores und minores, nicht mehr zwischen populus und milites. Die Kirche als größter Landbesitzer stand damals den Kämpfen fern, die Comune besaß selber große Ländereien und die popolares legten ihren Handels- und Erzeugergewinn ebenfalls in Land an; die Wirtschaft Cremonas war im 12./13. Jahrhundert ganz vom Lande und der Landwirtschaft abhängig, besonders die Textilindustrie. Das entscheidende Ereignis im 13. Jahrhundert war es, daß sich die gesellschaftlichen Schichten zu politischen Parteien umformten; dabei erscheinen milites an der Spitze des popolo und führende popolares im Kreis der nobiles. Am Modellheiligen der popolares in Cremona S. Omobono (der Name ist schon ein Programm) kann man sehen, wie religiöse Motive an der Identifikation des popolo mitgewirkt haben. *Omobono* war charakterisiert durch die grundlegenden Tugenden der Armut, caritas und Opferbereitschaft, die auch die Haeretiker der Simonie auf ihre Fahne geschrieben hatten. Homo bonus war ein Muster an Frömmigkeit, ein politischer Reformer und Hüter des Stadtfriedens, der zum Parteiheiligen wurde, ein Vertreter der freien Religiosität des populus, Vorläufer und Ideal der evangelischen Armut, der auch den Humiliaten nahestand. Der Kaufmann Homo bonus hatte viele Anhänger oder Angehörige im Adel und versuchte als Reformer die geistigen Werte von populus und Kaufmannschaft personal darzustellen. Die Religiosität dieser popolares war nicht häretisch, auch nicht theologisch-rational, sondern gesellschaftlich-menschlich; sie richtete sich gegen die reiche Macht- und Herrschaftskirche, die der religiösen Reform bedurfte. Allerdings konnte diese Religiosität auch häretisch werden und Cremona wurde im 13. Jahrhundert auch eines der Hauptzentren der Häresie. Auf dem Boden dieser religiös-motivierten Mentalität erwuchsen Kampf und Streit, die nicht nur gegen Kaiser, Schisma, milites gerichtet waren. Der Mauerbau hatte die neuen (der suburbia) und die alten (der alten Kernstadt) Bürger nicht sofort auf eine gleiche rechtliche Stufe gestellt; das alte städtische Gewohnheitsrecht sicherte noch lange den alten cives eine privilegierte Stellung; es bestand allerdings eine Gleichheit der Pflichten, aber keine der Rechte. Ein Jahr nach dem Mauerbau erschienen nach 1170 die ersten consules iustitiae, in denen wir wohl Vertreter der neu in den Mauerring aufgenommenen Menschen vermuten dürfen. Nach schlechten Erfahrungen offenbar trennten sich 1182 Cittanuova und Altstadt. 1183 erscheinen (gemeinsame?) consules mercatorum. Das Amt des Podestà vereinigt weiter die Macht in einer Hand. 1184 erhitzte sich die Krise, beide Stadtteile wählten ihren eigenen Podestà, beide kamen nicht von außen, sondern waren Cremoneser. Als sich die Lage wieder beruhigte, erschienen 1185 wieder consules; seit 1216 wechselten podestàs und consules. Am consilium von Cremona nahmen seit 1185 Vertreter von popolares und milites teil und zwar war es nur eine begrenzte Zahl von Familien; die capitanei und milites waren erst jüngst in die Stadt gekommen. Im 12. Jahrhundert muß der populus alle nichtadeligen Freien umfaßt haben; aber in die Reihen der milites traten damals popolares ein. Dieser populus vereinigte die Klassen in vollständiger militärischer Aufstellung nach viciniae, deren mehrere in Cremona vier Quartiere bildeten, die nach Toren bennannt waren. Dieses Einteilungsprinzip hatten populus, milites und alle kommunalen Verbände, auch das Heer und selbst die consules iustitiae. Am plenum consilium oder allgemeinen Rat der Stadt Cremona waren beteiligt die consules der paratici (= handwerklichen Produzenten im Gegensatz zu den universitates der vicinie, der societas), die Vetrauensleute der milites und pedites. Arbeit und Handel waren auf der Basis des Handwerks organisiert. Am Anfang des 13. Jahrhunderts war der Prozeß noch in vollem Gang, der aus dem Schoße des populus die societas populi als politischmilitärische Partei entband; erst 1229 erschienen deren statuta, die anstatt von comune von patria sprechen.[55]

h) Freiheit – Friede – Armut. Religion, Kirche, Laientum in der Gesellschaft des 11. Jahrhunderts.

Die Mobilisierung der Laien, auf religiösem Gebiet vor allem, ist in vielfacher Hinsicht ein Werk der Kirche. Diese äußerte sich in einer neuen Religiosität des «*Tatchristentums des Volkes*». Humbert von Silva Candida, der Hauptberater Papst Leo IX., forderte nicht nur die Entsakralisierung des Königtums und seine Unterordnung unter die Leitung der Kirche, sondern rief das *Volk* dazu auf, die Reform in seine eigenen Hände zu nehmen, wenn der Herrscher versagte, und wenn nötig, auch Gewalt gegen beweibte und simonistische Priester anzuwenden. (Libelli de Lite I. 212). Humbert trennte scharf zwischen der Funktion des Klerikers und der des Laien, er forderte den weltlichen Herrscher auf, seine quasipriesterlichen Ansprüche und Eingriffe in die Kirche aufzugeben. Hand in Hand mit dieser Machtverschiebung zu Gunsten der Kirche sollte nach Humberts Willen eine eigenartige Verbindung von Geist- und Güterkirche eintreten, die den Graben zwischen Priestern und Laien vertiefte und das theoretische Fundament für eine autonome Machtkirche schuf. Simonie beschränkte die Freiheit der vom Geist geheiligten Kirche. Humbert schuf die Einheit von Güterkirche, Personenkirche und Geistkirche. Die in der Fälschung der Konstantinischen Schenkung

---

[55] A. GUALAZZINI, Il «populus» di Cremona e l'autonomia del Comune = Ricerche di storia dell'diritto publico medioevale italiano con appendice di testi statutari (Bologna 1940); DERS., Dalle prime affermazioni del populus di Cremona agli statuti della societas populi del 1229, in ASL (1937) 3–66. – E. CRISTIANI, Nobiltà e popolo nel comune di Pisa (Napoli 1962). – G. ZANETTI, Il comune di Milano dalla genesi del consolato fino all'inizio del periodo podestatile, AS Lombardo s 7ª, 60 (1933) 74–133, 290–337; 61 (1934) 122–168, 483–530. – B. STAHL, Adel und Volk im Florentiner Dugento (Köln u. Graz 1965). – D. HERLIHY, Medieval and Renaissance Pistoja. The social history of an Italian town 1200–1430 (Yale Univ. Press 1967). – L. SIMEONI, Verona nell'età precomunale e comunale = Studi Storici Veronesi VIII–IX (1957/8). – N. KAMP, Istituzioni comunali in Viterbo nel medioevo I. consoli, podestà, balivi e capitani nei secoli XII e XIII (Viterbo 1963); deutsch: Konsul und Podestà, Balivus und Volkskapitän in Viterbo im 12. u. 13. Jh. (Viterbo 1960). – CAMPÈCHE, Die Comunalverfassung von Como im 12. und 13. Jhdt. (Diss. Zürich 1929). – L. VERGANO, Storia di Asti I, in Riv. Storia. ... per le province di Alessandria e Asti 59 (1950) 3–135. – A. HESSEL, Die Geschichte der Stadt Bologna von 1116–1280 (1910). – P. VACCARI, Pavia nel alto medioevo, in La città nell alto medioevo = VI. Settimana (Spoleto 1959). – DAVIDSOHN, Geschichte von Florenz I (1896). – R. CESSI, Storia della republica di Venezia (Milano–Messina 1944).

inbegriffene Selbstaufgabe kaiserlicher potestas in Rom begründete die Ansprüche Leo IX., Humberts und des Petrus Damiani gegen Kaiser Heinrich III.[56] Dessen Sohn Heinrich IV. warf Gregor VII. in seinem Propagandaschreiben von 1076 vor, er habe sich der Zustimmung des Volkshaufens gegen König und Adelsepiskopat versichert und drückte ihm damit seine Empörung über die Mobilisierung der Laien aus. Aktivität der Laien widersprach an sich dem kirchlichen Reformprogramm. Die Verhandlungen mit der Mailänder Pataria zeigen aber, daß es der römischen Kirche damit ernst war. Es gab gemeinsame Ansatzpunkte für eine Verbindung von päpstlicher Macht und volkstümlicher Armutskirche. Unbehagen über den feudalen Lebensstil der adeligen Herrenbischöfe, über die Vermengung von Welt und Überwelt, über die Willkürherrschaft der Führenden und das Streben nach «Freiheit». Im 11. Jahrhundert schon forderten in Italien Stadtbürger aller Schichten (nicht nur die Unterschichten) *Armut* und *Askese* als höchste religiöse Tugend und bestritten der Kirche das Recht zu weltlicher Machtentfaltung, zum Horten von Edelmetall in den Kirchen.

Die Pataria war zunächst eine Bewegung gegen den Reichtum, nicht für Armut. Ihre Predigt forderte kirchliche Sittlichkeit; denn man wurde aufmerksam auf den Gegensatz zwischen der eigenen Kirche der Bischöfe und Domkanoniker und dem Ideal der apostolischen Urkiche. In der Stadt radikalisierte sich die Armutsidee, was erst im 12. Jahrhundert voll durchbrach. In der Pataria ging es vordergründig zunächst um die Ausschaltung simonistischer Priester und die Brechung der Adelsherrschaft in der Kirche. Humbert von Silva Candida hatte den Simonisten und Nikolaiten das Recht abgesprochen, Sakramente zu spenden.[57] Gemeinsame geistige Grundlage für Pataria und Fonte Avellana scheint die

---

[56] A. MICHEL, Die Sentenzen des Kardinals Humbert. Das erste Rechtsbuch der kirchlichen Reform (Leipzig 1943). – H. FUHRMANN, Das frühmittelalterliche Papsttum und die Konstantinische Schenkung, in Settimane XX. I problemi del Occidente nel secolo VIII (Spoleto 1973). – H. HOESCH. Die kanonischen Quellen im Werk Humberts von Moyenmoutier. Ein Beitrag zur Geschichte der gregorianischen Reform (Köln-Wien 1970). – J. VAN LAARHOVEN, Christianitè et réform gregorienne = Studi Greg. VI (1959/61) 31 ff. – K. PELLENS, Herrschaft und Heil. Kirchliche und politische Momente im regnum und sacerdotium nach dem Liber de unitate ecclesiae conservanda, in Geschichte und Gesellschaft, Festschrift f. K. R. Stadler (Wien 1974) 99 ff. – A. VAUCHEZ, La spiritualité du moyen âge occidental VIIIᵉ-XIIᵉ siècles, Collection SUP 20 (Paris 1957).

[57] G. MICCOLI,Chiesa gregoriana (Firenze 1966). – C. VIOLANTE, Eresie nelle città e nel contado in Italia dal XI al XIII secolo, in VIOLANTE, Studi sulla Cristianità medioevale. Società, Istituzioni, Spiritualità, racolti da Piero Zerbi (Milano 1972) 325–348; DERS., La povertà nelle eresie del secolo XI in occidente, ibid. 69–110; DERS., L'eremitismo, ibid. 127–144; DERS., I laici nel movimento patarino = Pubbl. Sacro Cuore. Misc. V = Laici nella società cristiana dei secoli XI e XII (Milano 1968). – K. BOSL, Das Problem der Armut in der hochmittelalterlichen Gesellschaft = SB. Ak. Wien Ph. H. Kl. 204 Bd. 5 (Wien 1974). DERS., Armut Christi. Ideal der Mönche und Ketzer, Ideologie der aufsteigenden Gesellschaftsschichten vom 11. bis zum 13. Jhdt. = SB. Ak.

Religiosität des großen Eremiten Petrus Damiani gewesen zu sein. Eremiten- und Mönchtum der Toskana und Pataria haben den armen und nackten Christus verehrt und in Wallfahrten einen gewaltlosen Kampf gegen die Simonie geführt. Die Verleihung des vexillum S. Petri an den Mailänder Patariaführer Erlembald brachte sie um ihre Selbständigkeit. Im Laienbewußtsein und der militanten Laienreligiosität der Pataria wirkten sich innerstädtische Spannungen, vor allem Mailands, aus. Der städtische «pauper»[58], der nicht arm im materiellen Sinne, aber herrschafts- und gewaltlos im evangelischen Verstande war, wollte nicht länger kritiklos und demütig die Gewalt des potens, des mächtigen Herrschaftsträgers hinnehmen; deshalb wurde der inermis = Waffenlose zum armiger und miles Christi. Das reformerische Papsttum und die Laienreligiosität, beide aktive Kräfte in der Gesellschaft, verbanden sich gegen die veraltete = reaktionäre Bischofskirche. Das war der Anlaß für die Verleihung der Petersfahne an Erlembald durch Papst Alexander II. und das bedeutete Aufnahme in die römische Vasallität. Die Paupertasidee war ein wirksames Mittel Gregor VII. die städtischen und ländlichen Volksbewegungen zu beherrschen und um den Klerus fest in die reformierte Kirche zu integrieren. Deshalb trat er auf der Lateransynode von 1059 für die vita communis der Geistlichen nach dem Vorbild der Urkirche bei persönlicher Armut des einzelnen (aber Reichtum der communitas) ein; schon der Archidiakon Hildebrand sah darin einen Grundpfeiler des erneuerten kirch-

---

München Jg. 1981. H. 1. (1981); DERS., Regularkanoniker (Augustinerchorherren) und Seelsorge in Kirche und Gesellschaft des europäischen 12. Jhdts. = Abh. Ak. d. Wiss. NF. 86 (München 1979). – P. CLASSEN, Eschatologische Ideen und Armutsbewegungen im 11. u. 12. Jhdt., Convegno del Centro di studi sulla spiritualità medioevale VIII: Povertà e richezza nella spiritualità dei secoli XI e XII (Todi 1969). – M. MOLLAT, Pauvres et pauvreté dans le monde médiéval = Società intern. di studi Francescani: La povertà del seecolo XII e Francesco d'Assisi Atti di Convegno Intern. (Assisi 1175) 82–94; DERS., Les pauvres au moyen âge, étude social (Hachette 1978). – R. HAUSER, Zur Spiritualität der Mailänder Pataria (1974). – J. SIEGWART, Die Pataria des 11. Jhdts. und der hlg. Nikolaus von Patara, in Zsf. schweiz. Kirchengeschichte 74 (1977). – H. KELLER, Pataria und Stadtverfassung, Vortr. u. Forsch. XVII (Konstanz 1973). – E. WERNER, Pauperes Christi. Studien zu sozialreligiösen Bewegungen im Zeitalter des Reformpapsttums (Leipzig 1956); DERS., Konstantinopel und Canossa. Lateinisches Selbstverständnis im 11. Jhdt. = SB. Ak. der DDR. Abt. Gesellschaftswissenschaften (Berlin 1977). – O. CAPITANI, La concezione della povertà nel medioevo (1974); DERS., Studi per Berengario di Tours, in Bull Ist. Stor. Ital. 69 (1957) 76ff. – R. MANSELLI, Evangelismo e povertà = Convegni del Centro ... sulla spiritualità medievale XIII. Povertà e richezza nella spiritualità dei secoli XI e XII (Todi 1969). – E. DUPRÉ-THESEIDER, Introduzione alle eresie medioevale (Bologna 1953). – R. MORGHEN, Problème sur l'origine de l'hérésie au moyen âge. Hérésies et societés dans l'Europe Preindustrielle 11.–18. siècles (Paris 1968).

[58] K. BOSL, Potens und Pauper. Begriffsgeschichtliche Studien zur gesellschaftlichen Differenzierung im frühen Mittelalter, in BOSL, Frühformen der Gesellschaft im mittelalterlichen Europa (1964) 106–134.

lich-religiösen Lebens, denn diese Armut sicherte der institutionellen Kirche sowohl die wirtschaftliche Grundlage wie auch den stärksten Einfluß auf das Volk.[59] Wenn Abt Odilo von Cluny (994–1049) seinen Klosterverband «congregatio pauperum» nannte, so meinte er wie seine Vorgänger auch, nicht den pauper im wirtschaftlich-sozialen Sinn, sondern den schwachen inermis, der des Schutzes bedurfte. Gregor VII. verglich sich in einem Schreiben an Abt Hugo von Cluny mit dem armen Jesus, der alles schuf und alles lenkte ganz im Gegensatz zu den weltlichen Fürsten = den principes et potentes seculi; er reihte sich damit unter die pauperes Christi und humiles ein, die, wie er mit Bonizo von Sutri meinte, die Rom ergebenen und gehorsamen Christen waren. Für Gregor VII. waren die Patarener deshalb Vorkämpfer der kirchlichen «libertas» = milites Christi, weil sie sich dem ungehorsamen Erzbischof widersetzten. Erlembald wurde damit in eine antikommunale Front gedrängt, wurde zum Werkzeug des mächtigen Papstes und verlor den Rückhalt in Mailand. Für die «reichen» Päpste und Äbte waren paupertas und humilitas keine spirituellen Begriffe und auch keine Realität, sondern Ideal und Mythos. Aber die ländlichen und städtischen «pauperes» sahen in Rom den Vorkämpfer der von ihnen geforderten Armutskirche. Der «Freiheitsbegriff» Gregors wurde für sie eine Legitimation ihres eigenen Verlangens nach Freiheit von adelig-bischöflicher Knechtschaft und Willkür.[60] Päpstliche libertas war im Grunde nicht identisch mit libertas populi. Im 12. Jahrhundert war darum Friedrich Barbarossa im Urteil des John of Salisbury ein gottloser Reicher an der Spitze der potentes und pauperes Christi.

Gregor VII. religiöse Vorstellungen und seine Auffassung eines herrscherlichen Christentums, die sich vom archaischen Königtum seines Gegenspielers Heinrich IV. im Grunde nicht unterschieden, setzten eine hierarchisch gegliederte Gesellschaftsstruktur voraus. Darin waren sie sowohl fortschrittlich wie reaktionär in der lateinischen Ökumene, die seit der Mitte des 11. Jahrhunderts einen tiefgreifenden Wandel in Gesellschaft und Wirtschaft erlebte. Sicher war der Papst nicht allein dafür verantwortlich, daß sich seitdem die Lebensideale der Menschen vom

---

[59] C. D. Fonseca, La povertà nelle sillogi canonicali del XII° secolo. Fatti istituzionali e implicazioni ideologiche = Soc. Intern. di studi Francescani: La povertà del secolo XII e Francesco d'Assisi = Atti die Convegno intern. (Assisi 1975). – C. Pierucci, San Pier Damiani e i beni temporali nel IX centenario della morte (1072–1972) II (Cesena 1972) 300–304.

[60] G. Tellenbach, Libertas. Kirche und Weltordnung im Zeitalter des Investiturstreits (1936). – O. Capitani, Immunità vescovile ed ecclesiologia in età pregregoriana e gregoriana, Studi medievali VI (1965). – M. Maccarone, La teologia del primato romano del secolo XI = Pubbl. Sacro Cuore. Misc. VII (Milano 1974) 39 ff. – H. Theloe, Die Ketzerverfolgungen des 11. und 12. Jahrhunderts. Ein Beitrag zur Geschichte des päpstlichen Ketzerinquisitionsgerichts (Berlin 1913). – J. Benzinger, Invectiva in Romam. Romkritik im Mittelalter vom 9. bis zum 12. Jahrhundert (1968).

asketischen Prinzip der Negation und Weltflucht wandelten zu den dynamischen Ideen christlicher Welteroberung und des Reiches Christi auf Erden. Man sollte auch aufzeigen, wie Papst und Kirche im 11./12. Jahrhundert auch geschoben und bedrängt wurden von Menschen mit neuer Mentalität, Lebenserfahrung und Haltung zum mobilen Leben und sie zu neuen Methoden und Inhalten der Seelsorge sich gezwungen sahen. Die Verbindung mit der Pataria war nicht nur Politik, sondern auch geheimer Zwang.[61] Zweifellos gab es schon im 11. Jahrhundert starke und lebendige Gesellschaftskritik und die «*Armut*» war sicher ein Kern dieser neuen Ideologie von Menschen in aufsteigenden Gesellschaftsschichten.[62] Kehrseite dieser paupertas war die libertas = die *Freiheitsidee*, die im endenden 11. und beginnenden 12. Jahrhundert eine wichtige Rolle in Gesellschaft und Politik insgesamt spielte. Freiheit entfaltete sich auf diesem Kulturniveau vorab in der Gemeinschaft, in die der einzelne fest eingefügt war. *Libertas* wurde begriffen als Gefüge von Berechtigungen, sie meinte die jeweilige positive Rechtsstellung, das dem einzelnen wie der Genossenschaft angemessene Recht, das sie beide schützte. Die Freiheitsbewegung[63] erstrebte die Befreiung von Lasten und Verpflichtungen, die dem fortgeschrittenen Status der Zeit nicht mehr gemäß waren; sie wurde deshalb in Italien, Frankreich, Deutschland getragen von Rodungsbauern und Stadtbürgern und schlug sich nieder in Friedenseinungen und beschworenen Bünden.[64] Die *pax Dei*-Bewegung schränkte das Willkürregiment

---

[61] K. F. Morisson, The investiture controversy issues, ideals and results (New York–Chicago 1971). Darin: C. B. Ladner, Gregory sought to receive the ancient spirit of the church, und D. B. Zema, The issue of property: difficulties within the Roman See. – E. Werner, Zwischen Canossa und Worms (Berlin ²1975); Ders., Häresie und Gesellschaft = SB. Ak. Leipzig (Berlin 1975). – A. Nitschke, Die Wirksamkeit Gottes in der Welt Gregor VII, in Studi Greg. V (1956). – H. L. Mikoletzky, Der fromme Kaiser Heinrich IV., MIÖG 68 (1960).

[62] K. Bosl, Armut, Arbeit, Emanzipation, in Festschrift H. Helbig (Köln–Wien 1976) 128–146; Ders., Gesellschaftswandel, Religion und Kunst im hohen Mittelalter = SB. Ak. München Jg. 1976.

[63] G. Dilcher, Freiheit. Handwörterbuch z. deutschen Rechtsgeschichte, hsgb. von Erler u. Kaufmann 1 (1971) Sp. 123 ff. – R. Fossier, Remarques sur l'etude des «commotions» sociales aux XIe e XIIe siècles (1973). – W. Mägdefrau, Stadtentstehung und revolutionäre Kommunalbewegung aus regionaler Sicht. ZJG (1971) 639ff.

[64] B. Töpfer, Volk und Kirche zur Zeit der beginnenden Gottesfriedensbewegung in Frankreich (Berlin 1957). – La paix = Rec. Soc. J. Bodin 14 (Bruxelles 1962). – H. Hoffmann, Gottesfriede und treuga dei (Stuttgart 1964). – A. Vermeesch, Essai sur l'origines et la signification de la commune dans le Nord de la France XIe et XIIe siècle (Heule 1966). – G. Duby, Les laics et la paix de Dieu = I laici nella societas christiana dei secoli XI e XII (Milano 1968) 444–462. – H.E. Cowdrey, The peace and the truce of God in the eleventh century, in Past and Present 44 (1970) 42–67. – L. v. Winterfeld, Gottesfrieden und deutsche Stadtverfassung, in Hansische Gbl. 52 (1927) 8–56; Dies., Nochmals Gottesfrieden und deutsche Stadtverfassung, ZRG. GA 54 (1934) 238–240. – D. Kennedy, Medieval towns and the peace of God, in Medioevalia et Humanistica

des Adels ein und verwies ihn auf den Kampf gegen infideles, Räuber und Verbrecher! Kirche und Bauern und Städter versuchten so den Adel und die schwerttragende, herrschende Oberschicht zu zähmen und zu humanisieren. Bauern widersetzten sich ihren Grundherren und schlossen sich in spontanen Friedensbünden zusammen. Viele Rodungsbauern waren aus der «familia» ihrer Leib- und Grundherren ausgebrochen, drangen in neue Bannwälder und Siedlungsgebiete ein, erhielten von den neuen Herren der Siedlung libertates; denn davon profitierten auch die Herren. Die Freiheit und die Freiheiten der Städte aber durchlöcherte das feudale Herrschaftssystem und die alten abhängigen Personalverbände (familiae) zugleich; das geschah in öffentlichen Auseinandersetzungen oder durch Abkommen und Bünde oder in einer langen Evolution. Die Kirchenreformer wollten durch libertas ecclesiae die Kirche aus der Königsmunt lösen, unterwarfen sie aber gleichzeitig der libertas Romana = der Munt des Papstes.

Königsherrschaft und Bischofsherrschaft waren nicht straff zentralisiert und organisiert. Beim Mangel an flüssigem Geld bestand die Entlohnung für die Träger der Verwaltung in der Verleihung von Land und Rechten, die erblich wurden. Dadurch konnte sich der (Amts-)Adel verselbständigen, konnten sich gesellschaftliche Gruppen bilden und sich in Genossenschaften zur Durchsetzung ihrer Interessen zusammenschließen. Im Laufe des 11. Jahrhunderts setzte aber ein kleinräumiger, regionalbegrenzter, herrschaftsintensiver Konzentrationsprozeß ein, der die neuen gesellschaftlichen Kräfte in die Herrschaften des Adels integrierte. Dabei gingen Adel, König, Kirche, Papst dieselben Wege. Der Papst legitimierte die aufsteigenden Nationalmonarchien sowie die neuen Dynastien in England und Süditalien als eigenständige, keinem imperialen weltlichen Macht unterworfene regna. Den Rittern bot der Papst den Adel der militia Christi und eine neue Form der ritterlichen vita religiosa neben Priester- und Mönchtum. Das Reformpapsttum des 11. Jahrhunderts begründete eine Macht- und Herrschaftskirche bei seinem Versuch sich praktisch und ideell-ideologisch dem Gesellschaftswandel Westeuropas anzupassen. Es wurde zu einem Hauptträger feudaler Ordnungsprinzipien und Ideologien in Europa. Das führte dazu, daß die veri pauperes auf dem Land und in der Stadt antipäpstlich, antikirchlich, antifeudal wurden. Dissidenten, Opponenten gegen die geheiligte Ordnung und Ketzer wurden darum schon seit dem 11. Jahrhundert gehängt und verbrannt, weil ihre

---

15 (1963) 35–53. – G. ÅQUIST, Frieden und Eidschwur. Studien zum mittelalterlichen germanischen Recht (Stockholm 1968). – G. PFEIFFER, Die Bedeutung der Einung in Stadt- und Landfrieden, in ZBLG 32 (1969) 815–831. – CH. PETIT-DUTAILLIS, Les communes françaises: caractères et évolution des origines au XIIIe siècle (Paris 1947) 82ff. – C. VIOLANTE, Aspetti della politica italiana di Enrico III prima della sua discesa in Italia 1039–1046, in Riv. Stor. It. 64 (1952) 157–176, 293–314.

Agitation Kirche und Staat bedrohte, ihre Gesellschaftskritik an Macht, Herrschaft, Reichtum die Massen gegen die superbi und avari = die Oberschichten (Gerloh von Reichersberg) mobilisierte.

In Mailand wie in anderen italienischen Städten waren die *religiösen Auseinandersetzungen* des 11. Jahrhunderts gekennzeichnet durch eine Aktivierung der städtischen und oft auch der benachbarten Landbevölkerung. Am meisten berichten die erzählenden Quellen Mailands, etwa die von einem Patarener und Valombrosaner Andreas um 1075 geschriebene Vita Arialdi; die weiß viel mehr als die Vita Johannis Qualberti über Florenz. In Mailand stand im Vordergrund das Verhältnis der Stadtgemeinde zu Pataria und zum konservativen Klerus, zu päpstlicher oder königlicher Partei, zu den adeligen Führungsschichten und zur Gruppe um Erlembald, die sich auf neue Kräfte stützte. Zwischen diesen relativ konstanten und kleinen Gruppen bewegte sich die Einwohnerschaft in ihrer entscheidenden Mehrheit, die als Stadtgemeinde bezeichnet wurde, aber verschieden reagierte. Die Pataria hat in Mailand die Gemeindebildung nicht ausgelöst, sondern eine schon im Gange befindliche Bewegung beschleunigt, verstärkt. Wir wissen ja schon, daß Mailand bereits vor der Mitte des 11. Jahrhunderts von schweren inneren Krisen geschüttelt war, deren Träger nicht allein die von den capitanei wie von populus geschiedenen valvassores gewesen sind. Aber die Hintergründe dieser harten Auseinandersetzungen waren die Kämpfe der Aftervasallen gegen Herrschaftsausbau und -intensivierung vorab der geistlichen Kronvasallen und Herren um Sicherung ihrer gesellschaftlichen Stellung und um ihren «Adel» gegen Deklassierung, waren die Gegensätze zwischen Adel und Volk, zwischen capitanei + valvassores gegen den vom Adel geführten populus. Die Zeitgenossen des 11. Jahrhunderts sahen darin gesellschaftliche Konflikte und nicht Kämpfe einzelner Familiengruppen um die Führung in der Stadt, wenn es auch schon Rivalitäten zwischen Gruppen gab. Ariald berichtet von Mailänder Geistlichen, die als Güterverwalter und Wucherer einen schlechten Eindruck machten und der patariafeindliche Landulf weiß von Leuten, die an der Pataria deshalb teilnahmen, weil sie Schulden drückten. Die breiten Massen kümmerten sich zunächst wenig um Simonie, aber die «unkeuschen» Priester hatten sie Tag für Tag vor Augen. Zunächst ging es der Pataria um religiöse Ziele, im Verlauf der Kämpfe wandelte sie sich. Die *Laien* haben in diesen Auseinandersetzungen dem verweltlichten Klerus kanonische Lebensformen aufgenötigt. Zur antipatarenischen Partei zählten «pars maxima clericorum et militum nec non multi de populo minore.» Der Antipatarener Arnulf berichtet, daß die neue Schwureinung, die 1075 Erlembalds Herrschaft ein Ende setzte und vorübergehend die Pataria auslöschte, von den milites ausging. Erlembalds Anhang kam aus allen Schichten der Bevölkerung; seine halbplebiszitäre Diktatur wurde von der Führungsschicht abgelehnt, die sich von den großen Entscheidungen ausgeschlossen sah. Der antipatarenische Arnulf sah in den Kämpfen der Pataria unzulässige Übergriffe von Laien auf kirchliches Gebiet, später erkannte er auch deren gesellschaftliche Sprengkraft. Die gesellschaftlichen Gruppen traten 15 Jahre später im Bericht des wohl aus Cremona stammenden Bonizo hervor (um 1090). Bei ihm waren capitanei und valvassores eindeutig simonistisch-nikolaitisch, aber ihr Gegner war nicht unbedingt das Volk als Anhänger der Pataria. Bei der Neuwahl des Mailänder Erzbischofs 1097 standen sich Adel und Volk deutlich gegenüber. In den Anfängen der Pataria waren *alle* einig gegen Simonie, Nikolaitismus, Konkubinat; später brachen darin gesellschaftliche Gegensätze auf und diese zeigten sich auch in anderen Städten Italiens wie in Piacenza am Ende des 11. Jahrhunderts. Die Pataria des 11. Jahrhunderts hat niemals die bestehende Stände- und Gesellschaftsordnung in Frage gestellt, ihr Kampf galt der Willkürherrschaft der Führungsschicht, die nur ihre Interessen betrieb. In Mailand war die kommunale Bewegung offenbar auch von der *Gottesfriedensbewegung* inspiriert, die in Frankreich und Oberitalien sehr lebendig war. Sicherlich war die Bewegung in den lombardischen Städten des 11. Jahrhunderts auch Ausdruck einer allgemeinen Krise des bestehenden Herrschaftssystems und seiner Legitimation, wie es sich sowohl in den Auseinandersetzungen zwischen weltlich-sakralem Königtum und hierokratisch-freiheitlichem Papsttum wie in der königsfeindlichen Publizistik des Investiturstreits kundtat. Libertas war ein Grundthema des Aufbruchszeitalters, nicht nur der sich aus Adelsherrschaft und weltlicher Herrschaft befreienden römischen Kirche.

C. Violante (La Pataria milanese) bestreitet einen klassenkämpferischen, einen antiklerikalen und einen häretischen Charakter der *Pataria*; er sieht sie als Teil der Reformbewegung an. Doch meint er, der gerade die präkommunale Situation der Gesellschaft stärkstens herausarbeitete, daß die Pataria kaum denkbar wäre, wenn nicht eine gesellschaftliche Nivellierung der früher stärker von einander geschiedenen Schichten erfolgt wäre. Warum aber wurden politische und gesellschaftliche Umwelt zum Anstoß der Pataria und ihres Reformverlangens? In seiner Rezension von Violante lehnt F. I. Schmale (HZ 187, 1959, 376–385) einen präkommunalen Charakter der Pataria ab, wenngleich ihre Folgen danach aussahen. In Italien, das zur Zeit der Pataria und des Investiturstreits allen Gebieten des Reiches weit voraus war, hatten sich früher und intensiver neue Formen religiösen Lebens entfaltet; das beweisen Camoldolenser, Vallombrosaner und vor allem die ersten Gründungen der Regularkanoniker, die allein eine neue Idee des Priestertums ausdrückten. Mit ihren neuen gelebten Idealen von Gemeinschaft, Zölibat und Armut stellten sie für die Menschen dieser Zeit, besonders in Oberitalien, die gesellschaftlichen Bindungen entwachsen waren, klare, alternative Gegenleitbilder zum alten Verhalten des Klerus auf. Die Patariabewegung erfaßte ganz Oberitalien, sie begann mit dem Scheitern einer bischöflichen Priesterreform. Ihrem Selbstverständnis nach waren sie placitum dei = Bund, Einung, Gottesbund, coniuratio, geschlossen durch iuramenta oder sacramenta; sie wollte sich an die Stelle des iuramentum commune setzen, was 1057 in Mailand gelang. Landulf Cotta, einer der Führer dieser Bewegung, brachte alle Laien dazu, den Kampf gegen Simonie und Priesterehe in das iuramentum commune aufzunehmen und es zu einer Grundlage städtischer Ordnung zu machen. Schon vorher hatten die Laien ihre Priester zum Keuschheitseid gezwungen; diese Laien aber waren nicht der Straßenpöbel, der Willkürakte gegen Geistliche vollführte. Die Pataria war Form und Inhalt der Auseinandersetzungen zwischen Bischof und Stadtgemeinde; es ging dabei um das rechte Verhältnis zwischen Bischof und Stadtgemeinde im Rahmen der Comune. Priesterehe und Simonie gefährdeten in den Augen der Patarener nicht nur die Kirche, sondern auch das Gemeinwohl der Stadt und deshalb wollte die Stadtgemeinde diese Haeresien nicht innerhalb der Mauern; deshalb vertrieb auch die weltliche Obrigkeit die piemontesischen Ketzer aus Montfort, die Erzbischof Aribert zur Bekehrung nach Mailand zitiert hatte (1030) wieder aus der Stadt, weil sie dort predigten und Anhänger für ihre Häresie gewinnen wollten. Die Güter verheirateter Priester sollten konfisziert und nach einem Konzilsbeschluß von 1022 der städtischen curia überantwortet werden. Es ist wichtig zu wissen, daß die Angriffe gegen Person und Privatbesitz der Nikolaiten in der weltlichen Rechts- und Friedensordnung der Stadt begründet waren; deshalb stellte sich auch der Geistliche, der dem iuramentum commune gegen Priesterehe und Ämterkauf nicht beitrat, außerhalb der städtischen Einung und Friedensgemeinschaft. Darum mußten sich in den Zeiten der Patariaherrschaft die Geistlichen dem weltlichen Gesetz der Stadt unterordnen und darum beauftragte der Patarenerführer Erlembald auch einen Ausschuß, wohl von Laien, mit der Kontrolle des Lebenswandels der Geistlichen. Es mußte sich ja selbst der Erzbischof von Mailand sich vor der Stadtgemeinde für sein Tun verantworten; tat er es nicht, wie zu Anfang des 12. Jahrhunderts geschah, wurde er durch die Mitbürger aus der städtischen Gemeinschaft ausgestoßen. Die Volksversammlung von Mailand zwang 1057 den Erzbischof bei seiner Rückkehr von einer Provinzialsynode zu Novara, die die nichtanwesenden Patariaführer gebannt hatte, eben mit diesen Exkommunizierten ein Gespräch zu führen. Freilich hatte die Mißhandlung des Erzbischofs in der Versammlung zur Folge, daß seine Lehensleute (milites) schließlich auf seine Seite traten. Das nämliche wiederholte sich zu Anfang des 12. Jahrhunderts. Angesichts dieser harten Unterwerfung von Bischof und Klerus unter die Rechts- und Friedensgemeinschaft der Stadt und ihr Urteil versteht man die engen Zusammenhänge zwischen komunaler Bewegung und Pataria in der zweiten Hälfte des 11. Jahrhunderts. Es zeigt sich darin eine starke *Emanzipation der Laien* aus kirchlicher Bevormundung zu einer Zeit, da die Reformkirche zwischen kirchlicher und weltlicher Sphäre trennen wollte, die

Stadtgemeinde aber noch nicht. Im ganzen gesehen hat ein kontinuierlicher *Evolutionsprozeß* vom 9.–12. Jahrhundert die lombardische Comune geschaffen. Der Bischof, der zuerst Haupt der Stadt war, trat allmählich seine Rechte an die Stadtgemeinde ab; dabei wurden neue Rechtsformen der *Einung* entwickelt. In Mailand half eine Revolution diesem Geschehen nach. Adel, Bischof, Klerus mußten sich der Schwureinung anschließen und sich als Teile der Stadtgemeinde der gemeinsamen Willensbildung der Volksversammlung unterwerfen, an der alle Stände mitwirkten. Eine Veränderung der *Verfassung* führte zu städtischer Autonomie und Selbstverwaltung und regelte das Verhältnis Mailands zum König. Eine revolutionär getriebene *Gesellschaftsentwicklung* veränderte die Struktur der Stadtherrschaft und das Verhältnis der Stände.

i) Grundlinien der kommunalen Entwicklung in Italien.

Es gibt sehr verschiedene Formen der Comune, die sich nicht alle auf eine gemeinsame Wurzel zurückführen lassen. Viele Kommunen sind das Ergebnis von Ausgleich und Angleichung nach langen Kämpfen zwischen verschiedenen Gesellschaftsschichten. Andere verdanken ihre Existenz den Anstrengungen einer geschlossenen Gruppe von reichen und kraftvollen Familien, die durch eine con- iuratio = Einung andere Familien und Gruppen an sich zogen, bis sich schließlich die ganze Stadt mit ihnen verband. Wieder andere entstanden aus wilder Wurzel in einer schnellen Entwicklung, etwa unter dem Zwang der Verteidigung gegen Feinde und mit Hilfe einer Einigung von Einwohnern getrennter Dörfer auf einen und in einem Ort, oder auf der Basis älterer kommunaler Einrichtungen, die verwandelt, aber nicht zerstört waren, oder nach langer Vorbereitung einer Herrschaftsorganisation, die Grenzen und Organe der neuen Wohngemeinde schuf. Andere wieder waren das Ergebnis landwirtschaftlicher Tätigkeit und gleichsam Resultat einer langen Rechtsgemeinschaft = Almende von Wald, Wasser, Weide; wieder andere schufen Krieg und Handel, etwa in den Landen am Meer; schließlich wirkten dabei auch ursprünglich freie Leute, milites und masnadieri zusammen, die Leibeigene geworden waren. Es gibt *zwei Grundtypen* der Stadt a) die einfache Landstadt, b) die komplexe Stadt bestehend aus verschiedenen Gesellschaftsschichten, die sich bis zu einem gewissen Grade ausgleichen müssen, um als «Wohn-, Interessen-, Wehr-, Kirchen-, Schutzgemeinschaft und Immunität existieren zu können. Die einfache Stadt wird von Bauern und possessores, die gleich und genügend frei sind, in einem offenen Ort bewohnt, die in der Form einer Gemeinde = Comune aneinander gebunden sind. In der gesellschaftlich komplexen Stadt kann eine Gruppe oder Klasse die Comune bilden, aber die anderen müssen in irgendeiner Form mit ihr verbunden oder verbündet sein. Die

Comune selber und ihre Institutionen sind ein Novum in der mittelalterlichen Gesellschaft, ein Element des Aufbruchs einer mobilen Gesellschaft. Diese Feststellung gilt nicht nur für das langobardische und griechische Italien, sondern auch für Neapel, Gaëta, Amalfi, Bari und Istrien. Die Comune ist auch ein Resultat wachsenden Reichtums und gesteigerten Geldumlaufs, sich ausbreitender Geldwirtschaft. Juristisch gesprochen wurde die Comune begründet durch eine freiwillige, beschworene Einung. Die größeren Comunen, die Sitze von Grafen und Bischöfen waren, sind ihrem Ursprung und ihrer Struktur nach aristokratisch gewesen. Ihre Einwohner waren zumeist Großgrundbesitzer und Valvassoren, ihre Bildung hing zusammen mit den ersten Erwerbungen des contado, Folge der feudalen Gesellschaft und der agrarischen Bevölkerung gegen 1000. Am Ende des 11. Jahrhunderts fanden sich in der Stadt, ihren Vorstädten und Nachbarschaften ein mehr oder minder zahlreicher Kern von Eigentümern älterer Herkunft oder bildete sich neu durch Aneignung feudaler Ländereien und von Kirchenlehen. Daneben gab es viele Valvassoren und kleinere milites, die sich je länger desto stärker von ihren Standesgenossen auf dem Lande abhoben; ebenso wohnten hier alte homines de masnada, die reich geworden waren und eine unbestimmbare Zahl von Leibeigenen und Söhnen von Leibeigenen, die auf verschiedene Weise sich aus dem Lande ständig ergänzten. Alle diese neuen Leute erwarben freie Verfügung über ihre Arbeitskraft und ihren Arbeitsvertrag, erwarben persönliche und teilweise Besitzfreiheit. Die Comune wuchs innerhalb der Stadt durch die Aktivität der Oberschichten der urbanen und suburbanen Bevölkerung als logische Ordnung und rechtlicher Ausdruck neuer Besitzverhältnisse und als notwendige Folge gegenseitiger Verteidigung und Entschädigung gegen die Bedrohungen durch die großen Feudalherren des Umlandes. Unter den ersten Mitgliedern der Kommunen fehlten auch Kaufleute, Geldwechsler, freie Zunftmeister und possessores nicht. Zwar blieben Bedürfnisse des Verkehrs nicht ohne Wirkung auf die Ausbildung der neuen *bürgerlichen Solidarität*, die die Comune trug, aber die Interessen des Kaufmanns und Handwerkers prägten noch nicht den Lebensstil dieser frühen menschlichen Einung. Den bestimmten die alten Urfamilien der Stadt, die Familien der Vizegrafen und Vizedomini, der mächtigen Valvassoren, auch der Grafen und der Gemeinschaft der capitanei. Ihr erstes Ziel war die Verteidigung der bäuerlichen Besitzungen, die freie Ausübung aller Eigentumsrechte auf diesen, eine größere fiskalische Freiheit gegenüber dem Reich, der Kampf gegen die mächtigen Feudalherren.

3) Die Anfänge der kommunalen Bewegung im 11. und ihr Sieg im 12./13. Jahrhundert. Consul und Podestà, Popolo und Arti.

Wesentliche Elemente der *kommunalen Bewegung* waren *Herrschaftsbeschränkung* und *Selbstregierung*. Schon vor 1050 muß Herrschaftsbeschränkung im Valvassorenaufstand propagiert worden sein. Die Annales Sangallenses maiores wissen nämlich, daß quidam ex servili conditione ... conspirati = die nichtadelige, ja leibeigene Stadtbevölkerung sich eidlich zusammentaten und sich selber Richter, Recht und Gesetz setzten. Wipo von Burgund weiß von einer magna et modernis temporibus *inaudita confusio* in Italien, deren Ursachen coniurationes populi gegen die principes waren; dabei verschworen sich omnes valvassores Italiae et gregarii milites (aus den leibeigenen Unterschichten) gegen ihre Herren, die minores gegen die maiores. Hermannus Contractus von der Reichenau hatte das nämliche erfahren, vor allem aber, daß die minores milites nach eigenen Gesetzen leben und die Herrschaft ihrer domini brechen wollten und darum eine valida coniuratio in Szene setzten. Auch der Verfasser der Gesta episcoporum Cameracensium findet es der Mitteilung wert, daß die Lombarden sich verschworen hätten, keinen Herrn über sich zu dulden, der gegen sie entscheiden würde. Dies verbindet er mit dem Bericht über den Kampf Konrad II. gegen Mailand. [In *comune* decreverant iuramento *potentes cum infimis*]. Zur selben Zeit wurde dem Bischof von Cremona die Stadtherrschaft = Stadthoheit, Gerichtsbarkeit, Fiskalrecht in vollem Umfang bestritten. Wenige Jahre später kämpfte der Mailänder populus gegen die dominatio des Adels und für den Erwerb der Freiheit (pro libertate acquiranda). Schon damals waren die Comune und ihr Prinzip am Werke, der Prozeß aber verlief etwa so: Zuerst regierte der Graf von *Mailand* in der curtis dominicalis und sprach dort Recht; ihm waren alle Einwohner der Stadt gleichermaßen unterworfen. In einer zweiten Phase der Entwicklung kamen die gräflichen Befugnisse in die Hände der capitanei und durch diese an ihre Vasallen. Dadurch nahm die Zahl der Herren zu und das Volk kam unter die Herrschaft seiner Mitbürger = dominium suorum civium und hatte darüber sehr zu leiden; deshalb kämpfte man gegen Adelsherrschaft und für die Freiheit, die der Vater einst besessen, aber verloren hatte. Der soziale und gesellschaftliche Gegensatz nahm im 11. Jahrhundert schärfere Formen an und löste Spannungen aus, die zu bewaffneten Auseinandersetzungen führen mußten. Zwischen 941 und 968 gingen die Gerichtsbefugnisse auf den captianeus über, indem Kaiser Otto I. den Ambrosius Bonizo zum Herrn von Mailand machte und dieser in seinem Privathaus den Richter Adelgisius/Ago, einen kaiserlichen missus, amtieren ließ. Damit vollendete sich in der Mitte des 10. Jahrhunderts eine andere Entwicklung, daß nämlich die aus dem Untertanenverband der Karolingerzeit erwachsene neue Führungsschicht eine direkte Herrschaft über die anderen Bevölkerungsschichten gewann, die sie bislang nur durch ihr gesellschaftliches Prestige überragte. Der Aufstieg dieser neuen Schicht zu Herrschaftsträgern kam in Gang in der Mitte des 10. Jahrhunderts. Gegen sie = die capitanei kämpften valvassores und Volk im 11. Jahrhundert. Die Stadtbevölkerung war in eine herrschende Klasse und in Beherrschte zerfallen. Dieser Differenzierungsprozeß ist durch die Aufstände zwischen 1035 und 1045 nicht unterbrochen worden, so daß wir am Ende des 11. Jahrhunderts *drei feste Gruppen* in der Stadt unterscheiden: *capitanei, valvassores* und *populus*. Erst im 12. Jahrhundert zeigen sich capitanei und valvassores als einseitig geprägte Stände mit eigenen Vertretern. Aber noch im gleichen Jahrhundert verschmolzen diese «Adelsstände» und die (patrizische) Oberschicht des populus zu der neuen nobilità der italienischen Comunen, die im 13. Jahrhundert dem populus gegenübertrat.

Wenn auch erst die vollentwickelte Comune der Schauplatz des *gesellschaftlichen Wandels* wurde, so waren die wirtschaftlichen und sozialen Voraussetzungen dafür doch schon im 11. Jahrhundert angelegt. Das 11., nicht das 12. Jahrhundert, ist entgegen F. Heer das kreative Jahrhundert europäischer Gesellschaft und Kultur. In den Aufständen von 1035–1042 kämpfte man in Mailand nicht gegen die bestehende Gesellschaftsordnung, auch nicht gegen eine adelige Führung, sondern gegen dominatio des Adels und das meinte Entartung von Adelsherrschaft in Willkür, Ungerechtigkeit und Unfähigkeit ihrer Ausübung, die sich immer wieder einstellte, wogegen man immer wieder sich erhob, vor allem in Mailand; denn das war ja auch ein Grundproblem der Patariabewegung und diese war darin kommunal, daß sie keine Herrschaftsform als ewig oder als gewachsen ansah, sondern man nach der Legitimation dieser und jener Herrschaft und nach ihrer Leistung für die Untertanen fragte. Darin aber schwamm in Italien vor allem die kommunale Bewegung auf der Welle der Zeit, lag im Trend der Entwicklung des Jahrhunderts und erfüllte Sehnsüchte der Menschen von damals ebenso wie die Reformkirche und das Reformpapsttum (Petrus Damiani, Gregor VII.), die *Freiheit* der gottbegründeten heiligen Kirche von der archaischsakralen Herrschaft des weltlichen Königs forderten, den sie seiner mythischen und seit Karolingerzeit theologisch-christlichen Würde entkleidete, nachdem sie ihn zum eigenen Überleben weidlich ausgenützt hatte. Das Problem der *Freiheit* beinhaltete im gesellschaftlichen Kontext die Frage der *Gleichheit* und das stellte die Frage der Herrschafts- und Machtbeschränkung der capitanei und der Unterstellung aller Stände unter die gleichen Bedingungen der Gerechtigkeit. Der Friedensschluß von 1044/5 scheint die durch die Aufstände brennendsten Fragen gelöst oder befriedigt zu haben. Aus Zorn hatte der vom Volk bedrängte Adel heimlich seine Stadthäuser verlassen und sich auf seine Sitze im contado zurückgezogen; auch der kranke Erzbischof war nachgefolgt. Da sich die Führer des populus um die Rückkehr des Adels in die Stadt, um die Beendigung dieser secessio nobilitatis ernstlich bemühten, muß man schließen, daß es sich nicht um eine gewaltsame Vertreibung, sondern um eine Kampfmaßnahme des Adels gegen den populus handelte; es führte ja auch der kaiserliche Stadtherr die Einigung herbei: Dabei nahm der adelige Führer der plebs Verbindung mit der Adelspartei auf, machte sie auf den Schaden aufmerksam, den die ganze Stadt durch ihre secessio erfuhr, und forderte sie auf, die secessio zu beenden und Frieden mit dem Volk zu schließen; man beschloß vor den Stadttoren gegenseitige Amnestie und einen Friedensbund. Daraufhin kehrte der Adel wieder in die Stadt zurück. Der unmittelbare Anlaß zum Aufstand der plebs war eine schwere Verletzung, die einer ihrer Männer bei einem Angriff durch einen miles erlitt. Die Erhebung mag durch einen kurz zuvor um 1040 in Mailand geschlossenen *Gottesfrieden* stimuliert worden und die Aktion einer Friedensmiliz gewesen sein. Die milites und der Erzbischof beantworteten die Aktion mit secessio = Boykott der universitas civium oder populi, zu diesem Zweck solidarisierte sich der Adel mit den gebannten Mitgliedern seines Standes.

Trotz augenblicklicher Lösung der verfahrenen Lage hat aber der populus seine Kampfziele nicht aufgegeben, sondern höchstens zurückgestellt und diese waren Freiheit = Selbstverwaltung und Beschränkung willkürlicher Adelsherrschaft. Da von da an (um 1045) die *contio* oder *collectio universorum civium* bei allen wichtigen Anlässen zusammentrat, muß man daraus schließen, daß bei dem Kompromiß zwischen Adel und populus der letztere auch größere politische Rechte zugestanden erhielt. Das allein macht verständlich, warum sich in der Folgezeit die *Patarener* so ungehindert entfalten konnten; denn von da an konnte die Einwohnerversammlung Beschlüsse über die innere Ordnung und das Leben in der Stadt fassen; denn die überlieferten Reden der Patarener wandten sich stets an die Gesamtheit der Bevölkerung von Mailand, ja es war ihnen auch möglich, vor der Volksversammlung zu sprechen, wenn auch meist nur in provokativer Form; sie kämpften ja um Publizität. Landulf d. Ä. berichtet uns, daß unter Verletzung des Stadtfriedens die Einberufung von Volksversammlungen erzwungen wurde, die in den Quellen concilia, colloquia, consilia genannt wurden. Der populus = die gesamte Einwohnerschaft war solidarisch in der Verfolgung ihrer Ziele, die gerade in dieser erregten Zeit und der geistig-mentalen Lage der damaligen Gesellschaft entsprechend sich religiös äußerten und aussprachen; darum waren auch die Zünfte religiöse fraternitates. Es war sicher nicht die Aktion eines erregten Pöbels, sondern die Forderung der Gesamteinwohnerschaft, daß 1065 der vornehme Mailänder Klerus ein phytacium de castitate conservanda zu unterschreiben gezwungen wurde. Deshalb konnten sich es die beiden Mailänder Patarener Ariald und Landulf auch leisten, auf der vom Papst und Erzbischof anberaumten Synode von Fontaneto nicht zu erscheinen und trotz Bann unbehelligt ihre Stellung in der Stadt zu behaupten und zu verstärken. Ariald und Landulf, die geistlichen Führer der Pataria, hatten einen großen Anhang und konnten deshalb ein iuramentum commune durchbringen, das den Klerus zu Zölibat und Vermeidung des Ämterkaufes zwang. Die Auseinandersetzungen zwischen kirchlicher Hierarchie und Stadtgemeinde gaben der letzteren Anlaß, sich in einer Eidgenossenschaft im Kampf gegen die Haeresien zusammenzuschließen. Die Angriffe auf Person und Eigentum der unnachgiebigen Nikolaiten waren in Mailand Akte zum Schutz von Rechts- und Friedensordnung der Stadt. Wer in diesem Comune wie in allen italienischen Städten seit dem 11. Jahrhundert gegen ein *iuramentum commune* verstieß oder den *Stadtfrieden* brach, mußte persönliche Verfolgung, Vermögensentzug, Hauszerstörung und Verbannung gewärtigen. Das Volk zwang 1057 den Erzbischof von Mailand bei der Rückkehr von der Synode von Fontaneto, vor der Volksversammlung mit den Führern der Pataria über deren Exkommunikation zu sprechen; man stellte ihn dort vor die Entscheidung, entweder die Exkommunikation zurückzunehmen oder die Stadt zu verlassen. Der «Stadtherr» müßte sich den Beschlüssen der Stadt beugen, der die Disziplin des Klerus ein politisches Anliegen war. Die Stadtgemeinde stellte sich schützend vor die patarenischen Führer gegen Domklerus, Erzbischof und Papst. Als die Patarener 1066 die Exkommunikation des Mailänder Erzbischofs beim Papst durchsetzten, da sah das Volk von Mailand in diesem Bann eine Entwürdigung ihrer Stadt und trat geschlossen auf seine Seite. In den Volksversammlungen schrumpfte die Anhängerschaft der Patarener bis auf eine Handvoll Leute zusammen. Der Erzbischof versuchte durch ein Interdikt über die Stadt, die Führer der Mailänder Pataria zum Verlassen der Metropole zu zwingen. Als aber der eine dieser Führer Ariald auf der Flucht ermordet wurde, brachte sein Genosse Erlembald erneut einen Eidbund des Volkes gegen den Erzbischof zu Wege, der aus der Stadt ausgeschlossen wurde. Das schadete aber der Pataria so sehr, daß sie nun die Unterstützung in der Stadt verlor.

Die Spannungen zwischen Pataria, die sich «Gottesbund» nannte, und städtischem Bund belastete sowohl das Bündnis zwischen Reformpapsttum und Pataria wie auch die Beziehungen zwischen Kurie und Mailänder Klerus. An sich war ja der päpstliche Einfluß auf Mailand und seine Pataria gering, wie die Haltung Mailands zur Delegation des Petrus Damiani oder die obengenannte Reaktion der Mailänder von 1066 auf die Exkommunikation ihres Erzbischofs oder die kurze Dauer des 1067 mit den päpstlichen Legaten vereinbarten Verbots der Pataria bezeugen. Die Meinung der militanten Laienbewegung über die kirchliche Frage war keineswegs einheitlich. Die Stadt zeigte in der geschlossenen Ablehnung des patarenischen Versuches die Mailänder Liturgie abzuschaffen und die römische dafür einzuführen, großes Selbstbewußtsein und Stolz auf ihre Traditionen. Die Mailänder gaben im ganzen Investiturstreit die königliche Investitur nicht auf und sie ließen Ariald und Erlembald deshalb so jämmerlich scheitern, weil diese gegen die städtischen Interessen handelten, als sie den Kampf der Stadtgemeinde um die innere Ordnung in einen Kampf für das Papsttum umfälschten und Mailand in die universale Auseinandersetzung zwischen geistlicher und weltlicher Gewalt hineinzogen. Das Verhältnis der lombardischen Städte zum *deutschen König* vor dem Investiturstreit war wesentlich geprägt von ihrer Forderung nach *Freiheit der Bischofswahl*. Pavia und Asti hatten Krieg für dieses Ziel nach dem Tode Heinrich III. riskiert. Schon unter Konrad II. war die freie Wahl ihres Bischofs eine politische Forderung der Einwohnerschaft der Stadt. Dabei setzten sich immer mehr die *Laien* vor den Klerikern als Wähler durch; die Stadtgemeinde betrachtete die Wahl des Bischofs als ihre Sache, sie anerkannten aber dessen Investitur durch den König. Beim Tode des Erzbischofs Wido 1071 beschworen die Mailänder ein iuramentum commune, daß sie ein Mitglied des Domkapitels gemeinsam zum Ordinarius wählen wollten. Der Führer der Pataria Erlembald, der damals Herr der Stadt war, wollte einen päpstlichen Kandidaten bei der Einwohnerschaft durchsetzen, das «Volk» von Mailand aber wünschte nach altem Gewohnheitsrecht zu verfahren und die Zustimmung des Königs einzuholen. Das Bestehen Erlembalds auf seinem kirchlichen Kandidaten löste in Mailand einen spontanen Aufruhr aus. Erlembald behauptete sich zwar noch bis 1075 in der Stadt und suchte die Einwohner auf seine Seite zu ziehen, aber den Mann des Papstes setzte er nicht durch. Es ist darnach keine Sensation mehr, daß die Pataria, die nach der Wahl Gregor VII. ein Werkzeug seiner Politik wurde, ihren Rückhalt an Mailand verlor, das Erlembald vorwarf, romhörig zu sein und den Willen des Königs und der Mehrheit zu mißachten. So kam es, daß man sein Regiment als dominatio (Willkürherrschaft, Tyrannis) verurteilte, daß sich die milites gegen ihn erhoben und die Bewohner sich 1075 zu einem neuen Schwurverband gegen ihn zusammentaten; er verlor die Führung in der Stadt, als er sich dieser Einung mit Waffengewalt entgegenstellte. Die Pataräner wurden als Friedebrecher und Feinde der Stadt umgebracht, mißhandelt, ausgestoßen. Der Kampf der Pataria schien in einem gegenseitigen Schuldbekenntnis und einer Amnestie beendet.

Stadtgemeinde und *Pataria* gingen nicht einig in den Fragen der Königsinvestitur und des Papstprimates, im Kampf gegen Simonie und Nikolaitismus waren sie dagegen einig. Das oberste Prinzip der Mailänder Politik war die *Autonomie* auch im Kampf mit Kaiser und Papst. Dies betraf in erster Linie das Stadtregiment und die innere Ordnung der Stadt. Der *Adel* widerstand zum Teil auch dann noch der Pataria, als diese schon eine große Mehrheit der Stadtbevölkerung für sich gewonnen hatte. Diese antipataranische Partei unterstützte die gestürzten und gebannten Erzbischöfe auch dann noch, wenn die Stadtgemeinde schon mit dem städtischen Aufgebot ihn bekriegte. Der *vom Adel geführte populus* zwang die Aristokratie zur Unterwerfung unter die Beschlüsse der Stadtgemeinde. Die capitanei waren es, die 1075 Erlembalds Herrschaft beendeten, als sie ihre Machtstellung bedroht sahen. Erlembalds Alleinherrschaft fußte auf einem starken Anhang in nichtadeligen Schichten. Aus den Reihen der capitanei gingen die königstreuen Bischöfe von Piacenza, Cremona, Bergamo und Como hervor. Bei der Wahl des Mailänder Erzbischofs 1079 standen sich nobilis nulltitudo Mediolanensium und die papstparteihörige corona vulgi gegenüber. Die geistigen und politischen Führer der Pataria entstammten dem Adel. Sowohl die königstreuen Bischöfe wie die Patarener holten sich ihre Anhänger bei den niederen Volksschichten. Bei den Auseinandersetzungen lief die Linie der Kombattanten quer durch alle Volksschichten und Klassen; Stände und Familien waren dabei gespalten. Elitäre Führung der Pataria, Anhänger von Erzbischof und König gehörten alle der Oberschicht an; sie alle rangen um die Unterstützung von Volk und Stadtgemeinde, also um die Zustimmung der Volksversammlung. Wenigstens zunächst standen die Patarener der kommunalen Bewegung deshalb näher, weil der Kampf gegen Nikolaitismus und Simonie ihr gemeinsames Anliegen war und die Stadtgemeinde die Pataria dabei voll unterstützte. Jedoch die enge Verbindung zwischen Pataria und Reformpapsttum trennte sie wieder, da diese Politik die führenden Kreise der Pataria zum Gegner der aufsteigenden Stadtkommune machte. Die Comune wollte sich in keine feste Abhängigkeit, auch die der Kirche nicht, begeben. Selbstregierung ist als politisches Ziel der Comune erstmals wohl im Valvassorenaufstand proklamiert und im Friedensschluß von 1044/5 auch politisches Programm geworden. Agitation und Kampf der Pataria setzen diesen fundamentalen Wandel in der Verfassung und Gesellschaftsstruktur Mailands und der anderen Städte voraus. Zugleich aber waren die Auseinandersetzungen der Pataria der Geburtshelfer bei der Aktivierung der Bewegung, die die Stadtgemeinde zur politischen Kraft machte und die frühen Elemente der Comune entband.

Die Pataria war primär eine *religiöse Bewegung*. Sie verfolgte eine Stärkung des geistlichen Amtes und vertrat einen geistlichen Führungsanspruch. Damit aber geriet sie in Widerspruch zur Entwicklung der oberitalienischen Stadt im 11. Jahrhundert. Für ihre Auffassung von der Hierarchie des Geistigen und Geistlichen suchte sie die Unterstützung der Stadtgemeinde; praktisch sollte der ganze Klerus sich dieser Auffassung anschließen. Dieses Prinzip entfachte den Kampf der Stadtgemeinde gegen den bischöflichen Stadtherrn und die weltliche Macht des städtischen Klerus. Dieser Kampf wurde dadurch zwar nicht ausgelöst, denn er war schon seit mehreren Jahrzehnten im Gange und war das Ergebnis gesellschaftlicher und politischer Umschichtungen, wie wir gesehen haben. Eine religiöse Parole aber aktivierte die Laien zum Kampf um die politische Macht. Dies aber traf in erster Linie Macht und Herrschaft der *Kirche,* die in der zweiten Hälfte des 11. und in der ersten Hälfte des 12. Jahrhunderts zum Angriffsziel einer großen und *allgemeinen religiösen Bewegung* auch in Frankreich und Deutschland und einer ständig wachsenden *Gesellschaftskritik* an der reichen Macht- und Herrschaftskirche wurde; dabei entdeckte man als neues bürgerliches Gesellschaftsideal die *paupertas* und die *pauperes Christi* wurden innerhalb und außerhalb der Kirche zu Bannerträgern einer neuen Religiosität und Kirchenordnung. Die Antinomie von *Armut und Reichtum, Herrschaft und Gewaltlosigkeit* schlug zu einer tiefgehenden allgemeinen Bewegung im 12. Jahrhundert zusammen. In den Kämpfen der Pataria vergrößerte sich das Gewicht der *Laien* in Kirchenfragen, rechtfertigte sich das Ausgreifen der politischen Stadtgemeinde in die Kirchenorganisation der Stadt und wurde die Einbeziehung von Bischof und Klerus in die Ordnung der Stadtgemeinde eingeleitet. Im Grunde vermischte sich der geistliche und weltliche Bereich und beschleunigte das Vordringen der weltlichen Ordnungen in Italien. Die Pataria hat den Aufstieg der städtischen Comune beträchtlich gefördert und beschleunigt. Die wichtigste Folge des Investiturstreits in Italien war die, daß in den bedeutendsten Städten des Landes um *1100* die Stadtkommune ausgebildet war. Für dieses neue Gebilde gab es in der Reichsverfassung Italiens weder einen Platz, noch eine Norm. Man muß feststellen, daß die Anfänge der Comune insoferne wertneutral waren, als sie zunächst und an sich mit den religiösen Auseinandersetzungen des 11. Jahrhunderts nichts zu tun hatten; sie war eine gesellschaftliche und eine politische Erscheinung. Mit dem Beginn der Reformen der römischen Kirche verbanden sich kirchlich-religiöse mit politisch-herrschaftlichen Fragen und dabei erhielten die gesellschaftlich-politischen Kämpfe eine religiöse Antriebskraft; dabei geriet die alte Ordnung von Herrschaft, Kirche, Welt in die Krise; denn der archaische Mensch erwachte zu sich selbst und suchte nach einem neuen Verhältnis zur Welt und zu Gott, zur Umwelt und zur Gesellschaft und ihren geistigen Traditionen. Symbolismus und Mythos stießen erstmals auf eine breitere Rationalität und einen erweiterten geistig-menschlichen Horizont. Der Prozeß, der den Beginn einer neuen Gesellschaft und Kultur nach dem Erlöschen einer archaischen Totalität ankündigte, wurde in Europa zuerst in den oberitalienischen Städten sichtbar und in harten Auseinandersetzungen ausgetragen. Im *Modell der Mailänder Entwicklung* sehen wir als wesentliche Elemente dieses Prozesses das Streben nach einer tieferen Sittlichkeit und einer religiösen Durchdringung des eigenen Lebenskreises, nach einer tieferen Auffassung der menschlichen Persönlichkeit, die Forderung nach Freiheit der Kirche und kommunaler Selbstverwaltung. Ein *neuer Menschentyp* stellte sich allmählich heraus, Mentalität, Intellektualität, Geistigkeit wandelten sich grundlegend.

Die Geburtsstunde der *städtischen Comune* war der entschlossene Angriff einer führenden Gruppe der Bevölkerung in einer günstigen politischen Situation. Ihr praktisches politisches Handeln in Zusammenarbeit und Auseinandersetzung mit Bischof und Graf, ihre Initiative bei städtischen Versammlungen und im consilium seniorum, ihr Mut und ihre Umsicht in der Begegnung mit den neuen, aus der Tiefe der Gesellschaft aufsteigenden Schichten, ihre geschickte Ausnutzung der religiösen Konflikte zum Kampf gegen das lokale und religiöse Prestige der alten Herrschaftsschicht haben die Comune ins Leben gerufen und am Leben erhalten.[65] Die neue Lage hob die politische Bedeutung des niederen Volkes der minores und popolani in bisher ungekanntem Ausmaß. Die alten Eliten mußten ihre Position stärker verankern, wenn sie ihre alte Machtstellung behaupten woll-

---

[65] Neben den schon früher zitierten allgemeinen und speziellen Werken und Studien sei hier noch verwiesen auf folgende: G. BARNI, Dal governo del vescovo a quello dei cittadini = Bd III. der Storia di Milano (Milano 1954). – E. SESTAN, La città comunale italiana dei secoli XI–XIII. XI. Congr. intern. sc. stor. Rapport 3 (Stockholm 1960) 75–95. – G. FASOLI, Le autonomie cittadine nel medioevo, in Nuove Questioni di storia medioevale (Milano 1964) 145–176. – G. DAHM, Untersuchungen zur Verfassungs- und Strafrechtsgeschichte der italienischen Stadt im Mittelalter (1941). – C. D. FONSECA (Hrsg.), I problemi della civiltà comunale = Atti del Congr. Stor. Intern. per VIII° Centenario della prima lega lombarda 1967 (Bergamo 1971) mit Beiträgen von R. MANSELLI (Milano e la lega lombarda), H. APPELT (La politica imperiale verso i comuni italiani), M. PACAUT (La papauté et les villes italiennes (1159–1253), E. CRISTIANI (Le alternanze tra consoli e podestà ed i podestà cittadini), U. NICOLINI (L'ordinamento giuridico nel comune medievale [consuetudo lex]), R. S. LOPEZ, L'espansione economica dei comuni europei), A. SAPORI (Caratteri et espansione dell'economia comunale italiana), G. MARTINI (Lo spirito cittadino e le origini della storiografia comunale lombarda), C. BRÜHL («Palatium» e «Civitas» in Italia dall' epoca tardoantica). – G. DILCHER, Die Entstehung der langobardischen Stadtkommune. Eine rechtsgeschichtliche Untersuchung (Aalen 1967). – A. SOLMI, Le più antiche leggi del comune di Piacenza, in Arch. Stor. It. 73/II (1915) 3–18. [Durch die Institutionalisierung des Konsulats verlor die Volksversammlung ihren Einfluß auf die politischen Entscheidungen und an ihre Stelle trat der Rat. 1140 in Piacenza]. – G. SCALLA, Romanitas pisana tra XIe e XIIe secolo = Studi Mediev. 3ª serie, 13/II (1972) 791—843, Römisches Recht). – J. FRIED, Die Entstehung des Juristenstandes im 12. Jhdt. Zur sozialen Stellung und politischen Bedeutung gelehrter Juristen in Bologna und Modena (1974). – F. HERTER, Die Podestaliteratur im 12. und 13. Jhdt., in Beiträge zur Kulturgeschichte des Mittelalters und der Renaissance 7 (Berlin 1910). – G. DILCHER, Römische und germanische Rechtstradition und Neugestaltung des Rechts am Beispiel der oberitalienischen Stadtverfassung. Sein und Werden im Recht, in Festschrift U. v. Lübenov (1970) 527–554. – G. KÖBLER, Zur Entstehung des mittelalterlichen Stadtrechts, in ZRG. GA 86 (1969). – D. BIZARRI, Ricerche sul diritto di cittadinanza nella costituzione comunale (1916). – P. S. LEICHT, Città e Signori, in RSI XIV (1941) 168–297. – N. FRANCO, Città e Signori, in Riv. di Storia del diritto Italiano XIV (1941). – E. FIUME, Sui rapporti economici trà città e contado nell età comunale, in Arch. Stor. Ital. 114 (1956) 18–86; DERS., Nobilità feudale e borghesia mercantile, ebd. 116 (1958) 443–510; DERS., Demografia e movimento urbanistico, ibid. 117 (1959) 427–502. – G. FASOLI, Gouverneés et Gouvernants dans les communes Italienes du XI au XIII siècle, in Rec. Soc. J. Bodin XXV (1965) 47–86. – H. C. PEYER, Stadt und Stadtpatron im mittelalterlichen Italien (Zürich 1955). – C. MAGNI, Ricerche sopra le elezioni episcopali in Italia nell'alto medio evo 1 (Roma 1928). – P. BRANCOLI BUSDRAGHI, La formazione storica del feudo lombardo come diritto reale (Milano 1965). – H. J. MRUSEK, Gestalt und Entwicklung der feudalen Eigenbefestigung im Mittelalter, Abh. Ak. Leipzig. Ph. It. Kl. 60 H 3 (1973).

ten; sie benötigten die Mitarbeit und Loyalität vertrauenswürdiger Personen, um die Lage in der Hand zu behalten, Friede und Recht zu wahren und eine dem Gesellschaftsstand und -fortschritt entsprechende Politik zu treiben. Ein Beispiel für diese Bewegung bietet *Venedig,* das um die Wende vom 11./12. Jahrhundert aufhörte, ducatus zu sein und Comune wurde, deren gehobene Gesellschaftsschicht das Drängen der unteren Schichten auffing und die autoritären Tendenzen des Dogen einschränkte. In der Poebene verstärkten ausschließlich politische Ziele und religiöse Parolen das Gewicht der älteren *Schwureide,* die die Einheit der Reformbewegung begründet und die Comune als politische Organisation ins Leben gerufen hatten. Gemessen an der alten traditionsreichen, aber nicht organisierten civitas mit ihrem mächtigen Stadtherrn konnte die Comune = jüngere Stadt ihre Ziele entschlossener verfolgen und durchsetzen und das dank einer zielbewußten Führungsschicht und einer genossenschaftlichen Organisation, die durch den Wirtschaftsaufschwung, das Bevölkerungswachstum und die durch den Investiturstreit geschaffene günstige Situation besondere Förderung erfuhren. Diese Bewegung war getragen von einer individuellen Initiative und Dynamik, die das Selbstbewußtsein hob und die Selbstsicherheit auch in der Bürgerschaft stärkte, weil Erfolge winkten. Daraus erwuchs in den wirtschaftlich erfolgreichen, gesellschaftlich aufsteigenden und geistig lebendigen und selbständigen Menschen und Gruppen der Wille zur aktiven Teilnahme am politischen Leben und zur Unabhängigkeit von den alten Herrschaftsmächten. Man verlangte eine höhere Flexibilität des herrschenden politisch-administrativ-gerichtlichen Systems, das die Expansion und den Fortschritt nicht kannte. Die Kämpfe des Investiturstreits zwischen Kaiser, Papst, Bischöfen und Städten schufen in den Städten ein Vakuum der Macht, das den kommunalen Kräften die Chance einer Verwirklichung ihrer Autonomie bot. Das war auch die Stunde starker Persönlichkeiten und elitärer Gruppen. Nach einem gemeinsamen Bund von milites und pedites setzte sich 1135 in Verona die Autonomie der Stadt nach dem Tode des Grafen Albert von Sanbonifazio durch. In Modena erscheinen die consules 1135 nach einer langen, starken und erfolgreichen Herrschaft des Bischofs in Stadt und Bistum. Und in den der Markgräfin Mathilde irgendwie untertanen Städten Florenz und Lucca, Mantova und Bologna kam das Konsulat = die kollegiale Ratsherrschaft erst nach ihrem Tode hoch.

Religiöses Engagement und religiöse Predigt haben auf der einen Seite Klüfte zwischen den alten Herrschaftsmächten und der aufsteigenden bürgerlichen Schicht vertieft oder aufgerissen, auf der anderen Seite aber alle, die an Predigt oder Kreuzzug interessiert waren, zu einem Pakt geführt und friedliche Koexistenz aller Beteiligten begründet. Die Entstehung der Comune und ihrer «Bürgerschaft» war nicht das Werk eines revolutionären Aktes, einer rebellierenden oder protestierenden coniuratio, die auch vorgekommen sind und mitgewirkt haben, sondern war ein längerer Prozeß, der maiores, mediocres, minores zusammenwachsen, gemeinsame Interessen finden und zur Einheit innerhalb der ummauerten Siedlung und in den suburbia kommen ließ, ohne dabei dem niederen Volk politische Rechte zu gewähren. Man darf diesen Bund generell nicht als Verschwörung oder Komplott verstehen und meinen, daß er konkret gegen eine bestimmte Person gerichtet gewesen sei. Die alten laikalen Gewalten in der Stadt waren unfähig, sich der Bewegung entgegenzustellen und wurden darum ins Schlepptau genommen. Die kirchlichen Autoritäten dagegen kämpften um die Macht; doch vermochten es auch sie nicht, sich an die Spitze der Bewegung zu stellen; andererseits verstand es die Bewegung sehr oft, sich ihrer als Werkzeug zu bedienen. Das wort «comune» bezeichnete in der Antike wie im 12. Jahrhundert denselben Sachverhalt = die Gesamtheit der Einwohner eines municipium oder ihrer Versammlungen; im 11. Jahrhundert sprechen die Texte von Versammlungen, die als comune consilium bezeichnet wurden. Comune ist also geschichtliche Organisationsform einer Ausübung von bestimmten Hoheits- bzw. Verwaltungsrechten durch die Gesamtheit der Bevölkerung einer italienischen Stadt, vertreten durch bestimmte Gesellschaftsgruppen dieser Stadt und durch gewählte Repräsentanten (consules), Beamte. Das repräsentative, typische Amt der vollentwickelten Comune war das *kollegiale Konsulat*, meist nicht von zwei wie im alten Rom, sondern von einem zahlreichen Kollegium repräsentiert. Wo das Konsulat erscheint, ist die Comune entwickelt. Die Stadt arbeitete vorher meist mit Kommissionen von vertrauenswürdigen Personen oder Fachleuten = boni homines. Es gab soviele consoli wie Quartiere, auch Stände, aus denen sich die städtische Elite rekrutierte. Diese besetzte den *Rat* an der Seite der Konsuln, der sich durch Wahl durch die abgehenden Ratsherren periodisch erneuerte. Die Autorität der *Konsuln von Mailand* behauptete sich seit den ersten Jahrzehnten des 12. Jahrhunderts auch außerhalb des Stadtumkreises; an ihrer Seite erscheinen die iuris viri legum et morum periti. Die Mailänder consules von 1117 waren Adelige, teils valvassores, teils capitanei; sie entstammten den ersten Familien des Stadtpatriziats. Neben den consules stand die universitas civium. Weil die consules 1158 ihr Amt ex auctoritate et concessione domini imperatoris innehatten, leisteten sie dem Kaiser den Treueid. Die Regalia (moneta, teloneum, pedaticum, portus) reservierte sich der Kaiser. Der *Bürgereid* dieser Zeit war personal, nicht kollektiv und stand dem Lehnseid sehr nahe. Desungeachtet war aber die Comune kein freiwilliger, beliebiger Verband mehr, sondern eine obligatorisch-zwangsweise Organisation des großen urbanen Kollektivs. Die Beschränkung der höchsten Macht auf das Kollegium der Konsuln sollte die Gefahr eines personalen, autoritären oder diktatorischen Regimes ausschalten, war aber auch Anlaß zu viel Instabilität des kommunalen Regimes. Freiheit der Comune und ihrer Bürger sind nicht mit dem modernen Freiheitsbegriff zu interpretieren oder zu verwechseln.

In der Aufbruchsepoche war *Freiheit* gesellschaftlich wie politisch ein *emanzipatorischer* Begriff, der ausdrückte, daß man in bestimmten Grenzen und mit bestimmtem Recht von der Stadtherrschaft befreit ist und selbständig, d.h. in eigener Zuständigkeit und durch gewählte Beamte Hoheits- und Verwaltungsrechte exerzierte, die man dem Stadtherrn abgetrotzt hat, die er privilegienweise genehmigt und fest verbrieft hat. Stadt ist territorial gesprochen, auch zusammen mit ihrem Territorium, eine Art Immunitätsgebiet, das aus der «öffentlichen» = königlich-gräflichen und bischöflichen Hoheit herausgenommen ist. Das kommunale Regime sorgt initiativ für die materiellen und geistigen Bedürfnisse der Stadt, die mit dem des Stadtherrn zusammenfallen, ihm aber auch widersprechen konnten. Freiheit bedeutet hier freie Wahl der Beamten, die die Aufträge des repräsentativen Rates ausführen. Der Einzelbürger kann es nicht als Störung oder Hemmnis seiner «Freiheit» empfunden haben, daß Korporations-, Meinungs-, Rede- Arbeitsfreiheit beschränkt und alle produzierende Freiheit durch starke Normen geregelt und eingeengt war. Und niemand hat es lange Zeit offenbar gestört, daß Politik in diesen Städten nicht die Sache der «armen Leute» (pauperes) war; aber die letzteren hatten kein proletarisches Bewußtsein, sondern fühlten sich beteiligt, ja sie waren zum Kampf und zur Verteidigung der Stadtmauern bereit, wenn die Freiheit ihrer Stadt, ihrer patria, bedroht war.

Daß die Macht der Konsuln trotz kurzer Amtsdauer sehr groß war, lag in ihren *militärischen* Funktionen begründet. Die frühen Comunen dehnten ihre Kompetenzen auch auf die suburbia und bis zu den Grenzen der Diözesen aus, wenn der Widerstand dagegen nicht zu groß war; die Beziehungen zu den benachbarten Territorien waren immer eng. Für die kommunale Bewegung war es lebenswichtig, die *Verbindung zum flachen Lande* zu pflegen und sich dort zu behaupten. *Wirtschaft* war eine Grundsäule kommunaler Freiheit; man mußte die Zirkulation für Menschen und Waren stets offenhalten, Stadtzölle und Wegegelder kontrollieren, Straßen instandhalten, die Schiffahrt auf den Kanälen sichern, um die Lebensmittelversorgung der Stadt zu garantieren, die Entwicklung von Handwerk und Industrie und damit die Produktion für Lokalmarkt und Fernhandel zu fördern, um den lokalen Markt zu monopolisieren. Oft mußte am Anfang der bischöfliche Stadtherr dazu herhalten, die feudalen und ländlichen Gemeinden zu veranlassen, die Autorität der Comune anzuerkennen und gewisse Abmachungen und Normen ihres Verkehrs mit den cives einzuhalten. Dabei gaben sich Konsuln und Comune als Beauftragte des bischöflichen Willens; denn der *Bischof* war gegenüber dem Kaiser, wenn auch oft widersprochen, die einzige Autorität in der Stadt, der *Stadtherr;* deshalb wählte man als Konsuln oft bischöfliche oder gräfliche Funktionäre oder auch den Grafen selber. Wenn die alten Urkunden der Könige und Kaiser die Freiheiten der Gesamtheit der Bürger bestätigten, dann bezogen sie auch die städtischen Rechtsgewohnheiten ein und verstanden darunter wohl alle Normen, die den zwischenmenschlichen Verkehr am Orte regelten und durch die früheren Freiheiten schon gewährt waren. Die Bürger verstanden diese Freiheiten aber nicht nur als Bestätigung des geltenden Rechts, sondern als Freibrief für deren expansive Erweiterung. Die organisierte Gesamtheit der Bürger gewann seit der zweiten Hälfte des 11. Jahrhunderts schrittweise die Ausübung = Exekutive der Rechte und Funktionen der Hoheitsträger und Stadtherrn, der Bischöfe, Grafen, der gräflichen und bischöflichen Vasallen, die ihnen beim Zerfall des Königstums oder durch Verleihung zugekommen waren. Heinrich III. hatte die Rechtsgewohnheiten einiger Städte bestätigt, Heinrich IV. die weitergehende Entwicklung anerkannt und Heinrich V. war auf diesem Wege weitergeschritten. Im Streit zwischen dem schwäbischen Kaiser Friedrich Barbarossa und den italienischen Städten versuchten die Legaten des deutschen Herrschers den Rechtszustand in der Zeit des fränkischen Kaisers Heinrich IV. wiederherzustellen. Es ging dabei nicht um die Aufstellung eines Stadtrechts mit verbindlichem Charakter. Barbarossa bestätigte 1158 den alten Städten, deren Freundschaft er erhalten wollte, das Recht der freien Konsulwahl, anderen Comunen aber verordnete er Podestàs seiner Wahl mit dem Auftrag, den herrscherlichen Willen durchzusetzen.[66] Die *Podestàs* reihten sich in die Zahl der kommunalen Funktionäre ein, kontrollierten so deren Stellung und drückten sie auf ein niederes Niveau herab. Das aber alarmierte die Städte und führte den Konflikt zwischen Kaiser und Stadt herauf. Es standen ihre volle Autonomie, die Freiheit der Wahl ihrer Spitzenvertreter, die freie Entscheidung über Krieg und Frieden, die Möglichkeiten, die kleineren Städte sich der Wirtschaft und des Prestiges wegen unterzuordnen, auf dem Spiel. Gericht nach den Normen des *städtischen Gewohnheitsrechts* und die städtischen Einnahmen aus den Regalien waren in Gefahr. In dieser Situation verbanden sich die lombardischen Städte zu einer militärischen Allianz und weiter zu einem *Städtebund* unter der Führung von Vorstehern und Bundesrat, die frei gewählt waren. Dieser Städtebund blieb siegreich und zwang den Kaiser, im Frieden von Konstanz 1183 seine bisherige

---

[66] P. BREZZI, I comuni cittadini italiani e l'impero medioevale, in Nuove Questioni di storia medioevale (Milano 1964) 177–207. – H. APPELT, Friedrich I. und die italienischen Kommunen, in MIÖG 72 (1964) 311–325. – G. FASOLI, Frederico Barbarossa e la città lombarda, in Vortr. u. Forsch. 12 (1968) 121–142; Dies., Popolo e Stato in Italia nell'età di Frederico Barbarossa (Torino 1970). – W. ULLMANN, Von Canossa nach Pavia. Zum Strukturwandel der Herrschaftsgrundlagen im salischen und staufischen Zeitalter, in H. Jb. 93 (1973) 265–300. – A. HAVERKAMP, Herrschaftsformen der Frühstaufer in Reichsitalien, 2 Bde (Stuttgart 1970/1). – D. V. D. NAHM, Zur Herrschaft Friedrich Barbarossas in Italien, Studi mediev. 3ᵃ s. 15/II (1974) 587–703. – J. FRIED, Der Regalienbegriff im 11. und 12. Jhdt., in DA 29 (1973) 450–528. – V. COLORNI, Il territorio mantovano nel Sacro Romano Imperio (Milano 1959). – A. HAVERKAMP u. H. ENZENSBERGER, Italien im Mittelalter = Sonderheft 7 der HZ (1980).

Politik gegen die italienischen Städte aufzugeben und auch den Rebellen die gleichen Rechte zuzuerkennen, wie sie die kaisertreuen besaßen. Formell übernahmen die Rektoren der Städte die Rechtsstellung der königlichen Beauftragten, also der karolingischen und postkarolingischen Grafen.

Der *Konstanzer Friede* hatte dadurch allgemeine Bedeutung, daß er nicht nur für die Lombardei und Mittelitalien das Verhältnis zwischen Stadt und Stadtherrn regelte, sondern weil er Teil einer europäischen Entwicklung war, die wir in England, Sizilien und Frankreich auch verfolgen können. Wilhelm von Sizilien (1166–1189) brachte ein Gesetzeswerk über Gewohnheitsrecht und Vorrechte der Städte Siziliens in Gang. Die *Comune* hatte sich in einem Prozeß, der weit über 150 Jahre dauerte, als Herrschafts-, Gesellschafts-, Wirtschafts-, Lebensform und als eine mentale Kraft durchgesetzt, zuletzt im Ringen mit den universalen Gewalten. Aber das Ende des Krieges brachte nicht den Frieden, sondern den Beginn einer tiefgreifenden gesellschaftlichen und verfassungsmäßigen Krise in fast allen Städten. Wie kam das? Die Konsuln waren Vertreter einer städtischen Führungsschicht, die sich seit dem 10. Jahrhundert entwickelt und aufgebaut hatte; deren Führungsanspruch war im 12. Jahrhundert und noch länger in der Comune unbestritten gewesen und ihre Erfolge waren allen offenbar; das Reich hatte die kommunale Autonomie anerkannt und die alten Mächte hatten sich geschlagen gegeben. Die Comune war auch im Ringen mit den feudalen und ländlichen Gemeinden siegreich geblieben und hatte sich in Contado und Diözese als Herrschafts- und Ordnungsmacht durchgesetzt. Es bildete sich ein *Stadtrecht*, eine *kommunale Verfassung*, die nicht von oben oktroyiert, aber anerkannt war; darin setzte sich das Prinzip der *Wahl* auf Zeit für alle Posten durch. Das aber bedeutete unablässige Fluktuation und Rotation des kommunalen Lebens und diese stetig in Gang gehaltene Mobilität rief immer wieder neue Verbindungen, Parteiungen, Gegensätze zwischen den Familien, Gruppen, Fraktionen im Kampf um Einfluß, Posten, Macht hervor. Mit dem Fortgang der Politik vertieften sich die Kontraste und die Differenzierungen. *Konkurrenz* und *öffentliche Meinung* wurden wesentliche Elemente dieser hochmobilen kommunalen Gesellschaft. Diese Intensivierung und Verbreiterung des zwischenmenschlichen Verkehrs im urbanen Rahmen und eine um sich greifende Erregung, Neugierde, Aufgeschlossenheit und Bereitschaft für neue Erfahrungen und Gedanken, dazu die Fortschritte in Landwirtschaft, Handel und Industrie bezogen auch diejenigen Schichten der städtischen Bevölkerung stärker in die Dynamik des Prozesses ein, die vom Konsulat ausgeschlossen und auf die niedrigen Posten verwiesen waren. Diese Kreise hatten sich in den Berufsverbänden der *arti* zusammengetan, die eine bedeutende Funktion in der Wirtschaft der Stadt hatten; sie stellten die *Mehrheit der Stadtbevölkerung* dar und bildeten die Grundlage für die Aushebung des kommunalen Heeres, sie sicherten die öffentliche Ordnung und die Durchführung der notwendigen öffentlichen Dienstleistungen. Diese Schichten wollten eine stärkere Teilhabe am kommunalen Regiment. Die Motivation boten weniger der Neid auf die exklusive Stellung der Mitglieder der regierenden Schicht, als die Verärgerung über den Mißbrauch der städtischen Ämter, vor allem im Gerichts- und Abgabewesen. Als Ersatz für den Dienst zu Pferde auf eigene Kosten waren die führenden Geschlechter von bestimmten Abgaben befreit; die Aneignung kommunaler Ämter und Einkünfte verärgerte die Leute, die mit eigenen Augen die unablässigen Rivalitäten dieser führenden Familien untereinander und mit den Feudalherren im contado sahen, denen sie ihre castella abgejagt und die sie in die Stadt gezwungen hatten. Ihr steigendes Pochen auf das Übergewicht im Konsularkollegium und im Rat verdrossen die Mehrheit der cittadini, die davon ausgeschlossen waren. Die Feudalherrn mußten sich eidlich der Comune unterwerfen, man gab ihnen auch das Stadtrecht, versperrte ihnen aber den Zugang zum Konsulat.

Es kündigte sich ein radikaler Wandel an, dem man nur durch die Unterstellung des Kollegiums der Konsuln unter einen einheitlichen Magistrat begegnen zu können glaubte. In diesem hatte sich das Übergewicht eines Konsuln schon länger abgezeichnet. Die Politik Barbarossas hatte dem Trend Vorschub geleistet, das konsulare Kollegium durch einen einzigen Beamten zu ersetzen, der aus der Mitte der Bürger gewählt wurde, aber auf feudalen Rechtstitel sowie auf wichtige Stellungen in der bischöflichen Verwaltung hinweisen konnte, der dadurch die Legalität und Tradition der Comune unterstrich. Das war das Vorgehen einiger Städte. Meist nannte man diesen Spitzenmagistrat *«potestas»* und drückte damit die Delegation von Herrschafts- und Hoheitsrechten durch eine höhere Autorität aus. Jedenfalls bezeichnete Kaiser Friedrich I. so seine Funktionäre, die er in die Stadtregimente einschleuste, und die anderen Comunen benützten diesen Titel für ihren Spitzenrepräsentanten im neuen Amt. Diese neue Stellung des potestas in einer Reihe von Städten war dem Drängen der *popolares* zuzuschreiben, denen Handwerker, Lohnarbeiter, Taglöhner nicht zugehörten. Ein weiterer Erfolg war die Unterstellung des arengo unter den allgemeinen Rat = 300–400 Ratsherrn, die regelmäßig alle Quartiere der Stadt vertreten sollten. Damit war eine breite Beteiligung der popolares am Regiment garantiert. Die ersten podestàs waren cives und gehörten zum Adel, hatten Erfahrung in Verwaltung und Kriegsführung, besaßen juristische Bildung und vor allem aktive Energie, die Rechte der Stadt zu verteidigen und ihre Ziele durchzusetzen. Dieser Kreis von «Fachleuten» stellte häufig nicht nur für eine Stadt den podestà, sondern entsandte seine Leute auch in andere Städte in gleicher Stellung mit ihren Mitarbeitern. Das Amt entwickelte sich zur Berufskarriere für die Angehörigen bestimmter Familien. Der Podestà war höchstes Exekutivorgan der Comune und Ratspräsident, Befehlshaber des kommunalen Heeres, oberster Richter. Die Fülle der Kompetenzen in seiner Hand zwang zur Verstärkung der Kontrolle, die der Große und der Kleine Rat ausübten; die Gefahr der Diktatur lag nahe. In Venedig war der Große Rat mit seiner konstituierenden und legislativen Macht die Grundlage des städtischen Regiments. Neben dem Rat erschien 1229 das später Senat genannte consilium rogatorum, dessen Mitglieder der Große Rat jährlich wählte. Seine Aufgaben waren Staatssicherheit, Außenpolitik, Handel, Schiffahrt. In diesem System lag die Exekutive in den Händen des Podestà, die legislative aber bei der Gesamtheit der Bürger. Dieses Regierungssystem war fortschrittlicher als alles andere im damaligen Europa. Unter italienischem Aspekt allerdings war der Fortschritt gering, auch wenn die popolani zum Teil daran beteiligt waren.

Die solide Basis des popolani-Mittelstandes mit seiner zahlenmäßigen Überlegenheit und seiner wirtschaftlichen Macht waren die *Zünfte*[67]; sie umfaßten alle, die eine wirtschaftliche Tätigkeit ausübten und ein gemeinsames Ethos, eine bestimmte Haltung und Mentalität besaßen. Diese Verbände aber waren zu unpolitisch und unmilitärisch und deshalb nicht imstande den inneren Kämpfen der Ratsaristokratie Einhalt zu gebieten. Erst als sie sich bewaffneten, konnten sie in der Innen- und Außenpolitik die Interessen des popolo durchsetzen. In diesem allgemeinen Verband des popolo vereinigten sich alle Mitglieder der mittleren populares-Schicht, die zu den Berufsverbänden *und* bewaffneten Organisationen gehörten. Darunter fanden sich Adelige, die aus verschiedenen Motiven in die Reihen des popolo eintraten. In den meisten Comunen nahmen diese allgemeinen Verbände des popolo den Namen des Stadtheiligen an und bekundeten damit die Identität des popolo mit der Stadt. Besitz, gemeinsamer Turm, Eigenkirche waren die Zentren, um die sich die familiären Gruppen des Stadtadels versammelten. Nun schloß er sich zum bewaffneten Gruppenverband einer societas militum zusammen. Zwischen Stadtadel und popolo standen die Richter und Kaufleute, die eine bedeutende Stellung und engere Verbindung zum Stadtadel hatten. Zwischen 1200 und 1230 gelang es dem popolo, für seine Mitglieder einen Teil der kommunalen Stellen zu gewinnen und ihre Vertreter in die verfassungsmäßigen Organe der Comune hochzuheben. Diese Repräsentanten in der Comune waren entweder die Leiter des allgemeinen popolo-Verbandes oder die Leiter der bewaffneten und der beruflichen Verbände oder direkt gewählte Vertreter. Zwar gelang es dem Adel fast überall, die allgemeinen Verbände des popolo gewaltsam aufzulösen, aber seine exklusive Vorrangstellung von ehedem errang er nicht mehr; die popolani waren aus den kommunalen Räten nicht mehr auszuschalten, wo sie ihre Forderungen anmeldeten. Die Bewegung des popolo war aber auch gehemmt durch den Zwang, die städtische Autonomie zu verteidigen und zwar

---

[67] P. S. LEICHT, Corporazioni medievali e arti romani (Torino 1937); DERS., Operai, Artigiani, agricoltori in Italia dal secolo VI al XVI. (Milano 1946).

vor allem gegen das autoritäre Herrschaftsprogramm Kaiser Friedrich II., der 1237 nach dem Sieg von Cortenuova das Königreich Italien organisatorisch in regionale Unterbezirke mit einem Generalvikar an der Spitze neu einteilen ließ, um so die Tätigkeit aller kommunalen Kräfte kontrollieren zu können. Der Podestà war ein Mann von Kaisers Gnaden, seine Wahl hing vom Kaiser ab; er verpflichtete sich, sowohl die städtischen Statuten zu befolgen, aber auch dem Kaiser gehorsam zu sein, der in das städtische Rechtsleben über ihn eingreifen konnte. Dieser große Plan wurde durch den erbitterten Widerstand der Comunen, den Tod Kaiser Friedrich II., die Ablehnung durch die Dynasten des Königreichs Sizilien und des Reiches verhindert; sein Ziel war eine Nivellierung durch ein bürokratisches System im Königreich Italien gewesen. So bekamen die Comunen wieder Oberwasser, sie bewahrten aber ihre Stellungen, die sie im Streit zwischen Kaiser und Papst bezogen hatten, und deshalb benannten sich die Parteien in der Stadt auch als Quelfen oder Ghibellinen, die sich jeweils mit Hilfe der benachbarten Städte dem Gegner aufzudrängen suchten. Die Macht der Parteien bemaß sich nicht nach der Zahl der Anhänger oder Stimmen, sondern nach den Möglichkeiten militärischen Einsatzes zur Eroberung von piazza und palazzo comunale, zur Vertreibung der Gegner aus der Stadt, zur Verwüstung und Konfiskation ihrer Häuser. Die Gebannten aber gaben nie auf, sondern versuchten immer wieder die Macht und Kontrolle in der Stadt zurückzugewinnen; zu diesem Zweck taten sie sich in der Emigration in einer comune oder «universitas extrinsecorum» zusammen und bereiteten die Rückkehr vor. Das Modell dafür lieferte die Quelfenpartei in Florenz und Bologna. Diese inneren Gegensätze erhöhten und verbreiterten die Chancen des *popolo*, seine Bewegung zu aktivieren und schließlich zur *politischen Klasse* zu werden. Die Comune aber war weder eine Demokratie noch eine egalitäre Gesellschaft. Fast schlagartig organisierten sich fast überall die allgemeinen Verbände des popolo nach dem Tode Friedrich II. wieder, verzichteten die popolani auf eine bloße Verfassungsreform und traten als eigene Macht an die Seite derer, die dem allgemeinen popolo-Verband zugewandt waren. Dadurch verwandelte sich die Einheit der Comune in eine dualistische Struktur.

Neben den allgemeinen Rat der Comune, der aus allen Bürgern, Adel wie popolo, gewählt war, trat der *Rat des Volkes,* dem nur die zugehören konnten, die in die popolani-Verbände eingeschrieben waren, als berufsmäßige und bewaffnete Leute. Die Exekutive nahm nicht mehr allein der Podestà wahr, sie wurde zwischen ihm und den Vertretern des popolo = anziani und priori geteilt; ein capitaneus populi trat als Gegenkraft neben den podestà, beide stadtfremd und aus dem gleichen Berufsstand. Daß sie podestà und capitaneus abwechselnd in der gleichen oder einer fremden Stadt sein konnten, zeigt die wachsende Macht der popolani, aber auch ihrer capitanei, die die Organisation des popolo kontrollierten, koordinierten, dem Rat präsidierten, das Heer befehligten, Gericht und Administration des podestà überwachten. Der konstitutionelle Sieg verstärkte den Druck des popolo und seine politisch-wirtschaftlichen Forderungen nach außen, nach innen aber wuchs neben seiner militärischen Macht die Geltung des Rechts (neben der Gewalt) und die Solidarität der popolani. Freilich fühlten sich die reichen und erfolgreichen Kaufleute und Bankiers dem popolo gegenüber immer als privilegierte Klasse, auch standen sie mental den Konsuln wie dem städtischen Adel immer näher. Gegen die reichen Reaktionäre und die Arroganz der Magnaten aber schloß man sich fast überall durch eine Ausnahmegesetzgebung ab, indem man ihnen den Zugang zu den popolo-Verbänden, zu den öffentlichen Ämtern untersagte oder beschränkte. Besondere Organe regelten die patrimonialen Beziehungen zwischen Magnaten und popolani; Person und Gut der popolani wurde besonders geschützt. Diese kommunale Evolution verlief quer durch alle italienischen Städte, nicht nur in Florenz und Bologna, ausgenommen Venedig. Diese neue Ordnung reichte aber nicht aus für eine zusammenhängende, erfolgreiche Außenpolitik, auch nicht zur Aufrechterhaltung der inneren Ordnung. Mit der Ausweitung der Politik und dem zunehmenden Kreis politisch aktiver Menschen mehrten sich Rivalitäten und Ranküren, wurden die Kämpfe erbitterter; man verjagte den Gegner und trieb ihn in die Arme der feindlichen Städte und Parteien. Auf Druck, Verrat und Gewaltandrohung von außen reagierte der popolo mit gehorsamer Unterordnung unter ein Oberhaupt, das zusehends zum dominus = signore = Herrn der Stadt wurde. Folge des Verlangens nach Einheit, Dauer, Ordnung!

IV.

Die italienische Stadt und ihr Bürgertum vom 11. bis zum 14. Jahrhundert. Ihr Verhätnis zum Land Ober- und Mittelitaliens

1. Die städtische Tradition

Die meisten heute genannten Städte sind antike urbes Romanae, die einst als civitates Zentren der municipia waren; die gleichen waren auch Bischofstädte und Verwaltungsmittelpunkte. Nur wenige Städte wie Venedig und Ferrara machen eine Ausnahme, ebenso die Städte Süditaliens, nicht zu sprechen von den kleineren Zentren. Die von den Langobarden besetzten Städte erlebten einen völligen Wandel und selbst den byzantinischen Städten blieb infolge der Kriege dies nicht erspart; es bildete sich eine neue Aristokratie mit reichem Landbesitz. Die collegia = Berufsverbände verlieren ihren fiskalischen Zweck und werden freiwillig, erhalten einen gesellschaftlich-wirtschaftlichen Charakter. In den Kämpfen und Invasionen, in denen die Städte auf ihre eigene Kraft angewiesen waren und Byzanz versagte, bildete sich eine lokale Führungsschicht und gewann die Kirche (Rom, Umbrien) die entscheidende Stellung, besonders im Zusammenhang mit der alten Senatorenaristokratie (Gregor der Große). Der Assimilationsprozeß, der nach 568 einsetzte, veränderte die Haltung der Sieger und zurückgebliebenen Besiegten. Langobarden lebten neben Römern in den Städten und wie die römischen Ober- und Unterschichten. Annahme der römischen Religion, Teilnahme am religiösen und administrativen Leben der plebes = Pfarreien, Zulassung der Römer zum Heer und ihre Beteiligung an Politik und Verwaltung beförderten und beschleunigten die Integration auch in den Städten. Die Urkunden des 8. Jahrhunderts zeigen Leute mit großem Reichtum und in gehobener Stellung, die in den Städten ihre Rechtsgeschäfte durchführten, in denen sie wohnten und Güter besaßen; neben ihnen treffen wir Kaufleute und Handwerker in der Stadt, vielleicht waren sie sogar in Korporationen zusammengeschlossen. In den karolingischen Urkunden nahmen liberi homines und negotiatores eine beachtliche Stellung ein; ob allerdings von den negotiatores maiores et potentes dieser Zeit die späteren capitanei abstammten, kann nicht belegt werden. Neben den Kaufleuten treten in den karolingischen Städten noch viele possessores von Alloden auf. Die wirtschaftlichen und gesellschaftlichen Beziehungen zwischen Stadt und Land (territorium) blieben stark. Den «Kopf» der Stadt bildeten der Bischof und sein Klerus sowie die Beamten des Königs mit den Vasallen. Die Städte waren Mittelpunkte der Diözesen und des comitatus (contado) Die Honorantiae civitatis Papiae, die schon für das 9./10. Jahrhundert zeugen, und andere Quellen wissen von magni et honorabiles et multum divites mercatores der Hauptstadt unter und neben den Handwerkern. In seinen Präloquia von 935 zeichnete Bischof Rather von Verona ein Bild der damaligen Gesellschaft. Er setzte die nobiles mit den patroni und seniores gleich, die die Herren der commendati und clientes waren; er setzte die auf dem Lande Lebenden und die Handwerker eine Stufe tiefer. Doch läßt er eine hohe gesellschaftliche Mobilität im damaligen Norditalien erkennen. Aufsteigen konnte man 1) durch den Dienst, den man einem Potens in Waffen leistete; das gewährte Aufnahme in den Kreis des feudalen Adels; 2) durch wirtschaftlichen Erfolg, wie die magistri nobiles et divites der Münzergenossenschaften von Pavia und Mailand, und durch die wichtige Tätigkeit eines iudex. Graf und Bischof hatten ein Gefolge von milites, es gibt aber keine Belege für ihre Anwesenheit in der Stadt vor dem Ende des 10. Jahrhunderts. Doch beginnt sich in dieser Zeit die Einwohnerschaft zu rühren. Der Bischof von Torino wird vertrieben von den cives, die mit ihm uneins waren; wir lesen von einer populi malivola conspiratio gegen den Bischof von Modena; wir hören von einem kaiserlich konzessionierten libitum und conventus der Bürger von Mantua, Verona, Brescia, das über den Feingehalt der Mantovaner Münze entschied. Die Könige garantieren *allen* fideles et habitatores (Vasallen und Einwohner) der Stadt Genua Besitz, ob innerhalb oder außerhalb der Stadt, den sie zu Allod oder Libell auf Grund eines schriftlichen Vertrages oder durch Erbschaft erworben haben. Eine besonders aktive «Bürgerschaft» war in Cremona, negotiatores vor allem, die gegen den Bischof intrigierten; omnes cives Cremonenses liberi, divites ac pauperes (Umschreibung der Einwohnerschaft) erhielten von Otto III. Weiden, Wälder, Handelsfreiheit, das Ausnahmerecht der Investition mit Grafschaftsrechten in der Stadt zugewiesen; damit emanzipierten sie sich vom Bischof. Doch unterstützte Kaiser Heinrich II. wieder den Bischof, drohte den milites der Kirche Entzug der Lehen, den cives und suburbani den Verlust der praedia und possessiones an. Die Cremoneser jagen den Bischof aus der Stadt, zerstören die rocca und setzen seine loyalen Diener gefangen. Die milites unterstützen das Jahr darauf seine Autorität und Gerichtsrechte. Er selber wendet sich an «omnes milites, valvassores omnisque populus in episcopatu Cremonensi seu in comitatu habitantes nec non cuncti cives tam maiores quam minores (= Städter). Auswärtige milites und städtische Einwohner sind geschieden, stehen aber beide in Beziehung zum Bischof; die urbani aber erheben sich in Verona gegen Bischof Rather. Die Städte waren im 10. Jahrhundert wirtschaftliche, administrative, kirchliche Zentren, aber auch befestigte Mittelpunkte. Die städtische Bevölkerung hatte traditionell militärische Funktionen zum Schutze von Reich und

Stadt. Im Bedarfsfall waren die cives eben exercitales, die mit den milites in der Stadt lebten; sie wurden eine militärisch-feudale Klientel des Bischofs.

Im nichtlangobardischen Italien (Apulien, Lukanien, Calabrien, Sizilien, an der Küste der Campania und in Latium) ausschließlich Rom verlief die städtische Entwicklung anders und gab es darum auch andere Traditionen, es hielten sich die antik-römischen Strukturen viel stabiler. Bis zur Besetzung von Ravenna nach 751 blieben die Langobarden auch der Pentapolis maritima (Pesaro, Rimini, Ancona, Fano, Semigaglia) und der Pentapolis annonaria (Urbino, Fossombrone, Cagli, Osimo, Jesi) fern und hatten Beziehungen zu einem Teil der Romagna und der Marken. Auf die Inseln von Venedig zogen Leute von Aquileja, Padova und anderen Städten des Veneto; dort kommandierte ein byzantinischer magister militum aus führenden byzantinischen Familien, später auch von den Stadtbürgern gewählt, deren census, persönliche Aktivität, Mut und militärische Fähigkeiten sie dafür bestimmten. Ursprünglich war der magister vom dux von Istrien abhängig; seit der Trennung davon stand der dux von Venedig in direkter Abhängigkeit von Byzanz.[68] Unter dem Duca Orso setzte sich die Autonomie der Insel in der Wahl des dux und in der Verlegung des Regierungssitzes auf die Rialtoinsel durch. Es bildeten sich große Vermögen vor allem an Landbesitz in der terra ferma. In den Rivalitäten dieser potentes um die Macht behaupteten sich große Familien wie die Partecipazio, die Candiano, die Osseolo an der Spitze der Stadt. In dieser gab es maiores, mediocres, minores wie anderswo auch, die wir nicht genau analysieren können. 1071 wurde Domenico Silvio durch einmütige Akklamation des ganzen Volkes zum Dogen gewählt. Dieser Schwiegersohn des byzantinischen Βασιλεὺς Michael II. Dukas und gerufener Bundesgenosse des Alexios Comnenos gegen Robert Guiskard erreichte 1082 die Autonomie; fortan war er nicht mehr Untertan Venedigs, das am Ende des 11. Jahrhunderts eine kleine Stadt war, 1143 erstmals Comune Venezianum genannt wurde, in dem ein collegium der sapientes (1147 preordinati) am Hofe des Dogen, das von der Volksversammlung gewählt wurde, wirkte. Große Landbesitzer und Kaufleute, aber auch Handwerker und kleine Händler bildeten den populus der Lagunenstadt. Ein Großteil der Bevölkerung arbeitete auf den Seewerften und in der Marine; es gab mittlere Kaufleute und Reeder neben einem «Heer» von Arbeitern. Die Entwicklung lief auch hier auf die Signorie zu. Doch versperrte die Oligarchie, die die Serrata del Maggior Consilio von 1298 mit der Abschließung des Rates herbeiführte, jeden Weg zur Signorie. In den anderen langobardenfreien Städten scheint sich die antike römische curia erhalten zu haben, die den defensor urbis wählte, der die oberste Gerichtsbarkeit wahrnahm und zusammen mit dem vom Kaiser ernannten curator für Ruhe und Ordnung in der Stadt sorgte.

---

[68] R. Cessi, Storia della republica di Venezia (Milano–Messina 1954).

Ravenna[69] ist ein Musterbeispiel des Verfalls römischer Institutionen. Die curia erscheint 625 zum letzten Mal in Urkunden. Die Barbarisierung der Langobarden führte das politische Übergewicht des exercitus herbei; daneben traten die scholae der Städter mit einem militärischen Anführer. Die Vita des Papstes Sergius im Liber Pontificalis berichtet vom Schutz des Papstes gegen den byzantninischen Protospatarius durch die Heere von Ravenna, der Pentapolis und umliegender Gebiete. Hier erfolgte 726 ein großer Aufstand gegen die kaiserlichen Bildstürmer. In karolingischer Zeit wurde der Erzbischof das Haupt des autonomen Territoriums, das sich auch religiös mit Rom aussöhnte. In der Stadt selber gewannen einige Familien mit dem Titel Duca die Oberhand; hier gab es auch berufliche Genossenschaften, wenn auch ein Beleg fehlt. Neben den vom byzantinischen Kaiser nominierten Funktionären unter den maiores, die zu den einflußreichsten Landbesitzern zählten, erlangte eine militärische Gruppe gesellschaftliche Macht. Die Städte Apuliens, Calabriens, Siziliens, der Campagna und auch Rom wurden am Ende des 8. Jahrhunderts in die Themenverfassung der Byzantiner einbezogen, die vor allem der Stärkung des Heeres zu dienen hatte. In der Zeit der Langobarden- und Sarazeneneinfälle (zwischen 847 und 871) tauchten in diesen Städten militärische Figuren mit Titeln wie duca, ὕπατος, consul auf. Diese Städte im byzantinischen Herrschaftsbereich mußten sich mit den Muselmannen arrangieren, da die Hilfe von Byzanz ausblieb. In Neapel, Amalfi und Bari obsiegten die duces im Bunde mit dem römischen Bischof über die Sarazenen (849). Bischöfe und Herzöge in diesen Städten stellten mit ihren bewaffneten Mannen und ihrem Klerus die führende Schicht dar. Neapel war damals so etwas wie ein Zentrum griechischer Kultur in Italien. Im 9. Jahrhundert beherrschte eine Gruppe von reichen und mächtigen Männern mit dem comes-Titel, die

---

[69] W. DEICHMANN, Ravenna, Hauptstadt des spätantiken Abendlandes. 3 Bde (Wiesbaden 1969/1976). – CH. DIEHL, Etudes sur l'administration byzantine dans l'exarchat de Ravenne (Paris 1887). – G. FASOLI, La città siciliane del «tema» alla conquista normanna = Atti Congr. Intern di studi sull alto medio evo (Spoleto 1959) 379–395. – F. DÖLGER, Die frühbyzantinische und byzantinisch beeinflußte Stadt, ibid. 65–100. – V. V. FALKENHAUSEN, Untersuchungen über die byzantinische Herrschaft in Süditalien vom 9. bis ins 11. Jhdt. (Wiesbaden 1967); DIES., Taranto in epoca bizantina, in Studi Mediev 3ᵃ s. 9. I (1965) 133–166. – F. GIUNTA, Bizantini e bizantinismo nella Sicilia normanna. (Palermo 1974). – A. GUILLOU, Regionalisme et dépendance dans l'empire byzantin au VIIIᵉ siècle. L'example de l'exarchat et de la pentapole d'Italie (Roma 1969). – P. GRIERSON, Monete bizantine in Italia dal VII. al XI. secolo, in Moneta e scambi nell'alto medio evo = Settimana VIII (Spoleto 1961) 35 ff. – Storia di Napoli 2 (Napoli 1969). – A. PANTONI, Documenti epigrafici sulla presenza di settentrionali a Montecassino nell'alto medioevo, in Benedictina XII (1958) 205–232. – F. SABATINI, Riflessi linguistici della dominazione langobarda nell'Italia mediana e meridionale (Firenze, 1963). – J. GAY, L'Italie meridionale et l'empire byzantin (Roma 1904). – S. BORSARI, Istituzioni feudali e parafeudali nella Puglia bizantina, in Arch. Stor. per le provinc napoletane NS. 38 (1958) 123–135.

jährliche Beamte waren, Amalfi, man kann sie als Adel bezeichnen; mit der Errichtung eines Dukats 957 wurde die Tendenz zur Autonomie von Byzanz stärker. Das 847 von den Muslims besetzte, 872 von Kaiser Ludwig zurückeroberte und 874 an Byzanz zurückgegebene Bari, war im 9. Jahrhundert ein wirtschaftliches Zentrum für Handel und Verkehr. Ein catapano war der Vertreter des byzantinischen Reiches. Neben ihm erhob sich wie in Neapel und Amalfi eine Gruppe reicher potentes, die sehr unternehmend waren. Unter ihnen erscheinen auch byzantinische Funktionäre. Von der Gesellschaftsstruktur, den Führungsschichten, dem Land- und Waffenbesitz in diesen Orten erfahren wir kaum etwas. In Neapel und Amalfi stellen wir im 10. Jahrhundert eine mächtige Genossenschaft von curiales fest, die anderswo notarii heißen. In Bari, Amalfi, Neapel, Gaeta gibt es auch starke Kaufmannsgruppen; in Neapel war der Handel mit Ungläubigen verboten, der Papst scheute vor einer Handelssperre nicht zurück. Doch dies betrieben nicht nur die Mächtigen, allen voran Landeigentümer und bewaffnete Leute, sondern auch Handels- und Seeleute. Die Amalfitaner waren unter den Kaufleuten von Konstantinopel und um 1000 auch in Pavia anzutreffen. Bevor die Normannen einbrachen bahnte sich hier eine autonome Entwicklung wie in Venedig an; im 11. Jahrhundert wurde der populus erwähnt.[70]

2. Populus und Popolo

a) Populus

Als kleine städtische und ländliche Gemeinschaft mit beschränkter Selbstverwaltung, als Kirchengemeinde und politische Gemeinde mit Vertretern und Rat greifen wir den populus in der Aufbruchsepoche.[71] Der *Nachbarschaftsverband*

---

[70] F. CALASSO, La città nell'Italia meridionale dal sec. IX al XI = Atti III. Congr. intern. (Spoleto 1959) 39–63; DERS., Le città nell'Italia meridionale durante l'età normanna, in Arch. Stor. Pugliese (1959) 18–34. – G. FASOLI, Le città siciliane dall'istituzione del tema «bizantino» alla conquista normanna = Atti III. Congr. intern. (Spoleto) 1959) 379–395. – G. GALASSO, Le città campane nell'alto medio evo, in Mezzogiorno medioevale e moderno (Torino 1965) 63–135. – G. J. CASSANDRO, Storia delle terre comuni e degli usi civici nell'Italia meridionale (Bari 1943). – L'occidente e l'Islam nell'alto medio evo = Settimana XII (Spoleto 1965). – R. MANSELLI, La res publica cristiana e l'Islam, ibid. 115–147. – M. AMARI, Storia dei Musulmani di Sicilia (Catania ²1934–1937). – G. LUZZATO, Relazioni economiche fra oriente e Occidente dal secolo X al XV in Oriente ed Occidente nel medio evo = Acad. dei Lincei. Fondaz. A. Volta. Atti die Convegni 12 (Roma 1957).

[71] Siehe Literatur von Anm. 55, besonders aber A. GUALAZZINI, Il «populus» di Cremona e l'autonomia del Comune = Ricerche di storia del diritto pubblico medioevale italiano (Bologna 1940). – B. STAHL, Adel und Volk im Florentiner Dugento (Köln u. Graz 1965). – E. CRISTIANI, Nobilità e

(vicinanza, populus, manchmal parochia) war die Basis der administrativen und militärischen Organisation der Stadt. Ländlicher vicus und städtische vicinia waren nicht dasselbe. In Siena und Lucca heißt der Nachbarschaftsverband contrada, in Pistoja capella. Ein «populus» umfaßte zwischen 6–180 Personen. Populus war die eigentliche Zelle kirchlicher und politischer Ordnung in der Stadt und auf dem Land, war uralt und reichte über die fränkisch-langobardische Zeit zurück in die Antike (vici). Populus wurde Keimzelle popolaren Lebens in der Stadt. Das augusteische Rom war in 14 Regionen und 265 vici eingeteilt. Vicus in der Stadt war Gebäudekomplex, Straße, Stadtteil, vicus auf dem Lande Dorf, in dem die Gehöfte einander stießen. Der Vertreter des vicus war der magister vici, dem Kultverwaltung, Bauwesen, Ortspolizei, Feuerlöschwesen aufgetragen waren. Populus war Kirchengemeinde einer Pfarrei, deren Zentrum stets das Gotteshaus war. Oft allein, oft zusammen mit einem Adeligen war der populus Patron der Kirche. Florenz und Grafschaft waren in populi eingeteilt. Jeder populus hatte seine eigenen Rektoren für die kirchlichen und für die weltlichen Aufgaben (rector ecclesiasticus und r. populi). Solche populi sind schon in der Zeit Papst Gregor I. überliefert, ihre Vertreter hießen priores, vicarii, loci servatores. Die weltlichen Rektoren waren in der Stadt Handwerker, auf dem Lande Pächter; sie kümmerten sich um Straßen, Wege, Plätze, Verkehr, öffentliche Ordnung und Sicherheit im populus; der städtische capellanus und der ländliche rector ville hatten im allgemeinen die nämlichen Obliegenheiten. Später wurden den capellani zwei vom Volk, dann von der comune gewählte sindaci stabili e generali als Helfer und Kontrollorgane beigegeben, sie waren mit dem «patrimonio popolano» befaßt. Neben den rectores fungierten noch massarii (massai) = Kämmerer, die für die Verwaltung der weltlichen Güter des populus sowie für die Übergabe der Kommunalsteuer (libra) verantwortlich waren; exactores trieben die Steuer ein, nuntii kündigten consilium populi und Gerichtstermine an. Im populus und durch seine Rechtsordnung und Gewohnheiten entwickelte sich ein lebendiges *Gemeinschaftsbewußtsein*. In Florenz, Pisa, Genua wurde das alte Gewohnheitsrecht durch provisores gepflegt, die boni homines oder fideles cives hießen und aus der vicinanza gewählt wurden. Die provisores waren eine Zwischenstufe zwischen boni homines und consules, die aber jetzt der Comune verpflichtet waren. Es wird m.E. in der Forschung zu oft die Frage ausgeklammert, ob es in vorkonsularischer Zeit schon ordentliche Stadtgerichte neben der markgräflichen

---

popolo nel comune di Pisa (Napoli 1962). – F. J. SCHMALE, Das Bürgertum in der Literatur des 12. Jhdts., in Vortr. u. Forsch. 12 (1968) 409–424. – G. SALVEMINI, Magnati e popolani in Firenze dal 1280 al 1295 (Firenze 1899. Neudruck Torino 1960). – G. DE VERGOTTINI, Arte e popolo nella prima metà del secolo XIII (Milano 1943). – G. FASOLI, Le compagnie delle arti a Bologna (Bologna 1936).

Kurie und dem iudex ordinarius, iudex regis gab und ob diese als Vorläufer des konsularischen Tribunals gewertet werden dürfen. Was war es auch mit dem Stadtherrn, dem Bischof vor allem, der Immunität besaß. Man kann Stahl (93) zustimmen, wenn er die Sozialstruktur der populi im Kleinen für ein Abbild der Struktur des späteren Gesamtverbandes des popolo in der Stadt hält; die populi umfassen alle Mitbürger, wie im Deutschland des 9.–12. Jahrhundert die familiae alle nichtadeligen und nichtgeistlichen Menschen in den abhängigen Personalverbänden (familiae) von König, Adel, Kirche. Am politischen Verband des populus, der etwas anderes als die familia ist, die in italienischen Urkunden auch auftaucht, sind die nobiles nicht beteiligt; um die Wende vom 12./13. Jahrhundert waren die populi aus Handwerkern und Kleinhändlern in Florenz zusammengesetzt, später differenzierte sich diese unterste Lebensstufe der Gemeinde, der Menschen im städtischen und ländlichen Verband. Es gewannen einige ein Übergewicht im populus auf Grund ihres Reichtums und ihrer Leistung und diese bildeten eine einflußreiche Elite.

Die vicinanze hatten schon sehr früh Versammlungen (conciliabula), wo sich regelmäßig der Nachbarschaftsverband in seiner Kirche oder der Taufkirche (ecclesia plebana) oder plebs traf, allein oder mit anderen populi; sie berieten vor allem über den für sie von der Comune festgesetzten Betrag des estimo (Steuer). Mehrere vicinanze oder populi bildeten eine *plebs = pieve =* Gemeinde einer Taufkirche, deren Bezirk plebatus hieß; an ihrer Spitze stand im contado ein archipresbyter, in der Stadt der Bischof, dem Stadt und territorium plebis (= nähere Umgebung) unterstanden; territorium und iudiciaria plebis waren gleichbedeutend. Haupt des plebatus waren plebanus oder sindaco, die dem consilium ecclesiasticum plebis vorstanden. Zentrum des kirchlichen und politischen Lebens der plebs war die *Taufkirche;* in Florenz war es die Santa Reparata mit dem Baptisterium S. Giovanni Battista. Auch auf dem Lande bezeichnete plebs = pieve gleichzeitig den kleinsten Gerichtsbezirk im Contado. Im contado von Florenz gab es um 1250 an die 96 pievi. Die plebs schloß selbständig Bündnis – oder Unterwerfungsverträge und zwar als Gesamtheit wie durch Vertreter, boni homines, sapientes viri, docti viri, fideles cives genannt, darunter viele Adelige. Die consuetudines von Genua wurden 1056 von boni homines beschworen. Mit dem Contado kamen im 12. Jahrhundert auch die plebatus unter die Herrschaft der Stadt Florenz, die nach 1276 in jedem plebatus des contado einen podestà abordnete. Zwischen populus und plebs schoben sich die nach Toren benannten *quartieri* in den Städten; in Florenz gab es 4 *Viertel*, mit einem consul de porta. Um 1175 wurde bei der Errichtung des zweiten Mauerkreises in Florenz eine Neueinteilung in sesti mit mehreren populi vorgenommen; es bildeten 57 populi sechs sesti. Da später auch der contado in sesti gegliedert wurde, umfaßten 5 ländliche sesti über 82 plebatus und 631 populi. Über die *Infrastruktur* der populi legte sich das Verwaltungsnetz und die Gesamtgliederung des popolo = Bürgerschaft. Die plebs = Kirchspiel war älter als die comune und war eine Säule des comune maius, das aber den populi ihre alte Selbständigkeit und die Wahl ihrer Beamten nahm und ihnen neue Funktionen vor allem für Steuereinzug und Steuerverwaltung (sindaco) übertrug. Die boni homines, unter denen viele Adelige und reiche popolani waren, fungierten weiter als Schiedsrichter, Gutachter, Diplomaten und Sonderkommissare. Die Comune tastete aber die Grundlagen der kleinen populi nicht an, band sie aber an ihre Interessen. Die *Gesamtheit des popolo* der Stadt als Partei der Comune war vertreten durch das Comune maius, das dem Comune militum gegenübertrat und seit der Wende vom 12./13. Jahrhundert sichtbar wurde. Seit den vierziger Jahren des 13. Jahrhunderts trat in Florenz das Volk durch seine führenden Familien dynamisch in den Vordergrund. Wir wissen über die Organisation des comune maius nichts, doch im Heer erscheint das Gesamtvolk als *pedites*. Im Krieg rückte jeder kleine Kirchenbezirk = jeder städtische populus und jede ländliche plebs unter der eigenen Fahne aus und focht in der Gemeinschaft der Nachbarn. In Lucca gab es 1206/7 societates peditum unter dem Kommando von 9 priores capitanei; in Florenz entstand erst 1250 eine Volksmiliz, deren compagnie delle armi die Kampfeinheiten des schon bestehenden populus waren. Der Gesamt-Populus trat in Florenz in contio, parlamentum, arringum zusammen, wo Große und Kleine, Adel und Volk erschienen (viermal im Jahr) und zwar im Dom. Doch die Oligarchie förderte diese parlamenta nicht und berief sie immer seltener ein; man wollte sich der Kritik der Gesamtbürgerschaft nicht stellen.

b) Der popolo.

Es war die Folge des wirtschaftlichen Fortschritts in Italien im 10. Jahrhundert, daß in diesem und nächsten Jahrhundert die milites vom Land in die Stadt wanderten und mit ihnen Leute aller sozialen Schichten, angefangen von dem Zustrom flüchtiger Landbewohner in der Ungarnzeit. Die Einwohnerzahl wuchs zunehmend und spiegelte sich in der wirtschaftlichen und gesellschaftlichen Differenzierung in cives maiores, mediocres, minores wieder. Das führte zu Auseinandersetzungen der gesellschaftlichen Schichten innerhalb der Stadt, zwischen capitanei, valvassores, allen milites und der ganzen Stadtbevölkerung, wie sich besonders in Mailand im 11. Jahrhundert zeigte. Unter verschiedenen Voraussetzungen und zu verschiedenen Zeiten schlossen sich diese Gruppen der Stadtbewohnerschaft in der Krise des Investiturstreits um ihre Honoratioren zu einem neuen System des Lebens zusammen. Verschieden von Stadt zu Stadt bildete sich die politische Klasse aus feudalen, besitzenden, kaufmännischen, richterlichen

Elementen, die wirtschaftlich, familiär, vasallitisch mit der curia des Bischofs, mit dem contado, untereinander verbunden waren. Die konsolarische Aristokratie, ein beschränkter Kreis von Familien, monopolisierte im 12. Jahrhundert Ämter und Macht in der Stadt und zog im Kampf um den contado die lokalen Herrschaften an sich. Dieser Prozeß territorialer Konzentration vollzog sich parallel dem der Comune im langobardischen und karolingischen Italien wie in der Stadt Ravenna. Anders verlief die Entwicklung in den übrigen Städten der Halbinsel. In der kommunalen Bewegung und in der italienischen Stadt lebten starke gesellschaftliche Kräfte im Rahmen einer langen *Tradition,* die ich eben zu skizzieren suchte. Doch hemmten diese Traditionen auch eine dauerhafte Ordnung des kommunalen Lebens. Im Laufe des 12. Jahrhunderts gab es wohl politische Gegensätze, aber erst am Ende des Jahrhunderts zeichneten sich gesellschaftliche zwischen milites und populus ab, die im Rahmen einer Wanderbewegung vom Land in die Stadt aufbrachen. Der *konsularische Adel* trieb die Eroberung des contado stark voran und setzte dort die Anerkennung der Autorität der Comune durch. Fortan wohnten die Herrenfamilien des Contado einen Teil des Jahres in der Stadt und traten in starke Konkurrenz zu den großen Bürgern der Comune, wie die Ranucci und Sparzi von Siena, die 1157 dem Comune von Siena Frieden und Bündnis gegen Florenz versprachen. Zur gleichen Zeit verstärkte die Einstädterung der kleinen Besitzer und rustici die Bildung des *popolo* und zwar seiner militärischen societates wie auch seiner handwerklichen Organisationen und Gruppen.

Daß *rustici, coloni, servi* (glebae) trotz Befreiung und Emanzipation auch durch die Comunen im Contado niemals ganz frei wurden und waren, das zeigt der Glossator Odofredo („licet sint liberi tamen in aliquo sunt subiecti servili condicioni). Der colonus darf nur sein Land verlassen mit stiller oder öffentlicher Zustimmung der universitas loci = Ortsgemeinde. Der Liber Consuetudinum Mediolani, der das nach 1170 berichtet, bestätigt damit auch die Existenz von «Ortsgemeinden» auf dem Lande.[72] Die coloni parciarii, die einen Teil ihrer Landprodukte abgeben mußten, durften die Feldfrüchte nur in Anwesenheit des Herrn abernten, der darum eine albergaria = Herbergsrecht auf dem Bauerngut hatte; er nahm die Teilung der Ernte vor und ließ seinen Anteil in seine villa = grundherrschaftliches Verwaltungszentrum oder nach Mailand bringen. Einer der bekanntesten Glossatoren stellt deshalb um die Wende vom 12./13. Jahrhun-

---

[72] G. BARNI, Cives e rustici a Milano alla fine dei XII secolo all'inizio del XIII. secolo secondo i liber Consuetudinum Mediolani, in RSI 69 (1957) 5–60. – G. LUZZATO, Mutamenti nell'economia agraria italiana, in Agricoltura e mondo rurale in occidente nell'alto medio evo = Settimana XIII (Spoleto 1966) 199 ff. – P. VACCARI, Le affrancazioni collettive dei servi della gleba nell'Emilia e nella Toscana (Bologna 1926); DERS., Le affrancanzioni collettive dei servi della gleba (Milano 1939).

dert die verwunderte Frage, wie man einen frei : liber nennen kann, der von seinem Gut nicht weggehen kann, mit anderen Worten der *nicht freizügig* ist. Man kann seit 1210 feststellen, daß italienische Comunen besonders Mittelitaliens zu kollektiven Befreiungen von rustici und servi glebae im contado schritten. Sie ließen es zu, daß der Aufenthalt innerhalb der Mauern oft innerhalb eines Zeitraums von Jahr und Tag dem rusticus die Befreiung von der servilis condicio brachte. Der rusticus, der in die Stadt zuzog, verlor 1211 seine «Leibeigenschaft» oder servilis condicio, wenn er nachweisen konnte, daß er schon in der Stadt wohne, daß er seit dreißig Jahren zwar der Arbeit auf dem Lande unterworfen war, ihr aber jetzt mit seinen Eltern und Verwandten nicht mehr unterlag; denn Landarbeit war «ars vilis». Die Städte öffneten sich deshalb dem Zuzug vom Lande, um Arbeitskräfte für die neuen Industrien innerhalb der Stadt zu gewinnen; das freilich schuf auch den Zwang, für die wachsende urbane Bevölkerung Lebensmittel zu beschaffen, und brachte die domini auf dem Lande, die auch Stadtbürger waren, in die Verlegenheit, ihren Bedarf an Landarbeitern nicht mehr decken zu können. Um 1140 war die Arimannengruppe noch von der übrigen Bevölkerung verschieden, 1142 zahlte sie nach dem Urteil der Mailänder Konsuln allein in Mendrisio das fodrum; 1145 wurden die rustici den Landarbeitern vor der Stadt gleichgestellt. Im 12. Jahrhundert zahlten die «forici» (fuori le città) «pedaticum et ripaticum et omnes alias consuetudines tam in pondere quam in mensuris». Wer sich ohne Erlaubnis aus der Stadt entfernte, zahlte diese nämlichen Abgaben wie die forici; sie gingen weg, weil sie nicht am Krieg teilnehmen wollten. Im Zeugenbeweis hatten die rustici keine Glaubwürdigkeit. Noberts Vita Bennonis (Osnabrück) unterschied zwischen «potentes et nobiles und *vulgus ignobile et rustica conditio*». Otto von Freisings Gesta (II, 13) berichtet daß man «inferioris conditionis iuvenes vel quoslibet contemptibilium etiam mechanicarum artium opifices» (Männer niederen Standes und Handwerker), quos ceterae gentes ab honestioribus et liberioribus studiis tamquam pestam propellunt» zum Ritterstand (miliciae cingulum vel dignitatem) zuließ, um bei der Unterdrückung der Nachbarn des Kriegsmaterials (materia) nicht zu entbehren. An sich mußten die rustici keinen Kriegsdienst leisten, wurden aber zum Hilfsdienst herangezogen. Um 1162 ließ die Stadt Genua servi, ancillae, arimanni und dipendenti di signori, mit denen keine guten Beziehungen bestanden, frei und befreiten die Konsuln alle Leute von Rocco von der Arimannie und Abhängigkeit von einem Rolandus advocatus. Diese Freilassungen meinten Befreiung von belastenden Verpflichtungen wie Arimannie und man nannte sie noch 1166 in Genua Freilassungen zu römischem Recht. Die servi und servae genannter domini werden von jedem vinculum und jeder Last des servitus von den Genueser Konsuln 1166 befreit; sie sollten fortan «honos, commodum et beneficium floride civitatis Romanae» genießen.

Es gab innerhalb der städtischen Schichten eine zahlenmäßige Mehrheit derjenigen, die vom Konsulat ausgeschlossen waren und sich mit den zweitrangigen Ämtern zufrieden geben mußten, auch wenn ihre grundlegende wirtschaftliche Funktion ständig wuchs, sich ihre Zahl und ihre Familien ständig vermehrten vor allem durch Zustrom vom Lande, der regelmäßig in die städtische Bevölkerung durch Verleihung des Bürgerrechts aufgenommen wurde. Der Antrieb für diesen Prozeß war der landwirtschaftliche, wirtschaftliche und industrielle Fortschritt des 11./12. Jahrhunderts. Im Laufe des 12. Jahrhunderts waren die Handwerker und Kaufleute genossenschaftlich organisiert (Verona, Cremona 1143, Bologna 1144) zur Vorsorge für gemeinsame Notwendigkeiten, die weder Grafen noch Bischof angingen. Vielfach waren die Zünfte gleichsam religiöse fraternitates von Leuten gleichen Handwerks. Die Comunen suchten die Kontrolle über die Wirtschaft der Stadt in ihre Hand zu bringen; vor allem Transportleute und solche, die in der Ernährungswirtschaft tätig waren, konnten sich dieser Aufsicht nicht entziehen. Die Freien schlossen die Nichtfreien von ihren Zünften aus und beanspruchten die Kontrolle über deren Arbeit, ohne daß diese in die Zünfte eingeschrieben waren. Die Dauerausübung und Erblichkeit des gleichen Berufes in der Familie war häufig; aber der Wechsel zu anderen Gewerben und Berufen (Handel, Studium, geistlichem Stand) war nicht selten. Es bestand die Tendenz, den Profit in Immobilien auf dem Lande und in der Stadt anzulegen. Jedoch waren nicht die gewerblichen Zünfte, sondern militärische Genossenschaften die Werkzeuge *der popolani* sich gegen die *konsolarische Aristokratie* durchzusetzen und sich entsprechend ihrer Zahl und ihrer wirtschaftlichen Macht *Teilhabe am Stadtregiment* zu erzwingen. Es handelte sich um bewaffnete Verbände in den Stadtvierteln oder um allgemeine Genossenschaften in der Einteilung der Stadt. Deren Aufgabe war es, die Rivalitäten der Adelparteien in Schach zu halten; dabei ging es oft um die Eroberung und Behauptung von Piazza und Palazzo Comunale mit Waffengewalt. In den *bewaffneten Verbänden* fand man Leute, die den Bürgerkrieg verhindern wollten; es waren Leute aus bescheidenen Gruppen, aber auch aus gehobenen Schichten, Kaufleute, Wechsler, Richter, Mitglieder feudaler Familien, die vordem mit der Konsulararistokratie gemeinsame Sache gemacht hatten. In Florenz trennten sich die *arti maggiori* von den *arti minori*, der sogenannte *popolo grosso* vom *popolo minuto*. Diese adeligen Sympathisanten in der Gesellschaft der popolani akzeptierten die Ziele des popolo und stellten den Genossen ihr persönliches und gesellschaftliches Prestige und ihre politische Erfahrung zur Verfügung; so wurden sie nicht selten zu Führern solcher Genossenschaften gewählt und nahmen als deren Repräsentanten an den städtischen Versammlungen teil. Es waren Leute, die wirtschaftliche Tätigkeiten ausübten und darum die Ansprüche der popolani unterstützten, Leute, die über ihre Standesgenossen verärgert waren, Leute, die nach neuen Betätigungsfeldern für ihre politischen Ambitionen suchten, also eine höchst aktive, ambivalente Kraft in der damaligen Gesellschaft und dies zur gleichen Zeit, da der *alte Adel* erstarrte, der bislang nur Familienverbände kannte, die am gemeinsamen Nießbrauch oder Besitz einer Kapelle oder eines Turmes hingen, oder dem Klassenverband der societas militum zugehörten, der militärischen Charakter hatte. Man darf in der Stadt und auf dem Land auch die nicht vergessen, die Arbeiter und Lohnverdiener ohne Chancen und ohne den Rückhalt einer Partei waren.

Die popolani sprengten die Ausschließlichkeit des alten Konsularadels durch neue und verschiedene Wahlsysteme, durch die Bildung neuer Regierungsorgane für die Einschreibung in eine popolani = Genossenschaft. Die Wählbarkeit blieb freilich im Steuersystem verankert, d.h. im Besitz von immobilen Gütern, deren Wert von Stadt zu Stadt wechselte. Um die Mitte des 13. Jahrhunderts war der Gegensatz so groß geworden, daß die popolani aus ihren Verbänden Leute ausschlossen oder ihre Rechte beschränkten, die zu den alten feudalen Familien, zu den reichen Kaufmannskreisen mit Lehensbesitz und Ritterwürde gehörten und mit dem Titel *magnati* erscheinen; sie waren zu gefährlich und mächtig geworden. Diese neuen Verordnungen, in Bologna «ordinamenti sacrati oder sacratissimi» in Florenz ordinamenti del popolo geheißen, unterwarfen die Genannten einer straf- und privatrechtlichen Gesetzgebung und politischen Normen, die man als antimagnatisch bezeichnet hat. Sie blieb mit wechselnder Härte bis in das 14. Jahrhundert in Geltung. Die damit verbundenen Kleiderordnungen zeigen um 1350 in Bologna *6 Gruppen* der Stadtbevölkerung auf: cavallieri, dottori, nobili, die kein Handwerk ausübten, aber in die Zünfte der Notare, Wechsler, dappieri, Seidenhändler eingeschrieben waren und einen cavalliere in der Familie hatten, dann diejenigen, die in die 4 Zünfte eingeschrieben waren, diejenigen, die in die übrigen Zünfte eingeschrieben waren, und endlich die rustici. Die *Zusammensetzung* der städtischen Bevölkerung hatte sich um die Mitte des 12. Jahrhunderts mit dem Zuzug der Lehensträger des contado in die Stadt und der Gründung der ersten Zünfte endgültig für die nächsten Jahrhunderte auszuformen begonnen. Die kollektiven Freilassungen der servi glebae vergrößerten die Zahl der verfügbaren Arbeitskräfte für Unternehmer, Handwerker, Bauern, änderte aber an der Zusammensetzung der Stadtbevölkerung nichts mehr, obwohl die *Fluktuation* der possessores und coloni sich bis in das 14. Jahrhundert fortsetzte, aber die investierten Kapitalien der Kaufleute und signori auch wieder von der Stadt auf das Land zurückflossen. Wo revolutionäre Bewegungen, wie der Ciompi-Aufstand in Florenz stattfanden, wuchs die Teilhabe der popolani an der Stadtregierung; doch flaute diese Aktivität anderswo ab, wenn das Regiment der popolani sich oligarchisch verwandelte und ein beschränkter Kreis von Familien es monopolisierte. Die bewaffneten Genossenschaften der popolani verschwanden und kapitulierten vor der *signoria,* die aus verschiedenen gesellschaftlichen Situationen erwuchs, sich nicht selten mit der stabilen Macht der großen Familien und der militärisch-feudalen Verbände unierte, die die Schlüsselstellungen besetzte, sich mit einer Art Hofadel und neuer Feudalität umgab und dabei sich selber zum *Prinzipat* verwandelte.[73]

3. Die Führungsschichten

Die Stadtentwicklung *Unteritaliens und Siziliens* ist anders verlaufen als im *Norden und Süden* des Landes; Normannen, Staufer, Anjous und Spanier haben dort ein munizipales Eigenleben verhindert oder gehemmt. Doch ist auch die politische und gesellschaftliche Entwicklung in Ober- und Mittelitalien nicht einheitlich verlaufen; in den Seestädten Venedig, Genua, Pisa ging es anders als in den binnenländischen Comunen Mailand, Florenz, Bologna, und Rom ist überdies ein Sonderfall; die allmählich auslaufende Honoratiorenverfassung Venedigs ist auch ein eigenes Modell, etwa verglichen mit der langewährenden Verbindung zwischen popolo und Adel in Genua. Unter den Binnenstädten steht die Zunftverfassung des *Secondo popolo* in Florenz singulär da. Angesichts dieser verschiedener *Typen* erhebt sich die Frage nach dem historischen Wesen kommunaler Freiheit und der zeitlichen Dauer, die man vom Ende des 11. bis zu Beginn des 14. Jahrhunderts setzt, was ich in meiner gesellschaftlichen Periodisierung das «Aufbruchzeitalter» nenne. Die Signorie, die sich seit der Mitte des 13. Jahrhunderts durchsetzte, obsiegte sehr spät in Florenz, Siena, Perugia und Bologna. Die meisten Städte Ober- und Mittelitaliens haben sich um die Wende vom 11./12. Jahrhundert von den feudalen stadtherrlichen Gewalten emanzipiert. Die *Stadtherrschaft* übten zunächst kaiserliche Grafen und Markgrafen, später zumeist die *Bischöfe* aus, denen Einzelrechte wie auch die Grafschaftsrechte für die ganze

---

[73] E. SALZER, Über die Anfänge der Signorie in Oberitalien (Berlin 1900). – F. COGNASSO, Le origini della signoria, in Arch. Stor. Lombardo 83 (1956) 5 ff. – E. SESTAN, Le origini delle signorie cittadine, in Bull. Ist. Stor. Ital. 73 (1961) 4–69. – L. SIMEONI, Le signorie (Milano 1950). – N. VALERI, L'età delle signorie e dei principati (Milano 1950). – J. LARNER, The lord of Romagna Romagnol. Society and the origin of the Signorie (1965). – PH. J. JONES, Communes and despots: the city state in late medieval Italy, in Transact of Royal H. Society 5. ser. 15 (1965) 71–96. – F. DIAZ, Di alcuni aspetti istituzionali dell'affermarsi delle signorie, in Nuova Riv. Stor. 1 (1966) 116–146. – G. CHITTOLINI, La crisi della libertà comunali e le origini dello stato territoriale, in RSI 82 (1978) 99–120. – W. BOWSKY, The «Buon Governo» of Siena (1287–1355): a medieval oligarchy, in Speculum 37 (1962) 368–381. – M. B. BECKER, Some aspects of oligarchical, dictatorial and popular «signorie» in Florence 1282–1382, in Comparative Studies in Society and History 2 (1960) 421–439. – J. HEERS, Le clan familial au moyen âge. Etude sur les structures politiques et sociales des milieux urbaines (Paris 1974). – F. ERCOLE, Dal comune al principato (Firenze 1929). – D. WALEY, Die italienischen Stadtstaaten (München 1969).

Diözese übertragen wurden. Die Bischöfe wurden seit dem Ende des 11. Jahrhunderts durch die kommunalen Verbände verdrängt; diese kauften oder usurpierten die wichtigsten Hoheitsrechte wie das Gesetzgebungsrecht, Gerichtsbarkeit, Blutgericht, Verwaltung des Vermögens der Comune. Das Stadtregiment lag in den Händen von *consules,* die aber nicht mehr vom Stadtherrn ernannt wurden, selbstgewählte Beamte waren und zunächst formell vom Bischof noch bestätigt wurden. Doch blieben bischöfliche Rechte bis in das 14. Jahrhundert erhalten und der Bischof wirkte bei der Wahl von iudices mit den consules zusammen, ja er berief nicht selten die Gemeindeversammlung und führte dabei den Vorsitz. Noch im 14. Jahrhundert konnte der Bischof von Vercelli gegen jeden Rechtsspruch des Podestà sein Veto einlegen. Trotzdem war um die Mitte des 12. Jahrhunderts die bischöfliche Macht gebrochen, der Rückschlag, den die Politik des Kaisers Friedrich I. gegen den kommunalen Fortschritt brachte, hat die Entwicklung nicht mehr aufhalten können. Er selbst war gezwungen, im Konstanzer Frieden von 1183 wesentliche Teile seines neuen Programms, das nicht nur eine Restauration der alten Kaiserherrschaft bezweckte, wieder zurückzunehmen. Er ließ die der Krone entfremdeten Regalien durch Reichsbeamte verwalten und verlieh das Recht der Konsulwahl und der Gerichtsbarkeit; letzteres gab er wieder ab. Ein wesentliches Element städtischer Autonomie waren Gerichtsbarkeit, vor allem Blutgerichtsbarkeit. Dafür galt der Grundatz, daß Bürger nur vom Bürger, d. h. vor dem Stadtgericht abgeurteilt werden durften und daß jede Unterwerfung unter fremdes Gericht ausgeschlossen sei; dafür hatte der Podestà zu sorgen. Die vom städtischen Richter getroffene Entscheidung war nicht einklagbar bei einer außerstädtischen Autorität, auch nicht bei Kaiser und Papst. Die Comune versuchte in der Lombardei und in der Toskana ihr Gericht mit Erfolg auch auf dem Lande durchzusetzen, wie die Paduaner Statuten von 1269 und 1236 zeigen, die castrum, terra, villa als Geltungsbereich benennen sowie zwischen Magnaten und Nichtmagnaten, zwischen milites und pedites in der Zusammensetzung des populus unterscheiden.

Am Beginn der kommunalen Entwicklung stand nicht so sehr der Gegensatz zwischen Adel und Bürgertum als vielmehr der zwischen *stadtbeherrschendem bzw. stadtansässigem Adel* und dem *ländlichen Feudaladel,* der von seinen Burgen aus das Land mit seinen Hoheitsrechten beherrschte und Handel und Wandel in der Stadt ständig bedrohte. Die Comune mußte deren Herrschaft im contado brechen, wenn sie Ruhe und Sicherheit haben wollte; sie zwang den Landadel in ihre Abhängigkeit und veranlaßte ihn in der Stadt seßhaft zu werden. Der Adel vom Lande mußte das Bürgerrecht erwerben oder in eine Zunft eintreten, als Mitglied der städtischen Schwurgemeinschaft den Treueid leisten, ein Haus in der Stadt erwerben, einen Teil des Jahres in der Stadt verbringen und mit seinen Leuten Wehrpflicht leisten und Steuern zahlen. Seine Burgen wurden nicht selten zerstört oder an die Comune verkauft und als Lehen dem neuen Lehensmann der Stadt zurückgegeben; die Stadt sicherte sich ein Vorkaufsrecht auf die Burg und auch das Recht der Benutzung derselben im Kriegsfall. Der Stadtadel entmachtete den Landadel militärisch und politisch; er zerstörte die feudalen Bindungen auf dem Lande, schob sich zwischen die alten Lehensherrn und ihre Lehensträger und unterband das Entstehen neuer Lehensverhältnisse, indem er die Aufnahme von Bürgern als Vasallen verbot. Die *älteste Verfassung* der Comune war *aristokratisch* und die Gemeinde-Comune ein *beschworener Verband* oder Zusammenschluß von Geschlechtern, die Grund und Boden besaßen, wirtschaftlich und militärisch leistungsfähig und in der Gemeindeversammlung (contado, arengum, arengo, parlamentum) vertreten waren. Die eigentlichen Entscheidungen fielen in kleineren Ausschüssen und im *Rat,* der sich weiter in kleinere Gremien aufspaltete. So entwickelten sich fast überall Großer und Kleiner *Rat* (consilium magnum und parvum, generale und speciale), wobei der viele Personen umfassende *Große Rat* (Parma, Modena) das Kernstück gewesen zu sein scheint; die Regierungsgeschäfte führte der Kleine Rat und über ihn beherrschten die *Häupter* der vornehmen, ritterlich lebenden Geschlechter tatsächlich die Gemeinde und die Gesamtheit der Bürger. In der Frühzeit der Geschlechter = wie in der Spätzeit der Popolarenverfassung war die Comune eine Art *Oligarchie.* Die Beschlüsse der Gemeindeversammlung kamen tumultuarisch zustande, die Entscheidungen waren vorher gefällt, die führenden Beamten, Konsuln, auch der Doge wurden nicht direkt, sondern durch Wahlmänner gewählt. Erst die Signorie brauchte gegen die Geschlechter wieder einen Rückhalt in der öffentlichen Meinung. Aus der Zahl der «Ratsgeschlechter» (ratsfähigen Geschlechter) wurden die Gemeindevertreter (boni homines oder viri), iudices und consules gewählt. Ämterbefristung und Mehrzahl nebeneinander Regierender, Bindung an Zustimmung des Rates oder rechtskundiger iudices und consiliarii bei bedeutenden Rechtsgeschäften hielten die consules in Schranken (Vgl. Breve consulum von Pisa für 1162 und 1164).

In Venedig obsiegte die *Ratsverfassung* und verhinderte die Signorie, indem sie den Dogen durch Methoden in direkter Herrschaft und gegeseitiger Kontrolle an den Rat band. An anderen Orten gelang dies dem Podestà oder Volkshauptmann, aber am Rialto konnte der Doge keine monarchische Vollgewalt entfalten. Diese Gegenaktion begann in Venedig schon 976 mit der Ermordung des Dogen Pietro Candiano; seit dem 11. Jahrhundert engten Wahlkapitulationen die Politik des Dogen ein, der auf die am Rialto ansässigen Stadtadelsfamilien immer stärker Rücksicht nehmen mußte. Die seit 1141 bezeugten Sapientes, ein Ausschuß der Bürgergemeinde, waren die Kräfte, die diesen Zustand überwachten und kontrollierten; seit 1185 nahmen der Grosse und der Kleine Rat seine Stelle als Träger der Regierungsgewalt ein und seit 1192 waren sie befugt, die Verfassung auch ohne Zustimmung des Dogen zu ändern. Es war ein demokratisches Element gewesen, daß seit 1143 das Comune Veneciarum, das die Gesamtheit der plebes umfaßte, sich durchsetzte. Aber die sapientes besetzten den Großen und Kleinen Rat und seit dem Beginn des 13. Jahrhunderts wird der Volksversammlung langsam das Recht der Dogenwahl wieder entzogen; die Wahl geschah indirekt durch Wahlmänner und drückte den Volkswillen nicht mehr aus. Der Arengo aber wurde 1423 endgültig beseitigt. Im 13. Jahrhundert wurden aber auch die Befugnisse der führenden Schicht beschränkt, indem aus dem Großen Rat die zwei neuen Zentralbehörden der Quarantia und des Senats entstanden; dazu kam 1310 und 1335 als neues Kontrollorgan der Rat der Zehn. Der Große Rat fungierte als Arengo des Adels, dessen Mitgliedschaft erblich und zur Voraussetzung für Wählbarkeit in die großen Ämter wurde. Seit der Eintragung der in den Rat wählbaren Geschlechter in das Goldene Buch 1314, wurde der Zugang für homines novi unmöglich. Die Führungsschicht wurde endgültig abgeschlossen und versteinerte gesellschaftlich wie politisch.

Der *Adel*[74], der dieses ganze System trug, war nicht nur ein grundbesitzender und an die Stadt gebundener feudaler Geburtsadel, sondern umfaßte auch das *wohlhabende Bürgertum*, Geburt und Besitz verbanden sich. Der Landadel, der in die Stadt zog, wandte sich dort teilweise bestimmten Berufen zu, blieb finanziell selbständig und schuf sich eine geachtete Stellung. In den Seestädten Venedig und Genua gingen die Reeder aus dem alten Adel hervor; der eingewanderte Adel erschien in Berufsverbänden und Zünften, nicht weil er dort ein Gewerbe ausübte, sondern weil er diese als Sprungbrett im politischen Leben benutzen wollte. Der Zugang zum Adel blieb nach unten offen. Schon weil die Aristokratie die Norm des richtigen Lebens bestimmte, versuchten reiche Unternehmer des 12. und 13. Jahrhunderts die *Ritterwürde* zu erlangen und ein ritterliches Leben zu führen. Geldbedarf der großen Herren, die bewußte Förderung des Bürgertums z.B. durch die Anjous eröffneten manchem Bürger den Weg zur Aristokratie. Das wohlhabende «*Patriziat*» der Städte in der Lombardei wird in den Quellen besonders gegliedert in capitanei, valvassores und plebs, die nach Otto von Freising die Konsuln wählen. *Plebs* ist hier aber nicht das Bürgertum schlechthin, sondern die angesehene und mächtige = nichtadelige Bürgerschaft. *Magnaten* waren im 13. Jahrhundert Adel und ritterliches Patriziat, Geburts- und Besitzaristokratie, die

---

[74] J. Lestoquoy, Les villes de Flandre et d'Italie sous le gouvernement des patriciens (Paris 1952). – G. Salvemini, Magnati e popolani in Firenze dal 1280 al 1295 (Torino ²1960); ders., La dignità cavalleriesca nel comune di Firenze (Firenze 1896). – G. Pampoloni, I magnati di Firenze alla fine del Dugento, in Arch. Stor. Ital. 129 (1972) 387–423. – G. Fasoli, Ricerche sulla legislazione antimagnatizia nei comuni dell'alta e media Italia, in Riv. Stor. del diritto it. 12 (1939) 86–133, 240–309. – E. v. Roon-Bassermann, Die Florentiner Stände im Dugento, in VSWG 53 (1966) 185–194. – Th. W. Blomquist, The Castracani family of thirteenth century Lucca, in Speculum 46 (1971) 459–475.

zu einer neuen gesellschaftlichen und politischen Führungsschicht in den Comunen verschmolzen waren. Unter magnates, nobiles, potentes verstehen die Popolarengesetze auch die Neureichen aus dem Bürgertum; für alle wird auch der Begriff miles verwendet. *Miles* ist der Mann, der sich ein Pferd halten, Waffen und Rüstung leisten und ritterlich leben kann. Diese Leute, die 1210 der Bischof von Cremona «magnae cognationes, quae licet sint de populo, tamen inter milites computantur» nannte, sind vom popolo geschieden, auch wenn der Unterschied zwischen altem Adel und bürgerlichen homines novi bewußt bleibt. Das belegen auch die Veroneser Statuten von 1228, die als amtsfähig und bedingt steuerfrei sowohl die mit gewissem Mindestvermögen (1000 ℔), wie auch Ritter unabhängig vom Vermögen (gentiles homines), auch wenn sie per paupertatem weder Pferd noch Waffen besitzen, unterscheiden. Der Adel verkörperte lange die militärische, politische, administrative Potenz der Städte, Comunen und des Landes; die Podestàs und Signori gingen aus seinen Reihen hervor. Wir unterscheiden einen städtsässigen, einen eingebürgerten Adel und ein ritterlich gewordenes städtisches Patriziat. Doch waren diese keine geschlossene Gruppe, sondern eine Summe oder loser Verband von *Einzelfamilien* mit eigensüchtigen Interessen, die immer weniger am Wohl der Comune sich orientierten. Das äußerte sich besonders in den Geschlechterburgen der Städte (Gimignano, Florenz, Siena, Bologna), die ebenso wie die Burg auf dem Lande der Sippe Rückhalt boten. Es bildeten sich Turmgenossenschaften mit eigener Organisation, die Familien schlossen sich in räumlich begrenzten Familienquartieren zusammen. Die innere Geschichte der Comunen war vielfach geprägt von den Rivalitäten und Fehden der Adelsfamilien, bei denen sich ein Gegensatz zwischen altem Adel und patrizischem Unternehmertum oder ein Machtkampf zwischen den großen Familien austobte. Der Gegensatz zwischen Adel und popolo war nicht primär, zuvor spaltete sich die führende Adelsgruppe und gab damit den Kaufleuten und Handwerkern den Weg zur politischen Macht frei. Die Vorhut des aufsteigenden Bürgertums waren die großen Patrizierfamilien. Ihr Aufstieg zum Rittertum integrierte sie zwar in die gesellschaftliche Führungsschicht, verstärkte aber zugleich den Druck des popolo auf diese Gruppe. In der Bewährungsprobe hielt der Adel dem städtischen Bürgertum nicht stand. Und so erhob sich zwischen Adelsherrschaft und Signorie die Herrschaft des Popolo.

Herrschaft des Popolo war keine Volksherrschaft, sondern Dominanz des Mittelstandes. «Popolo» repräsentierte nicht das ganze Volk, Kaufleute und Handwerker pflegten sich meist so zu bezeichnen. Vom popolo des 13. Jahrhunderts waren nicht nur die aller politischen Rechte beraubten Magnaten, sondern die große Masse der Unterschichten und das Proletariat, somit wohl der größte Teil der Einwohner einer Stadt, *nicht* erfaßt. Nach D. Waley hatten gegen Ende des 13. Jahrhunderts nur 23 Städte Ober- und Mittelitaliens mehr als 20 000

Einwohner, d.h. 5–6000 Bürger = Mitglieder des popolo. Die italienischen Comunen des Hochmittelalters unterschieden sich in ihrer Flächengröße und Bürgerzahl nicht so sehr von den Gemeinden der römischen Zeit. Die Bevölkerungszunahme läßt sich an Florenz ablesen; am Anfang des 12. Jahrhunderts hatte es 6000, umd 1200 aber 10000, 1300 jedoch 30000 Einwohner, 1339 schon 90000 und mit den Vororten zusammen ca. 170000 Menschen. Genua oder Neapel hatten im 14. Jahrhundert zwischen 50000 und 100000 Bewohner, Venedig und Mailand über 100000. Das demographische Wachstum kann man auch an der Zahl der Beamten ablesen. Pistoja hatte um 1100 noch keine hauptamtlichen Beamten, um 1200 bereits 14, um 1300 schon 28. In Pisa wurden 1162 in einem Bericht 91 offizielle Ämter der Comune genannt, in Siena bekleideten 1257 an die 860 Einwohner irgendein Amt außerhalb des Militärs. Ihre Liste reichte von Brunnenwächtern, Eichbeamten und Nachtwächtern zu Zolleinnehmern, Viertelsbürgermeistern hinauf zu Buchhaltungsinspektoren. Ein großer, ja überwiegender Teil der Stadteinwohner waren laboratores, operarii, suppositi, pactuales etc., in den Handelsstädten sicher viele Transportarbeiter und solche, die es mit dem Verkehr im allgemeinen zu tun hatten. In Florenz sollen im 14. Jahrhundert an die 400 Wollfabriken mit 30000 Arbeitern bestanden haben, 1330 ca. 90000, an Almosenempfängern soll es 17000 gegeben haben, die fast ein Fünftel der Bevölkerung ausmachten. Abgesehen vom Adel gehörte demnach ein großer Teil der Bevölkerung nicht zum popolo; er war damit auch politisch rechtlos und wirtschaftlich notleidend. Doch möchte ich die Mehrheit dieser Leute, die Arbeiter waren, nicht dem Proletariat zurechnen; denn zu den Unterschichten zählten auch gewisse Kleingewerbetreibende, die nicht den Anschluß an die Zünfte gefunden hatten, kleine Gastwirte, Händler, Angehörige von Hilfsgewerben, Heimarbeitern, entlaufene servi und Freigelassene vom Lande, Hausierer, Bettler, fahrende Leute, Arbeitslose und sonstige Dienstleute.

Kaufleute und Handwerker = der Kern des popolo besaßen weniger Grund und Boden als *Kapital.* Die sich seit dem 10. Jahrhundert ausbreitende Geldwirtschaft trug sie empor. Aus privaten Akten Nord- und Mittelitaliens zog Herlihy den Schluß daß 60 Prozent der Zahlungen zwischen 960 und 1139 in gemünztem Geld erbracht wurden, nur 40 Prozent in Ersatzgeld, vor allem in Waren, die auf dem Markt ebensoviel Liquidität besaßen wie die Münze = gemünztes Geld. Die Bischöfe und Klöster verwendeten wertvolle Gegenstände aus Kirchenschätzen und auch antike Münzen, um den zerstreuten Grundbesitz ihrer Kirchen wiederherzustellen. Im Territorium von Mailand wurden die Zahlungen im ganzen 11. Jahrhundert in Geld geleistet; dort gab es schon in der 2. Hälfte des 10. und im 11. Jahrhundert zahlreiche monetarii und magistri monetariorum (Cipolla). Wir unterscheiden drei Gruppen des popolo mit unterschiedlicher Beteiligung am politischen Leben: 1) die Großhandelsunternehmer, 2) die Kleinhändler und

Handwerker, die aufsteigen wollten und zeitweise an der Regierung beteiligt waren, 3) Akademiker, Juristen (iudices, notarii) und Mediziner, die vielfach mit den Kaufleuten zusammenarbeiteten. Das klassische Beispiel von *Florenz* und seiner *Zunftverfassung* am Ende des 13. Jahrhunderts gibt uns das Modell einer *Gesellschaftsstruktur des popolo*. Dort unterscheiden wir 7 höhere, 5 mittlere, 9 untere Zünfte. Großhändler, Bankiers und Großindustrielle, vor allem Tuchhändler, Wechsler, Woll-, Seiden-, Pelzhändler bildeten diese Oberschicht und die mächtigsten und angesehensten unter ihnen waren in der ars mercatorum *Kallismale* vereinigt, in der die am Handel und dem Verkauf der aus Westeuropa eingeführten Tuche beteiligten Unternehmer saßen; seit der zweiten Hälfte des 13. Jahrhunderts liefen ihnen die Wollen- und Seidenhändler in den artes lane und unter den mercatores Sancte Marie den Rang ab. Die Zünfte der iudices und notarii nahmen zwar in der Liste der 21 Zünfte in den Florentiner ordinamenta iustitiae die erste Stelle ein, sogar noch vor der Calimala; ihnen gesellten sich die Ärzte unf Apotheker zu. Alle sieben Zünfte stellten den *popolo grosso* dar, den man «großkapitalistisch» nennen kann. Es ist eine Tatsache, daß die römischen Päpste schon vor der Mitte des 13. Jahrhunderts mit dem Florentiner (Bank-) Kapital in engere Geschäftsbeziehungen traten und Anleihen zur Durchsetzung ihrer Politik dort aufnahmen. Gemeinsam mit den höheren Zünften wurden nicht selten die 5 mittleren genannt, doch wurden sie mit den unteren Zünften als *popolo minuto* auch dem popolo grosso gegenübergestellt. Dieser mittleren Gruppe gehörten zumeist wohlhabende Mittel- und Kleinbürger an, also Bauzimmerleute, Steinmetzen, Schlächter, Schuster, Schmiede und Althändler. Die Masse der Kleinkaufleute und Handwerker war in den 9 unteren Zünften vereinigt, also Weinhändler, Salz-, Öl-, Käsehändler, Wirte, Gerber, Panzer- und Schwertschmiede, Schlosser und Eisenhändler, Gürtler, Zimmerleute, Bäcker. Natürlich gilt diese differenzierte Florentiner Struktur nicht auch für die anderen Städte, doch der Unterschied zwischen Großkaufleuten einerseits, Kleinhändlern und Handwerkern ist auch anderswo festzustellen. Florenz ist ein herausragendes *Produktions-* (Industrie-) und *Geldzentrum Italiens* in der Aufbruchzeit geworden und auch im sogenannten Spätmittelalter geblieben. In Bologna bilden den popolo auf der einen Seite die campsores und mercatores, auf der anderen Seite die societates artium et armorum, wie in den Ordinamenta sacrata et sacratissima steht. Das consilium generale in Pisa bilden die consules mercatorum, die consules lane vel laniorum sowie der Prior dieser Zünfte, sodann die capitanei der iudices und notarii, schließlich die consules et capitanei septem artium und ihre Prioren. Der Unterschied zwischen den drei genannten Städten und der Struktur ihres popolo bestand in der Bildung größerer Handwerkerverbände und in der relativ dünnen Organisation und der individuellen Repräsentation der großen Unternehmer. Auf den oberen Rängen nahm der Drang zu Zusammenschluß und

Genossenschaft ganz bedeutend ab, die individuelle oder familiäre Initiative dagegen zu.

Wenn wir nach den *Organisationformen* der bürgerlichen und mittelständischen Gesellschaft des urbanen popolo fragen, dann stoßen wir zuerst auf die *Zünfte*. Es ist fast ein historisches Gesetz, daß der gesellschaftliche Aufstieg von unten, soweit er in Massenbewegungen erfolgt, auf dem Wege des genossenschaftlichen Zusammenschlusses vor sich geht; der pauper = nichtherrschaftsfähige Mann der Unterschichten kann seinen Willen und seine Interessen nur kollektiv und gemeinsam durchsetzen. Dafür sind ein gutes Beispiel die Zünfte, obwohl man ihre Bedeutung etwa in der urbanen Gesellschaft Deutschlands im Spätmittelalter auch nicht überschätzen darf. Die jüngere Forschung deutet die sogenannten Zunftkämpfe nicht mehr als soziale Erhebungen des Handwerks gegen das Verwaltungspatriziat der frühen Oberschicht, sondern im 14. Jahrhundert als die entscheidende Auseinandersetzung zwischen ministerialischem Altpatriziat und den reichen Emporkömmlingen der Kaufleute und Wechsler, die Mitsprache erzwingen wollten. Vielleicht dürfen wie dies mit dem Sieg des popolo über den urbanen Adel im Italien des 13. Jahrhundert vergleichen, obwohl der popolo ein weitgespanntes gesellschaftliches Feld in den Städten ist. Seit der Mitte des 12. Jahrhunderts treten die Zünfte in den Quellen auf, im 13. Jahrhundert haben sie sich überall durchgesetzt. Sie üben weitgehende Selbstverwaltung und regieren sich durch selbstgewählte podestà, consules, rectores, capitanei, priores, gastaldiones, anziani, sie hatten ihre eigenen Richter und Notare, regelten ihr Leben durch besondere Statuten und übten eine eigene Markt- und Gerichtsbarkeit mit teilweise weitreichenden Befugnissen aus. Der Kreis der Zünftler wurde 1286 in Pisa umschrieben mit: «omnes personae laborantes sive exercentes aliquam artem in laborario predicte artis». Neben der Einzelzunft gab es auch Zusammenschlüsse aller Berufsverbände (universitas, communitas, comune), die politisch handelten. Die Zunft wurde ja überhaupt zum *politischen Verband* und knüpfte dabei an die Organisation des popolo an. Am Ende des 13. Jahrhunderts bildeten die Häupter der Zünfte in Verona einen Rat, dessen Beschlüsse und Anträge der podestà dem Rat der Comune vorlegen mußte. Der Zunftrat wählte den Podestà und seine Richter, beeinflußte die Gesetzgebung. Neben dem podestà und capitaneus populi stand der podestà der mercandanza. Die Berufsverbände hatten zunächst noch keinen Anteil an der politischen Macht, sie erstrebten nur politischen Einfluß. In Venedig standen die Zünfte unter starker Kontrolle der staatsbeherrschenden Handelsaristokratie. Der Aufstieg der Zünfte zu politischen Körperschaften und die Verankerung der Stadtverfassung in den Zünften war Ausdruck der wirtschaftlichen und gesellschaftlichen Dynamik in den *Industriestädten* des Binnenlandes. In Florenz stützte sich die popolo-Herrschaft von 1250 noch nicht auf die Zünfte, erst 1282 setzte sich das Regiment der Zunftprioren durch. Gleichzeitig erfolgte der Durchbruch auch in Bologna. Neben den Zünften bestanden in Parma, Florenz und Pisa Nachbarschaftsverbände und Stadtviertelbünde mit militärischer, administrativer und politischer Funktion. In Florenz waren das Rückgrat des primo popolo von 1250 (erste Popolanenverfassung) zwanzig örtlich gegliederte Bannerschaften, die aus alten Nachbarschaftsverbänden hervorgegangen waren; die radikale Volksherrschaft von 1293 kannte die örtlich gegliederten Kirchspiele mit eigenen gewählten Organen, die den popolo gegen die Magnaten zu schützen hatten. Neben den societates artium = Zünften standen in Bologna societates armorum = Waffengenossenschaften, zu denen nur zünftige Bürger zugelassen waren. In Pisa bildeten die Stadtviertel die militärischen Organisationen der Comune mit einem eigenen capitaneus und Bannerträger an der Spitze und mit selbständiger Vertretung im Rat.

Der *popolo* war eine selbständige militärische Organisation mit eigenen Statuten, ein Parallelverband zur Comune; dem podestà der Comune entsprach der Volkshauptmann, den Räten der Comune das consilium populi, den örtlichen Gerichten die Sondergerichte des popolo, dem Stadthaus das Haus des Volkes. Der popolo hat die Comune besiegt, zwischen beiden gab es harte Kämpfe um die Macht in der Stadt. Dieser Verband entzog sich zunächst der Aufsicht der Comunen und erstrebte die ausschließliche Gerichtsbarkeit über seine Mitglieder; er schloß sich gegenüber der Comune ab und strebte gleichzeitig nach Teilhabe an der Comune und der Kontrolle über sie. Der Volkshauptmann setzte sich vielerorts neben dem Podestà durch und kontrollierte schließlich ihn sowohl wie die Gemeinde. An seiner Seite vertraten die Anzianen die Interessen der popolo gegen Comune und Gemeindebeamte, ja beaufsichtigten sogar die ganze Staatsverwaltung. Die Verwaltung des popolo wurde aber von der Gemeinde nicht kontrolliert; das «Volk» beherrschte auch den Gemeinderat, in dem popolani und Nichtpopolanen (nobiles und popolares) saßen, sie nahmen an dessen Sitzungen teil, die nur mit seiner Einwilligung einberufen werden konnten; sie konnten dort auch Anträge stellen. Nach der Emanzipation von der Comune griff der popolo in Etappen nach der Macht. Er wurde zur Nebenregierung, podestà und Volkshauptmann bildeten zusammen das Regiment, an dem manchmal auch Anzianen und Zünfte beteiligt waren; die Beschlüsse des Volksrates erlangten gleiche Geltung wie die der Gemeinde für das Ganze; das gleiche galt für die Gerichtsurteile des Volkshauptmanns, denen auch die Nichtpopolanen unterworfen waren. Schließlich eroberte der popolo die Comune und identifizierte sich mit ihr. In Modena durften 1327 in den Gemeinderat nur populares gewählt werden. Dem gespaltenen *Adel* trat das in Zünften, Nachbarschafts- und Volksverbänden genossenschaftlich und kollektiv *geeinte «Volk»* geschlossen gegenüber; gemeinsame politische und wirtschaftliche Interessen, die harte, leidvolle Erfahrung adeliger Herrensucht und anmaßender Übergriffe des Adels führten die populares aller

Schattierungen immer wieder zusammen. Die *Volksbewegungen* leiteten am Anfang Leute der *oberen*, der wohlhabenden und gebildeten Schichten, denen das Mißverhältnis zwischen gesellschaftlicher und wirtschaftlicher Stellung einerseits, politischer Machtlosigkeit andererseits bewußt geworden war und sie zur Tat drängte. Sie setzten sich an die Spitze des popolo, verschafften sich Einfluß auf die politische Führung, gewannen oft auch zahlenmäßig die Kontrolle über den Rat und brachten die Unterschichten so in ihre Hand. Die eigentlichen Träger dieser *Volks-«Revolution»* waren also nicht die sozialen, von wirtschaftlichen Sorgen getriebenen Massen. Nicht selten gelangten die Handwerker gegenüber Großhandel und Banken dadurch zu Einfluß und Macht, daß sie diese im Bunde mit den herrschenden Geschlechtern einkreisten. Erst seit der zweiten Hälfte des 13. Jahrhunderts war der Einfluß der Mittel- und Unterschichten des popolo tatsächlich im Steigen begriffen. In Florenz hat erst die Verfassung von 1293 die Gesamtheit des in Zünften organisierten popolo an die Macht gebracht; alle 21 Zünfte bildeten eine Eidgenossenschaft zum Schutze der Gemeinde, erst seitdem hatten die Angehörigen der niederen Zünfte Zugang zum seit 1282 regierenden Priorenkollegium; trotzdem wahrten die Wohlhabenden ihren Vorsprung.

Die Stellung des Bürgertums war in der Popolarenbewegung nicht immer klar, da auch seine Lage oft sehr schwierig war; doch fanden sie auch Zugang zum Adel und verschmolzen mit der Ritterschaft. In Florenz erfuhr die Bewegung der Kleinhändler und Handwerker erst dadurch am Ende des 13. Jahrhunderts ihren starken Auftrieb, daß die Kaufleute und Bankiers, die zur Aristokratie in enger Verbindung standen, zu ihr übertraten. Trotzdem aber die Großunternehmer an der Spitze des Florentiner popolo standen, traf die Entmachtung der Magnatengeschlechter auch zahlreiche wohlhabende Bürger. In ähnlicher Weise standen zwischen Adel und popolo auch die *Akademiker und Juristen* vor allem, die in Italien dem Adel fast gleich standen. Die laikalen Amtsjuristen, die am *römischen Recht* gebildet waren, standen der Feudalordnung feindlich gegenüber. Die Akademiker entstammten zumeist dem wohlhabenden gebildeten Bürgertum, das in seiner Mehrheit adelsfeindlich war. In Florenz gehörten Richter und Notare zu den führenden Kreisen des popolo, in Bologna wurden die iudices zu den Magnaten gerechnet, während die notarii auf der Seite des popolo standen. In Pistoja war die Aristokratenschicht eine «pars militum et iudicum». Im ganzen bestimmte der *Gegensatz zwischen Adel und popolo* das urbane Leben Italiens im 13. Jahrhundert. Die Politik des Adels, der den Bürgern den Zugang zu Ämtern und Macht versperrte und seine wirtschaftliche Entfaltung behinderte, war das repressive und reaktionäre Element in der städtischen Gesellschaft, das den Fortschritt hemmte. Ja die Fehdelust des Stadtadels gefährdete Ordnung und Frieden der Comune, ja dessen innere Fehden gefährdeten oft die bürgerliche Existenz. Der Konflikt entzündete sich vor allem an feudalen Hoheitsrechten, die es dem

Adel gestatteten, Zölle und Wegabgaben zu erheben und die Gerichtsbarkeit auf dem Lande auszuüben. In der Stadt selber waren erhebliche Anlässe zum Streit der überwiegende Grundbesitz des Adels, der den Mietpreis in Läden und Wohnungen festsetzte und selber von Steuern und Abgaben (data) befreit war. Ein besonderer Interessengegensatz bestand in der Bewertung der Ausfuhr, die der Adel besonders bei Getreide förderte, und von Einfuhr, weil die städtische Handelspolitik die Ausfuhr von Lebensgütern wegen der Ernährung der wachsenden städtischen Massen verhindern wollte. Es scheint, daß diese wirtschaftlichen Meinungsverschiedenheiten aber nicht den Ausschlag gaben. Vielmehr waren die *Lebensweisen* zweier Klassen auf engstem Raum so gegensätzlich geworden, daß ein Funke zünden konnte. In der italienischen Stadt des 12./13. Jahrhunderts standen sich *zwei Welten* gegenüber: Traditionalität stand gegen Rationalität, Beharrung gegen zwingenden Fortschritt. Geburt, Besitz, Leistung, Arbeit waren vier verschiedene Wertmaßstäbe für Rang, Würde, Selbstbewußtsein des Menschen in einer sich grundlegend wandelnden Gesellschaft geworden und der Adel des Blutes zählte immer weniger gegenüber dem Adel des Geistes und der Leistung. Mut und kriegerische Tüchtigkeit wurden immer weniger bewundert, je mehr sie den Frieden und die Ordnung gefährdeten. Der Zufall des Sieges verblaßte im Werturteil vor planmäßigem Erwerb und würdiger Form; vor die Geltung der Sippe trat der Beruf. In den Unter- und bürgerlichen Mittelschichten kam eine religiös begründete Gesellschaftskritik zuerst gegen die reiche Macht- und Herrschaftskirche, dann auch gegen die weltliche Macht überhaupt hoch. Die alte archaische Symbol-Religiosität wich einer rationalen religion intellectuelle und einer menschlichen und häretischen religion populaire. Der *feudale Adel* sah sich durch den Aufstieg des reichen *Unternehmertums* nicht nur zur Seite gedrängt, sondern seine auf Grund und Boden, Blut und Erbrecht, Verfügungsgewalt über Menschen und Arbeitskraft begründete heilige Ordnung gefährdet oder zerstört. Geld und Arbeit waren im Adelsdenken keine Werte, auch wenn man von ihnen lebte und abhängig war; Verbürgerlichung und Popolarisierung des Lebens zerstörten adeligen Lebensstil. Man trauerte den untergehenden alten Zeiten nach und wollte dem aufsteigenden Bürgertum = den neuen Kräften einer Leistungs- und Arbeitswelt keine Gleichberechtigung zuerkennen. Der Adelige, der einen ignobilis tötet, soll nur eine Buße von 100 ₰ zahlen; wer als Adeliger einen Standesgenossen tötet, soll mit dem Tode bestraft werden. Die wohlhabenden und gebildeten Schichten des popolo mußten erst einen eigenen Stil entwickeln; das Volk, das den Haß und die Verachtung des Adels erwiderte, brachte trotzdem der adeligen Lebensform und den Aristokraten genau wie heute einen gewissen Respekt entgegen, der Haß des popolo richtete sich aber besonders gegen den *bürgerlichen Neuadel*, der sich ritterliche Allüren zulegte und wie alle Parvenus arrogant auftrat. Der wohlhabende und gebildete popularis ertrug noch immer leichter den von seiner Rente lebenden, nichtstuenden und unnützen Aristokraten als die Herrschaft und Übergriffe der frischgebackenen Ritter und neureichen Emporkömmlinge, die nun auf ihren Reichtum pochten und doch aus der nämlichen Klasse kamen. Sie waren es, die ihren popolaren Standesgenossen die Anregung gaben, die alte adelig-feudale Ordnung nicht mehr für legitim, sondern als plutokratische Zwangsordnung anzusehen, die sie beseitigen, an deren Stelle sie ihre bürgerliche Ordnung und Herrschaft setzen müßten.

Der *Sieg des popolo* beraubte den Adel seiner Privilegien und seiner politischen Organisation, entrechtete die Großen und schloß den einheimischen Adel vom politischen Leben aus, brachte die einflußreichen Ämter und politischen Stellungen in die Hände der populares und schloß später sogar die Ritter in den Zünften aus, da beim Umschwung viele Adelige dort und in den politischen Gemeinschaften des popolo Zuflucht und Sicherung ihres politischen Einflusses gesucht hatten. Dante trat in die Zunft der Ärzte und Apotheker ein und konnte so in Florenz das Amt eines Prior bekleiden. Am Arno konnten nur Männer «de prudentioribus, melioribus et legalioribus artificiis» gewählt werden, die ständig ein Handwerk ausübten, in das Zunftbuch der Stadt Florenz eingetragen und keine Ritter waren. Die Magnaten standen politisch und gesellschaftlich unter Ausnahmerecht, vor allem im Strafrecht, wie die ordinamenta iustitiae von Florenz, Bologna, Pistoja u.a. zeigen; vor allem wurden Vergehen gegen popolari unter höhere Strafe gestellt, Mord, Körperverletzung, Freiheitsberaubung und Beleidigung. Noch gespannter als in der Stadt war auf dem *Lande* das Verhältnis zwischen Adel und populares; dort bedrohten die Magnaten die Stadtbürger, die auf dem Lande Besitz erwarben und diesen durch Pächter und Landarbeiter bewirtschaften ließen. Der *Landadel* war verarmt und mit der Stadt verfeindet, er legte darum den städtischen Kaufleuten und Bankiers, die ihr Kapital dort in Grund und Boden anlegen und eine Kreditgrundlage schaffen wollten, alle möglichen Schwierigkeiten in den Weg; er war dazu in der Lage, weil die Macht der Stadt außerhalb der Mauern nicht sehr groß war. Der Adel hetzte die Landarbeiter und andere Leute auf und behinderte die Landbebauung; er schnappte den Stadtleuten Grundbesitz, Grundstücke weg, die zur Erweiterung von Popolanenbesitz sich eigneten oder anboten. Man unterband die unbefugte Ausübung von Gerichtsbarkeit und sonstiger Hoheitsrechte im districtus durch Magnaten und trat gegen den Luxus adeliger Feste und Leichenbegängnisse und der Kleiderpracht auf und ging mit härteren Strafen dagegen vor. Generalstreik, Waffengewalt, Zerstörung, Zwangsmaßnahmen waren die Mittel der «agni mansueti» = populares in Kampf gegen die «lupi rapaces» = Magnaten in der Stadt. Gereizt und erbittert über die Herausforderung und Willkür des Adels, nahm das Volk Rache und griff nach der Herrschaft; es machte schließlich auch vor dem Großbürgertum nicht Halt, das auch ausgeschaltet werden sollte. In Florenz waren

147 Familien betroffen. Die Entmachtung und Entrechtung des Adels war nur teilweise legitimiert und sinnvoll. Es wurden viele schöpferische Kräfte zerstört und deshalb versagten am Ende Bürgertum und popolo selbst. Die Fehden in Florenz wurden durch Exil und Tod zahlreicher Bürger beendet, der Kampfgeist starb. Wenn der ausgeschlossene Adel in Florenz wieder zu Ämtern zugelassen werden wollte, mußte er sich in Haltung, Gesinnung und Lebensweise den populares anpassen, auch nach außen. «In Florenz kam es soweit, daß ein verständiger Gesetzgeber jede beliebige Form der Regierung einführen konnte.« (Machiavelli).

Mit der breiten *Masse des Volkes* der Arbeiter, Dienstleistenden, Armen hatte der Popolo-Staat wenig zu tun. Der *Arbeiter* war von der Zunft abhängig, aber an der Zunftverwaltung nicht beteiligt, und einem strengen Vereins- und Versammlungsverbot unterworfen, selbst für religiöse, karitative, gesellige Zwecke. Der Arbeiter war zu Steuerzahlung und Heerfolge verpflichtet und vom politischen Leben, von Ämtern und Rat ausgeschlossen. Im Popolo-System wurde die contio durch Räte, Priorenkollegs usw. zurückgedrängt, die Einberufung der contio durch die Zustimmung einer Zweidrittelmehrheit des Rates erschwert. Der Amtsträger wurde vom Volk getrennt durch die Zwischenschaltung von Wahlmännern. Verwaltung und Rechtspflege kamen in die Hände eines dem popolo fernen, gelehrten Berufsbeamtentums und an die Stelle des Volksrechtes trat das römische Recht. Natürlich versuchten Arbeiter und Unterschichten ihre wirtschaftliche Lage zu verbessern und auch Anteil an der politischen Gewalt zu gewinnen. Die *religiösen* und *politischen Volksbewegungen* vom 12. bis zum 14. Jahrhundert wandten sich an die Massen in den «Stadtstaaten» und die Kämpfe zwischen Magnaten und populares boten ihnen günstige Chancen dazu. Adel und Großbürgertum bedienten sich gelegentlich auch der *Massen*, wie es später die Signorie auch tat. In Florenz, Bologna, Lucca, Siena, Venedig und anderswo gab es im 14. Jahrhundert so etwas wie *proletarische* Volksbewegungen. In Florenz taten sich die Färber hervor, die 1342 in der Florentiner Arbeiterschaft führten, 1371 streikten, 1378 sich am Ciompi-Aufstand maßgeblich beteiligten, kurze Zeit großen Anteil an der politischen Führung hatten. Mit der Wiederherstellung der alten Zunftherrschaft 1382 ging dies wieder zu Ende und 1393 wurden alle Zugeständnisse an die Facharbeiter aufgehoben. Ob man hier von Proletariern sprechen kann, erscheint mir unsicher zu sein. Zwar grenzte sich der popolo nach oben gegen Magnaten und Adel wie nach unten gegen diejenigen ab, die nicht zu den societates gehörten, aber der Schutz gegen den Adel kam auch den letzteren zugute, wie dieser auch den Bauern und Dienern gewährt wurde. Das Strafrecht befaßte sich nicht intensiv mit den untersten Schichten des Volkes (laborator, rubaldus, vilis, lusor, ioculator, arnaldus, vagabundus, meretrix), die härter als die anderen gerichtet wurden, wenn sie straffällig waren. Es gab die *schädlichen Leute* = homines malae vitae et conversationis. Neben der politischen Kriminalität des Adels nahm in Stadt und Land als Folge großer Menschenballung wie Ausbeutung und Arbeitslosigkeit sowie ungesunder sozialer und politischer Verhältnisse im Distrikt/Contado die allgemeine *Kriminalität* stetig zu. Dies führte einmal zur Verdrängung von Fehde und Zweikampf durch die öffentliche Strafe und die Ausbildung einer Kriminaljustiz, deren Anfänge in den Gottes- und Landfrieden des 11./12. Jahrhunderts lagen und weiter zum Ersatz der Geldstrafe (Kompositionen- und Bußengerichtsbarkeit) durch ein System von Leib- und Lebensstrafen. Allgemein gesprochen haben die Unterschichten im Streben nach Aufstieg eine *Art Gleichberechtigung* erreicht, unter der Herrschaft der signoria. Der Mensch unterhalb des popolo, den man auch Proletarier nennen könnte, war der Schrittmacher für die Gleichheit aller vor Recht und Gesetz; der Schutz des Bürgers kam auch ihm zugute.

Trotz vielfältiger Verbindungen zwischen Stadt und Land verschmolzen beide nicht miteinander. Die *Landleute* jenseits der Stadtmauern und suburbia = Vororte im Comitatus, Districtus, Landbezirk hatten die Funktion der Ernährung der Stadt, sie waren ihre Vorratskammer und betrieben in erster Linie Landwirtschaft. Die größeren Städte Nord- und Mittelitaliens hatten ein eigenes *Territorium*, sie waren *Territorialherren* (in Deutschland hatten Nürnberg, Rothenburg o. d. Tauber und Ulm die drei größten Stadtterritorien). Venedig hatte das größte Herrschaftsgebiet und Bologna beherrschte seit der 2. Hälfte des 13. Jahrhunderts einen großen Teil der Romagna. Der Anteil der Landbevölkerung und der im Distrikt gelegenen Städte am Regiment der herrschenden Stadt war gering, es wurden höchstens Vertreter in den großen Rat der Stadt entsandt. Umgekehrt bekamen die Landgemeinden ihre leitenden Beamten von der Metropole oktroyiert, das Landgebiet selber wurde durch städtische Behörden überwacht; so entstand auch auf dem *Lande* eine *bürokratische Verwaltung* durch landfremde Beamte und die Rechtspflege wurde überwiegend von der herrschenden Stadt durchgeführt. Das Ziel der autarken Wirtschaftspolitik der führenden Städte war die Selbstversorgung der Großstadtbevölkerung aus dem eigenen Territorium; deshalb suchten die Binnenstädte immer ihr Gebiet zu erweitern, deshalb verboten sie die Ausfuhr von Getreide und Lebensmitteln, die Abhaltung von Markt und Messen auf dem Lande und forderten den Absatz der Landprodukte auf dem städtischen Zentralmarkt. Nach den zahlreichen Gründungen von castelli im 10. und 11. Jahrhundert waren um die Wende vom 12./13. Jahrhundert nochmals *borghi franchi* entstanden.[75] Viele der neugegründeten borghi, castelli, ville waren durch die Comune befreit, die sie gründete, sie waren immunitates, libertates,

---

[75] G. FASOLI, Ricerche sui Borghi Franchi dell'alta Italia, in Riv. di Storia e del diritto it. 15 (1942) 139–214. – G. LUZZATTO, L'inurbamento delle popolazioni rurali in Italia nei secoli XII e XIII = Studi ... in onore di E. Besta II (Milano 1939) 183–203. Geht von einer Kritik aus an J. PLESNER,

franchisie und ihre Einwohner wurden immunes, liberi, franchi genannt, genossen Freiheiten, welche die führende Comune vor allem deswegen gewährte, weil sie neue Leute zur *Ansiedlung* anlocken wollte. Es ist interessant, festzustellen, daß aber dabei ganz rigoros servi und famuli von diesen neuen Orten ausgeschlossen wurden (so bei der Gründung von Castellfranco im Gebiet von Padova durch das comune Tresi zwischen 1195 und 1199). Villafranca, die wichtigste Stadt im Territorium von Verona, 1184 villa libera genannt, wurde vermutlich in der Zeit des Lombardenbundes gegründet und war 1185 befestigt; die Einwohner erhielten eine Landzuteilung und wurden in eine Städteliste des contado eingetragen. Dieses *Kolonisationssystem* war in Oberitalien (Padova, Verona, Brescia, Friaul) weit verbreitet. Im Friaul wurden Slaven angesiedelt, auf dem Boden von Verona Deutsche in den sogenannten Tredeci comuni (13. Jahrhundert). Das comune von Brescia beabsichtigte 1179 das castellum vom Casaloldo wieder aufzubauen und errichtete 1180 einen zollfreien Markt und erhob die Einwohner in den Rang von Städtern. Die größte Zahl freier borghi wies Piemont auf. Im ganzen vollzog sich die Entwicklung dieser Neugründungen so, daß zuerst die Einwohner in die Siedlung kamen und von den Feudallasten an die signori befreit waren; dann erhielten sie von der gründenden comune das Recht, ihren Bürgern gleichgestellt zu sein, vorab bei der Steuerfestsetzung. Das Territorium von Asti wurde von zahllosen Grafen und kleinen signori fast erdrückt (Grafen von Loreto, Markgrafen von Busca, Ceva, Insica, Cortemiglia, Caretto, Monteferrato) und konnte seine Herrschaft im Contado nur dadurch verteidigen und behaupten, daß es neue borghi, villae auf seinem oder jüngst erworbenen Gebiet schuf. Der Bischof von Luni versuchte mit den gleichen Mitteln seine Herrschaft im Val di Magra zu verstärken und auszudehnen.

Im Veneto und in Liguria waren borghi franchi selten, häufiger in der Emilia, zahlreich in der Lombardei, besonders in Piemont zwischen 1150 und 1300. Die ersten waren die borghi Franchi von Cremona. Der Ring dieser borghi franchi und borghi nuovi war am dichtesten gelagert um Brescia und Cremona. Zwar ging die Initiative manchmal von Neusiedlern aus, in den allermeisten Fällen aber von den Städten, die einen feierlichen Ratsbeschluß dafür faßten; sie wollten damit ihre Macht erweitern und die *Nachbarstädte* und *Feudalherren* der Umgebung hemmen. Borghi wurden begründet an Straßenkreuzungen, Flußübergängen, Talausgängen, im Zentrum von Bergwerksgebieten, Rodungsbezirken und Trockenlegungszonen, im Übergangsland zu dichter besiedelten Gebieten. Den Auftrag zum Burgenbau und zur Verteilung bzw. Abgrenzung der Ländereinen

---

L'émigration de la campagne à la ville libre de Florence au XIIIe siècle (Copenhagen 1934). – G. CHITTOLINI, Città e contado nella tarda età comunale. A proposito di studi recenti, in Nuova Riv. Stor. 53 (1969) 706–719.

an suprastantes, designatores, incignerii erteilten consoli und podestà der Gründerstadt. Die Kosten für Mauer, Torbau, Gräben übernahmen die zukünftigen Bewohner der Stadt, die allein für den Häuserbau sorgten. Sie erhielten Grundstücke innerhalb und außerhalb des Mauerrings und zwar zu Pacht, Lehen oder Eigentum. Der Verkauf oder die Abtretung dieser Grundstücke an Leute außerhalb der universitas war verboten. Beim Verkauf eines castello aus dem ducatus von Quastalla wurden 1141 die Einwohner unterschieden in: cives, comitatenses, vasalli, homines de masnata, ascripti ad glebam et possessiones servi et ancillae. Die alten Feudalherren stellten denen, die an einem anderen Orte sich niederlassen oder neusiedeln wollten, Befreiungsurkunden aus und erkannten ihnen das Recht zum Verkauf ihrer eigenen Güter und Nachfolgerechte, der Heirat von Leuten anderer Herrschaften zu. Sie behielten sich aber die Rechte vor, die nicht die individuelle Freiheit berührten, sondern sich von den wirtschaftlichen Rechten der Grundherrschaft (angariae, parangariae, albergariae etc.) herleiteten, sei es daß sie wie Gericht, Heeresfolge, fodrum etc. königs- oder öffentlich-rechtlich waren. Wenn ein Landherr der städtischen Comune seine homines (= Eigenleute) unterstellte, dann hatten sie zwei patroni, den alten Herrn und das comune; beiden huldigten sie. Die comuni gestanden den borghi franchi Befreiung städtischer Abgaben zu, die in den Quellen onera rusticana genannt wurden. Der *rusticus* emanzipierte sich als *Neusiedler* im *borgho francho* von den persönlichen und realen Arbeitsverpflichtungen für den Herrn (opus servile, servicium) und von den genannten onera rustica, doch blieb er den onera civilia des Städters unterstellt; Befreiung bedingt also auch Gleichstellung innerhalb des städtischen Herrschaftsbereiches. Einen ähnlichen Vorgang der rechtlichen und gesellschaftlichen *Hebung des bäuerlichen Niveaus* haben wir zur gleichen Zeit auch in Deutschland, wo es aber nicht zur persönlichen Freiheit führte. Der Bauer Ober- und Mittelitaliens hatte durch den engeren Kontakt zum städtischen comune eine wesentlich bessere Chance.

Rosetti[76] hat aus den Schenkungen kleiner Besitzer an die Mailänder Kirche zu ihrem Seelenheil in der Form des Darlehens zu Bodenpfand bedeutende Schlüsse für die Entwicklung der Bevölkerung auf dem Lande, vorab der rusticus-Klasse im ganzen gezogen. Mittlere und kleine Eigentümer auf dem Lande mit bescheidenem Gut waren in Gefahr in die Gesellschaftsschicht der rustici seit dem 11./12. Jahrhundert abzusinken. Diese Leute bebauten ihren Boden selber, hatten aber Schwierigkeiten mit der Entwicklung der Marktwirtschaft in der Stadt und schenkten deshalb an die Kirche, um zu überleben; der große Bodeneigentümer gewährte Schutz und Sicherheit diesen verarmten Leuten, die vermutlich auch aus

---

[76] G. ROSSETTI, Motivi economico-sociali e religiosi in atti di cessioni di beni a chiesa dell'territorio Milanese nei secoli XI e XII, in Contributi I (1968).

religiösen Gründen ihre kleinen Parzellen schenkten. Die mailändische Kirche von Vimercato erwarb damit das Monopol eines Lokalmarktes. Mit dem Verschwinden des kleinen Privateigentums sanken die Exeigentümer zu rustici herab. Die Entwicklung der Landbevölkerung vollzog sich vor dem Hintergrund verschiedener Strukturwandlungen der Siedlung und Herrschaft. Im 10. Jahrhundert zerfiel das Organisationsschema der alten Amtsbereiche = Grafschaften in Norditalien, aber gleichzeitig wurden die neugegründeten castelli die Kerne einer Neugliederung des contado in Gerichtsbezirken; dabei verschwanden kleine Orte, die das neue castrum aufsog und dessen Bewohner es aufnahm. Im 11. Jahrhundert trat neben das castrum der burgus. Die Märkte, die in den größeren Zentren des contado jetzt erblühten, dessen Produktion dorthin floß, waren Ergebnis und Zeichen einer erholten Wirtschaft und einer größeren Sicherheit des Verkehrs in allgemeinem Frieden. Um die Wende vom 10./11. Jahrhundert waren zwar die Kaufleute aus dem contado verschwunden und in die Städte gezogen (Violante), müssen aber ihre wirtschaftliche Aktivität in die ländlichen Zentren wieder zurückverlegt haben, weil sie in den Kirchen und ihrem reorganisiertem Landbesitz neue Wirtschaftspartner fanden und neue Bindungen zwischen ländlichen lokalen Produzenten und städtischem Markt herzustellen waren. Im 13. Jahrhundert setzte mit der Ausdehnung der städtischen Gerichtsbarkeit und ihres Marktmonopols ein Verfall der lokalen Gerichtsmittelpunkte (dominatus) und der ländlichen Märkte ein zu Gunsten größerer ländlicher Zentren. Schon im 12. Jahrhundert wuchs die ländliche Gesellschaft zu einer relativ einheitlichen *Klasse der rustici* zusammen, die der Gerichtsbarkeit eines Lokalherrn unterworfen waren, der sowohl eine Kirche wie eine adelige Familie von capitanei z.B. sein konnte. Das Verschwinden des kleinen Eigentums zu Gunsten der (kirchlichen) Großgrundherrschaft begünstigte diese Entwicklung ganz besonders. Die *dominatus loci* verfielen infolge der Ausbildung von *comuni rurali*. Die Bürger suchten im Ringen mit den Feudalgewalten den Gegner durch umfangreiche *Bauernbefreiungen* in Schach zu halten und der Stadt neue Arbeitskräfte zuzuführen. Diese Aktionen haben im 13. Jahrhundert die ländliche Ordnung zwar zerstört, aber keine wirkliche Eingliederung der Befreiten in die Gemeinde herbeigeführt; diese wurden existenzlos, verarmten und füllten eine Art städtischen Proletariats. Doch fanden diese Leute auch Arbeit auf dem Lande, weil die städtischen Bürger vor den Toren der Stadt immer mehr Grund und Boden erwarben, die von Pächtern und halbfreien Landarbeitern bewirtschaftet wurden. Das *landbesitzende* Bürgertum hatte ein lebhaftes Interesse an der Bindung von coloni und Landarbeitern, schon deshalb, weil Landflucht die Versorgung der Stadt gefährdete. Der Arbeiter trat in ein unpersönliches Vertragsverhältnis zum städtischen Grundbesitzer, das viel von seiner Bedrückung verlor. Die Gesetze aber bestraften einen derartigen Vertragsbruch und das Abspenstigmachen von Landarbeitern. Das politische und mentale Klima auf dem Lande war nicht stadtfreundlich; der verarmte und in seinen Rechten bedrohte Feudaladel, der auf dem Lande noch mehr galt als in der Stadt, sah in der letzteren seinen großen Feind, die rustici und comitatini, die zu Heeresfolge, Steuer und Lasten verpflichtet, aber rechtlos und wirtschaftlich ausgepowert waren, neigten zu Übergriffen und Verbrechen. Auf dem Lande suchten alle Feinde der Stadt Zuflucht und die Verbannten führten von da aus Kleinkrieg gegen die Stadt. Diese aber machte die Landgemeinden verantwortlich für Strafverfolgung und Landbau.

4. Popolo – Gesellschaft – Herrschaft

Eine Demokratie modernen Stils waren weder Comune noch Popoloherrschaft. Es gab weder Gleichheit aller vor dem Gesetz, noch war der popolo ein alle umfassender Verband, der alle seiner Hoheit unterstehenden Schichten zur politischen Einheit verband; sowohl der alte Geschlechterstaat des 11.–13. Jahrhunderts, als auch der Popolonenstaat waren persönlicher, gesellschaftlicher, genossenschaftlicher Natur. Es bestand eine schroffe Ungleichheit zwischen populares und nobiles, Bürgern und Arbeitern, Stadt und Land und die Rechtsstellung der einzelnen Teile von Gesellschaft und Volk war stark abgestuft, hierarchisch gegliedert. Nur die Oberschichten, oder was das jeweils war, besaßen volle Rechtsfähigkeit; nur ein Volksteil übte die Herrschaft; Herrschaft = Staat war das Privileg der dominanten Gruppe, die eine kleine, überschaubare personale Gemeinschaft war. Die Comune war das Werk adeliger Sippenverbände, von Schwurverbänden zur Wahrung gemeinsamer Interessen. Den Verband der Popolanen und seine Herrschaft trugen kaum mehr Familien, sondern Zünfte = Berufsverbände, Waffengenossenschaften zu gemeinsamem Vorgehen und gegenseitiger Hilfe. In der vollentfalteten Comune überwog die persönliche, durch eine engere Gemeinschaft vermittelte Bindung an das Ganze, auch für den Gemeindebürger stand die Pflicht des Gehorsams gegen die Behörde obenan, die durch den *Treueid* verbindlich gemacht war; der Bürger leistete ihn dem Podestà als sacramentum sequele potestati. Den Verband der *Gesamtkomune* stellt immer wieder der Pluralismus der Familien und Berufsverbände, der kleineren Gemeinschaften in Frage. Die Comune war zeitlich bis in das 13. Jahrhundert hinein nicht der erste Verband, sondern ein lockerer Dachverband und ein Kräftespiel zwischen Sonderbünden von Rittern und populares. Im 11./12. Jahrhundert wuchs die Gesamtgemeinde an vielen Orten aus den Verbänden der milites und plebei zusammen; in Pistoja standen sich 1237 eine universitas militum und eine universitas populi gegenüber, die podestà und Gemeinde von Florenz als Schiedsrichter anriefen; ab 1214 hatten in Perugia Ritterschaft = milites und Volk = pedites gemeinsame Statuten. Ein kaiserlicher Kommissär löste 1220 in Piacenza die societas popularium sive plebeiorum auf und stellte die societas militum wieder her. Noch im 13. Jahrhundert finden wir neben dem popolo ein eigenes comune militium. Vor allem im 13. Jahrhundert löste in den meisten Städten, 1236 in Florenz, der popolo den politischen Verband der Ritter und die Ritterkurie auf. Die Integration aller ist nach der Ausschaltung der Adelsverbände niemals vollständig geglückt; es gab niemals *eine* Comune, sondern nur eine Summe politischer und nachbarschaftlicher Verbände. Eine volle secessio plebis im Sinne einer völligen Trennung von comune und popolo hat nicht stattgefunden. Es ist wichtig festzustellen, daß der popolo nicht in der Gemeinde verschwindet, sondern die Gemeinde vom popolo überwältigt, beherrscht und selber zum popolo wurde; die Nebenregierung des popolo wird zur Alleinherrschaft. Doch trat dies nur in der kurzen Spanne der radikalen Parteiherrschaft ein; ihr folgte die Alleinherrschaft des starken Individuums. Es entstand auch keine Einheit von Stadt und Distrikt; letzterer war Anhängsel und Eigentum der Comune als des herrschenden personalen Verbandes. Venedig, Mailand, Bologna waren niemals typische Territorialstaaten, sondern Städte mit anhängendem Landgebiet. Der genossenschaftliche Zusammenschluß des herrschenden Verbandes bedingte die schroffe Ausschließung und Entrechtung der Außenseiter. Die Popoloherrschaft hat niemals die Gesamtheit oder wesentliche Teile des Volkes an der politischen Willensbildung teilnehmen lassen, sie war ein exklusives Mittelstandsregiment.

Im Altertum meint populus das Volk in Waffen, das in der Heeresversammlung seinen Willen kundtut. Einen ähnlichen Sinn hat das Wort im frühen archaischen Mittelalter, aber eingeengt auf die adelige Führungsschicht. Geschieden vom Wortsinn plebs (niederes Volk) versteht sich populus = popolo auch im Aufbruchzeitalter Italiens noch als der Kreis der cives = Bürger, die nicht dem Feudaladel und der adeligen Führungsschicht in Stadt und Land zugehören. Je größer seit der Wende vom 12./13. Jahrhundert die wirtschaftliche, politische und gesellschaftliche Macht dieses zunächst wirtschaftlich organisierten Teiles der urbanen Gesellschaft wurde und je zahlreicher er war, er sich nach oben und unten abzusetzen begann und selber nach der Macht griff, umso deutlicher drückte vorab im 12./13./14. Jahrhundert das Wort popolo den Gegensatz zum Magnaten, zum Unzünftigen, Bauern, Ausländer, Kleriker, zu jedem Ungenossen aus, vergesellschaftete also sehr stark. Jede politische Ordnung im Mittelalter beruht auf Herrschaft und auf Mitsprache; für sie ist das moderne Wort «Staat» ungeeignet, auch in Italien. Es wechseln die Träger der Herrschaft, die Könige, der Langobarden, Franken, die sogenannten nationalen Könige, der Reichs- und Feudaladel, die Bischöfe, valvassores, capitanei, Geschlechter der comune, die Genossenschaften des popolo und ihre Führer, der signore, es wechseln auch die zur Mitsprache Berechtigten und an ihr Beteiligten, deren Kreis sich jeweils nach dem Wandel der Wirtschaft, Gesellschaft, Mentalität verändert. Man kann deshalb nicht von ausschließlich autoritärer Ordnung sprechen, die von oben gesetzt war; sie wurde viel mehr durch Druck von unten erzwungen, denken wir nur an das Gegenspiel von Bischöfen, capitanei, valvassores mit- und gegeneinander, oder an die gleichen Spannungen zwischen Feudaladel und popolo bzw. Patriziern und populares. Die comune hat als Herrschafts- und Verwaltungssystem ein doppeltes Gesicht auch noch aus einem anderen Grund; für die einen war sie Verband der eigenen Leute und verpflichtende Gemeinschaft, für die anderen Fremdherrschaft, Obrigkeit, die Gehorsam heischte, auf Furcht und Klugheit aufbaute; die genossenschaftliche Gemeinde erfaßte nur einen Teil der Gesamtheit. Ein rationaler, unpersönlicher Zug setzte sich mit wachsender Bevölkerungszahl in der comune und in der Herrschaft des popolo durch. Während der einzelne verschwand, trat ihm ein hochorganisierter unpersönlicher Machtapparat gegenüber. Diese Entwicklung begann sich im 12. Jahrhundert auszubreiten und im 13. durchzusetzen. Kollektive wie der popolo oder Zünfte oder überörtliche Verbände beherrschten das persönliche und politische Leben der Gesamtgemeinde. Die popolo-Herrschaft und der Zunftverband = die «sippenlose plebs» (M. Weber) überwältigten den Adel, entmachteten die großen Familien militärisch und politisch. Das brachte Verlust der patrimonialen Gewalt des adeligen Familienoberhaupts, Einschränkung von Rache und Fehde, die die städtische Gesetzgebung seit dem 13. Jahrhundert ausschloß oder bekämpfte. Pax et iustitia war der «Staats»-Zweck der deutschen Könige, der buono e pacifico e tranquillo stato del comune e del popolo der komunale Lebenszweck. Das Bürgertum kämpfte für Gebietserweiterung, Sicherung der Versorgung, des Handels und der Produktion. *Friedewahrung* ist immer mehr das Ziel von Recht und Gesetz geworden. Da die innere Dynamik und Spannung in der Comune so stark war, daß sie immer am Rande des Bürgerkrieges lebte, mußte sie Rache und Fehde überwinden und der Feindschaft der Sippen und Geschlechter Einhalt gebieten. Das veränderte Lebensgefühl und Mentalität in der Stadt, aber auch auf dem Lande und erzog das wohlhabende und friedeliebende Bürgertum zum Feind von Gewalt und Unordnung.

Der politische Verband der Gemeinde gewann Hoheitsrechte und eine gewisse Selbständigkeit. Er hatte seine eigenen Amtsträger, sein eigenes Siegel (Hoheitszeichen), sein eigenes Versammlungshaus (Rathaus). Die heranwachsende *Gemeindebürokratie* versachlichte die öffentlichen Funktionen. Die Podestàs wurden zu neutralen Amtsträgern der Comune. Um die Wende vom 12./13. Jahrhundert wurde die *kollegiale Konsulatsverfassung* in den meisten italienischen Städten wegen Mangel an innerer Homogenität der Wähler zu Gunsten des *Podestà*-Instituts aufgegeben. Podestàs waren kaiserliche Beamte seit Friedrich Barbarossa zur Wahrung der königlichen Kronrechte = Regalien in den Städten; es gab seit der Mitte des 12. Jahrhunderts auch in den Städten gewählte, einheimische Podestàs, die meist das Haupt der siegreichen Adelspartei waren. Schließlich wurde es Regel, den Podestà aus einer anderen Stadt zu berufen, um ihn gegen die innerpolitischen Auseinandersetzungen zu neutralisieren. Er war in aller Regel ein Adeliger, auch nach dem Sieg des popolo. Der Podestà wurde von den inneren Kräften der Stadt isoliert; seine Amtsführung durch die Statuten des Rats festgelegt und zeitlich beschränkt. Die Einrichtung dieses obersten Amtes war Zeichen einer schweren *inneren Krise* der Comune, die darin bestand, daß man Selbstverwaltung nicht mehr durchsetzen konnte. Es war ein innerer Widerspruch, daß dieser oberste Beamte der universitas = Gesamtgemeinde Chef von Justiz, Verwaltung und Haupt der Regierung war. Wer mit solchen Rechten und Verantwortungen beladen war, durfte nicht in seiner politischen Führung so stark gegängelt und geknebelt werden, vor allem nicht in Verwaltung und Außenpolitik. Diese Schwäche ebnete den Weg für die *Signorie*. Nach Max Webner war der popolo ein revolutionärer Verband auf der schmalen Basis des wohlhabenden und gebildeten Bürgertums, das teilweise sogar zum Adel gezählt wurde. Das System als solches war nicht in einer festen Lebens- und Gesellschaftordnung verankert. Eine solche gab es teilweise in den sehr mobilen und flexiblen Gesellschaften der Städte kaum mehr; zum mindesten war das alte Gefüge der Moralvorstellungen, der Lebenswerte und Lebensformen stark erschüttert. Adel und Bürgertum mischten sich ohne feste Ordnung zwischen ihnen. Nach oben drängte eine dynamische Masse, mit der das Bürgertum nicht fertig wurde. Es fehlte eine übergreifende Macht und eine geistige Autorität. Im Grunde gab es keine klaren Entscheidungen im Kampf der Städte gegeneinander und in den innerpolitischen Auseinandersetzungen und deshalb auch keine stabile Ordnung. Der Podestà war keine gültige Lösung des Problems. In der italienischen Comune spielte sich ein großer Rationalisierungsprozeß ab, in dem sich aber nicht der Zerfall, sondern der *Aufbruch* von Gesellschaft, Wirtschaft, Herrschaft, Geist, Recht, kundtat; die lebendigen Kräfte, die seit der Wende vom 10./11. Jahrhundert langsam aufsteigen, setzen sich durch. Das geschah nicht oft revolutionär, in der Regel evolutionär. Daß Italien zu einer der fortschrittlichsten Landschaften Europas in dieser Epoche wurde, verdankt es diesen schöpferischen urbanen Kräften. Vernunft, Erfahrung, wachsender geistiger Horizont beherrschen die politischen und wirtschaftlichen Entscheidungen vor allem im Norden und in der Mitte der Halbinsel. Dieser Prozeß ist auch gefördert worden durch die Wiederbelebung des *römischen Rechts,* desen Träger das gebildete Bürgertum war und das Podestà und Richter vor allem durchgesetzt haben. Stadt und kommunales Leben haben sich in Italien früher und klarer durchgesetzt als in Frankreich und Deutschland. Der popolo war genau so italienisch wie eine intensive Rationalisierung des ganzen Lebens.

5) Das Modell Florenz

Florenz[77] war zu Beginn des 12. Jahrhunderts ein kleiner Ort, aber fünfzig Jahre später zählte es schon zu den größten Städten der Markgrafschaft Tuszien und begann bereits die alte Hauptstadt der Toscana, Lucca, zu überflügeln. Barbarossa verbündete sich mit dem Adel gegen die Stadt, um die Reichsinteressen durchzusetzen; nach dem Sieg über die Stadt Florenz nahm er ihr alle Rechte außerhalb der Mauern, setzte deutsche Amtsgrafen in die erneuerte Grafschaftsverwaltung ein und beschränkte die städtische Verwaltung auf den Bereich der Mauer. Am Anfang der Gesellschafts- und Verfassungsentwicklung standen auch hier die zwei deutlich geschiedenen Gruppen der nobili, grandi, der cavalieri, milites und der popolo, die alle beide ein comune = politischen Verband für sich bildeten, das comune maius und comune militum, die wie in Lucca und Perugia lange nebeneinander bestanden. Die Selbstverwaltungsorgane der kleinen Nachbarschaftsverbände (populi) befaßten sich nur mit dem internen Leben der in Kirchspiele eingeteilten Bevölkerung von Handwerkern, kleinen Angestellten, Arbeitern, Taglöhnern, die keinen Einfluß auf das Stadtregiment hatten; dieses lag in den Händen des comune militum und erfaßte die gesamte Wohngemeinschaft der Stadt. Im Kampf zwischen den Großen des Contado und den regierenden

---

[77] N. OTTOKAR, Il comune di Firenze alla fine di Dugento (Firenze 1926). – J. PLESNER, wie Anm. 75. – B. STAHL wie Anm. 71. – B. BARBADORO, I beni demaniali nella più antica finanza del comune di Firenze, in ASI. 7ª s. 8, 2 (1927) 193 ff. – G. MASI, La struttura sociale delle Fazioni politiche fiorentine ai tempi di Dante, in Giornale Dantesco 31. n.s. 1 (Firenze 1930); DERS., Il popolo à Firenze alla fine del Dugento, in Arch. Giurid. 99, 4. ser. 15, 86–100 u. 164–199 (Modena 1928); DERS., I branchieri fiorentini nella vita publica della città sulla fine del Dugento, ibid. 105, 4. ser. 21 S. 57 (1931). – A. DOREN, Entwicklung und Organisation der Florentiner Zünfte im 13. u. 14. Jhdt. (1897); DERS., Studien zur Florentiner Wirtschaftsgeschichte. 2 Bde (1901 u. 1908). – N. RODOLICO, Proletariato operaio in Firenze del secolo XIV, ASI 101 (1943) 3 ff.; DERS., Note statistiche sulla popolazione fiorentina nel XIV secolo, ibid. 105. ser. 30. 241 ff. – E. FIUMI, Sui rapporti economici tra città e contado, ebda 114 (1956) 18 ff.; DERS., Storia economica di San Gimignano (Firenze 1961). – M. B. BECKER, Some aspects of oligarchical, dictatorial and popular signorie in Florence 1282–1382, Comp. Studies Soc. Hist. II (1959) 60. – H. BARON, The social background of political liberty in the early Italian Renaissance, ibid. – E. WERNER, Der Florentiner Frühkapitalismus in marxistischer Sicht, in Studi mediev. 3ª s. I, 2 (1960); DERS., Probleme städtischer Volksbewegung im 14. Jh. Die Historiker Ges. d. Sektion Mediävistik (Berlin 1960). – G. A. BRUCKNER, Florentine Politics and Society (Princeton Univ. Pr. 1962). – G. SALVEMINI wie Anm. 74. – R. DAVIDSOHN, Geschichte von Florenz Bd 1–4 (Berlin 1896–1925), ital. Übersetzung (Firenze 1956–1962); DERS., Die Entstehung des Konsulats, in DZ f. Geschichtswiss. 6 (1891). – E. CONTI, La formazione della struttura agraria moderna nel contado Fiorentino I. Le campagne nell'età precomunale = Studi Storici (Ist. Stor. Ital nc. e) fasc. 51–55 (Roma 1965). – CH. HIGGOUNET, Les «terre nuove» florentines du XIV. siècle, Studi in onore A. Fanfani III, 1 (Milano 1962).

Häuptern der städtischen Comune standen sich auch ländlicher Feudaladel und Stadtadel in zwei Lagern getrennt gegenüber, sie vereinigten sich aber gegen das Volk nach der Unterwerfung der Grafschaft. Der Stadtadel konnte seine Gerichts- und Steuerherrschaft auch auf die Grafschaft erweitern; der Feudaladel fand Eingang in das politische Leben der Stadt und stieg dort zu höchsten Ämtern auf. Die Stadtherrschaft behauptete der Stadtadel jedoch bis zur Mitte des 13. Jahrhunderts. Im popolo führten wirtschaftlich und gesellschaftlich die Zünfte, allen voran die arte di Calimala. Aus diesen Spitzengruppen kamen die Familien, die sich im letzten Drittel des 13. Jahrhunderts den Geschlechtern der adeligen Oligarchie zur Seite stellten. Dadurch entstand eine neue städtische Aristokratie, die lange führend blieb. Im 12. und 13. Jahrhundert waren die Alberti (Grafen) der ausgesprochene Typ des feudalen Adelsgeschlechts in der Toscana; sie benannten sich nach dem Castell Prato, das Reichslehen war, und besaßen auch die castella Mangono, Vernio, Baragazza im Mugello, dazu noch andere Burggemeinden. Bei ihrer Kapitulation gegenüber Florenz mußten sie Semifonte um 400 ₰ an die Metropole verkaufen, jährlich einen Monat in der Stadt verbringen und der Camera von Florenz die Hälfte der Einnahmen aus ihrem Besitz zwischen Arno und Elsa zuerkennen. Die Stadt nahm sie dafür in ihren Schutz; die Alberti wurden so Bürger der Arnostadt und fanden sofort Zugang zum Konsulat, dem höchsten kollegialen Amt der Stadt bis zur Berufung der Podestàs. Seit den 90iger Jahren des 12. Jahrhunderts hatte auch der Feudaladel Zugang zu den höchsten Ämtern der Comune, vorher waren sie allein der städtischen Nobilität vorbehalten. Seitdem kamen sich die beiden Gruppen der Grandi näher und standen 100 Jahre später vereint im Kampf gegen die anderen urbanen Mächte. Mit Hilfe einer Allianz mit dem Adel konnte der popolo erstmals 1244 eine politische Organisation aufbauen. Der Hochadel mußte sich deshalb in den Verband der Comune einreihen, weil er im Kampf um den Contado vom Reich nicht wirksam unterstützt wurde. Durch die Übernahme militärischer Aufgaben für Florenz gewann er dort bedeutenden Einfluß, blieb unabhängige Macht in der Toscana zugleich und behielt seinen reichen Grundbesitz und seine Burgen im Contado; die Stadt gab sich mit Rechts- und Steuerhoheit zufrieden. Beim Wechsel in die Stadt verpachteten die Adeligen ihre Besitzungen ganz oder teilweise an Fittaioli = Pächter, die eine bestimmte pensio zahlten. Über drei Viertel der Bevölkerung lebten von der Bewirtschaftung des großen Grundbesitzes der Klöster in Emphyteuse oder als Fittaioli perpetuales.

In der Toscana war der Bischof von Florenz der größte Grundbesitzer. Neben den Alberti hatten die Guidi, die Suavizi (Vorfahren der Guicciardini), die Gotizi im Mugello und die Figuimildi feste Sitze im contado und Herrschaftshäuser in der Stadt. Andererseits erwarb auch der Stadtadel am Anfang des 13. Jahrhunderts größeren Besitz im Lande, die Ricasoli, Adimari, Buondelmonti und Uberti.

Aber noch behielten die alten Familien das Heft in der Hand; es war auch der Stadtadel, der bis ca. 1300 für die Machterweiterung der Comune gegen die Grandi im contado kämpfte; erst dann verschmolzen sie zu einer einheitlichen Schicht in der Abwehr der popolaren Bewegung. Die alten Stadtgeschlechter herrschten bis zur Mitte des 13. Jahrhunderts, sie waren die größten Grund- und Arealbesitzer in der Stadt (Tosinghi), sie stellten das ganze ritterschaftliche Aufgebot der Stadt, von ihren festen Häusern und Türmen (Geschlechterburgen) aus beherrschten sie die Stadt, ihre führenden Familien stellten die consules. Zur Adelsoligarchie der Zeit von 1170–1266/7 zählten nach den Untersuchungen von Stahl die Donati, Abbati, Visdomini, Tosinghi, Adimari, Fifanti, Tornaquinci, Caponsacchi, Amidei und Buondelmonte. Die früheste Konsulnliste von 1176 zeigt, daß nur 2–3 Familien, die Konsuln stellten, nicht dem Stadtadel angehörten. In den 70iger Jahren waren die *Donati* obenan; diese gehörten aber 1282 einer Zunft an, während die Abbate 1266/7 Bankiers und Angehörige der Calimala-Zunft der Tuchhändler und Bankiers waren, die beste Beziehungen zum Papst unterhielt. Die *Uberti* waren eines der ältesten und mächtigsten Geschlechter der Stadt Florenz, deren Angehörige schon im 11. Jahrhundert in den Urkunden der Markgräfin Mathilde auftauchten. Unter Führung des Schiatta degli Uberti kämpfte das Haus verbissen gegen eine Adelskoalition der Donati, Abbati, Tornaquinci und Judi in heftigen Straßen- und Barrikadenschlachten. Die stärkste Befestigung der Stadt, das castello Altafionte am Arno an der Stelle der heutigen Uffizien, gehörte den siegreichen Uberti; dazu hatten sie großen Häuserbesitz im sesto San Pier Scheraggio, ja sie waren überhaupt das besitzreichste Rittergeschlecht des Florentiner Dugento und die unbestrittenen Führer der Ghibellinen. Sie wanderten 1250 bei der Machtergreifung des popolo vorübergehend aus und führten 1251 die Liga der Ghibellinen. Nach der Ermordung von zwei Uberti durch den popolo wanderten sie 1258 abermals aus, hatten aber 1260 fast ganz die Kontrolle über Florenz wieder in ihrer Hand. Sie stellen Podestàs in Prato, Arezzo, Forlì, Montalcino, Pistoja, Gimignano, Colle di Val Elsa. Neri war capitano del popolo in Imola. Neben den Uberti zählten die *Tosinghi* zu den ältesten Florentiner Familien; ihren Aufstieg verdanken sie dem Amt des vicedominus der Domkirche, das ihnen auch den Namen «visdomini» gab. Schon 1081 erscheinen sie als reiche Grundbesitzer im sesto Porto San Piero um den heutigen Dom. Davigus Visdom war 1201 consul militum und leitete die Florentiner Nobilität. In der Zeit der Diktatur des Kaisersohnes Friedrich von Antiochien zerstörten die Ghibellini 36 guelfische fortezze, auch palazzi und grandi torri, dazu das edelste der guelfischen Tosinghi im Mercato Vecchio genannt Palazzo Alto. Die Tosinghi waren ein Familientyp für die Verbindung von Großgrundbesitz und Großhandel. Ghibellinen waren die Uberti, Abbati, Amidei, Fifanti (filii Fanti). Der Ahnherr der reichen Grund- und Hausbesitzerfamilie der Tornaquinci (Tornabuoni) hatte die Kirche S. Maria Novella gebaut. Das Geschlecht trat der Calimala-Zunft bei. Die Caponsacchi stellten consules 1187 in Florenz, 1212 in Bologna, 1214 in Padova, 1215 in Todi, 1224 den Kämmerer der Comune Florenz. Die *Calvacanti* gehörten anfänglich dem popolo an und nicht dem comune militum; sie kamen aus dem erst zu Beginn des 12. Jahrhunderts ummauerten Stadtteil oltr' Arno, also einem suburbium. Sie wirkten bei der Gründung der societas mercatorum, vorab der arte di Calimala mit. Von 1172 bis 1219 waren sie Richter, Konsuln, Provisor, Prokurator des Podestà und der Comune. 1239 Konsul der Calimala, Podestà und Kapitan in mehreren Städten wie San Miniato, Volterra, San Gimignano. Die *Chiermontesi* kamen in erster Linie durch die Calimala hoch, sie stammten aus dunklen Anfängen und stiegen als Popolare = Familie schnell zum Rittertum und leitenden Posten in Kaufmannschaft und Zünften hoch. Sie betrieben Großhandel mit flandrischen Tuchen und englischer Wolle, belieferten die florentinischen Veredelungsgewerbe. Mit den Lamberti, Cavalcanti, Bostichi erwarben sie alle Lagerhäuser für flandrisches Tuch. Die Chiermontesi begründeten ihren politischen Aufstieg durch Reichtum, andere aber ihren wirtschaftlichen Einfluß durch politische Macht.

Die Grenzen zwischen alter Nobilität und zukünftigem popolo waren durchlässig. Das Regime in Florenz war im 12. Jahrhundert und bis 1250 adelig, erst dann gewann der in Zünften organisierte popolo einigen Einfluß über die arti maggiori (Calimala); die Masse des Volkes haßte diese neue Aristokratie mehr als die alte; denn die niederen Zünfte, die die Meinung der Massen vertraten, erstrebten einen totalen Wandel von Gesellschaft und Herrschaft, und wollten alle alten Führungsschichten vom Regiment ausschließen; das wäre Revolution gewesen, wurde aber nie erreicht, eine *Volksherrschaft* (popolo minuto) gab es nur zwischen 1293 und 1295, 1345 und während der wenigen Tage der *Ciompidiktatur* 1378. Auffällig ist die Schnelligkeit des Gewinns der Teilhabe an der Herrschaft durch die Familien der Calimala = der großen Zünfte, auffällig auch die Schnelligkeit, in der diese Zunftfamilien den mächtigen nobili = Geschlechtern gesellschaftlich, wirtschaftlich, politisch ebenbürtig wurden. Voraussetzung für diese hohe Mobilität des gesellschaftlichen Wandels und der Neubildung von Adel war die Friedensbereitschaft auf beiden Seiten nach langen Auseinandersetzungen. Man hatte die Kämpfe der nobili satt, die von torri und palazzi aus ihre oligarchische Herrschaft verteidigten und behaupteten. Um 1180 gab es 35, Anfang des 13. Jahrhunderts 150, um 1250 aber 300 Türme (Stadtbild!), die auch zu Wohnzwecken dienten. In der Stadt gab es im 13. und 14. Jahrhundert soviele Teilhaber an der Macht, soviele Einzelverpflichtungen der Bürger, daß es die Hauptaufgabe der Comune wurde, alle, wie z.B. die Turmgenossenschaften, in Ordnung zu halten. Blutrache und Privatfehden zerstörten die Kraft des Adels, der popolo aber konnte dem Zwist der Granden erst Einhalt gebieten, nachdem

1250 im primo popolo die compagnie delle armi begründet, der popolo aus einem Wirtschafts- zu einem politischen Wehrverband wurde. Die berühmten ordinamenti di giustizia von 1293, der Höhepunkt der *Volksherrschaft,* die die Streitigkeiten der Parteien dem Urteil des podestà unterwarfen, waren nur zwei Jahre in Geltung. Die *Schwäche* der adeligen Führungsschicht war der Hauptgrund des gesellschaftlichen Wandels, den die Spitzen des popolo erzwangen. Zudem war die innere und äußere Lage dafür sehr günstig. Die reichen Popolani-Familien wie die Bardi, Cerchi, Frescobaldi waren zu Beginn des 13. Jahrhunderts noch unbedeutend neben Hunderten anderer. Die Spaltung des popolo in Handels- und Handwerkszünfte begünstigte ihren Aufstieg. Dadurch entstand eine *Aristokratie des popolo,* die schnell Ritterwürde und Anpassung an die alte Oligarchie erlangte. Der Aufschwung der Zünfte im 13. Jahrhundert hatte wirtschaftliche und weltpolitische Gründe. (Untergang der Staufer); ein starkes *Wirtschaftsdenken* setzte sich in Florenz durch und strebte dem *Früh-Kapitalismus* zu. Am Arno gingen die großen Bankhäuser (Bardi, Beruzzi), die großen Zünfte und der Geist des ritterlichen Adels in der Oberschicht eine Ehe ein.

Ein popolarer Gesamtverband ist in Florenz erstmals 1244 belegt unter der Führung des iudex Jacopo Alberti und des Ritters Gherardo Guidi. Parallel dazu bildete sich ein popolo im contado mit einem capitaneus hominum plebis sancti Petri in Silan = Volkskapitän. Die Organisation des *Gesamtvolkes* nahm den Zünften und Kaufmannschaften ihre bisherige Bedeutung, doch umschloß sie der Gesamtverband weiterhin, ohne daß sie darin aufgingen. Mit dem Kampfruf «Viva e popolo» ergriff das Volk 1250 in der von den Truppen der Herrschenden und von der Oligarchie selber verlassenen Stadt die Macht; auf Grund der Nachbarschaftsverbände wurde eine Volksmiliz begründet und nach dem Vorbild von Bologna wurden 12 führende popolani als anziani erkoren. Die Einheit des popolo war die stärkste Kraft der Comune geworden; comune und popolo waren gleichgeordnet, waren vertreten durch podestà (comune) und Kapitan (popolo), beide «dei gratia» amtierend. In den beiden Großen Räten (consiglio generale und speciale del podestà) hatte der popolo die Mehrheit; dazu kamen ausschließlich aus popolani zusammengesetzte Räte. Der Goldflorenus zu 24 Karat mit dem Bild des Giglio fiorentino und dem Kopf des Stadtpatrons San Giovanni Battista, den der popolo damals prägen ließ, wurde zur europäischen Münze. Das Volk erkor sich neue Führungskräfte, die Frescobaldi, Falconieri, della Scala, Cambii, die immer wieder unter den Anzianen auftraten, Bankiers, Großkaufleute der Calimala. Der Aufstieg des popolo ist mit *Großkapital* und *Handel,* die damals ihren Aufschwung nahmen, verbunden; die engen Beziehungen zur Kurie eröffneten den Florentinern die wichtigsten Handelsmärkte der Kurie, in England, Neapel, Sizilien und Frankreich; Lyon wurde ein Hauptzentrum des Florentiner Handels, der Calimala vor allem. Das Streben der mächtigen popolani nach der

Ritterwürde spaltete den popolo; jetzt rückten die popolani zu Pferde in den Kampf und nahmen damit dem Adel sein wichtigstes Vorrecht. Zu Beginn des 14. Jahrhunderts stellten die reichen Handelsherren als milites nur mehr das Pferd, geritten wurde es von equitatores, die die Comune bezahlte; das *Söldnerwesen* breitete sich in den italienischen Städten aus, es trennte politische Führungsschicht und Heer. Florenz war nicht nur große Handels- und Finanzmetropole, sondern in erster Linie *gewerbliches Produktionszentrum*. Darum spielen seit dem Ende des 12. Jahrhunderts die societates der Kaufleute und besonders die artes der Handwerker eine wachsende Rolle. 1182 registrieren wir erstmals consules mercatorum Florentie, 1202 eine societas campsorum (Wechsler), 1218 eine societas mercatorum Porteste Marie für Detailhandel mit italienischen Tuchen, später Seide. In den arti de lana wirkten Handwerk und Handel zusammen. Die Kluft zwischen den Kaufleuten bzw. ihren societates und den artes der Handwerker wurde immer größer, je mehr die Neureichen die Lebensformen der «Herren» annahmen. Auch in die arti selber drang der Spaltpilz des politischen und gesellschaftlichen Gegensatzes ein. Die Kaufleute der Calimala häuften zwischen 1250 und 1270 gewaltige Reichtümer auf, wurden Ritter und Mitglieder der Oligarchie, sie wurden auch die Bankiers der Könige von England, Frankreich, Neapel und der Kurie. Die Mozzi, Spini, Frescobaldi, Bardi, Cerchi, Aeciaiuoli, Falconieri, die vom Textilhandel zum Bankgeschäft gewechselt hatten, unterhielten in allen Teilen der damals bekannten Welt ihre Kontore. Die Calimala war im 13. Jahrhundert eine Familiensozietät, eine Handelsgesellschaft auf der Grundlage des Kommendavertrags, der sich im 14. Jahrhundert erst durchsetzte (Kapitalgeber-Unternehmen). Die Mehrzahl der Mitglieder der arte di Cambio waren kleine Wechsler am ponte vecchio oder auf den Märkten und Messen Frankreichs und Italiens. Der größte Teil des italienischen Wechselgeschäfts war in den Händen der Florentiner. Die Calimala blieb schließlich die einzige der 7 arti maggiori, die einen dauernden Zugang zur Oligarchie sich erschlossen. Die wirtschaftliche Bedeutung war aber noch kein Indiz und Weg zu politischem Einfluß.

Anders als der primo popolo ging die Volksbewegung von 1266 von den *Zünften* der kleinen Kaufleute und Handwerker aus, die eine Regierung des popolo unabhängig von geistlichen und weltlichen Mächten anstrebten; die zweite Erhebung des gleichen Jahres, die der Papst förderte, vertrieb die Ghibellinen abermals und veränderte die Machtstruktur. Im nächsten Jahr trennten sich die reichen Kaufleute vom popolo, die Geschlechter der Calimala verbanden sich mit dem guelfischen Adel; das waren die *Mozzi*, deren erster nachweisbarer Vertreter der Kleriker Andrea de M. war, 1248–58 Sozius des Bankhauses della Scala in England, 1281 Rektor der Campagna und Marittima im Kirchenstaat, 1286 Bischof von Florenz; dann die Spini und Frescobaldi, am Ende des 13. Jahrhunderts das bedeutendste Haus der Calimala, dessen Unternehmungen im Tuchhandel und Bankgewerbe internationalen Rang besaßen und die Bankiers der Kurie und der Anjous waren. Das Geschlecht zerfiel am Ende des Jahrhunderts in Frescobaldi neri und bianchi auseinander. In fremden Städten dem alten Adel gleichgestellt, wurden sie zu Podestàs und Volkskapitanen berufen (San Gimignano, Prato, Orvieto). Die Bardi waren Guelfen und in engen Beziehungen zum Vatikan. Ein *Bardi* war 1269 der erste popolare Podestà in Prato; außerdem bekleideten sie Führungsposten in Città di Castello, Gubbio, Modena, Prato, Pistoja, Brescia, Padova, Volterra. In der ersten Hälfte des 14. Jahrhunderts saßen 25 sozi und 346 angestellte Fattori und Zarzoni dieser Familiensozietät in Avignon, Barcelona, Bari, Bologna, Brügge, Famagusta/Cypern, Genova, London, Mallorca, Neapel, Palermo, Paris, Pisa, Sevilla, Venedig, wahrhaft ein Ausmaß der Geschäftsverbindungen, das dem der Fugger fast zweihundert Jahr früher gleicht; sie besaßen 1320 ein Einlagekapital von 1,5 Millionen Goldlire, hatten 10 000 Goldlire an Außenständen (als Darlehen und im Warenhandel). Aber die Bardi und sie fast erreichend die Beruzzi waren um 1350 zahlungsunfähig. Mit den Bardi wurden die Cerchi sehr reich durch die Subsidien, die sie an die Kurie und Karl von Anjou für die Kriege gegen die Ghibellinen in der Romagna und gegen König Peter von Aragon in Sizilien zahlten. Die Wuchergeschäfte der Kaufleute schadeten 1290 dem Florentiner Handel sehr. König Peter ließ damals die gesamte florentinische Wolle vor der Ausfuhr beschlagnahmen, insgesamt 2300 englische Säcke = 70 000 ℔ Wolle; das war ein Zehntel der ganzen englischen Wollausfuhr. Unter Papst Johann XXII. in Avignon, dem Handwerkersohn aus dem französischen Cahors, führten Acciaiuoli, Bardi und Beruzzi die Geldaufträge der Kurie durch. Nicola Acciaiuoli, ein besonderer Günstling des genannten Papstes, war bei König Robert consiliarius, cambellanus, mercator familiaris und fidelis, dann bailli in der Poloponnes und Graf, schließlich Statthalter und Großseneschall des Königsreiches beider Sizilien, ein großer Aufstieg eines popularis vir. Seit dem primo popolo und der guelfischen Restauration von 1267 hatten die genannten Kaufmanns- und Bankiersfamilien aus dem popolo und mehrere andere dazu sich der alten Nobilität zugesellt, waren Ritter von Staats wegen geworden, führten den Dominus-Titel; sie gaben der florentinischen Oligarchie ein merkantiles Gepräge und vereinheitlichten Finanz- und Steuerverwaltung der Stadt. Doch trieben auch alte nobili wie die Donati, Adimari usw. Handelsgeschäfte und waren Mitglieder der Calimala, somit auch den neuen Geschlechtern eng verbunden. Alte und neue Familien leiteten gemeinsam die Comune, in der der Einfluß der Alten nicht einmal während des Priorates der Zünfte in den 90iger Jahren nachließ, das ja auch keine reine Herrschaft des popolo war, sondern auf der Macht der Calimala aufruhte. Der alte Adel diente der Stadt Florenz genau so als Zunftprioren wie früher als consules, Räte, Prokuratoren, Gesandte. Die Medici werden potenti popolani genannt.

Die Comune von Florenz suchte mit den ordinamenti della giustizia von 1293 die streitenden Großen an das Gesetz zu binden. Die Zunftbewegung nahm ihren Ausgang von der Führungsschicht der Calimala. Dagegen kämpften 1282 Ghibellinen und popolo minuto, sie wollten die Kraft der Zunftbewegung abschwächen. Die arti maggiori unter der Führung der Calimala zogen deshalb die 5 arte media zur Mitwirkung am Priorat heran (Fleischer, Schuhmacher, Schmiede, Steinmetzen, Zimmerleute, Trödler und Althändler) und beteiligten sie 1282 an der Wahl der obersten Stadtbehörden der boni homines. So entstand das *Priorat* der arti maggiori unter der Führung der Calimala. Somit bildeten *Ghibellinen, Guelfen* und die *potenti popolani* der Calimala die oligarchische Herrenschicht. Zwar entsprach dies nicht dem Willen des popolo, doch der war zu schwach und zu uneinheitlich (Arm und Reich), um sich durchzusetzen. Die magnati der alten Oligarchie, die keiner Zunft angehörten, waren vom Priorat ausgeschlossen. (Uberti, Fifanti, Caponsacchi, Amidei, Donati, Buondelmonti). Die tiefste Kluft der *Prioratsregierung* und ihrer Geschlechter bestand aber nicht zu den magnati, sondern zu den arti minori = dem *populo minuto* der Strumpfwirker, Wäsche- und Weinhändler, Gasthofbesitzer, Salz-, Öl-, Käsehändler, Lohgerber, Panzerschmiede, Schwertfeger, Schlosser, Eisen- und Alteisenhändler, Gürtler, Riemenmacher, Schildmacher, Zimmerleute, Bäcker, auch Färber, Leinenweber und Leinenhändler, Kurzwarenhändler, Kesselschmiede, Maler und Wollkämmer (*Sciompi*). Am Ende des 14. Jahrhunderts gab es in Florenz allein 9000 Spinner und Weber. Den popolo minuto einte die Angst um Sicherheit und Ordnung; das war auch der Anlaß zum Ciompi-Aufstand von 1378. Unter dem Zunftpriorat vermeinte man durch Gesetze gegen die Magnaten Frieden und Sicherheit garantieren zu können; doch gingen diese nur die Magnaten an. Da aber die arti maggiori sehr schnell korrumpierten, trennten sich 1292 die arti media wieder von ihnen und der Calimala und gingen einen Bund mit den arti minori = dem popolo minuto ein, um die Verfassung zu ändern und sich der Comune durch die Masse des Volkes zu bemächtigen. Ein heftiger Zwist in der damaligen Oberschicht lockte geradezu dazu. Die neuen Gesetze = die ordinamenti di giustizia von 1293 drückten den Willen der mittleren und kleinen Zünfte, also wieder nicht des ganzen popolo aus. Mit magnati meinte man fortan die gesamte alte Oligarchie, nicht allein nur die Familien, die keiner Zunft angehörten. Man stellte listenmäßig die Familien der magnates, potentes, nobiles fest (darunter auch die führende Schicht der Calimala), zu denen die bekanntesten Geschlechter der arte della lana, die cambio, der Pelzhändler nicht gehörten; offenbar meinte man mit magnati alle Geschlechter, die seit vielen Generationen die Stadt regierten. Die Großen des Contado fehlten in der Liste. Betroffen wurden von Proskription und Emigration 34 ghibellinische und 33 guelfische Familien. Die Zünfte entschieden darüber. Die ordinamenti wurden 1295 zu Gunsten der oligarchischen Kaufmannsfamilien wieder geändert. Die Herrschaft des populo minuto war auch nur auf eine Schicht der Bevölkerung beschränkt. Wir haben es mit einem Regiment des *handwerklichen Mittelstandes* zu tun, das kaum zweieinhalb Jahre dauerte; dann teilte der populo minuto die Herrschaft mit der Oligarchie der Calimala. Die reichen Kaufleute und Bankiers hatten in der Comune des 14. Jahrhunderts genau soviel Macht wie im 13. Jahrhundert. Bemerkenswert ist jedenfalls, daß die nobili von Florenz in der zweiten Hälfte des 13. Jahrhunderts in den Städten Nord- und Mittelitaliens die höchsten Posten des Podestà und des Volkskapitans an vorderster Stelle besetzten: siebenmal in Gimignano, sechsmal in Reggio, sechsmal in Volterra, viermal in Bologna, sechsmal in Parma, achtmal in Colle di Val d'Elsa, fünfmal in San Miniato, um nur die häufigsten zu nennen. Im ganzen waren 83mal Angehörige Florentiner Familien Podestàs und Volkskapitane an der Spitze fremder Comunen im letzten Drittel des 13. Jahrhunderts. Der Florentiner Adel *erneuerte* sich um die Wende vom 13./14. Jahrhundert durch die enge Verbindung mit der Handelszunft der Calimala. Alter Adel vergaß seine Vergangenheit im Groß- und Fernhandel und als Besitzer von Millionenvermögen. Die Verschmelzung von Adel und Kaufmannschaft gelang, ein ständischer Ausgleich wurde möglich.

6. Die großen Städte Süditaliens: Palermo, Messina, Neapel.

Die großen Städte des südlichen Italien *Palermo, Messina, Napoli* gewannen unter Friedrich II. ein neues Profil; dieser Monarch wollte das Zentrum seines Regnum stärker auf den Kontinent und nach Norden verlagern und es dem reichen und kultivierten Italien der Städte annähern. Palermo war und blieb zwar immer die offizielle Hauptstadt. Aber diese arabische und normannische Großstadt war in Verfall nach seiner Bevölkerungszahl und seiner Funktion als industrielles Arbeitszentrum; es fehlte die Mobilität der Menschen und Waren. Seine Bevölkerung von 200 000 Einwohnern muß sich seit der Normannenzeit um die Hälfte vermindert haben. Umso größer war das Wachstum der griechischen und lateinischen Stadt Messina, die immer lateinischer wurde. Die ehrgeizigen Bestrebungen des sizilianischen Primats trieben ihre Aktionen an, sie durchdrang mit ihrem Handel das ganze Regnum; sie nahm große Kolonien von Pisa, Genova, Venedig, Lucca, Apulien und Ancona auf. Aber zum Unterschied vom aristokratisch-grundbesitzenden und handwerklich-zünftlerischen Palermo besaß Messina neben den unvermeidlichen Kolonien der Italiener, Catalanier und Provencalen eine eigene bescheidene Bürgerschaft bestehend aus Kaufleuten und Reedern; diese stellten die Schiffe für Verkehr und Fahrten und suchten sich händlerisch im ganzen Regnum und darüber hinaus auszudehnen. Die Arduino, Camullia, Parisio, Falconi erstrebten alle den Aufstieg in die Aristokratie und führten ein oligarchisches Regiment. Diese reiche und luxuriöse Stadt war im 13. Jahrhundert berühmt durch seine schönen, bestgekleideten tapferen Frauen. Die *Sizilianische Vesper* von 1282 war sowohl die Frucht eines langaufgestauten Hasses der Bevölkerung gegen die Franzosen wie auch das Ergebnis defensiver und offensiver diplomatischer Aktionen gegen das Regnum. Im Bemühen um eine stärkere Politik in der Levante und im Mittelmeer hatte Karl von Anjou Fäden zu Venedig angeknüpft, das sich von Byzanz trennen wollte. Der byzantinische Kaiser wurde von Venedigs größtem Feind Genova davon unterrichtet und hetzte König Peter von Aragon gegen Karl von Anjou auf. Ein Verwandter und Vasall des Kaisers, byzantinischer «mezzoduca» Benedetto Zaccaria, Großreeder, Großkaufmann und Financier zuhause und im Mittelmeerraum, führte die Verhandlungen. Während der Anjovine mit Venedig 1281 über die Erneuerung des lateinischen Kaisertums verhandelte, wurde ein Geheimvertrag zwischen Imperium – Aragon – Giovanni de Procida durch die sizilianischen Exulanten und Rebellen geschlossen. Karls Expedition war auf 1283 festgelegt, aber die *Sizilianische Vesper* brach am 21. März 1282 los. Diese Vesper war offenbar eine unvermutete und freiwillige Erhebung des popolo. Nach den Komplotten der adeligen signori Siziliens und der italienischen Ghibellinen mit König Peter von Aragon handelten Bürgerschaft und popolo minuto, Handwerker, Landbesitzer und Bauern, die in der Stadt lebten, auf eigene Faust, getrieben von bitterstem Unmut gegen die Franzosen wegen drückender Steuerlasten. Die Bürger von Palermo knüpften die ersten Verhandlungen mit den Aufständischen der Nachbarstädte, vor allem Corleone, an, das schon eine blutige Vesper angezettelt hatte. Bewaffnete Einheiten von Palermo und Corleone versetzten das Umland in Aufruhr und gingen zur gemeinsamen Rebellion über, Städter und Landleute. Für die Jagd auf die Franzosen wählten sie sich rettori und capitani. Die Aufständischen versammelten sich im Parlament zu Palermo und nach einem Anruf an die Römische Kirche «statutum communem confirmaverunt» und errichteten eine «*Comunitas Siciliae*», der sich nacheinander große Teile der sizilischen Rebellen anschlossen; Zentrum war Palermo. Nur Messina und sein Umland widersetzten sich einer Teilnahme, da seine Resentiments geringer waren und es das letzte Asyl den Franzosen bot; auch die Kurie lehnte ab. In schwieriger Lage knüpften die Adelsverschwörer und die Volksrevolution Beziehungen zueinander an. Da man sich allein nicht behaupten konnte, wandte man sich vor dem späten Beitritt Messinas zur Comunitas Siciliae an Aragon um Hilfe; die Hafenstadt trat immer für Autonomie ein und wollte sich für einen fremden Herrn nicht schlagen. Bei der Gegenoffensive Karls von Anjou leistete freilich Messina erbitterten Widerstand gegen das neue Joch. Es wuchs das Bewußtsein eigener Stärke und es schlossen sich ihm andere Städte, vorab Ostsiziliens an, sodaß in kurzem ein neuer größerer Bund mit Messina als

Vorort, Alaimo de Lentini als capitano entstand. Dieser zweite Bund führte zusammen mit Leuten aus den Kolonien von Genova, Pisa, Venedig, Ancona die Verteidigung von Messina. Die Bürger von Messina lehnten eine Rückkehr unter päpstliche Herrschaft ab und schlossen sich dem Parlament von Palermo und dem Appell an König Peter an. Das politische Prestige Roms und der französische Einfluß erlitten dadurch einen harten Schlag. Aragon griff auf der Insel und in die Vesper ein, zu Wasser und zu Lande, in Sizilien und auf dem Kontinent, vor allem entlang den Küstenstreifen von Lucanien bis Salerno und Neapel. Die *Sizilianische Vesper* ist ein Ereignis von europäischer Bedeutung und gehört in eine Reihe mit den Erhebungen in Schottland, Irland und Flandern in etwa der gleichen Epoche; in ihnen zeigte sich an den Rändern des europäischen Kontinents erstmals so etwas wie die Bildung nationalen Bewußtseins im Zusammenhang einer Erhebung des «Volkes», wobei man den Begriff «Volk» ständisch differenziert sehen muß und nicht modern als «Masse» interpretieren darf. Der moderne Nationalismus und seine Nationalstaaten sind allerdings gesellschaftliche Massenphänomene.

In der Campania erlebte Neapel seinen Aufstieg, sah ein großes Wachstum seiner Bevölkerung und viele Ausländer in seinen Mauern trotz seiner Auseinandersetzungen mit den Stauferkaisern Heinrich VI. und Friedrich II. Zweifellos war es die größte Stadt des Regnum in der terraferma und zudem die Rom am nächsten gelegene. Friedrich II. errichtete hier 1224 die erste «staatliche» Universität Europas für das Studium in seinem Regnum und für seine Untertanen. Der Süden begann sich seitdem immer stärker dem übrigen Italien anzunähern trotz aller Unterschiede in der Gesellschaftstruktur und im intellektuellen Leben. In diesem Prozeß spielten auch Rom und der Kirchenstaat eine positive und eine negative Rolle. In Sizilien, dem Land der Eroberung stand neben dem König ein starker *Adel*, den der Monarch zähmen konnte, aber dünn und schwach war das Rahmenwerk der *Bürger* und Städte, die langsam sich entwickelten. Die Bevölkerung nahm nur auf unterer Ebene zu. Einige neue Städte waren Corleone, Augusta, Aquila, die mit dem benachbarten Teramo eine erfolgreiche, aber bewegte Entwicklung erlebten, wie die Städte der Toscana und der Lombardei. Der König unternahm viel zur Förderung urbaner Institutionen. Im 10. und 11. Jahrhundert war der Süden der Mitte und dem Norden der Halbinsel im Handel und auch in der städtischen Entfaltung noch voraus, aber dann fiel er immer mehr zurück. Die Konkurrenz von Venedig beherrschte immer stärker den Seeverkehr von Bari und anderer Seestädte von Apulien. Pisa hatte Roger II. geholfen, als er Amalfi demütigte und Amalfi fiel zurück. Das Hinterland der süditalienischen Seestädte, eingeschlossen Messina, Zentrum eines lebhaften Verkehrs und Schiffbaus, war im ganzen viel ärmer und weniger dicht besiedelt als das von Genova, Pisa und Venezia. Es ist interessant, aber verständlich, daß Süditalien aus dem Wirtschaftsboom Frankreichs, Deutschlands, der Niederlande und Englands im Aufbruchszeitalter wenig Vorteile zog, im Gegensatz zu den urbanen Zentren der Lombardei, Toscanas, Piemonts, die teilweise sogar eine Vermittlerrolle zwischen den nordalpinen Ländern und der Mittelmeerwelt spielten. Der Süden belieferte den Handelsverkehr mit Lebensmitteln und Urprodukten, aber den Handel selber betrieben die Ligurer, Toskaner, Venetianer, auch die Catalanen und Provenzalen, deren wohlgegliederte Kolonien sich in die lokale Bevölkerung drängten. So nimmt es nicht wunder, daß der neue Wirtschaftsaufschwung weder die gesellschaftliche Entfaltung beförderte, noch auch im Grunde das Leben des Staates. In Sizilien waren weite Landstriche malariaverseucht und aufgegeben. Ein großer Teil des Inneren war Wald, Weide, Steppe, wo die Menschen ihren traditionellen Gewohnheiten lebten, oder Ackerland. Der Boden war weithin kommunale oder feudale Domäne, öffentliches Fiskalland. In einsamen Gebieten standen hier die Ruinen der antiken Städte Selinunte, Imera, Agrigento, Syracusa etc. Diese Insel des *Landbesitzes* war zu Dreiviertel nicht weit verschieden von den Gebieten Roms und der Byzantiner. Und die an feudum und Lehnrecht gewohnten Normannen haben da nicht viel geändert. Was sich änderte, waren die padroni und die Eintreiber des Getreidezehnten auf den Ländereien und des Weidezinses. Es fand keine spürbare Auflösung großer Teile der signorilen und kirchlichen Großgrundherrschaften wie in der Toscana statt, auch nicht eine Verlagerung des Reichtums von den feudalen auf die bürgerlichen Schichten. Keine Neubildung adeliger Führungsschichten durch Zuzug aus den Reihen des Handels und Großgewerbes löste die alte Aristokratie ab oder ergänzte sie. Nur spärlich waren also gesellschaftliche Mobilität und Fortschritt und das hielt die Monarchie am Leben in ihren Kämpfen mit Adel und Kirche. Friedrich II. behandelte die Städte in den Anfängen seiner Regierung nicht schlecht.[78] Er gewährte ihnen eine gewisse Autonomie in der Wahl der Richter, in der Erhebung der Steuern und gab ihren Vertretern Zugang zum Parlament. Aber die geringe Macht des Bürgertums verhinderte, daß das Parlament wie in England seit der normannischen Eroberung eine Kraft des Fortschritts im Lande wurde. Das alles förderte das Wachsen eines despotischen Königtums, die Feindschaft der Städte, das Wiederaufholen des landbesitzenden Adels. Die römische Kurie bekam dadurch freie Hand für erfolgreiche politische Aktionen und zog Nutzen aus dem Unmut der Bevölkerung über drückende Steuerlasten und den freiheitlichen Geist der Städte.

---

[78] A. MARONGIU, A model state in the middle ages: The Norman and Swabian kingdom of Sicily, in Comp. Studies Soc. Hist. 6 (1963/4) 307–324.

ZUSAMMENFASSUNG

Das 13. und 14. Jahrhundert ist in Mittel- und Norditalien durch eine starke gesellschaftliche Mobilität und eine blühende Wirtschaft zunächst gekennzeichnet.[79] Eine starke Zunahme der Bevölkerung und der Bürgerschaft fand statt, die dann im territorialen Stadtstaat durch die Signorie ihre organisatorische Form fand. In harten Kämpfen zwischen den Parteien, den Städten untereinander, zwischen Papst und Kaiser maßen sich die Kräfte dieser Aufbruchsgesellschaft und vollendeten eine Entwicklung, die auf Freiheit von Person und Eigen abzielte und eine eigene politische Form anstrebte. Der Erwerb des contado beschleunigte die Entwicklung in Stadt und Land. Die Straßen wurden frei von belastenden Abgaben. Es festigte sich ein zahlreicher kleiner und mittlerer Grundbesitz von Bürgern, das Pachtsystem der mezzadria kam zwischen Eigentümer und colonus auf. Der Ackerbau richtete sich immer mehr nach den Bedürfnissen des Marktes und weniger nach dem direkten Verbrauch, er orientierte sich auch an den Erfordernissen des städtischen Großgewerbes, insbesondere in der Erzeugung von Urprodukten. Der bedeutsame Fortschritt der Landwirtschaft war begleitet von einer intensiven gesellschaftlichen Entwicklung auf dem Lande. Dort löste sich allmählich die schollegebundene Leibeigenschaft und Abhängigkeit auf; immer mehr Menschen gewannen die persönliche Befreiung, die politische Initiative und Gesetzgebung der Comune befreite viele dadurch, daß sie diese aus der Abhängig-

---

[79] V. Rutenburg, Popolo e movimenti popolari nell'Italia del 13. e 14. (Bologna 1947 u. Moskau 1958). – J. K. Hyde, Contemporary views on faction and civil strife in 13th and 14th Century Italy, in Violence and civil disorder in Italian cities 1200–1500. ed. L. Martines (Berkeley 1972) 273–907. – W. M. Bowsky, The medieval commune and internal violence. Police power and public safety in Siena 1287–1355, in Americ. Hist. Rev. 73 (1967/8) 1–17. – J. K. Hyde, Padua in the age of Dante. A social history of an Italian city-State I (Manchester 1966). – N. Rubinstein, Marsilius of Padua and Italian political thought of his time, in Europe of the later middle ages. 44–75. – M. B. Becker, Some features of Italian urban experience (1200–1500), in Mediaevalia et Humanistica I (1970) 175–201. – R. Manselli, I vescovi italiani, gli ordini religiosi ed i movimenti religiosi nel secolo XIII, in Vescovi e diocesi in Italia nel medioevo secoli IX–XIII (Padova 1964) 315–335. – R. Guarnieri, Il movimento del libero spirito: dalle origini al secolo XIV, in Arch. Ital. per la storia della Pietà 4 (1965) 351–499. – R. E. Lerner, The heresy of the free spirit in the later middle ages (Berkeley–Los Angeles–London 1972). – M. Erbströsser / E. Werner, Ideologische Probleme des mittelalterlichen Plebejertums. Die freigeistige Häresie und ihre sozialen Wurzeln (Berlin 1960). – R. S. Lopez, Aux origines du capitalisme genois, in Annales ESR 9 (1937) 429–454. – G. Barbieri, Origini del capitalismo lombardo (Milano 1961). – E. Werner, Der Florentiner Frühkapitalismus in marxistischer Sicht, in Studi mediev. 3ª s. 1 (1960) 661–688. – N. Rodolico, Proletario operaio in Firenze del secolo XIV, ASI 101 (1943). – G. A. Brucker, The Ciompi Revolution = Florentine Studies, ed. N. Rubinstein (London 1968) 314–356. – M. Mollat / Ph. Wolff, Les ongles bleues. Jacques et Ciompi. Les revolutions populaires en Europe aux XIVe et XVe siècles (Paris 1970). Bibliographie!

keit von anderen löste und sie zu ihren eigenen Leuten machte, die Dienste und Abgaben an die Stadt leisteten. Es entstehen viele neue borghi und castelli franchi dank der Initiative der signori, mehr noch durch die Absicht der Comunen, die Bevölkerung auf ihrem eigenen Territorium zu sammeln, ein militärisches Bollwerk zu schaffen und die Zahl der Leute zu vergrößern, die keinem Lehensherrn oder keiner feindlichen Stadt zugehörten. Wir finden sie gehäuft im Potal in den Gebieten von Vercelli, Novara, Piacenza, Bologna. Diese Bevölkerungskonzentration wurde auch durch neue Städte verstärkt, die durch die Entwicklung von Dörfern und älteren castelli oder durch Vereinigung von Familiengruppen in verschiedenen Dörfern eines bestimmten Gebietes entstanden. Die Halbinsel und auf ihr vor allem die Toscana und die Marken wurden jetzt zu einer ausgesprochenen *Städtelandschaft* mit städtisch-bürgerlicher Kultur. Es entstanden Städte wie Sarzana, Cuneo, Mondovì, Fossano, Cherasco, Savigliano, Alba, Romanisio, Villamayrana, Sarmatorio. Die alten Herren wahrten noch eine Zeitlang ihre Rechte über die verpflanzten Leute, auch in der Verwaltung des neuen Landes; aber langsam wurden sie selber zu Städtern und mußten sich der Comune unterordnen, mußten sie ihre Rechte verkaufen oder einen Aufstand ihrer Eigenleute riskieren, wenn sie diese Entwicklung aufzuhalten suchten. In einem Bergwerksgebiet, um das Pisa, Siena und später Florenz stritten, erwuchs Massa di Maremma. Auf Sardinien entstanden inmitten einer stellengebundenen oder aus Pisa oder Toscana eingewanderten Bevölkerung die zwei Städte Villa di Chiesa und Iglesias, die um 1200 schon eine Art eigenes Stadtrecht hatten; Albergho, Bosa, Castel Genovese nahmen ligurische Bevölkerungselemente auf. In Sardinien entwickelten sich Terranova, Oristano, Cagliari und am Ende des 13. Jahrhunderts nahm Sassari Genuesen und besonders Pisaner auf. Die Landvergaben von Lokalkönigen in Pisa und Genova mit dem Recht der Marktgründung, der Forderung von Steuern und Diensten, der Gerichtsausübung führten zur Gründung von Kolonisationszentren entlang der Küste, wo auch die Exportgüter sich sammelten. Cagliari war zu Beginn des 13. Jahrhunderts ein Umschlagplatz der Pisaner und wurde dann zum befestigten castello, zur Comune als pisanische Kolonie, in die rasch Handwerker, Bankiers, Kaufleute, Schiffer einwanderten. Pisa kontrollierte diese comune, deren Haupt die Pisaner von Cagliari und das Comune von Pisa repräsentierte. In gleicher Weise reicherten sich auch die Marken mit castelli und kleinen Städten an, die aus dem Zusammenbruch zahlreicher feudaler Familien Nutzen zogen, vasalli und contadini anlockten und sich als autonome politische Kraft in der Gegend zu behaupten begannen, unbekümmert um Reichsvikare, Papstschutz; solche Städte waren Fabriano, Matelica, Osimo, Jesi, Recanati. Einen besonderen Aufschwung nahm dabei das alte Ancona, das Venedig im Adriahandel einige Konkurrenz machte. Fast an der Grenze zwischen den zwei Regna erlebte Aquila im Aternotal eine Blüte; es war das Musterbeispiel eines

Zusammenschlusses der Bevölkerung, der milites und homines, der vielen castelli, ville, casali, der Comitati von Amiterno und Forcone. Aquila war eine echte zentrale «universitas», deren Glieder innerhalb der Stadtmauern ihre eigenen sindaci, procuratori, Kirchen und Plätze hatten. Dieses regionale Stadtzentrum hatte einen Rat, Teilnahme der Zünfte am Stadtregiment und Parteikämpfe wie die Städte Mittel- und Norditaliens auch.

Vom Ende des 14. Jahrhunderts (oder 1376/1377) haben wir ein interessantes Bild der toskanischen Städtelandschaft, ihrer Hauptstädte, Burgen und comunia (Gemeinden, Talschaften), das ein eindrückliches Ergebnis der Stadtentwicklung Mittelitaliens aufzeigt. Es ist erhalten am Schluß der Handschrift der bekannten deutschen Goldenen Bulle, die König Wenzel, der Sohn Kaiser Karl IV. besaß.[80] Als die 11 wichtigsten Städte (civitates principales) werden Florenz, Lucca, Siena, Perugia, Pistoja, Prato, San Miniato, Volterra, San Gemignano, Colle di Val d'Elsa, Citta di Castello genannt, die in einer antikaiserlichen Liga verbündet waren. Sodann werden 12 Städte aufgezählt, die nicht zur Liga, sondern zum Reich halten: Massa (Maritima), Grosseto, Montepulciano, Montalcino, Cortona, Chiusi, Citta di Castello, Arezzo, Sansepolcro, Orvieto, Corneto. Es folgen die Namen mehrerer hundert Comunia und Castra, aufgeteilt nach den Gebieten von Florenz, Lucca, Volterra und Siena, teilweise sogar noch untergegliedert nach Talschaften und Provinzen. Reichstreue «Terre et Castra» im Comitatus Florencie waren im vallis pese (3 comunia + 38 Burgen), in contrata vallis Elise (1 com., 29 Burgen), im Mucello (5 com., 8 Burgen), im val di Bisenzo (9 com., 3 B.) insgesamt: 18 comunia und 78 Burgen. Im Val di Robiata, das auch zum Comitatus von Florenz wie die folgenden gehörte, im val di Sicune, di Bisenzio, im Mucello, val Grieve, in Chianti und val d'Arno waren 42 comunia und 78 Burgen aufgeführt. Die Stadt Lucca und 6 Meilen Umkreis besaß 24 comunia + 1 Burg. Vom Comitatus Pistorii hatte Lucca 6 Comunia und 4 Burgen; von der Stadt Lucca wurden 83 Comunia + 107 Burgen, die zum Reich gehörten, im Arnotal, Nebula-, Arianet-, Lime- und Bagilicetal, in den Provinzen Carfagnane, Lunisciane und Versiglia festgehalten; vom Comitatus Pisanus waren es 4 Kommunen und 8 Burgen. Im Gebiet von Volterra hatten der Bischof 13 Burgen, die Stadt 28 Burgen, die alle zum Reich gehörten. Die Stadt Siena kontrollierte 90 Burgen, 1 civitas und 4 terre, die dem Reich zugehörten. Im Vergleich zu Deutschland stellen wir eine sehr weitgehende kommunale und herrschaftlich-administrative Aufgliederung des mit «Hetruria» bezeichneten Raumes fest. In Lucca waren

---

[80] Der Titel lautet: Civitates et castra, que sunt in liga et societate in Tuscia contra dominum nostrum. Edition bei ALBANO SORBELLI, La notitia status Hetruriae e il tempo della sua composizione. Bologna. Memoria della R. Academia ... Bologna. Sez. Scienc. Stor. Filosof. Fascicolo unico (Bologna 1917) 111–136.

1331 an 5000 Schwörende, die dem Böhmenkönig Johann und seinem Sohn Karl IV. den Treueid leisteten. Beloch [Bevölkerungsgeschichte Italiens II. (1939) 165] rechnet mit einer Gesamtbevölkerung von 15 000 Einwohnern; im späten 16. wurden es 24 000 und blieben es bis zum 19. Jahrhundert. In Pisa wurden im 13. Jahrhundert ca. 13–15 000 Einwohner errechnet, für Florenz nimmt man in der Zeit Dantes 50 000 Menschen an.

Einen großen Schritt nach vorne taten die alten und die großen Städte sowohl in der Bevölkerungszahl wie im Umfang ihrer Produktion und Arbeit. Jede hatte ihre Woll- und Tuchindustrie. Einige wie Firenze, Lucca, Milano, Siena verarbeiteten nicht nur die Produkte von Maremma, Appenin und Sardegna, sondern begannen die Rohstoffe auch aus England und anderen entlegeneren Ländern zu importieren. Sie betrieben auch Veredelungsproduktion, die im 12. Jahrhundert in Florenz der Wollindustrie ernste Konkurrenz machte. Es war dies die Calimala. Einen erfolgreichen Aufschwung nahm die Seidenindustrie, vorab in Lucca, die aus Sizilien kam und sich außer in der Toscana auch in der Lombardei, im Veneto und in Piemont behauptete. Wenn man auch noch nicht von *Großindustrie* sprechen kann, so bildeten sich dort doch schon einige ihrer typischen Elemente aus: Massenarbeit, Trennung von Kapital und Arbeitskraft, Zusammenarbeit von Industriezweigen, enge Verbindung von Tausch- und Geldhandel. In manchen Städten gab es auch consoli für den Geldwechsel und eine Zunft. In einem Durchgangsland wie Italien wuchs mit dem *Fernhandel* auch der Geldverkehr, vor allem der *Darlehensverkehr,* den die schuldengedrückten Industrieunternehmer, die Aristokratie und Großgrundbesitzer dringend benötigten. Dieser Darlehensverkehr zog den ganzen Reichtum der alten Klassen, der in Gold, Ländereien und Burgen bestand, an und in die Stadt in stetig beschleunigter Zirkulation. So entstand ein *Kapitalismus,* der Frühkapitalismus. Landgemeinden und minuto popolo in den Städten litten unter den Wucherzinsen. Wechsel und Geldhandel betrieben alle Städte, aber nur einige wie Asti, Piacenza, Lucca, Siena, Venezia wurden wirklich Zentren des Bankgeschäfts; Venezia, Pisa und Genova schwangen sich zu Metropolen des *Schiffsbaus* und der *Rüstungsindustrie* auf. Nicht klein war das Gewicht des Bergbaus und der Metallindustrie, die in relativ ergiebigem Ausmaß Eisen in den piemontesischen, lombardischen und venetischen Alpen, auf Elba, Sardegna und in der Toscana förderten und auch andere Metalle wie Silber gruben. Es blühte die *Eisenindustrie*, die Herstellung von Waffen in Milano und Brescia. Alles das erhöhte das gesellschaftliche und politische Gewicht und Prestige des popolo, der verschiedenen Klassen von Bürgerschaft und Handwerk. Das wird erkennbar an ihrem Bestreben, sich in der Comune zu profilieren, sich eine eigene Ordnung, ein eigenes Gesetz und einen Capo mit ausgesprochen militärischem Charakter zu geben. Eine reine Bürgerherrschaft bahnte sich an. Diese Entwicklung setzte in den 30iger und 40iger Jahren des Dugento ein, in Mailand sogar etwas früher, wo sich die politische Organisation des popolo «Credenza di San Ambrogio» nannte; es war ein Bund der Zünfte, der 1240 in Pagano della Torre einen großen Führer fand. In Bologna war es die «massa populi», die 1227 unter der Leitung eines «prefectus populi» den palazzo del Comune stürmte. In Piacenza aber werden erstmals Capitula populi genannt, die nach dem Beschluß der Rettori della società del popolo in das Statuto del Comune eingefügt wurden.

Dasselbe Zeitalter, in dem Bürgertum und Zunft nach der Führung griffen und Kaiser und Könige gegen die römische Kurie und die freien = autonomen Kommunen intervenierten, erlebte auch unter anderem Vorzeichen den *Wiederaufstieg des großen Signore,* der viele Ländereien und Burgen besaß, militärisch stark und fähig war, Menschen zu mobilisieren und zu kontrollieren. Aber dieser neue Trend setzte sich nicht überall in gleicher Stärke durch. In der Toscana war der Feudalismus weitgehend ruiniert und überlebte nur mehr in den Randlandschaften in Verbindung mit kleinen Zentralorten. Die *feudale Adelswelt* war differenziert und vom städtischen Leben getrennt. Sie lebte im Potal zwischen West- und Ostalpen, in den großen Marken von Ivrea und Friaul z.B., in den Ländern der Arduinii, der Anscarici, Aleramici, der Obertenghi, in Savoia, das seit dem 11. Jahrhundert sich von den Bergen in die Ebene vorschob. Dieser Adel saß noch fest im Sattel, hatte seine Unabhängigkeit vom Reich behauptet und sich der Stadt nicht unterworfen. Er war in einem Wandel begriffen und ordnete neu seine Beziehungen zu den Vasallen, verbesserte seine Erstgeburtsrechte zur Erhaltung der Einheit des patrimonium, ordnete die verschiedenen Glieder der Familie einem Oberhaupt unter (Monferrato, Savoia). Natürlich zog diese Aristokratie auch der Aufstieg der städtischen Comune an, wo sie handelnd auftrat und sich Ansehen, Macht und Rechte zu verschaffen suchte. Das beste Beispiel dafür sind die *Savoia*. Mit Diplomatie und Macht bauten sie eine starke Stellung im nördlichen und südlichen Piemont auf, wo auch große Kommunen erblüht waren und Asti die alten Städte Alba, Torino, Chieri und die neuen Alessandria, Cuneo, Fossano, Dronero, Cherasco, Mondovì überragte und den Savoia entgegentrat aus Furcht, sie könnten die Straßen nach Frankreich sperren, wohin ihr großes Handelsgeschäft ging. Die beiden Zweige des Hauses Savoia haben sich eine Stadt nach der anderen untergeordnet. Die Savoia hatten enge, auch verwandtschaftliche Beziehungen zu England, den Niederlanden und Frankreich. Die beiden Savoiasprößlinge Bonifaz und Philipp waren Erzbischöfe von Canterbury und Lyon und das Haus bekam finanzielle und diplomatische Unterstützung aus England und Frankreich. Es wußte die Kämpfe zwischen Papst und Kaiser sowie sein Ghibellinentum zu nutzen, zügelte Asti und half den kleinen Städten. Doch verdarben die Savoia es auch nicht mit der Kirche. Der Kaiser machte sie 1248 zu Reichsvikaren von Lambro. Es schloß seinen Lehensherrschaften das Canavese,

Moncalieri, Lanzo und Torino an, dessen Herr es 1249/50 wurde. Damit gewann es Einfluß auf das Sturatal und das Val d'Aosta, und so die Kontrolle über die Pässe des Po. Nach der Überwindung des Widerstandes von Asti und dem Gewinn von Positionen im südlichen Piemont und über dem Po entwickelte diese Stadt ihr kommunales und bürgerliches Leben und gab Gesetze, die den feudalen Magnaten sehr feindlich waren; doch blieb Asti immer unter dem Druck von Savoia, Monferrato, Saluzzo und den französischen Anjous. Die Savoia betrieben eine ausgesprochene *Territorialpolitik* ähnlich der Landesherrschaft deutscher Herzöge und Markgrafen, die auch die freien Städte landesherrlich zu machen versuchten. In Mailand, der Pometropole, beherrschen keine großen feudalen Familien das Feld, die eine Veränderung der bürgerlich-kommunalen Szene Italiens in die Form der signoria betrieben hätten, doch gab es dort zahlreiche mittlere und handwerkliche Kreise, die in der «Credenza» organisiert waren und 1240 Pagano della Torre zu ihrem Führer wählten, der den popolo von Milano zum Siege über Pavia und zur Auseinandersetzung mit capitanei und valvassores führte; er ließ auch die erste Schätzung der Liegenschaften durchführen, um einen Steuerausgleich durchzusetzen, auf den der popolo von Mailand pochte. Nach harten Auseinandersetzungen erhob das zünftlerische Volk Martino della Torre zum «Anziano e Signore» und besiegte damit den Widerstand der großbürgerlichen Kaufleute, die gemeinsame Sache mit dem Adel machten. Im Osten und Südosten Oberitaliens herrschte wieder eine feudale Welt, eine Linie des großen Albero Obertengo, die Este, Malaspina von Lunigiana, Uberto Palavicino, Sohn des Gughielmo, der ein Freund König Ottos IV., aber ein Feind Papst Innozenz III. war. Uberto Palavicino baute im mittleren Potal zwischen Piacenza und Parma auf dem Familienbesitz, «Podere Palavicino», einen ungeheuren Komplex von Eigengütern und Lehen, von terre und castelli auf, der aus der Ebene sich in das Tal des Taro verlängerte, und den Cisapaß beherrschte. Die Herren da Romano in der Marca trevigiana waren im 11. Jahrhundert noch kleiner Adel auf den castelli von Romano und Bassano und dann rasch aufgestiegen im Besitz von case, vasalli und Freunden zu Vicenza, Treviso, Verona, Cittadella auch über die Da Camino, die Camposampiero, die Grafen von Verona, die Este. Die Herrschaftsgebiete der Palavicino und des da Romano zählten zu den unruhigsten Landschaften, die Marca trevigiana, die «marca giocosa», war das klassische Gebiet des Haders zwischen milites und popolo zu Piacenza, Parma, Reggio. Uberto Palavicino machte große Karriere im Dienste Kaiser Friedrich II. anfangend als kleiner Podestà von Cremona (1234), dann kaiserlicher Podestà von Pavia (1239), dann «Capitano in Lunigiana», und Reichsvikar in Lunigiana Versilia und Garfagnana. Eine ähnliche Modellfigur ist Ezzelino da Romano, der «dominius» in der Marca trevigiana; er schlägt Leute aus dem popolo zu Rittern und baut einen neuen Adel auf; gegen Patrizier und reiche Großbürger näherte er sich dem niedrigen popolo, indem er ihm Frieden verhieß. Den Leuten von Padova versprach er ihre Stadt zur ersten in der Marca zu machen und den Krieg zu beenden. Die Ezzelini, Palavicini und ihre Standesgenossen waren eine wirkende Kraft in der Geschichte der Stadt und des popolo gegen den Adel, die Kirchenprivilegien und das Eindringen des Klerus in die weltliche Verwaltung. Dafür besaßen sie ein einheitliches Kommando und Streitkräfte, die Stadt und Popolo fehlten. Sie warben italienische und deutsche Söldner an, auf die sie alles Vertrauen setzten. Der Palavicino, Herr einer ausgebreiteten signoria, geschaffen aus Vikariats- und Podestàrechten, aus Territorien und Anhängern, Herr in Piacenza und Cremona, beherrschte die Flußschiffahrt auf dem mittleren Po, die Flußübergänge und Straßenkreuzungen der Lombardei nach Deutschland, des Piemont nach Frankreich, die nach der Romagna, Toscana und Rom. Der Palavicino schenkte auch dem Handel seiner Städte größte Aufmerksamkeit und schloß Verträge mit Genova, dem Schuldner von Cremona, mit Marseille, Montpellier, Firenze und Cremona und zwar als Herr eines ganzen Territoriums. Den Kaufleuten von Florenz sicherte er freien und sicheren Handel und Verkehr in Cremona, Piacenza, Pavia, Tortona und im ganzen lombardischen Reichsvikariat zu. Der Münzvertrag von 1254, den er zu Bergamo mit den Abgesandten von Cremona, Piacenza, Parma, Brescia, Tortona aushandelte und zu Piacenza ratifizierte, ist ein deutlicher Beweis dafür, wie die *signoria* dadurch ihre Grundlagen schuf, daß sie gegen die Parteien, die vornehmlich vom Adel und den oberen Schichten gelenkt wurden, gegen die «Politik» der Interessen der «Arbeit» und die Belange der Mittel- und Unterschichten dienten, die dem Handel und Handwerk verbunden waren. Diese neuen signori waren zwar Söhne und Mitglieder einer Partei, aber sie vertraten die Mittel- und Unterschichten, die Partei des popolo, mit ihrer Tendenz, sich von den Parteien zu lösen, sich unabhängig zu machen und eine wirtschaftliche Interessenpolitik für Handel und Handwerk zu treiben. In der Ablehnung der Parteikämpfe gingen signore und popolo einig. Im 13. und 14. Jahrhundert löste sich die Struktur der Stadt in ihre Elemente auf: a) Regierung, Milizia, Beziehungen nach außen und b) die städtische Verwaltung.

LITERATURNACHTRAG
zu der in den Anmerkungen verzeichneten Literatur

M. Amari, Storia dei Musulmani di Sicilia 3 Bde. Catania (^{2}1937)

E. Dupré–Theseider, Roma dal comune di popolo alla signoria pontificia (1252–1377). Bologna 1952

R. Elze/G. Fasoli (Hgb.), La città in Italia e in Germania nel Medioevo. Cultura, istituzioni, vita religiosa. Bologna 1981

R. Caddeo, Storia marittima dell'Italia I. Mailand 1942

I. Iarnut, Prosopographische und sozialgeschichtliche Studien zum Langobardenreich (568–774). Bonn 1972

I. Iarnut, Bergamo 568–1098. Verfassungs-, Sozial- und Wirtschaftsgeschichte einer lombardischen Stadt im Mittelalter. Wiesbaden 1979.

H. Keller, Adelsherrschaft und städtische Oberschicht in Oberitalien 9.–12. Jhdt. (Tübingen 1979)

I. Larner, Italy in the age of Dante and Petrarch 1216–1380. London–New York 1980. Ders., The lords of Romagna. London 1965

P. F. Palumbo, Medio Evo Meridionale – Fonti e letteratura storica dalle invasioni alla fine del periodo aragonese. Roma 1978

R. Panetti, I Saraceni in Italia. Milano 1973

I. Pascott, Les almugavares. Mercennaires catalans du Moyen Âge. Paris 1971

A. Sapori, Le marchand italienne au Moyen Âge. Paris 1952

G. Tabacco, Fief et seigneurie dans l'Italie communale. Le Moyen Âge. 1969. 5 ff. 203 f.

G. Yvez, La commerce et les marchands dans l'Italie meridionale au XIII. et au XIV. siècle. Paris 1903

REGISTER

1. SACHEN

Abgaben (data) 214, 219, 237
(h)abitator 69, 73, 74, 75 (= civis), 81 (liberi homines hab.), 83, 87 (habitantes), 90, 91, 92, 94, 95, 97, 104, 121, 123, 129, 152, 193
absentes 80, 88
Abt(ei) 46, 50, 61, 78, 82, 98, 131, 133, 167
actor (Gutsverwalter) 33, 45, 76 (actionarius aut actor rei publiae), 197 (exactor)
adalingus 48
Adel, Aristokratie 1, 6, 11, 16, 17, 23, 27, 29, 34, 39, 46, 48, 49, 50, 57, 58, 60, 61, 63, 64, 75, 78, 79, 83, 88, 102, 104, 106, 107 ff., 109, 119 (Stadt Rom), 121, 124 ff., 129 ff., 131, 133, 141, 142, 144, 150 ff., 152, 154 ff., 156 ff., 158 ff., 160, 161 ff., 165 (A. Episkopat), 167, 168 ff., 170 ff., 173, 175, 177, 179 ff., 182, 188, 189 (Ratsaristokratie), 190, 192, 196 ff., 200, 202 ff., 205, 207 ff., 211, 212, 213, 214, 216, 221, 222, 224 ff., 230 ff., 233, 235 ff., 241, 242 ff., Landadel 226, Neuadel 214, Stadtadel 213, 226, Militäradel 11, Landadel 125, 205, Grundbesitzeradel 11, Reichsadel 11, 222, Feudaladel 88, 124 ff., 182, 221 ff., 223, Geblütsadel 121, Hochadel 121, Laienadel 127, Geburtsadel 207
advocatus 86, 87 (publicus), 168, 201
affrancazione = Freilassung 138, 200
Agenten 22
ager publicus (Staatsland) 22
alastalaria 66, 71
albergaria 92, 200, 219
Aldien (aldiones, aldianae) 24, 35, 36, 37, (Aldienrecht), 44, 48, 54, 66, 70, 71, 72, 73, 74, 77, 82, 83, 84, 85, 87, 89, 90, 94, 123, 130, 138, 159
Allod 46, 87, 103, 124, 125 (Allodialrecht), 132, 192
alpes 82
Altstadt(kern) 114, 163, Neustadt (cittanuova) 163
amelioratio (Bodenverbesserung) = Bodenkultur 137

Amt 76, 83, 109, 169 (Amtsadel), 180, 188, 191, 202, 215, 216, 225 (Amtsgraf)
Ämterkauf 178
ancilla 54, 68, 70, 72, 73 ff., 83, 84, 85, 90, 93, 201, 219
angaria (Zwangs-, Fronarbeit) 72, 73, 77, 129, 219
Angestellter 225
anziani 190, 211, 212, 229, 242
annona 84, 136 ff. (dominica),
Apotheker 210, 215
Arbeit 168, 174, 202, 214, 220, 233, 240 (Arbeitskraft), 243
Arbeiter 209 (operatores, laboratores, suppositi, pactuales), 215, 216 (laborator), 220, 221, 225, 237
Arbeitslose 29, 217
Archaismus 51, 108, 120, 125 ff., 131, 144, 148, 167, 181, 214
archipresbyter 198
area 73, 86, 135 (fabbricabilis)
arengo 162, 188, 199, 206, 207
Arianer 6, 9, 29, 50, 51
Arimanni, Erimanni, Arimannia, (h)ariman, Heermann, vir exercitalis 8, 14, 23, 25, 26 (Ar. Distrikt), 34, 35, 37, 40, 41, 42, 43, 44, 45, 46, 47, 48, 49, 50, 52, 53, 60, 61 (A. Siedlung), 64, 68, 77, 80, 86, 87, 88, 89, 90, 91, 92, 93, 94 (boni arimanni), 103, 105, 121 ff., 123, 141, 151, 152 ff., 194, 201
Aristokratie 5, 11, 226, 236, 240, 241
Armut 163 ff., 165 (A. Kirche), 166 ff., 168, 171, 181, 216, 219, 221
artifex (Handwerker) 103, 115, 159 (artigiani), 215 (artificium)
arx 127
Arzt (medicus) 69, 74, 210 ff., 215
Augustinerchorherren 166
Ausfuhr 231, 214
Ausländer 222
avari 170

Bagauden 20
balivus 164, 231 (bailli)

banni 85, 86
Barbaren 1 ff., 3, 9, 18, 22 (Barbarisierung), 195
Bauern 19, 21, 23, 24, 32, 34, 35, 39, 130, 169, 173, 174, 203, 216, 219, 220 (Bauernbefreiung), 222, 234
Beamter 21, 83, 103, 155, 162, 185, 188, 193, 195, 199, 205 ff., 209, 212, 216, 217
Beamtentum 11, 195, 199, 212, 216, 217
beneficium 55 (verbo regis), 104, 122 (b. verbo regis), 143 (clericorum)
Beruf 214, 221 (-Verband)
Besatzung 23
Besitz 214
Besthaupt, Bestkleid 146
Bettler 209
Bevölkerung (Schwund, Wachstum, Aufstieg) 21, 25, 28, 68, 78, 105, 109, 118, 127, 135, 140, 153, 155, 159, 170 (Land-), 175 ff., 187 (Stadt-), 203, 209, 217, 219 ff., 223, 225, 226, 233, 235, 237, 238, 240
Bewegung, kommunale 25, 50, 66, 90, 99, 101 ff., 104, 113, 116 ff., 120 ff., 140, 155 ff., 168, 171, 172, 175, 180, 185, 200
Bilderverehrung 14
Bildersturm 74, 195
Bischof 11, 12, 28, 29, 46, 50, 51, 61 ff., 64, 83, 84, 85, 86, 91, 93, 95, 97, 98, 99, 103, 104, 105, 106 ff., 112, 113, 114 ff., (Bischofsamt), 120 ff., 122, 123, 124, (B. Kirche), 128 ff., 131, 132 ff., 138, 141, 143 ff., 149 ff., 152 ff., 154, 155 ff., 157, 160 ff., 161 ff., 165 ff., 166 ff., 169, 171 ff., 173, 174, 177, 179 (-wahl), 180 ff., 182 ff., 185 ff., 192 ff., 194, 195, 198, 200, 202, 204 ff., 209, 222, 223, 226, 237
Bischof von Rom 10, 12, 15 ff., 29, 63, 112, 119, 158, 195
Bistum 23, 28, 29, 31, 32, 103, 104, 129, 155
bonus homo 77, 78, 83, 89, 129, 130, 143, 163, 184, 197 ff., 199, 206, 231
Boten 84
breida 73
Brücken 81, 88 (pons: Br.: Dienst)
Bundesrat 186, Städtebund 186
Burg 35, 46, 104, 124 ff., 155, 159 (Burgherr), 205 ff., 208 (Geschlechterburg in d. Stadt), 218, 239, 240, 241, Burgmann 124,

burgarii 26
Burgherr 11
burghi 113, borghi franchi 217, 218, 219 (nuovi), 226 (Burggemeinde), 238
Bürger 19, 34 (Vollbürger), 40, 102, 104, 106, 109, 112, 136, 140, 150 ff., 152, 158, 160, 161, 168 (Stadtb.), 184 (-eid), 185 ff., 188, 190, 200, 201, 205 ff., 207, 209, 210, [Mittelbürger, Kleinb.], 213 ff., 215 (Stadt-), 217, 218, 228, 220 ff., 222, 235, 236 ff., 238, 242 (Groß-)
Bürgereid 152
Bürgerrecht 27, 49, 67, 68, 109, 152, 202, 205
Bürgerschaft 109, 125, 133, 134, 154, 193, 197, 199, 205, 207 ff., 213 ff., 216, 220, 223 ff., 234, 237, 240
Bürgertum 93, 108, 112 ff. (Bürgerschaft), 125, 128, 133, 134, 150, 158, 160, 183, 192, 194, 197, 199, 205, 207 ff., 213 ff., 216 (Großbürgert.), 220, 223 ff., 233, 234, 237, 240, 241
burgus 220
Bürokratie 21
Byzanz 3, 4, 6, 7, 11, 12 ff., (Byzantiner) 16, 17, 23, 27, 30, 31, 41, 74, 102, 103, 107, 111 ff., 117, 119, 128 ff., 192, 195 ff., 234, 236

caballarius 71
calicarius 71
Calimala 210, 226, 227 ff. (arte di C.), 230, 231 ff., 233, 240
Camaldolenser 171
cambellarius 231
cambio (arte di Cambio) 231, 232
campsor (Wechsler) 210, 230
canonica 153
cancellarius 77
capella 79, 82 (cardinalis), 203
capitaneus: 99, 105, 106 ff., 113 (populi), 115, 125, 132, 134, 141 ff., 143 ff., 145 ff., 149 (c. novitii), 150 ff., 152, 153, 156 ff., 158, 162, 163, 164, 165, 170 ff., 174, 175 ff., 180, 184, 190 (populi), 192, 199, 206 (populi), 207, 210, 211 (populi), 212 (populi: Volkshauptmann), 220, 222, 223, 227 ff., 229 (hominum plebis), 231 (populi), 233, 234 ff., 242 (auch capitano)
carissimus 76

caritas 163
cartulati 83, 84, 121
casa (colonica) 24, (massaricia) 24, (tributaria) 24, 33, 46, 47 (massaricia, coloniaria, aldionaria), 49, 54, 66, 68, 69, 70, 71, 72, 73 (aldiaricinia) (massaricia) (habitationis) 74, 82, 84, 124, 127, 129, 132, 135 ff., 137, 138 (casatus servus), 145 (casatus), 242 *casale* (casa) 69, 73, 239 casalimus 124, 127
Cäsaropapismus 4, 5
castella, castra, castelli, Kastell 25, 26, 33, 42, 46, 54, 56, 69, 78, 81, 82, 85, 86, 90, 91, 93, 95, 96, 99, 105, 107, 113, 122, 123, 124, 125, 127 ff., 130, 136, 154, 159, 188, 205, 217, 219, 220, 226, 228 (franchi), 239, 242
castellanus 120, 148
castriciani 42
catapano 112, 118, 196
cavalliere 203, 225
cella 80, 81, 82, 159
censitus 136
census 77, (85 Zins), 86, 110, 113, 194,
centenarius 49, 53
cerocensualis 73, 139 (censualis)
Christianitas 118
Ciompi (Aufstand) 203, 216, 228, 232 (Wollkämmer), 237
Circumcellionen 20
civis: Stadtbewohner, Bürger 40, 59, 68, 69, 71, 74, 87, 90, 91, 92, 94, 97, 102, 103, 104, 106, 109, 113, 129, 132, 134, 142, 143 (strenuissimus) 141 (concives), 149, 150 ff., 152, 153, 156, 157, 158 (maiores et minores), 159, 160, 161 ff., (maiores, minores), 163, 175, 185, 188, 193 (maiores, minores) 194, 198 ff., 200, 219, 222
civilia onera: 219
civitas (Stadt) 6, 25, 26, 27 ff., 29, 30, 31, 32, 39, 53, 59, 62 (Leonina), 68, 71, 82, 84, 85, 90, 93, 95 (c. nova), 97, 98, 101, 103, 104, 106, 135, 162, 182, 183, 192, 239 (c. principalis = Hauptstadt)
civis Romanus 42, 54, 74, (röm. Bürger), 74, 85, 86, 107
civitas Romana: Röm. Bürgerrecht: 49 (Freilassung z. Röm. Bürgerrecht), 54, 67, 68, 86, 107, 201

civitas: Bürgerrecht 152
clarissimus 68
clausura regis 41
cliens 21, 103 ff., Klientel 109
cocus 71
collectio universorum civium 177
collegium (Körperschaft, antik u. mal.) 102, 103, 109, 188 (der Konsuln), 192 (Berufsverband), 213
colliberti 71, 100
colonia 44 (exercitalis), 53, 105 (c. arimannicia), 127
comes 49, 59 (Graf), 60, 61, 64, 76 ff., 87, 93, 108, 113, 125, 141, 159, 161, 195
commendati, Kommendation (liberi) 37, 38, 46, 62, 83, 84, 92 (commendaticius), 103, 121, 122, 138 ff., 142, 193
comitatus 28, 29, 30 (comi-(contado) tatus ruralis), 32, 39, 57, 59, 77, 81, 87, 90, 92, 93, 103, 104, 161, 193, 217, 239, comitatenses 219, comittatini 221
communitas 91, 92, 142 (rusticorum), 166, 211, 234 (Comm. Siciliae)
Comune (Gesamtheit der Bewohner eines municipium) 101 ff., 106 ff., 108 ff., 111 (Venetiarum), 113, 116, 131, 133, 134, 136, 145, 147, 152, 156, 158, 162 ff., 164 ff., 168, 172 ff., 174, 175 ff., 178, 180 ff., 182, 183, 184, 185 ff., 187 ff., 189 ff., 194 (Venetianum), 196, 197 ff., 199 (maius, militum), 200 ff., 202, 204, 205 ff., 207 (Venetiarum), 207 ff., 209, 211 ff., 212, 217, 218 ff., 220 (rurale), 221, 222 (militum), 223 ff., 225 ff., 227, 228 ff., 230 ff., 232 ff., 236 ff., 238, 239 (Gemeinde, Talschaft), 240 ff.
conciliatores 111
concives 141, 152
conditio (Stand, Klasse, Lage) (servilis c.) 70, 74, 85 (servitutis), 175 (servilis), 200 ff., (servilis) 201 (rustica)
conductor: Großpächter 33
confugiens (fugitivus?) 152
coniuratio 99, 143 (Eidgenossenschaft), 152 (Einung), 161, 172 ff., 175, 178, 179, 183, 203 (Schwurgemeinschaft), 213, 221 (Schwurverband), Gottesbund 178, 217
conquestum (Zuerwerb) 137

consiliarius regis 57, 76
consilium (civitatis, populi, plenum = allgemeiner Rat) 162, 163, 182 (seniorum), 184 (commune), 197 (populi), 212 (populi), 111 (Rat d. Stadt *Venedig*, Maggior Consiglio), 155 (c. seniorum = Notabeln), 189 (rogatorum: Senat) 194, 206 (magnum et parvum, generale und speciale), 229
consortes (Mitbesitzer, Mitbenutzer), 80
Constitutum Constantinii 17, 164, 165 (Konstant. Schenkung)
consules: Konsuln, (Konsulat, Konsulatsaristokratie) 106, 108, 110, 111, 112, 113, 156 (maiores), 163 (mercatorum, iustitiae), 162, 175, 182, 183, 184 ff., 186 (Wahl), 187, 191, 196, 197, 198 (de porta), 200, 201 ff., 203 ff., 205 (Wahl), 206, 207, 210 (mercatorum), 211, 218, 223, 225, 227 (militum), 230 (mercatorum), 231, 240
contado 4, 48 (contadini), 89, 90, 93, 94, 107, 108, 109, 113, 125, 127, 128 ff., 132 ff., 135 ff., 143, 144, 148 ff., 154, 157 ff., 159, 187 ff., 193, 198, 200 ff., 203, 205 ff., 217, 218, 220, 225 ff., 227, 229, 232, 237, 238 (contadini)
contio 177, 199, 216
contrada: 197 (Nachbarschaftsverband von Siena und Lucca), 239
conversio(ne) 8
cura regni 61
curator 111, 194
curia (Rat) 27, 111 (ducis in Venedig), 172 (städtisch)
curia (spätant. Stadt) 111, 172 (städtische mittelalterliche), 194, 195 (antik)
curia vasallorum (Lehenshof), Lehensverband 114
curiales (städt. Ratsherren) 21, 23, 24, 112, 196
curtis 35, 39, 45 (königliche), 47, 48, 49, 55 (c. ecclesiae), 54, 66, 68, 69, 71, 72, 73, 70 (Höfe), 78 (cortis), 79, 81, 82, 84, 85, 86 ff., 89, 91 (regis), 95, 96, 116 (System), 127 ff., 130, 135, 137, 139 (System), 140 (dominica), 142, 144, 148 (regia), 155, 157 (Hof), 159, 175 (dominicalis in Mailand)
curtis regia 27, 31, 43, 49, 90 (Königshof), 96

dativi 60
decania, decanus 41, 45, 53, 76, 93, 159
decumanus (vom Lande) 149, 156 (niederer Geistlicher)
defensio 81
defensor (civitatis) 11, 21 (pater civitatis), 111 (urbis), 112, 194 (urbis), defensio (durch die Kirche), 70
denariatio (Pfennigwurf, Schatzwurf) 86
designatores 219
devotus vir 45, 68, 72, 73, 75, 83, 121
Diener 216
Dienstleute (niedere) 209, 216
Dienstmann(en) 121
Dienstrecht 121
dilectus 76 ff.
Diözese (kirchl.) 4, 27, 28 ff., 185, 187, 193, 205
Distanzgefühl 22, 24 (Kontrastbewußtsein)
districtio (z.B. des Grafen) 40, 84, 93 (publica), 160, districtus 55, 96 (publicus), 142, 144, 215, 217, 222 (Distrikt)
divites 37, 45 (divites arimanni), 49, 92, 103 (multum dives), 104, 113, 130, 150 (Gegensatz inopes 150), 160, 193
Doge v. Venedig 97, 98 ff., 111, 117, 183, 194, 206 ff.
Domänen 25, 27, 33, 34, 35, 38, 99, 225, 236
dominatio 179 (Willkürherrschaft)
dominatus loci 55, 56, 220 (loci = lokaler Gerichtsmittelpunkt)
dominicum 49, 67, 68, 88 dominica pars, 136 ff.
dominium (directum, utile = Obereigentum, Nutzeigentum) 125, 175
Dominus-Titel 231
dominus loci 46, 144
Domkanoniker 113, 155 ff., 159, 160, 165
Domkapitel 114, 155, 179
Domklerus 114, 155 ff., 159, 160, 178
domus 47, 73 (d. coltilis), 77, 79, 80, 81, domusculta principalis, 85, 127 (domuscultae, -coltiles)
domus maior 127
donaria 74, 138 (donativa)
Donatisten 20
Dorf 21, 24, 26, 47, 48, 53, 59, 125, 127, 136, 173, 197, 238
dottori 203, docti 213 (Akademiker),

1. Sachen

drappieri 203
Duca 12, 13, 14, 111 ff., 195
Ducatus Romanus 15, 16, 17
Dukate (Ducati) 6, 10, 12, 39, (ducatus) 45, 59, 98, 183, 196, 219
Dynasten 117
Dynastie 169, 190 (Dynast)

Edelmetall 140, 165
Edictus Rothari 10, 35, 36, 44, Rothari 9 ff., 27, 29, 30, 31, 41, 43, 47, 48, 49
Eid (Schwur) 169, 178 (-bund)
Eigenkirche 55, 62 (Eigenkirche, Eigenkloster), 69, 73, 154 (E. Kloster)
Eigenregie 34, 47, 137
Eigentum (substantia facultatis) 66, 74 (röm. Eigent. Begriff), 85 (proprietas), 104, 174, 219
Einfuhr 214
Einung 169, 173, 174
Eisenproduktion 39, 81, 240
Emanzipation 108, 124, 172
Emigration 232
Emphyteuse (Erbpacht) 36, 125, 226
episcopus 64
eques (equester ordo) 158
Eremitismus 165, 166
Exarch 6, 7, 12, 14 ff., 17, 93
Exarchat 12 ff., 14 ff., 17, 26, 93, 117, 195
exceptor civitatis Placentinae 71
exercitus 87 (= populus in Siena), 105 (iter exercitale), 195
expeditio 49

faber 129
facultas 143 (Besitz)
Fahrende 209, 216 (vagabundus)
Familie (ehel.), Familien, Geschlechter (Verband), 50, 72, 107, 108, 110, 111, 114 ff. (Notabeln), 125, 127, 136, 137 ff., 141, 153 ff., 155 ff., 157, 158 ff., 163, 170, 173, 174, 180, 184, 187 ff. (Geschlechter), 194, 195, 200, 202, 203 (Verband), 206, 207 ff., 213 ff., 216, 220, 221 ff., 223, 226, 227 ff., 230, 231 ff., 238, 241 242
familia 42, 50, 54, 56 (familia servilis), 69, 73, 74, 81, 82, 84, 85, 91, 93, 98, 160, 169, 198
famulus 70, 159 ff., 218

fara: generatio, linea, prosapia agnatischer Verband u. Fahrtverband 8, 24, 34, 40, 42, 43, 44 (armata), 45, 46, 47, 48, 49, 50, 71
faramannia 42 (faraman)
fattore 231
Fehde 217, 223, 228, (Rache)
femina 68, 146 (frei Frau), *Frau*
ferrarius 127, 129
Feudalherr 33, 87, 109, 130 ff., 132, 156, 174, 188, 218
Feudalismus 19, 54, 57, 67, 76, 94, 110, 113, 117, 120 ff., 125 (Gesellschaft), 124 ff., (Feudaladel) 130, 140, 142, 145, 148 ff., 150, 161, 169, 193, 195, 202 ff., 204 ff., 213 ff., 220, 222, 218 ff., 223, 226 (-adel), 236, 238, 241 ff.
Feudisten 125
feudum 81, 100, 150 (Constitutio de feudis), 161, 182, 236
fictuarius 79
fidelis 43, 47, 76 ff., 79, 83, 90, 92, 96, 104, 141 (fidelitas), 157, 193, 198, 231
Fidelitätseid 123
filii ecclesiae 40, 87
Finanzen 230 ff.
fiscalinus 35
Fischerei 81, 82, 83, 85, 92, (piscatura) 93, 96, 97, (F. Rechte) (piscaria) piscator 92
Fiskus 22, 23, 24, 31, 35, Fiskalland 39, 40, 42, 47, 54, 59, 60, 88, 94, 97, 114 (Fiskalgut), 118, 130, 154, 160, 236 (Fiskalland)
florenus (Gold) 229
Flotte 23
Foederierte (foederati) 32
fodrum 201, 219
forestarius 160
forici (fuori le mura) 201
Forsten 47, (69), 81
forum (clausum) 131
Frachtbootfahrer 103
franchisia 91, 217, 218
francho 218
francisci homines 46, 103
fraternitas 114, 131, 177, Verbrüderung, 202
Freie(n) 20, 21, 25, 36, 38, 40, 47 (Vollfreie), 54, 60, 73, 85, 87, 109, 123, 129, 130 ff., 137, 139, 157, 163, 173, 201, 202
Freieigner 125

Freigelassene 19, 42, 67, 72, 83, 85, 86 ff., 118, 124, 209, Freilassung 20, 49 (Zu röm. Bürgerrecht), 54 (z. röm. Bürgerr.), 60, 67, 68, 70, 72, 74, 85 (z. röm. Bürgerrecht), 86 121, 124, 201, 203, 237

Freiheit (persönliche, Voll-, Stadt-, Besitz-, kommunale, Königs-) 24, 36, 37, 47, 66, 70, 72, 74, 84, 86, 87, 96 (Königs-), 102, 103, 106 (Stadt-), 120, 121, 123, 126, 129 ff., 141 ff., 145 ff., 164, 165, 167 ff., 174 (Besitz-), 175, 177, 181, 184 (Comune-), 185 (libertates = Vorrechte), 264, 219, 237

Freizügigkeit 36, 66, 85, 86, 120, 130, 132, 201

Friede: pax 150, 163 (Stadtfrieden), 163 (Stadtfriede), 164, 168 (pax dei), (Gottesfrieden, Friedenseinung), 169 (Stadtfrieden, Landfrieden), 171, 172, 178, 183, 175 (Stadtfrieden), 186, 200, 223

Fron 35, 36, 72, 73, 77, 80, 83, 84, 85 (angaria), 87, 88, 136, 137 ff., 139

Fronhof(verband) 78, 87, Villikation 90, 128, 130, (Hofsystem) 131, 139

Fronhof(sverwaltung) 38

Frühscholastik 147

fugitivus 123, 133, 136, entlaufen 145, 148 (servi) f.

fundus (Wirtschafts-, Grundeinheit) 24, 33, 35, 47, 48, 54 ff., 90, 91, 127, 135

Fürst 118, 150, 158 (Prinzipat)

Fürstentum 117, 158

Gagium (Gahagium = Waldgehege) 69, 72, 134

Garnisonen 3, 23, 26, 32, 39, 41, 48

Gasindius (langob.) 37, 39, 48, 49, 54, 55, 68, 74, 152

Gastalden 11, 23, 26, 31, 38, 39, 43, 45, 48, 49, 53, 68, 76, 93, 117, 120, 124 ff., 148, 153 ff., 159, 161, 211

Gastwirt 130, 209, 232

Geburt 214

Freier Geist (Bewegung) 237

Geistliche 51, 52, 53, 102, 114 ff., 126, 136, 146 (leibeigene), 153, 166, 170 ff., 172, 202

Geld = Umlauf 129, 134 (gemünzt), 135 137 (Geldwert), 140, 146 (Geldabgabe), 169, 174, 209 (Geldwirtschaft), 210, 214, 231, 240 (-handel, -verkehr)

Geldaristokratie 91, 113, Geldleute 134

Geleit 89

generalitas (cuncta ad ducatum Venetiae pertinens) 97

Generalvikar 180

Genossenschaft 34, 114 (Handels-), 132, 168 ff., 183, 195 ff., 202 (militärische), 210, 221 (Waffen-)

gens Langobardorum 43, 44

gentilis 44, 208, gentilisch 71

Gerber 103, 210

Gericht 36, 37, 40, 46 (placitum), 76 ff. (Gerichtstag), 84, 86, 90, 91, 96, 111, 124 ff., 141 ff., 143, 159, 160, 175, 186, 188, 191, 193, 194, 197, 205, 212, 215 (Gerichtsherrschaft), 219, 220, 226, 238

Gesellschaftskritik 148, 170, 181, 214

Getreide 70, 72 (farra), 81, 137, 214, 217

Gewaltlosigkeit (= paupertas), 181

Gewerbebetrieb 34, 109

Ghibellinen 110, 190, 227, 230 ff., 232, 234, 241

glebae adscripti 5, 33, 67, 123, adscriptio glebae 136 (ascripticii), (Schollegebundenheit) 200 ff., 201, (servi della gleba) 203, 219

gloriosus 68

Gnosis 147

Gold(-Währung) 129, 240

Goldlire 231

Goldschmied 69, 74, 103

Gorze-Reform 141

Gottesfriede 217

Graf, Grafschaft, 27, 40, 55, 60, 61, 62, 63, 64, 78, 91, 93, 95, 99, 106, 107, 113, 114, 121, 122, 138, 142, 143 ff., 145, 148, 150 ff., 152 ff., 154, 155, 161, 174, 182, 185 ff., 193, 197, 202, 204, 215, 220, 225, 226, 231

Grafschaftsverfassung (karoling.) 32, 40, 60, 78, 91, 94, 95, 142 ff.

Grande 225 ff., 227, 229

Grundherr 21, 36, 37, 59, 123, 169

Grundherrschaft 22, 33, 34, 47, 48, 49, 50 ff., 55, 58, 71, 78 ff., 81, 82, 91, 98, 100, 107, 123 (Grundherr), 125, 142, 155, 158, 219

Qualdi (unbebaute Areale) 88 (qualdum publicum, qu exercitale)

gwaldus (exercitalis, regius) 44

1. Sachen 251

Halbfreien 26, 220, semiliberi 124
Handel, 93, 94, 95, 96, 97 (negotia exercere), 98 (H. Freiheit), 102, 104, (Händler), 109, 111, 112, 126, 128 ff., (Fernhandel), 130, 131, 132 ff., 135, 140, 148, 158, 160, 161, 173, 187, 189, 193, (Freiheit), 196, 202, 209 (Großhandelsunternehmen, Groß-, Kleinhändler), 210 (Tuch-, Woll-, Pelz-, Seidenhändler), 213 (Großh.), 214, 223, 227 (Groß-), 229, 231, 235, 227, 228, (Tuch-, Wollh.) 233 (Fernhandel), 236, 241, 243
Handwerker (Handwerk), 24, 34, 38, 102, 103, 109, 111, 115 (Berufsh.), 127, 128 ff., 130 ff., 132, 140, 143, 151, 156, 160, 163, 174, 185, 180, 192 ff., 194, 197 ff., 200, 202 ff., 208 ff., 210 ff., 213, 215, 225, 229, 230, 233, 234, 238, 240, 242, 243; mechanica ars 201, opifices mechanicae artis 206
Häresie(n) 16, 21, 146 ff., Häretiker, 148, 163, 165, 166, 168, 172, 178, 214, 237
Haus 45, 70
Heer 1, 3, 15, 23, 27, 32, 34, 37 (Heeresdienst), 39, 43, 44, 45, 49 (langob.), 87, 88 (Heeresdienst), 102 109 (Bürgerheer) (exercitus 39), 163, 187, 188 (d. Comune), 191, 192, 195, 199, 216 (Heeresfolge), 219, 220, 221, 222 (H. Versammlung in Antike), 230
Heiden 98
Heiratszwang 146
Herberg(sdienst) 84
Herden (Vieh) 34, 69 (peculiae donicatae = Viehherden), 137 (Viehzucht)
Herrenhof 80, 87, 88, 136, 138
Herrschaft (Grund u. Boden, Arbeit) 47, 50, 51, 68, 69, 76, 83, 108, 120, 125, 155, 181, 214, 221 ff., 224, 228 ff.
Herzöge: duxe 10, 14 ff., 23, 38, 39, 40, 43, 58 ff., 60, 68, 76 ff., 93, 117, 122, 152, 153 ff., 159, 194, 195, 242
Herzogsgut 27
Hilfsvölker (d. Langobarden) 25, 39, 48, 58
Hof (d. Kaisers, Königs) 34, 58, 68 (Bischofs), 74, 76
Hofland 34
Hoftag 76
homo: Eigenmann 37, 69, 84, 123, 124, 219, 239

homo bonae iuventutis 127
honestiores 37, 45, 68, 69, honestus vir 71, 72, 75, 83, 102 (h. cives), 121, 127
honor 55, 81, 142, 160, 201
honorabilis 103, 113, 130, 193
Honoratioren 106, 199, 204
hospites 3, 9, 23, 39, 43 (hospitalitas) 47, 93 (hospitium)
hostis 88, 89
Hufensystem 78, 80, 139, Hufenbetrieb
Humiliati 147, 163
humilis (humilitas) 167

Jacques (Aufstand) 237
idoneus 86
illuster (senator. Ranges) 34, 68, 76, 83
Immunität 33, 37, 38, 81, 96, 98, 99, 116, 125, 141, 142, 167, 173, 185, 198, 217 (immunitates: Städte), 218 (immunis)
imperium (Kommandogewalt) 81
incastellamento 54, 126, incastellare 124, 127 (incastellati)
inclytus 76
Industrie: 210 (Großindustrieller), 230, 233, 236 (Großgewerbe), 240 (Wolle, Tuch, Groß-Eisen-)
inermis 166 ff.
ingenuus 83, 84, 86, 88 (bene ing.), 93, 157 (miles civitatis)
inquilinus 136
Inquisition 82, 95, 96
Intellektualismus 148, 181, 214 (religion intellectuelle)
Investitur(streit) 115 ff., 144, 155, 162, 167, 171, 178 ff., 181, 193, 199
(Laien)Investitur 144, 168 ff., 178 ff.
Inwärtseigen 37, 71
ipato 112, 195 (ὕπατος)
Juden 21, 96
iudex 44, 45, 48, 49, 61, 67, 68, 76 ff., 91, 98, 104, 107, 113, 116, 124, 129, 135, 136, 141, 148 (civitatis), 152 (regis), 156, 158, 193, 198 (ordinarius, regis), 205 ff., 210 ff., 213, 229
iudiciaria (= ducatus) 6, 39, 89 (iudicaria potestas), 198 (plebis)
iuramentum commune 171 ff., 177 ff., 179 (Eidbund)

iurisdictio 96, 142
Iuristen (römische) 10, 55, 156 (causidicus, legis-doctor), 182, 213

Kaiser griech. 16, 17, 118 ff. (byz.), 195, 234, deutsch. 116 ff., 118 ff., 126, 129, 133, 141 ff., 143, 149 ff., 179, 183, 184, 185, 186 ff., 190, 194, 204 ff., 237, 241
Kanal 137, 185
Kanon 137 ff., 139, 145
Kanonisten 125
Kapital(ismus) 107, 135, 209 ff., 210, 215, 225, 229 (Groß-), 231, 237, 240 (Kapital, Früh-)
Kaplan (d. Königs) 77, 197 (städtisch)
Karawanenhandel 69, 132
Kastellbezirk 46, 126, 127, 159
Katholizismus 7, 9, 10, 51, Katholiken 102
Kaufmann 24, 37, 38, 54, 80, 90, 97, 102, 103 ff., 106, 109 ff., 111, 112, 113, 114 ff., 128 ff., 130 (des Königs) ff., 132 ff., 135, 143, 146, 151, 156 ff., 160, 163, 174, 189, 191, 192 ff., 194, 196, 199, 202 ff., 208 ff., 210 ff., 213, 215, 220, 228, 229, 230 ff., 232 f., 238, 242 ff.
Ketzer 165, 167, 169, 172
Kirche 6, 9, 29, 34, 51, 58, 74, 94, 108, 121 ff., 131, 132 ff., 138, 140 ff., 143 ff., 145 ff., 147, 159, 162, 164, 166 ff., 168 ff., 172, 180 ff., 192, 198, 219, 220, 236, 241
Kirche, Römische 9, 12, 34, 118, 167, 171, 234
Kirchengut 140, 141, 144, 151, 155
Kirchenkritik 148, 167 (Romkritik)
Kirchenländer 17, 114 (Kirchengut) 140, 141, 144
Kirchenprovinz(en) 4
Kirchenstaat 60, 61, 119 ff., 153, 230, 235
Kirchen-Zehnt 29, 124, 148 (decima), 154
Klassenbewußtsein 21
Kleiderordnung 203
Klerus 50, 68 (clericus), 71, 102, 104, 112, 113, 115, 118, 126, 135, 136, 143, 146, 148, 156 ff., 159, 160, 161, 166, 170 ff., 172 ff., 177 ff., 179 ff., 181, 193, 195, 222, 243
Kloster 59, 71, 79 ff., (Klostergut), 82, 83, 85, 91, 98, 118, 122 (Basilianer), 124, 129, 131, 132, 138, 154, 155, 209, 226
Kolonat, colonus 3, 19 ff., 20 ff., 22, 23, 32, 33, 34, 35, 36, 47, 48, 53, 66, 70, 72, 73, 81 ff., 83, 84, 85, 88 (coloni publici), 93 (ingenuus), 110, 124, 136, 137, 138 ff. (proprii = Eigenleute) 148, 200, 203, 220, 237
Kolonien 233, 235, 236, 238
Kolonisation, Kolonisten 24, 46, 58, 67, 78, 94, 218, 238
Kommendarvertrag 230
Konfiskation 23
König 14 ff., 46, 47, 51, 57 ff., 63, 64, 65, 66, 67, 74, 77, 79, 81, 82, 83, 84, 85, 86 ff., 88 ff., 90, 91, 92, 94, 96, 97, 98, 100, 103, 105, 108, 113, 114, 120 ff., 122, 128, 129, 131 (Königsrecht), 132 ff., 141, 144 ff., 149, 153, 154, 155 ff., 157, 159, 164, 166, 169, 170 ff., 173, 179, 180, 185 ff., 193, 198, 222, 223, 235, 236 (Königtum), 241
Königsbeute 43
Königsfreier 40, 123
Königsgut, Königsland, Königshof 27, 39, 42, 44, 60, 78, 85, 86 (-Straße), 89, 90, 91, 129, 136
Königskirche (Monza) 54, 55, 83
Königskloster 78, Reichskloster
Königsschatz (Langob.,) 39
Konkubinat 171
Kopfzins (census de capite) 35, 139 (capitatio)
Kreuzzug 183
Krieg 186, 199, 201, 206
Kriegsgefangene 1, 10
Kriminalität 216, 217
Kulturkontinuität (Konstanz) 7, 13, 30 ff., 32, 36, 49, 58, 107
Kurie 17, 229, 230 ff., 234, 236, 241
Kürschner 129, 232 (Pelzhändler)
Küste 235, 238
Küsten(stadt), See(stadt) 117, 118, 120, 123, 194, 238

Laien, laicus 45, 55, 59, 62, 113, 115, 126, 144, 147, 149 (L. Fürst), 153, 157 (maiores laici civitatis), 160, 161, 162, 163, 164 ff., 166, 168, 170 ff., 172, 178, 179, 180 ff.
Lambardi (Langobardi) 24
Land (im Gegensatz zur Stadt) 27 ff., 32, 34, 46, 61, 74, 85, 87, 90, 91, 93, 95, 101 ff., 102, 105, 106, 109, 110, 121, 123, 127 ff., 129,

132 ff., 135, 136, 141 ff., 143, 146, 148 ff., 154, 160, 162, 166 ff., 168 ff., 170, 173, 185, 187, 192, 197 ff., 200, 202 ff., 205 ff., 207 ff., 214 ff., 217, 218 ff., 220 ff., 222, 223, 225 ff., 237
Landarbeiter 19, 20, 201, 215, 220
Landbevölkerung 20, 23, 34, 87, 170, 217 (Landleute), 220
Landfriede 217
Landgemeinde (comune rurale) 27, 29, 35, 40, 142
Landnahme 23, 46 (Landzuteilung) 58
Landwirtschaft 109, 126, 127 ff., 135, 162, 187, 217, 237
Langobardia 10, 11, 13, 60, 74, 77, 94, 98
Latifundienbesitz(er) = latus fundus : Großgrundbesitz(er) 1, 4, 19, 20, 21, 23, 27, 30, 32, 33, 34, 39, 48, 103, 111, 113, 122, 123, 126, 128, 142, 220, 226 ff., 236, 240
Lega Lombarda = Lombardenbund 182, 218
Lehen 81, 83, 93, 108, 110, 121 (vasallitische) (Lehenrecht), 122, 125 ff. (L.Vertrag), 141 ff., 143 (Kirchenl.), 144, 146, 148, 150 (Erblichkeit), 154, 155 ff., 160, 174 (Kirchenl.), 184 (L. Eid), 199, 203 (Lehenbesitz, L.Träger), 206, 219, 226 (Reichs-), 236 (Lehenrecht), 238 (Lehensherr), 241 (Lehensherrschaft), 242
Leibrecht 108
Lehenswesen 38, 58, 62, 76, 121, 125
Leibeigene 22, 36, 39, 44, 54, 66, 67, 68, 70, 71, 72, 74, 76, 83, 84, 85, 86, 92, 96, 118, 121 ff., 123, 124 ff., 133, 135, 136 ff., 138, 141, 145 ff., 173, 174, 175, 201, 237 (Leibeigenschaft)
Leistung 214
Leonina civitas 62 (Rom)
Lex Romana Curiensis 45
Lex: Salica 62, 63, Ripuaria 62, Alamamorium 62, Langobardum 62, Baiuariorium 62
libellarius (Pächter) 35, 36, 37, 38, 40 (livellarius), 79, 80, 84, 85, 87, 88, 90, 93, 94, 105, 121, 124 (Libellarrecht), 132 (liberi), 135, 137, 138, 139, 145, 146 (liberi), 148, 154 (Großlib.), 159
libellus (Pachtvertrag) 35, 37, 73, 80, 81, 93, 96, 138, 193,

liberi (homines) 26, 34 (liberi regis) 34, 40, 41, 44 (liber et exercitalis populus) 45, 47, 49, 53, 56, 67, 68, 70, 72, 73, 74 (l. massarii), 77, 81, 83, 84, 85, 86, 87, 88, 89 (regis), 90, 91, 92, 93, 94, 103, 104, 106, 121, 123, 124, 138, 141, 146 (liber status), 192, 193, 200 ff., 218
libertas 49, 54 (libertas servilis), 66 (libertas servilis), 67, 72 (l. servilis), 74, 76, 86, 91, 93, 106, 146 (liber status), 147, 167 (ecclesiae, populi), 168, 169 (libertates), 171, 175 (bürgerliche), 217 (libertates = befreite Orte)
libertus 53
Limesgebiete (got. u. byzant.) 42
limitanei 42
liti 35
lociservator 46, 87, 197
locopositus (Unterbeamter) 40, 76
locus 54 ff., 69, 72, 81, 129
Lohnarbeiter 151, 188, 194, 203

magister 130 (m. negotiatorum regis), 137, 193 (d. Münzergenossenschaft), 194 (militum), 197 (vici)
magister militum 3, 6, 60, 111, 194
Magistrat 188
magnati 110, 191, 197, 203, 205, 207 ff., 212, 213, 215 ff., 222, 231 ff., 242
magnificus 68, 71, 74
magnus 103, 130, 193
maior domus 68
maiores 37, 45, 49, 63 (m. natu: Magnaten), 104, 111, 113 (terrae, cives, negotiatores), 114, 149, 157 (civitatis), 160, 162, 175, 184, 192, 194, 195, 199
mancipium 70, 73, 81, 83, 98
manentes 38, 84, 136, 138 commanentes (serviles), 139, 159
Manichäismus 147
maniso 93
mansus (Hufe) 78, 136, 137
manumissio 139
marcarius 74
marchio 63, 76 ff., 113, 141
Marinewerften 111, 194
Markgrafen, Markgrafschaften 58, 60, 63, 93, 100, 113, 122, 142, 152, 154, 155 ff., 197, 204, 218, 242

Markt 25, 34 (Hauptmarkt), 81, 90, 95, 96 (Marktrecht), 97, 103, 105, 126, 128 (Hofmarkt, M. Recht), 130, 131, 135, 137, 140, Jahrmarkt (annualia mercata) 90, 95, 96, 125, 185, 209, 211 (-gerichtsbarkeit), 217, 218, 219 (Marktwirtschaft), 220, 230 (Markt = Messe), 237, 238
St. Martin (Patron) 62
masnada (serviens de m.) 38, 46 (miles de masnata et feudo), 123 (homo, miles, eques de masnada), 124 (masnadieri), 173, 174, 219
massa (ferri, Verona, maritima, Gesamtheit eines Besitzes) 35, 47, 69, 94, 122, 127
massarius: servus massarius, liber massarius 24, 35, 40, 43, 44, 47, 48, 70, 71, 72, 77, 79, 80, 84, 86 ff., 88, 92 (massariolus), 94, 197 (Kämmerer)
massaricium 47 (servi de massaricio), 48, 67, 69, 71 (casa massaricia), 72, 90, 137, 139
Matrosen 111, 194, 196, 238 (Schiffer)
mediocres 89, 111, 113, 114, 184, 194, 199
mercatio 96
mercator 80, 131, 151, 159, 193, 210 (ars mercatorum: Calimala), 230, 231
mercemarii 142, 230 (Söldner), 243
Metropolit (angewalt) 11, 12
mezzadria 237
miles 45 (cotidie in servicio principis), 46 (de masnata et feudo), 42 (publicus), 86 (publicus), 103, 104, 105 (civitatis), (maiores et minores), 106, 108 109, 110, 113 (secundi m = kleine Vasallen), 115 (secundi), 120 ff., 122 ff., 123, 124, 130, 142, 143 (maior, bonus), 144, 145 (minores), 149 (gregarius, minor), 150, 152, 156, 157, 158 ff., 160, 161, 162, 163, 170, 172, 173, 174, 175, 179, 183, (m. gregarius), 189, 193 ff., 199, 200, 205, 208, 213, 221, 225 (comune militum), 230, 239, 242
miles Christi 20, 166, 167, militia Christi 169
Militärkolonie 47
militia 106, 201 (miliciae, cingulum vel dignitas)
Miliz(en) 11, 14, 16, 44, 229 (Volksmiliz)
Minderfreiheit 84
minimi (homines: kleine Leute) 37, 48, 49
minister (rei publicae) 84
ministerialis 38, 104
Ministerialität 68, 85, 121, 150, 211

ministerium 103, 109 (ministeria = Zünfte), 131 (Korpor. d. Handwerker)
ministracio 93
minores 37, 45, 48, 104, 111, 113, 114 (cives), 115, 162, 175, 182, 183, 194, 199
Minuskel 62
Mischheirat 70, 71
missus (Königsbote) 53, 58, 59, 66, 76, 79, 90, 104, 138, 150 (dominicus), 157 (Königsbote), 161, 175
Mittelschichten 22, 31, 58, 65, 66, 67, 68, 70, 72, 74 ff., 90, 120, 122, 140, 146, 189, 208, 235 (Mittelstand), 243
molina 66, 69, 71, 82, 85
Monarchie 9, 15, 57, 169 (Nationalmonarchie)
monasterium 52, 53, 82, 84
Mönch 58, 59, 62, 104, 118, 165 (Basilianer), 166, 169
Monoteletismus 12
montes (Gebirge) 71, 82, 83
mundium (Schutzgeld) 36, 70, 71
munera 97
Munizipialsystem 8, 10, (municipium) 22, 27, 39, 101, 160 (municipialis sedes = domus civitatis), 184 (municipium), 192, 204
munitarius, monetarius, Münzer 69, 74, 78, 91 (magister mo.) 103, 129 f., 132, 157 (Münzmeister)
Munt (Königs-, Papst-) 169
Muntleute 70
Münze 91, 95 (m. publica), moneta 96, 97, magister monetae 91, 98 (Münzrecht), 104 (Mü. Genossenschaft), (M. Ordnung) 184, 193, 195, 209 [monetarii, magister monetariorum]
Mythos 51, 167, 181

navicella (episcopi) 82
negotiator(es) 34, 45, 55 (negotiantes), 69 (negudians), 74 (negotientes), 80 (negudians, negotians) (Handelsagenten) 80, 96, 97, 98, 99, 103, 113 (n. maiores et potentes), 130 (magister negotiatorum regis), 132, 133 (n. maiores), 135, 136, 141, 151, 157 ff., 160 (negotians) 192 (potentes et maiores), 193
Neuplatonismus 147
Nikolaitismus 115 ff., 144, 159, 165, 171 ff., 178, 179 ff.

1. Sachen

nobilis homo, nobiliores, nobilitas 39, 46, 48, 76, 89, 93, 103, 104, 110, 129, 130, 142 ff., 143 (civitatis = sapientes) 144, 150 ff., 157 (urbis), 158, 162, 176, 193, 198, 201, 203, 208, 212, 221, 225, 228, 231 ff., 233
Notabeln 114 ff.
Notar (notarius) 22, 31, 56, 60, 66, 68, 74, 76 (Pfalznotare), 77, 78, 90, 91, 95, 107, 112 ff., 127, 132 ff., 136, 139, 140, 143, 145, 151, 152, 153, 155, 156, 157, 158, 175, 196, 203, 210 ff., 213
novus homo 207 ff.
numeri 12
nuntius 197

Oberschichten 21, 22, 23, 27, 28, 31, 39, 50, 57, 58, 67, 73, 75, 76, 77, 78, 80, 102, 109, 112, 117, 119 ff., 133, 154, 155, 157, 158, 169, 174, 180, 192, 210 ff., 213 ff., 221, 229, 231
obsequium 37, 43, 138
Offiziere 21, 22
Ölbau 34, 69, 71
Oligarchie 11, 113
operae 49, 77
oppidum 127
optimates 102
opus servile (Zwangsarbeit) 49, 86, 88, 129, 135, 219
oraculum 52, 79
oratorium 79, 80
ordinamenta 210, 229, 231 ff.
ordinamenti 203, 215, 229, 231 ff.
ordo rei publicae (Stand?) 83, 95
Ostreich 3, 4, 9, 13, 22
Ostrom 12

Pacht: Libellarpacht, Erbpacht, Großpacht, Kleinpacht, Pachtsystem, Pachtland, Pächter 29, 30, 33, 35, 36, 37 (libellarium ius: freie Erbp.), 66, 72 (Lib. Vertrag), 81, 83, 84, 96, 104, 131, 132, 136, 138, 139, 140, 141, 145, 154, 155, 219
Pächter 19, 35, 36, 84, 197, 215, 220, 226 (fittiaiolo)
Pachtland 34, 85 (Pachtgut), 140, 155
padrone 146, 236
pagus 22, 27, 33

palatium regium 39, 54, 68 (Königpfalz), 74, 182
palatium sacrum 76 (d. Königs, d. Papstes)
palazzo municipiale 190, palazzo comunale 202, palazzo des Adels 227 ff., palazzo del comune 241
palificatura 83, 95 (fictura pallorum), 97
paludes 71
Papst 15, 18, 29, 59, 116 ff., 118, 123, 124 ff., 128, 141, 149, 150, 159, 167, 168 ff., 170, 177, 178, 179, 182, 183, 190, 195 ff., 205, 210, 227, 230, 235, 237, 238, 241
Papst(tum) 4, 29, 59, 77, 115, 118, 123, 124 ff., 149, 150, 166, 169 (Reformp.), 237, 238
paratici (Cremona) 163
parentela 42
parlamentum 199, 206, 234 (Parlament von Palermo), 235, 236 (Parlament)
parochia 197 (Nachbarschaftsverband)
pars dominica 47, 48, 49, (Herrenland) 136 ff.
Pataria 115 ff., 132, 147, 152, 157, 161, 165 ff., 166, 168, 170 ff., 172, 177, 178, 179 ff., 181
pater familias 50
patria 164, 185, 205
Patriarchat 50 (Vaterherrschaft)
Patriarch v. Venedig 97, 98 ff.
Patricius Romanus 3, 17
patrimonium (der röm. Kirche) 33, 34, 49, 54, 55, 60, 144, 146 (patrimonial), 241
Patrimonium Petri 60, 158 ff.
Patrizier 3, 101, 107, 110, 133, Patriziat 135, 158, 176, 184, 207 ff., 211, 223, 242
Patron 35, 40, 44, 49, (patronus) 71, 73 (patronatus), 74, 86, 87, 103, 142, 193, 197 (Patron d. Kirche), 219 (patronus)
Patroziniumsbewegung 21
pauperes, pauperiores (kleine Leute, p. liberi homines) 40, 44, 45 (p. arinnami), 48, 49, 60 (p. vassi), 80, 87, 89 (*paupertas*), 92, 94, 104, 122, 160, 166, 167 ff., 169 (p. veri), 181, 185, 193, 208 (paupertas), 211, pauperes Christi 45, 166, 167, 181
pedaticum 184, 201
pedites 163, 183, 198, 221 (= Volk gegenüber milites)
persona (magna, parva) 70, 76 ff., 78, 83, 94, 159

Personalitätsrecht 20
Personennamen 25, 51, 52 ff.
Pfalz (König-, Bischof-, Stadt) 28, 38 (Pfalzverwaltung), 39, 44, 54 ff., 74, 91, 92, 96 (camera: Pfalzverwaltung), 114, 130 (camera regis)
Pfalzgraf 64, 76, 76 (comes sacri palatii) 87, 91, 92 (Pf.-Gericht), 151 (Pfalzrichter)
pistrinarius 71
placitum (Gericht) 40, 46 (der Bischöfe u. Grafen) 57, 76, 77, 88, 89, 90, 92, 93, 94, 104, 128 (generale: Banngewalt), 172 (pl. dei: Bund, Einung)
plebei homines 40, (102), 148, 157, 158, 221, 237
plebs = niederes Volk 102, 151 (minuta), 156 ff., 158, 207 (= angesehene, nichtadelige Bürgerschaft im 12./13. Jhdt.), 222, 223, 237 (Plebejer)
plebs: Pfarrkirche 28 ff., (pieve) (chiesa rurale) 30, 52, 53, 54, 55, 77, 79, 82, 84, 90, 95, 97, 127, 142 ff., 153, 159, 192, 198 ff. (plebatus), 207, 212, 225 (Kirchspiel)
podestà, potestas 107, 111, 113, 121, 163, 164, 165, 175, 182, 186, 188 ff., 190, 198, 205, 206, 208, 211, 212 (di Comune), 218, 221, 223 ff., 226, 227 ff., 229, 231, 233, 242 ff.
popolanus 150, 182, 189, 190 ff., 197, 199, 202 ff., 207, 212, 215, 221, 229, 230, 231, 232 (potentes), 234
popolaris 110, 134, 152, 162, 163, 188, 189, 206, 208, 212, 213, 214, 215 ff., 221, 223, 228, 231
populus, popolo (bewaffnetes Heer, populi) 44 (liber et exercitalis), 47 (bewaffnetes Heer), 88 (liber et exercitalis), 94 (einer Stadt), 97 (Veneticornum), 98 (subiectus), 101 (von Rom), 94, 105 *(popolo)*, 106, 107, 109, 110, 111, 112 (von Neapel), 115, 134, 149, 151, 156 ff., 158, 161, 162, 163, 164, 165, 170, 175 ff., 177, 179, 186, 189, 190 ff., 193, 194, 196 ff., 198 ff., 199, 200, 202 (grosso, minuto), 204, 205, [204: secondo popolo in Florenz], 208 ff., 210 ff., 212, [popolo grosso, minuto] 213, 214, 215 ff., 221 ff., 223 ff., 225, 227 ff., 228 (minuto, grosso), 229, 230 (primo popolo), 231 ff. (minuto), 237, 240 (minuto), 241, 242 ff., 241: capitula populi, prefectus populi

portorium 96
portus 82, 95, 96, 128, 184, Hafen
possessor(es) 3, 5, 23, 24, 32, 34 (mittlerer Grundbesitzer), 39, 40, 42, 43, 45, 54 ff., 56, 75, 87, 88, 89, 91, 93, 94, 102, 105, 110, 132 ff., 135, 139, 141, 173, 174, 192, 203
Post 84
potentes 5, 21, 37 (potentiores), 39, 41, 45, 47, 48, 88, 92, 103, 113, 131, 157, 166, 167, 175, 192, 194, 196, 201, 208, 231 ff.
potestas 165
praedium 33, 35, 77, 82, 104, 127 (p. rustica), 151, 162, 193
prebendarius 137 (servilis), 138 ff.
Predigt 165, 183
Preis 134, 140 (Warenpr.), 151 (Bodenpreis)
Prekarie, precaria, precaristi 62, 93, 94, 122, 140 (P. Vertrag)
preordinati 111, 194
Priester 28, 39, 45, 52 (presbiteri), 55, 68, 92, 97, 113, 134, 138, 139, 140, 144 (Eigenpriesterkirche), 145, 149, 151 ff., 164, 169, 171 ff.
Priesterehe 115, 171, 172
Primat 4 (Kirche), 167, 179, 233 (von Sizilien)
primates 49, 97
primores (regni) 63, 134 (civitatis)
princeps 63, 64, 158, 167, 175
Prinzipat 110, 204 ff.
priori, priores 190, 210 ff., 212, 197, 199, 213, 215, 231 ff.
Privatherrschaft 21
Privatrecht, 66, 67, 74, 107, 108
Prokurator 231
Proletariat 136, 146, 208 ff., 216 ff., 220, 225, 237
proprietarius terrenus 151, 153
proprium 49, 159, proprietarius 94
Proskription 232
Prostitution 21
Protospatarius 195
Provinzen 3, 4, 11 (Verwaltung) Provinzialen 11, 14, 33
provisio villarum regiarum ruralium 61
provisor 197, 228
publicum 27, 40, 41, 42, 45, 53, 88, 92, 94

Quarantia (Venedig) 207

1. Sachen

Quartier 163, 184, 188, 198, 208, 212 (Stadtviertel)
Quelfen 110, 190, 227, 230, 232

Rat (der Stadt, Comune): 108, 112, 184 ff., 188 (Groß-, Klein-), 190 (R. Aristokratie), 194, 206 ff. (Groß-, Klein-), 212, 213, 216, 217, 224, Rat des Volkes 190, 191, Ratsverfassung 206
Rat des Königs 76, 231 (consiliarius regis)
Ratsgeschlechter 206
Ratsherr 188
Recht, Römisches 18, 29, 38, 51, 66, 74, 86, 107 (Vulgarrecht), 108, 125 ff., 152, 213, 216, 224
Rechtsgewohnheit, Gewohnheitsrecht, 185 ff., 187, 197
rectores (Kirchengüter) 14, 48 (rector loci), 186 (der Stadt), 197 (populi, ecclesiastici), 211, 230, 234, 241
redditalis 129, 130
Reeder 111, 194, 207, 233
(Kirchen)*Reform* 114 ff., 142, 146, 155, (Reformbischof), 159 (Reformpapst), 161, 163, 164 ff., 166, 169, 171 ff., 172, 178 (-papst), 180
Regalien 99, 103, 131, 144, 184, 186, 205, 223
regnum, regna 169
Regularkanoniker 166, 171
Reich 104, 150, 154 (R. Rechte), 161, 187, 190, 193, 226, (Reichslehen), 239
Reichsaristokratie (Reichsadel) 2, 23, 55, 57, 61, 62, 144
Reichsbeamte 265
Reichsbevölkerung 22
Reichsbürokratie 5
Reichsgut(komplex) 30, 57, 226 (Reichslehen)
Reichsitalien (byz.) 14, Reichsitalien (mal) 57, 64
Reichskirche 59, 122
Reichsministerialen, Königsministerialen 121
Reichsuntertanen (byzant.) 16
Reichsverwaltung 35
Reichsvikar 238, 241, 242 ff.
Reichtum 181, 192, 214 ff., 230, 233, 236, 240 ff.
Reiterdienst 84

Religion 51, 142, 146 ff., 164, 168, 192, 214 (religion intellectuelle, populaire), 237 (Religiosität),
Religiosität 163, 166, 181, 214, 216
Remigius (Patron) 62
Rente 215
Rex (regnum) Italiae 15, 57 ff., (Italicorum) 64, 119, 131, 142, 144, 145, 150
Rex (regnum) Langobardorum, Langobardiae, 15 ff., 57
Richter 22, 56, 66, 76, 81, 86 (Königsr.), 90, 95 (regis), 106, 110, 113, 114, 132 ff., 138, 139, 140, 143, 145, 151, 153, 155 ff., 157, 158, 175, 188, 189, 199, 202, 205, 211, 213, 224, 228, 236
ripa 82, 96 (riparia), 95 u. 97 (ripaticum), 131
ripaticenses 42
ripaticum 83, 95, 97, 131 (Ufergebühr), 201
Ritter(gesellschaft) 110, 121, 123, 169, 201 (Ritterstand), 203, 207 (R. Würde) (ritterl. Leben), 208 (Rittertum), 213, 214 ff. (Ritterschaft), 221, 222 (Ritterkurie), 227, 228, 229, 230, 231, 242
Rodung 54, 78, 88, 124, 126, 127, 137, 155
Rom 1, 4, 6, 11, 12 ff., 14 ff., 17, 19, 23, 29, 36, 59, 62 ff., 77, 102 ff., 112, 116 ff., 118 ff., 152 ff., 158 ff., 165, 167, 192, 194, 195, 197, 204, 234, 235, 236, 243
Romania (Reichsitalien) 8, 10, 11, 12, 13, 91, 94
Romanisierung 3, 51 ff.
Romanitas 118
Römerstraße (am Lambrofluß) 55
rusticus 48, 109, 136, 142, 150, 200 ff., 203, 219 ff., 221, 219 rusticana onera

sacramentum (Eid) 221
sala 8, 34, 40, 47 (servi de sala), 48, 49, 50, 71 (sundriale), 72
salectum (Weidengebüsch) 73, 85
Salicus (curtis, terra: Salhof, Salland = Herrenland) 47, 78
Saline 69, 78
Salland 136, 137, 138
saltuarius 44, 47 (saltus), 48
Salz 70
sapientes (collegium der) 111, 143, 194, 198, 206, 207

Schädliche Leute (homines malae vitae) 217
Schiffahrt (Fluß) 97, 185, 189, Schiffbau 128, 240
Schiffsbau 235, 240, Schiffe 233
Schiffsverkehr 80, 83, 90, 96, 140 (Fluß), 185, Schiffahrtsrecht 243 (Fluß-)
Schisma(tiker) 6, 9, 163
Schmied 69, 129, 210, 231
Schöffe (scavinus) 76, 77ff., 90, 91, 95, 152 (scabinus), 153ff., 157
schola 195
Schollegebundenheit 33, 34, 35, 36, 70, 123, 132ff., 237
Schutz 6 (Bischof), 16, 21, 37, 70, 71, 81, 82, 84, 88, 90, 93, 95, 122, 130 (Königs-), 131, 160, 167, 173, 193, 219
Schutzhöriger 35
Schutzleute 70, 84 (Geschützte), 91
scriptor 66, 68, 76 (Schreiber)
sculdasius, sculdahis 40, 44, 45, 48, 75, 76ff., 78, 93 (sculdascio)
scuuiae 70
Seelsorge 28, 80, 98 (Distrikt), 115, 166, 168
Seidenhändler 203, 210, 230 (Seide) 240 (Seide)
Seifensieder 103, 112
Seigneurie 142
Senat (Senatus Romanus) 1, 3, 4, 207 (Senat von Venedig)
Senatoren (senat. Ranges) 21, 22, 102 (S. Aristokratie)
senior 41, 99, 103, 105, 107, 108, 142, 144, 153, 193
servi ministeriales, rusticani 24, 54
serviens 38 (de masnada), 49 (s. ecclesiae), 70, 84, 85, 121, 160
servitium 70, 81, 86ff., 92, 93, 94, 130, 219
servitium militare 40, 41, 160
servitus 66, 70, 85, 86, 130, 201
servus 44, 47, 48, 52, 66, 67, 70, 71, 72, 73, 74, 75, 77, 81, 83, 84, 85, 86, 89, 90, 91, 93, 100, 103, 123, 124, 130, 136ff., 139, 142, 145ff., 149, 159, 201, 209, 218, 219, serva 159, 201
sesti (Stadteinteilung) 198
Siedelland 22, 78, 218
signore 110, 113, 123, 124, 127, 191 (dominus: Herr der Stadt), 203, 208, 218, 222, 234, 238, 241 (Signorie), 242, 243

signoria 101, 107, 110, 111, 113, 194, 203ff., 206, 208, 216ff., 224, 237 (Signorie), 242ff.
Silber(währung) 81, 129, 240
Simonie 115ff., 132, 138, 143, 144, 159, 162ff., 164ff., 166, 170ff., 179ff.
sindicus 112, sindacus 197, 198ff.
Sklaverei (Sklaven) 10, 19ff., 22, 32, 33, 34, 36, 155, 160 (esclavage, slavery)
societas: populi 162, 163ff., mercatorum 228, militum 169, 203, peditum 199, societates 200, 216, 230, societas artium et armorum 210, 212 (Bologna), 222 (popularium, plebeiorum, militium)
Soldaten 21, 22
Söldner 3
Sondergut (peculium) 20
sortes (Landanteil, Grundeinheit im 9./10. Jhdt.) 79, 82, 85, 88 (absentes), 90, 96
sozi 231
spatari 118
Staatshaushalt 21
Staatsreligion 51
Staatssiedlung (fränk.) 60, 61, 67, 153
Stadt 23, 24, 25, 27ff., 29, 32, 33, 34, 46, 47, 51, 57ff., 61, 68, 69, 74, 76, 80, 83, 85, 86, 87, 88, 90, 91, 93, 94, 95, 98, 99, 101ff., 113, 114f., 120, 121f., 123, 124ff., 126, 128ff., 130, 132ff., 135, 136, 139, 141, 143ff., 146, 148ff., 150, 151, 153, 154, 155ff., 157, 159ff., 161, 165, 166ff., 169f., 172ff., 175, 177, 178ff., 181ff., 183, 184ff., 186ff., 188ff., 191, 192ff., 194, 195ff., 197, 200, 201, 202ff., 205 (St. Gericht), 206, 207ff., 212, 214, 215, 217, 218ff., 220ff., 222, 223ff., 225ff., 227, 230, 233, 234, 235, 236ff., 238, 240ff., 242ff.
Städter 108, 132, 134, 143, (cittadino), 149, 150, 151f., 169, 182, 188, 195, 218, 219, 238
Stadtfreiheit 102
Stadtgemeinde 21, 116, 170ff., 172ff., 178ff., 179, 181
Stadtgut 34
Stadtheiliger 189, 229
Stadtherr[schaft] (bischöfl.) 16, 25, 105, 114, 116, 131, 132, 141, 152, 155, 156f., 160ff., 163, 165, 173, 175, 178, 180, 183, 185ff., 187, 198, 204, 205, 212 (Stadthaus), 212, 215

1. Sachen

Stadtmauern 23, 87, 103, 105 (Mauerbau), 128, 135, 141, 152, 163, 185, 201, 216 ff., 219, 225
Stadtpatron 182
Stadtrecht 182, 186 ff., 188, 238
Stadtstaat 204, 216, 237
stationes (Wegstationen) 131
statutum (statuta) 163, 190, 205, 207, 241 (statuto del comune)
Steppe 236
Steuer 20, 21, 23, 84, 102 (Steuerklassen), 135, 161, 197 ff. (libra: Kommunalsteuer), 199, 203, 205, 207, 214, 216, 218, 221, 226, 231, 234, 236, 238, 242
Straßen(-Verkehr) 83, 89, 90 (viae publicae) (Wegsystem) 128, 130, 197, 241
strateghi 118
strenuissimus 76, 157 (miles)
Studium 202, 235
suburbium 91, 104 (suburbanus), 115, 151 (suburbanus), 152, 160, 162, 163, 174 (Vorstadt), 184, 185, 193, 217, 228
Sundrium 43, 47, 48, 71 (sala sundriale), 72
superbi 170
suprastantes 219
Symbolismus 181, 214

Taglöhner 151, 188, 225
Taufkirchen (Seelsorgsbezirk) 28, 52, 54, 80, 83, 154, 198 (ecclesia plebana)
tectora (scandalicia, pallicaria) 73
teloneum 83, (89), 95, 96, 97, 184
terra (tributaria, servilis, massaricia) 48, 49 (terra dominica), 54, 71, 72, 73, 81, 82, 85, 86, 88 (publica), 93, 133, 138, 139 (salica), 205, 239, 242
terraticum 83
Territorium (der Stadt) 11, 27, 28, 30, 31, 32, 34, 47, 53, 55, 61, 69, 86, 88, 91, 95, 101, 103, 105, 111 ff., 160, 185 ff., 192, 195, 198 (plebis), 209, 217. Territorium (Herrschaft, Immunität) 33, 159, 217 (Territorialherren), 222 (Territorialstaat), 242 (Territorialpolitik), 243
Tertia pars (Besitzverteilung) 23, 32, 42
Themenverfassung 112, 195
titulus 82

Tod(es)fall 70, 86, 124, 138, 146
Transport 109, 202, 209 (-arbeiter)
Treue 89, 144, 184 (Treueid), 205 *(Treueid)*, 221
treuga dei 168
Tribun 11, 12, 111
tributarii 39, 48, 73, tributum 41, 47, 77, terra tributaria 47, 48, 49, 148 (tributum fiscale)
Tuchwäscher 129
Turm 189, 203, 208, 227, 229 (-Genossenschaften), (Geschlechterburgen)
tutamen finium 61

Unfreiheit 38, 50, 70, 72, 121 (adelige U.)
universitas (d. Stadt) 112, 134, 163, 184 (civium), 190 (exetrinsecorum), 200 (loci = Ortsgemeinde), 219, 221 (militum, populi), 224 (Gesamtgemeinde), 239
Universität (Neapel) 235
Unternehmer (Unternehmen) 213 (Groß-), 214, 240
Unterschichten 21, 22, 31, 32, 36, 58, 65, 66, 70, 72, 74 ff., 81, 83, 89, 95, 119 ff., 122 ff., 131, 136, 139, 140, 142, 145, 146, 148, 175, 183, 192, 208 ff., 213 ff., 216, 243
urbs 90, 98, 104, 132 (inurbatus) urbanus, 149, 157, 162, 174, 184, 187, 192 (urbes Romanae), 193, 213 (urban), 222, 224

vaccarius 71
vadum (vadus) 82, 96
Vallombrosa(ner) 147, 171
valvassor (vavassor) 99, 104, 105, 106 ff., 120, 122, 123, 124, 125 (valvassimus), 132, 134, 141 ff., 144 ff., 146, 148, 149 ff., 151 ff., 153, 156 ff., 158, 161, 170 ff., 174, 175 ff., 180, 184, 193, 199, 207, 222, 223, 242
Vasallen, vassus (fränkisch), Vasallus, 37, 46, 59, 60, 61 ff., 68 (Großv.), 76 ff., 78 (Groß- u. Kleinv.), 83, 84, 85, 86, 87, 89, 90, 91, 96, 99, 103 ff., 107 ff., 108 (Vas. Adel), 114, 117, 120 ff., 122, 123, 124, 132, 134, 141 ff., 143, 148, 150 ff., 152, 153 ff. (regis), 154, 155 ff., 157, 160, 161, 170 (Afterv.) (Kronvasallen), 175, 186, 193, 206, 219, 238, 241, 242
Vasallität 38, 61 ff., 76, 121 ff. (niedere V.), 166 (römische V.)

vassaticum 46
venatio(nes) 84, 96 (Jagd)
venerabilis 68
(Landes)Verteidigung 2, 3, 4, 11, 15, 102 ff., 118, 122, 123, 152, 174
Verwaltung 3, 4, 15, 58, 60, 102, 108 (Selbst-), 109, 115 (Stadt-), 121, 123 (kommunale, fiskalische), 124, 153, 159, 169, 188, 191, 192, 195, 197, 205, 212, 216, 223 ff., 231, 238, 243
Vesper, Sizilianische 233 ff.
vestiarius 71
veteranus 53
via publica 56, 90
vicarius 49, 197
vicecomes 76 ff., 93 (Vizegraf), 108, 115, 124, 125, 148 ff., 154, 159, 174
vicedominus 75, 77, 89, 90, 95, 108, 148 ff., 154 (Vizegraf), 174, 227
vicinia 115, 163, 174 (Nachbarschaften), 196 ff., 198, (conciliabula: Versammlungen der viciniae 198), 212, 229
vicus (Dorf) 27, 33, 34, 39, 40, 53, 55, 59, 68, 90, 91, 93, 95, 129 (v. militum), 130, 135, 197 (in Stadt und Land: Stadtteil), vicora 93
Vikar von Illyria 3
villa (Gutshof) 24, 27, 33, 34, 47, 48, 49, 58, 61 (regia), 68, 70, 72, 81, 83, 85, 89, 90, 92, 95 (villula), 96, 113, 127, 140, 159, 200, 205, 217 *(Dorf)*, 218 (villa libera Villafranca), 239
villicus (Gutsverwalter) 33, 137
vita 166: communis, 169: religiosa
Vogt 76, 86, 87 (advocatus), 90 (d. Klosters), 108, 132
Vogteimann 35
Volk(-sbewegung) 166, 167, 168, 171, 175 ff. (plebs), 178, 179, 180, 182, 184, 196 ff., 212 ff., 214, 216, 229 (Gesamt-), Volksversammlung 172, 173, 177 ff., 180, 182, 177 (consilia, concilia, colloquia = Volksversammlungen), Volksbewegungen 213, 216, 225, 230, 234, 235, Volkshaus 212, Volksrat 212, Volksverband 212, Volksherrschaft 229, Volksmiliz 229, V. Revolution 234, 237
Volksfrömmigkeit 147, 163, religion popul. 214
Volksrechte (germ.) 19, (langob.) 24, 38, 62, 63 (Leges)

Volksreligion 146 ff., 163
Vulgärlatein 24

Wahl 157 (auf Zeit), 203, 207 (Dogenw.), 216 (W-männer)
Wacht (Stadt-, Mauer) 152
Wald (silva) 71, 73, 80, 82, 83, 97, 104, 125, 155, 160, 173, 193, 236
Wanderung vom Land in die Stadt: 105, 109, 133, 135 ff. (Landflucht), 199, 200, 202, 220 (Landflucht)
Wassergebühr 131
Wechsler 110, 174, 195, 202 ff., *Bankier* 191, 210 ff., (Bankier), 213 (Bank), 215, 228, 229 (Bankhaus), 230, 231, 233, 240
Wegegeld 185, 214
Wehrverband (des popolo) 110, 229 (compagnia delle armi)
Weide(wirtschaft) 34, 44, 47, 66 (pascua), 71, 82, 85, 104, 160, 173, 193, 236
Weinbau 34, 47, 55, 69, (vinea) 71, 72, 73, 81, 82, 83, 84, 85, 137
Weinfahrt 92
Weinhändler 130, 232
Wergeld 37, 44
Westreich 1, 4, 6, 13, 14
Wollgewerbe 147, 162, Textilindustrie 201, 231 (engl. Wolle), 228 (Wollhandel)

xenodochium 54, 69, 73, 74, 80, 143

Zarzone 231
Zins 85, 88, 89, 124, 140 (Geldz.), 154 (Zinsgut) 159 (Zinser)
Zölibat 116, 171, 178
Zoll 89, 90, 96, 97, 130, 131, 132, 144, 185 (Stadt-) (Z. Rechte) 214
Zunft: arte 109, 110, 113, 174 (Meister), 175, 177, 187, 189, 197, 202 ff., 204 ff. (maggiori, minori), 207, 209, 210 ff., 212 ff., 215 ff., 216 (Z-Herrschaft), 221, 223 (-Verband), 225 ff., 227, 228 (maggiori, niedere), 229, 230 ff., 232 ff., 234, 239, 240 ff., arte della lana 231, minore 231 ff., 232 maggiore, 231 media. artificium = Zunft 215
Zweikampf 217
Zwing u. Bann 143

2. ORTE, LÄNDER, VÖLKER

Aachen 130
curtis vico *Aderus* 41
Adra (Forst) 81
Adria 98, 129
Afrika (Diözese) 3
(Nord-)Afrika 4, 19, 20, 30, 118
Agrigento 236
Ägypten 19
Alba 238, 241 (Stadt)
Albaesate (german. Dorf am Lambro) 55
Albergo 238
Alemannen (Alemannien) 1, 3, 57, 59, 60, 61, 61, 63, 64, 75
Alessandria 241
Alfa 36
Alfiano 74
Alpen 1, 3, 4, 46, 57, 59, 82, 240 ff.
Alpenpässe 131
Altino 7
Altofonte Castello am Arno in Florenz = heute Uffizien 227
Amalfi 106, 112, 117, 174, 195 ff.,
San Ambroggio Kloster in Mailand 54, 55, 62, 66, 75 ff., 87, 89, 113, 135, 152
Amelia 29
Amiterno 239
Ancona 14, 98, 194, 233, 235
Angelsachsen 17
Ansona 238
Antonianus vicus 87
Appennin 17, 240
Apulia (Apulien) 6, 82, 112, 117, 118 (Puglia), 194, 195
Aqui 81
Aquila 235, 238
Aquileja 7, 36, 111, 194
Aquino 17
Aquitanien 61
Araber 17, 30, 118 ff., 129, 133, 233
Aragon 234, 235
Arezzo 29, 30, 45 (Bischof) 51 ff., 84, 90 (Aretinus comitatus), 107, 124, 227, 239
Arianetal 239
Arnofluß 226, 239 (Arnotal)
Ascoli 112

Aspromonte 118
Asti 8, 59, 60, 61, 84, 131, 147, 164, 179, 218, 240 ff., 242
Augusta (Siz-) 235
Avaren 41, 44, 60
Aventin 11 (Rom)
Aventus 96
Avignon 231

Baggiovara 41 (Baioaria)
Bagilicetal 239
Bagno di Romagna 91
Balerna 61 (nw. Como)
Balneense territorium 91
Bamberg 112
Barcelona 231
Barbiani portus 82
Bargazzo im Mugello 226
Bari 112, 174, 195 ff., 231, 235
Barragia 55
Basilica Duca 64
Bassano 242
Bayern 7, 57, 60, 61, 64, 75, 122
Belasio 89
Bellagio 61
Belluno 71
Bene Vagienna 40
Benevent 5, 7, 10, 15 ff., 17, 26, 63, 82, 117
Berconate, vicus 90, 95
Bergamo 8, 26, 54, 55, 59, 61, 63, 69, 77, 81, 95, 180
Bestazzo sw. Cusago 87
Biella 61
Biterto 112
Bladino (german. Dorf am Lambro) 55
Bleniotal 131
Bobbio 9, 67, 79 ff., 81 ff., 88, 91
Bologna 2, 12, 61, 73, 96, 107, 113, 164, 183, 190 ff., 197, 202 ff., 204, 208, 210, 212, 213, 215 ff., 217, 222, 228, 229, 231, 233, 238, 241
Bomarzo 29
Bondilus 90
Borgo San Sepolcro 91, 239
Bosa 238
Bovianum 26
Brescia 6, 8, 28, 59, 61, 63, 72, 73, 74, 81, 91,

97, 104, 139 (S. Giulia), 159, 193, 218, 231, 240, 243
Bredi 29
Brenner 60
Brescello 2
Britannien, England 19, 27, 169, 187, 229, 230, 235, 236, 241
Brugnato 87
Brügge 231
Bulciago 55
Bulgaren 25, 26, 43, 44, (Bulgarei) 41, Bulgarien 60
Bündener Pässe 60
Burgund (Hochburgund, Niederburgund) 64
Buricius portus 96
Burigo portus 82
Burgunder 57, 60, 61, 64
Busca 218

Caballaricius portus 82
Cagli 194
Cagliari 238
Cahors (Südfrankreich) 231
Callonica 66, 90
Calpuno 55
Cambrais 175
Camonica Tal 59
Campa(g)na 5, 25, 26, 112, 117, 195 ff., 230, 235
Canni 82
Canossa 63, 64, 98, 115, 166, 169, 186
Canterbury 241
Canziago 83
Capraia (Insel) 29
Capua 17, 82
Caresana 100
Caretto 218
Carpiano 59
Casaloldo 218
Cassia 69
Castagnetto 69
Castelfranco (Geb. v. Padua) 218
Castel Genovese 238
Castelseprio 29, 61, 69, 71, 74, 75 (Seprio)
Castel Trosino 41
Castro (Castrum Valentini) 29
Catalanien 233, 236

La Cava 36, Cava (Kloster) 118
Cavarese 241
Ceneda 10, 86
Centumcellae 29
Cepada (vicora) 93
Cera 218
Ceresara 72
Cesano Boscone 153
Cesena 12, 41, 91, 98
Cesenate 26
Cesiano plebs 104
Champagne (Messen) 106
Cherasso 238, Cherasco 241
Chianti 239
Chieri 61, 241
Chiusi (Tuscia) 27, 29, 58, 78, 239
Cisapass 60, 242
Città di Castello (civitas Castelli) 30, 231, 239
Civezzano 41
Cividale 8, 98
Civienna 66
Classicella 73
Cogolo 41
Coira 131
Colle di Vale 227, Colle di Val d'Elsa 233, 239
Cologno 54 ff., 56 (röm. Dorf)
Cologno-Monza: contado 53
Colognola 41
Comacina (Insel im Comersee) 30
Comino 78
Commachio 17, 46, 61, 97, 98, 128 ff.
Como 8, 26, 54, 59, 60, 64, 71, 81, 97, 107, 157, 164, 180, Comersee 82, 90
Concordia 7
Conversano (Kloster) 118
Corleone 234, 235
Corneto 239
Cornium (Corniatal) 30, 69
Corsica 5, 12 ff., 30, 59, 69, 89, 117
Corteleone 96
Cortemiglia 218
Cortenuova 180
Cortona 239
Cotianus locus 69
Cotrone 10
Cottische Alpen 26
Cremella 55

Cremona 2, 7, 26, 77, 81, 86, 92, 94, 96, 103, 104, 115, 129, 159 ff., 161, 162 ff., 175, 180, 193, 196, 202, 208, 218, 242, 243
Cuneo 238, 241
Cusago vicus 87
Cypern (Formagusta) 231

Dalmatien 3, 6, 117
St. Denis in Paris 59
Dronero 241

Elba 30, 31, 240
Elsafluß 226, 227
Emilia 27, 29, 36, 67, 93, 99, 218
St. Emmeram in Regensburg 59
Eraclea 12
Erbe 41
Este 63, 64
Etsch Fluß 96, 97
Etschklausen 60

Fabriano 238
Faënza 61
Fagiano 73
Falleri 29
Fano 98, 194
Faolfi castellum 69
Farfa 88
Farigeni vadus 82
Ferentis 29
Fermo 98
Ferrara 6, 61, 93, 94, 97, 98, 101, 192
Fiesole (Bistum) 29, 30, 53
Figara villa 95
Firenze (Stadt, Bistum) 29, 30, 53, 58, 59, 107, 113, 154, 155, 164, 170, 183, 190 ff., 196 ff., 198 ff., 200, 202 ff., 204, 207 ff., 209 ff., 211, 213, 215 ff., 221 ff., 225 ff., 227–233, 237 ff., 239, 240, 249
Flandern 106, 207, 228, 235
Fontaneto (Synode) 177, 178
Fonte Avellana 165
Forcone 239
Forli 2, 227
Formigosa (vicora) 93
forum Iulii 5, 58, 59
Fossano 238, 241

Fossombrone 30, 194
Francien, Francia 59, 61, 128
Franken 6, 7, 14, 16, 17 ff., 25 (Frankenreich), 31, 35, 38 (Recht), 39, 41, 46, 47, 48, 54, 55, 57 ff., 59 ff., 61, 63, 64, 66, 75, 103, 117, 119, 153 ff., 197, 222
Frankenreich 57 ff., 61, 63, 64, 66, 73, 74
Frankreich 64, 67, 76, 120 ff., 123, 126, 139, 140, 142, 146, 168, 171, 180, 187, 224, 229, 230, 234 ff., 236, 241, 243
Fresorio 66
Friaul 6, 10, 41, 58, 59, 60, 62, 63, 71, 218, 241
Fruttuaria (nö. Turin) 61
Fulda 59
Furlopaß 30

Gaeta 112, 117, 174, 196
St. Gallen 59, 175
Galliato vicus 90
Gallien 3, 11, 20, 26, 27, 107
Galloromer 3, 58
Garbagnate-Marcide 153
Garda(see) 60, 81, 92
Garfagnana Provinz 239, 242
Genua 6, 9, 30, 59, 60, 61, 103, 104, 106, 107, 197, 198, 201, 204, 207, 209, 231, 233 ff., 235, 238, 240, 243
Sancto Georgio (vicora) 93
Gepiden 25, 26, 43
Germanen 1, 3 ff., 6, 9, 17, 20, 22 ff., 32, 51, 52, 53, 58, 125
Gessate 75
Giancinto 88
Gimignano 208, 225, 227, 228, 231, 233, 239
S. Giulia in Brescia 81, 88, 139
S. Giulio d'Orto 39
Gnignano 75
Gorgona (Insel) 29
Goliato vico 95
Goten 1, 3 ff., 22 ff., 24, 26, 32, 34, 35, 39, 40, 51 ff., 74, 102
Grado (Lagune) 6, 81
Griechen 4, 5, 6, 9, 10, 14 ff., 17, 18, 117, 118, 174, 195, 233
Grossetto 239
Gubbio 30, 231
Guslano Hof 89

Gusnago 72, 73
Gussolengo vicus 59

Heruler 3
Hunnen 1

Jesi 194, 238
Iglesias 238
Illasi 41, 61 (villa d'Ilase) (valle d'Illasi)
Illyricum (Diözese) 3
Imola 227, 236
Insica 218
Inzago 75
Irland 235
Isabardus 96
Isernia 26
Isonzo 41
Istrien 91, 98, 174, 194
Italien (Diözese) 3
Julische Alpen 5
Ivrea 61, 81, 145, 241

Kalabrien (Calabria) 1, 12, 112, 4, 117, 118 ff., 194, 195
Karnische Alpen 71
Konstantinopel 196
Konstanz 131, 186 ff., 205
Kroatien 60

Lago Maggiore 61
Lagunen 7, 12, 16, 111
Lambro(-fluß) 55, 86, 241
Landriano 59
Langobarden 4, 5 ff., 9 ff., 12 ff., 14 ff., 17 ff., 22 ff., 24, 25, 27, 28, 29, 30, 31, 32, 34, 35, 37, 39 ff., 42 ff., 46, 47, 50, 51 ff., 54 ff., 57 ff., 59, 60, 61 ff., 63, 64, 65, 67, 71, 72, 74, 75, 77, 88, 91, 102, 105, 106 ff., 112, 117, 118 ff., 125 ff. (L. Recht), 132, 136, 152 ff., 157, 174, 192, 195 ff., 197, 200, 222
Lanzo 242
Latium 99, 126, 127, 153, 159, 194
Lazise 60
Lecco 60, 61
Leventina 131
Ligiori locus 72
Liguria (maritima) 2, 5, 9, 26, 27, 60, 218, 236, 238

Limetal 239
Limonta 61, 66, 67, 89, 90
Livanza portus gen. Settimo 97
Livorno 30
Locarnese 58
Locarno 61
Locate 55
Lodi 81, 157, 161
Lombardia (*Lombardei*) 8, 27, 29, 32, 39, 41, 57, 99, 107, 124, 135, 157, 171 ff., 175, 179, 182, 186 ff., 205, 207, 218, 235 ff., 237, 240, 243
Lomellina 92
London 231
Loreto 218
Lorraine (Lothringen) 140
Lucca 6, 28, 29, 30, 32, 44, 46, 53, 58, 59, 60, 64, 68, 69, 70, 71, 72, 73, 78, 81, 87, 99, 103, 130, 133, 152 ff., 154, 155 ff., 183, 197, 199, 207, 216, 225, 239, 240
Lugano 61
Lukanien 194, 235
Lukmanierpaß 131
Luna 9
Luni 29, 30, 218
Luniano fundus 90
Lunisciane Provinz 239
Lyon 241

Mailand 3 ff., 5, 6, 8, 9, 26, (Milano) 39, 53, 54, 55, 59, 60, 61, 63, 64, 66, 73, 76 ff., 81, 87, 91, 99, 101 ff., 104, 106, 109, 113, 115 ff., 129, 131, 132 ff., 134, 142, 143 ff., 147, 148 ff., 150 ff., 152 ff., 156 ff., 161, 164, 166 ff., 170, 171 ff., 175, 177, 178, 179 ff., 181 ff., 184, 193, 199, 200, 201, 204, 209, 219 ff., 222, 240, 241 ff.
Mallorca 231
Manzono, castellum 226
Manticus Reichsforst westl. Verona 61
Mantova 26, 30, 72, 80, 81, 87, 91, 93, 94, 95, 96, 97, 103, 151, 183, 186, 193
Maratica 41
Marca Trevigiana 242
Marcenassi 26
Maremma 25, 240, Massa di Maremma 238
San Mariano im Arnotal 124

2. Orte, Länder, Völker

Marken 238, 241
Marmoredolo 73
Marseille 243
Marta 29
Martyrium Morterano 29 (= forum Clodii)
Marzaglia 41 (curtis Suavis)
Massa maritima 31, 239
massa Verona (= oberes Tibertal) 30
Matelica 238
St. Maurice Agaunum 59
Mavinas 72
Meeralpen 3,
Mendrisio 61, 201, (sö Luganer See)
Messina 233 ff., 235
Metz 88
San Miniato 228, 233, 239
Mincho Fluß 93
Mittelitalien 3, 4, 6, 7, 15, 16, 25, 31, 49, 61 ff., 63, 64, 72, 75, 78, 81, 91, 98, 119 ff., 124, 126, 159, 195, 201, 204, 208, 217, 219, 224, 233, 235, 237, 239
Modena 1, 2, 41, 61, 95, 96, 105, 182, 193, 206, 212, 231
Molline 26
Moncalieri 242
Mondovi 238, 241
Mons Longus (Forst) 81
Monselice 5, 7, 94, 98
Mont Cenis 60
Mont Genèvre 60
Montalcino 227, 239
Monte Aniate 81
Monte Cassino 82, 118, 124, 195
Montefeltre 91
Monteferrato 218, 241, 242
Montepulciano 239
Montferrat 61, 218, 242
Montforte 172
Montpellier 243
Monza 39, 53, 55, 56, 66, 73, 74
Mosezzo (nw. Novara) 61
Mucello 239

Narni 29
Naturns (S. Procolo) 74
Neapel 6, 12, 36, 112, 117 ff., 174, 195 ff., 209, 229, 230, 231, 233 ff., 235

Nebulatal 239
Nepi 29
Niederlande 236
Nogara 95, 124
Nonantola 71, 78, 97 (Kloster), 124, 131
Norditalien 2, 4, 6, 7, 9, 13, (Oberitalien) 25, 27, 31, 32, 42, 57, 60, 61 f., 63, 64, 65, 72, 74, 75, 78, 81, 91, 98, 99, 103, 113, 114, 119 ff., 124, 125, 126, 143, 149, 171, 180 ff., 182, 193, 204, 206, 209, 217, 218 ff., 220, 224, 233, 235, 237, 239, 242
Noricum 3
Noriker 25
Normannen 119, 123, 195 ff., 204, 233, 236
Nova civitas 96
Novara 39, 59, 69, 81, 90, 95, 100, 172, 238
Nürnberg 217

Octavo (röm. Dorf) 55
Oderzo 2, 10
Oliveto 69
Olona Königshof 97, 98
Orcloe 29
Orient 129,
Origgio comune rurale 113
Oristano 238
Ornago-vicus et fundus Buornica 135
Orte 91
Orvieto 17, 29, 231, 239
Osimo 194, 238
Ostfranken 60, 63
Ostgoten 3 ff., 5, 7
Otranto 112, 118

Pacena 52
Padova 2, 5, 6, 7, 8, 59, 86, 89, 92, 98, 111, 194, 205, 218, 228, 231, 237, 243
Palazuolo locus 69, Palazzolo 82
Palermo 231, 233 ff.
Pannonier 25, 42
Paris 231
Parma 1, 59, 60, 61, 64, 76 ff., 81, 91, 99, 206, 211, 233, 242, 243
Passenus locus 52 monasterium S. Peregrini
Pavia 3, 5, 6, 9, 16, 29, 39, 55, 58, 59, 60, 61, 63, 64, 66, 73, 76, 81, 82, 83, 88, 90, 91, 95, 96, 97, 103, 109, 113 (Rechtsschule), 129 ff.,

131, 146, 149, 153, 158, 164, 179, 186, 193, 196, 242
Peleponnes 231
Penna 98
Pentapolis 12 ff., 17, 26, 93, 117, 194 (maritima, annonaria), 195
Perugia 29, 30, 204, 221, 225
Perugia (byz. Dukat) 17, 221, 225
Pesaro 98, 194
Piacenza 60, 61, 63, 71, 76, 81, 89, 96, 103, 107, 161, 171, 180, 182, 222, 238, 240 ff., 242, 243
Piariola (Wald) 99
Piave 8
Piceno 3
Piemont 26, 27, 41, 57, 218, 240 ff., 242
San Pietro al Monte in Cioate (Kloster) 62
S. Pietro am Po, Benediktinerabtei 161
Pinigallia 98
Piombo 95
Pisa 29, 30 (Bistum) 32, 53, 69, 70, 73, 78, 81, 101, 106, 107, 154, 164, 197, 204, 209, 210 ff., 212, 231, 233, 235, 238, 240
Piscina 26
Pistoja 6, 28, 69, 73, 78, 81, 154, 164, 209, 213, 215, 221, 227, 231, 239
Pistorii comitatus 239
Po 1, 5, 9, 17, 26, 41, 62, 69, 80, 81, 90, 96, 97, 98, 128 ff., 131, 160, 183, 238, 241, 242, 243
Pontebba 41
Popularia 29
Populonia (Bistum) 30
Porto 29
Portus castrum 93
Portus Pisanus = Porto Pisano (Küstenstreifen s. u. n. Livorno) 30
Posello 31
Pozzaglia 88
Prato 227, 231, 239
Prato castellum 226
Prazzano 153
prefettura d'Italia 3
Primeriano 92
Provence 3, 64, 128, 133, 233, 236
provincia maritima (Italorum) 30, 230 (Maritima)
provincia provinciarum (Lucca) 27

Quarnero 117
Quastalla 229

Rätien 26
Ravello 112
Ravenna 3, 4, 6, 7, 12 f., 14 ff., 17, 39, 60, 61, 63, 93, 98, 111 ff., 117, 128, 194, 195 ff., 200
Reate 88
Reconati 238
Regensburg 105, 121
Reggio (Emilia) 1, 2, 63, 67, 90, 95, 233, 242
Reggio di Calabria 118
Reichenau 59, 175
Reno Fluß (Bologna) 96 ff.
Reschenscheideck(pass) 60
Resciano fundus: Pieve di S. Rest. im Val d'Orcia 52
Revere Isola (b. Mantua) 95
Rieti 73
Rimini 61, 91, 98, 194
Rocco 201
Romagna 12, 29, 60, 194, 217, 231, 243
Romanianum castellum 41
Romanisio 238
Romano castello 242
Römer = Romanen 7, 8, 9, 14, 15, 22 ff., 26, 27, 31, 32, 44, 45, 47, 48, 49, 51, 52, 53, 58, 60, 61, 63, 64, 73 (Romani homines), 102 ff., 125, 192
Ronco (Runco) 86 ff., 89
Rossano 118
Rosell(a)e 29, 30
Rothenburg ob d. Tauber 217
Rovereto 96
Rugier 3

Sabina 60, 73, 88, 99, 153, 159
Sablonaria 74
Saccisica 92
Sachsen 5, 25
Salerno 235
Saluzzo 242
Salvaniate 66
Salvinate 90
Sannio 3
Santo Giorgio 26
Sardinien 4, 12 ff., 30, 117, (Sardegna) 238, 240

2. Orte, Länder, Völker   267

Sarmaten (sarmates gentiles) 2, 24, 25, 26
Sarmatorio 238
Sarsina 12
Sarazenen 62, 103, 112, 117, 118 ff., 123, 125, 195 ff. (Muselmannen)
Sarsina 91
Sarzana 238
Sassari 238
Savigliano 238
Schottland 235
Selinunte 236
Semifonte castellum 226
Semigaglia 194
Sepinum 26
Sermione 72
Sertolo (german. Dorf) 54, 55, 135
Sesta 54
Sesto (römisches Dorf) 55, 71 (Friaul), Abtei 78
Sevilla 231
Siena (Saena Julia) 29, 45 (Bischof), 51 ff., 53, 78, 87, 197, 200, 204, 208, 209, 237, 238, 239, 240
Sirmione, Insel im Gardasee 59, 72(?)
Sivenza (Fluß) 71
Sizilien 3, 4, 12 ff., 19, 20, 26, 112, 117, 118 ff., 120, 187, 190, 194, 195 ff., 204, 229, 231, 233, 234 ff., 236, 240,
Skiren 3
Slawen 41, 62, 123, 218
Solagna 40, 86, 89 (vallis S.)
Soncino 162
Sora 18
Sorrinenses 31
Sospiro Königshof 159
Sovanna 29, 31, 73
Spalato 6
Spanien, Spanier 11, 17, 19, 118, 204
Spoleto 5, 7, 8, 10, 15 ff., 17 ff., 58, 59, 60, 62, 63, 91
Stazzona 75
Stulengarius 73
Sturatal 60, 242
Subiaco 36
Süditalien 3, 4, 9, 10, 11, 13, 31, 32, 49, 62, 67, 82, 101, 112 ff., 116, 118, 119 ff., 124, 169, 192, 195 ff., 204, 235
Sueben 25

Sumirago 75
Sundre (german. Dorf am Lambrofluß) 55
Surianum 30
Susa 30
Sutri 15, 29
Syrakus 236

Tal Pruvinianum 82
Tanarofluß 89
Tagliamento 4, 41, 71
Taifali 1
Taranto 195
Tarotal 242
Tarquinii 29, 31
Tartarofluß 95
Teano 18
Teramo 235
Terranova 238
Tessin 26, 58, 82
Testona 41
Tiana 82
Ticino 41
Ticinum (Pavia) 7, 26, 39
Tilliona villa 95
Tocciano 71
Todi 29
Tolla 85
Torino 2, 81, 96, 98, 193, 241 ff.
Tortona 26, 81, 94, 243
Toscanella (Tuscana) Bistum 29
Trento 3, 60, 81, 86
Tresi 218
Trevenzuolo 41
Treviso 8, 10, 58, 59, 92, 98, 242
Trient 86
Triest (Tergeste) 91
Tuscia, Tuszien, Toskana 3, 5, 6, 9 (Tuscia Lunense), 10, 17, 26, 27, 28, 29, 32, 35, 36, 57 ff., 59, 60, 62, 67, 78, 81, 90, 91, 92, 98, 99, 100, 117, 124, 152 ff., 154, 155 ff., 157, 166, 205, 225 ff., 235 ff., 236, 238, 239, 240 ff., 243

Ubayatal 60
Udine 71
Ulm 217
Umbria 29, 102, 192

Ungarn 46, 56, 62, 90, 95, 96, 123, 124 ff., 133, 199
Urbicaria Eparchia 29
Urbino 194

Val d'Aosta 241
Val di Bisenzo 239
Val di Chiara 52
Val Grieve 239
Val di Magra 218
Val di Robiata 239
Val di Sicune 239
Val d'Ombrone 52
Vallari vicus bei Miniato 53
Vall Patena 61
Vallis Elisa 239
Vallis Pese 239
Valpolicella 60
Valtelina: Veltiner Tal (langob.) 59, 61, 84 vallis Talina,
Valverde 88
Vandalen 3
Varianus vicus 90
Venedig 10, 12, 16, 68, 80 (Venezianer), 90, 96, 97 ff., 98 101, 107, 111, 117, 128 ff., 130, 164, 183, 189, 191, 192, 194, 196, 204, 206 ff., 209, 211, 216 ff., 222, 233 ff., 235, 236, 238, 240
Venedig (Umgebung) 97, Rivalto 97, 111, 194, Torcelli 97, Castrum Olivoli 97, Amianae 97, Amoriane 97, Finis 97, Buriane 97, Equili 97, Civitas Nova 97, Capilarius Gradus 97, Methaumacensis 97, Caput Argelis 97, Albioli 97, Clugie 97, Bronduli 97, Fossionis 97, Laureti 97
Venetien 26, 36, 98, 129
Veneto 3, 6, 194, 218, 240
Ventimiglia 30

Vercelli 2, 59, 66, 81, 107, 205, 238, Vercellae 85
Vernaule caput 82
Vernio castellum 226
Verno 3, 8, 39, 59, 60, 63, 64, 67, 71, 77, 81, 83, 86, 90, 91, 92, 95, 97, 99, 104, 164, 183, 193, 202, 208, 211, 218, 242
Verruca (Alpen) 26
Versi(g)lia 72, 239 (Provinz), 242
via Flaminia 7
via Francigena 60
Vicenza 8, 58, 59, 78, 98, 242
Vico longo 96
vicus Arderardi 26
vicus Pioltello (s. Segrate) 55
vicus Rovagnasco (s. Vinodrone) 55
Vicus Sextus 75
Vigasio 41
Vigevano 92
Villafranca 218
Villa di Chiesa 238
Villa Gobidi 26
Villamayrana 238
Vinodrone (germanisches Dorf am Lambro) 55
Vimercate 86, 220, (vicus + mercatus)
Viterbo (Kastell) 17, 29, 31, 73, 164
Volterra 228, 231, 233, 239
St. Vinzenz am *Volturno* 82, 118
Voralpenland 3, 61
Volsini (Orvieto) 29
Volterrae 29, 30, 32, 231, 233, 239
Vulpariolo 160

Westgoten 3
Worms 115, 169

St. Zeno in Verona 41, 86, 90, 92, 96
Zürich 131

3. PERSONEN, FAMILIEN

Abbati, florent. Stadtgeschlecht 227
Adalbert Kg. von Italien 104
Adalwald (lgbd. Kg.) 81
Adelgis, Sohn des Langobardenkönigs Desiderius, Exulant in Byzanz 59

Adeodatus B. v. Siena 52
Adimari, florent. Stadtgeschlecht 226, 231
Aeciaiuoli, florent. Handels- u. Bankiergeschlecht 230, 231
Agilulf (Nachfolger Autharis) 7, 9, 44, 81
Aistulf (langob. König) 15, 17, 37, 43, 44, 49, 69, 81

3. Personen, Familien

Alahis (langob. Herzog von Brescia) 43
Alaimo de Lantini capitano (Siz. Vesper) 234
Albanus B.v. Arezzo 52
Alberich Patrizius in Rom 158
Albericus comes 60
Albert von Sanbonifazio Graf, 183
Alberti, florent. Geschlecht vom Lande, Grafen in der Toscana 226
Alberto Oberthengo 242
Alboin (König) 5, 7, 14, 23
Aleramici Familie (Savoia) 241
Alexander II., Papst 161, 166
Alexios Commenos 111, 194
Alzeco (dux der Bulgaren) (Gastalde) 25f.
Ambrosius (Kirchenvater), 2
Ambrosius missus 52
Ambrosius Bonizo, durch K. Otto I. Herr von Mailand 175
Amadei, florent. Stadtgeschlecht 227, 232
Andreas, Patarener, Vallombrosaner, Verfasser der Vita Arialdi (um 1075) 170
Anghiari, Familie 124
Angilbert Erzbischof v. Mailand 55
Angilbert, iudex possessor in Mailand 135
Anjous 118, 204, 207, 231, 242
Anscaricii Familie in Savoia 241
Anselm von Nonatola 8
Ansilberga, Altissin im Kl. S. Salvatore in Brescia 73, 74
Arduicii Familie (Savoia) 241
Arduin von Ivrea 145, 148
Arduino, Handelsfamilie von Messina 233
Argait sculdahis 48
Ariald, Mailänder Patarener 177, 178
Aribert (Kg. d. Langobarden) 10
Aribert Erzbischof v. Mailand (1018–1045) 148ff., 157, 172
Arnulf von Mailand Chronist (zw. 1075–1077) 157
Augustinus 2, 20
Auripert pictor 69
Authari (Sohn des Clefi) 6, 7 (Flavius), 23
Avocati Familie in Lucca 154

Baggio (Familie), 107
Bardi, florent. Bankhaus 229, 230 (Bankier), 231 (Quelfen),

Benedikt (von Nursia) 4
Berengar von Friaul 63
Berengar I. Kg. v. Italien 66, 95, 98, Berengar II. Kg. v. Italien 104, 159
Berengar Bischof von Lucca 153, (seit 837)
Berengar von Tours 166
Beruzzi, florent. Bankhaus 229, 231
Berta regina 78
Bicchieri (Familie), 107
Bonifaz, Erzbischof von Canterbury a.d. Hause Savoia 241
Bonizo von Sutri 167, 171 (wohl in Cremona geb.)
Bonushomo Bischof v. Arezzo 52
Bostichi, florent. Geschlecht 228
Buondelmonti, florent. Stadtgeschlecht 226, 227, 232
Burchard fränk. comes stabuli 59

Cagapisti (Familie), 107, 153
Cambii, florentin. Geschlecht 229
Camullia, Handelsfamilie von Messina 233
Candiano venez. Familie 194
Caponsacchi, florent. Stadtgeschlecht 227, 232
Cassiodor 4
Cavaleanti, florent. Geschlecht 228
Cerchi, florent. Geschlecht 229, 230 (Bankiers), 231
Chiermonti, florent. Stadtgeschlecht 228
Clef(i) 5, 23, 39 (Nachfolger Alboins)
Columban 9
Creszentier (Grafen) 119, 158
Cundhart comes in Vicenza 59
Cunipert (lgbd. Kg.) 15, 81

Dante 215, 225, 237, 240
Desiderius (langob. König) 73, 81
Diokletian (Kaiser) 19
Domenico Silvio, Doge von Venedig 111, 194
Donati, florent. Stadtgeschlecht 227, 231, 232
Duca d'Orso von Venedig 194

Eberhard von Friaul Markgraf 62
Ennodius 2
Erlenbald, Patariaführer in Mailand 157, 166, 167, 170, 172, 178, 179ff.
Este Familie 242

Ezzelino da Romano 242, Familie der Ezzelini 243

Falconi, Handelsfamilie von Messina 234
Falconieri, florent. Geschlecht (Bankiers), 229, 230
Ferdulf dux 48
Fifanti, florent Stadtgeschlecht 227, 232
Figuimildi, florent. Geschlecht vom Lande 226
Filipikos (Kaiser) 13
Franz v. Assissi 167
Frederico di Colonia, Ebf. v. Mailand 106
Frescobaldi, florent. Geschlecht 229, 230 (Bankiers), 231 (neri u. bianchi, Ende 13. Jhdt.)
Friedrich I., Barbarossa Kaiser 93, 158, 167, 186, 188, 205, 223, 225
Friedrich II. Kaiser 125, 190, 233, 235, 236, 242
Friedrich von Antiochien (Kaisersohn) 227

Gaidus dux in Vicenza 58
Gambassi Familie 124
Gandulf Graf von Verona (Langob.), 64
Gaudiosus B. v. Rosella 52
Gebhard comes in Treviso 59
Geograph von Ravenna 30
Georg von Cypern (Geograph) 29
Gerhard von Monforte 147
Giorgio von Ravenna 12
Giselbert von Bergamo langob. Graf 63
Gordian (Kaiser), 1
Gotizi, florent. Geschlecht vom Lande 226
Gregor der Grosse 5, 9, 10, 23, 31, 102, 112, 192, 197
Gregor II. (Papst) 14, 16
Gregor III. (Papst) 16
Gregor VII. Papst 115 ff., 165, 166 (Archidiakon Hildebrand), 167 ff., 179
Grimoald (von Benavent) 10, 25, 26, 44, 81
Grimold Graf 86
Gudibrand dux in Florenz 58
Guidi florentinisches Geschlecht vom Lande, 226
Gundobald 1
Gunt(e)ram Notar 45, 52, 53

Heinrich II. Kaiser 93, 104, 160, 193
Heinrich III. Kaiser 92, 93, 94, 104, 151, 159, 161, 169, 179, 185, 186

Heinrich IV. Kaiser 92, 165, 167 ff., 186
Heinrich V. Kaiser 186
Heinrich VI. Kaiser 235
Hildebrand dux in Spoleto 58
Hrodgaud dux in Friaul 58
Hugo Abt von Cluny 167
Hugo von Tours 55
Hugo v. Vienne (Kg.) 87, 91, 96, 98, 154
Humbert von Silva Candida, Kardinal 164, 165

Johann König von Böhmen 240
Johann XXII. (Papst) 231
Johann VI. (Papst) 12
Johannes Qualberti 170 (Vita)
John of Salisbury 167
Judi, florent. Stadtgeschlecht 227
Justinian (Kaiser) 4
Justinian II. (Kaiser) 12

Karl d. Gr. 17, 18, 28, 29, 38, 55, 57 ff., 59, 64, 81, 88, 89, 152
Karl d. Kahle (Kaiser) 63
Karl d. Dicke Kaiser 87, 94
Karl IV. Kaiser 239, 240
Karl von Anjou 231, 234
Karlmann (ostfrk. König) 63
Konrad II. Kaiser 104, 142, 149, 160, 175, 179

Lamberti, florent. Geschlecht 228
Landolf, Kaplom K. Heinrich II., Bischof von Cremona 160
Landulf, Patariaführer in Mailand (1057–1075) 157, 177
Landolf sen. Chronist. (Mailand) 146, 170, 177
Ludwig II. (K.) 62, 79, 81, 154, 196
Lanfranc v. Bergamo langob. Graf, Sohn des Giselbert 63
Lanzo capitaneus in Mailand (1142/4) 157
Leo IX. Papst 164, 165
Leo der Isaurier 14, 118
Leo negotiator von Mailand 135, 148 ff., 151
Leo von Vercelli Bischof 66
Liutpert Archidiakon a. d. Domkirche in Pisa 70
Liutprand (langob. König) 14 ff., 16, 37, 41, 43, 44, 47, 49, 52, 81
Lothar I. (Kaiser) 62, 81
Ludwig d. Fromme (Kaiser) 81

3. Personen, Familien

Luitpoldinger 122
Lupercian B. v. Arezzo 52

Magnus B. v. Siena 52
Malaspina, Familie von Lunigiana 242
Marcarius comes in Friaul 59
Marcus Aurelius 2
Marsilius von Padua 237
Martino della Torre (Mailand) 242
Mathilde Markgräfin v. Tuszien 161, 183, 227
Maurikios (Kaiser) 6
Medici: potenti popolani 231
Melo, reicher u. mächtiger Bürger von Bari 112
Merowinger(-könige) 7
Michael III. Duka byz. Kaiser (Schwiegervater d. Dogen Domenico Silvio) 111, 194
Monferrato, Familie (Savoia) 241
Montopoli Familie (Arnotal), 124
Mozzi, florent. Bankiers 230
Muhamed 2
Mundila (διρύφορος des Belisar), 26

Nikolaus I. (Papst) 93
Nilus (griech. Mönchsvater) 118
Norbert, Verfasser der Vita Bennonis, 201

Oberthengi Familie (Savoia) 241
Abt Odilo von Cluny (994–1049), 167
Odo Graf v. d. Champagne 130
Odoakar 3
Odofredo Glossator 200
Olympios (Exarch) 12
S. Omobono (Cremona) 162
Orestes 1, 3
Osseolo venez. Familie 194
Otbert, langobard. Graf, Ahnherr d. Este und Adalbert = Atto, später Canossa, 63, 64
Otto I., König 41, 64, 175
Otto II., König 66
Otto III. (Kaiser) 92, 104, 160, 165, 193
Otto von Freising 158, 201, 207

Pagano della Torre (Mailand) 241, 242
Parisio, Handelsfamilie von Messina 233, 234
Partecipazio venez. Familie 194
Paulus von Aquileja (Bischof) 6
Paulus Diaconus (Sohn d. Warnefried), 25

Peredeo B. v. Lucca 71, 72
Peter von Aragon 231, 234, 235
Petrus Damiani 159, 165 ff., 167, 178
Petrus Igneus 147
Philipp, Erzbischof von Lyon a. d. Hause Savoia 241
Pietro Candiano Doge v. Venedig, (ermordet 976), 206
Pippin III. (Frankenkg.) 17, 40
Pomponius (röm. Jurist) 27

Raimund v. Reggio, langob. Graf 63
Raginerius von Piacenza langob. Graf 63
Ranucci Familie in Siena 200
Ratchis (langob. König) 44, 45, 49, 81
Rather von Verona 99 ff., 103, 129, 193
Regnibald dux in Chiusi 58
Ricasoli, florent. Stadtgeschlecht 226
Riccimer 1
Ricocopo, Giovanni, byzant. Exarch 12
Riprandus de Basilica Duca langob. Graf 63
Robert Guiskard 111, 194
Roger II. von Sizilien 235
da *Romano,* Herren in der marca Trevigiana 242
Romanos (Exarch v. Ravenna) 29
Romuald von Benevent (langob. Königssohn) 26
Rotheno Gastald von Seprio 75
Rudolf II. Kg. von Italien, 98

Salvian 2
Savoia, mächtige Territorialherrenfamilie 241, 242
Scala, della florent. Geschlecht 229, 230 (Bankiers)
Sergius (Papst), 195
Servandus B. v. Arezzo 52
Sigefred Graf von Mailand 87, 89
Sparzi, Familie in Siena 200
Spini, florent. Bankiers 230
Stabilimus dux in Treviso 58
Staufer 118, 121, 204, 231
Stefano Duca in Rom (Byz.) 14
Stephan (Papst) 17
Stilicho 1
Suavizi florent. Geschlecht vom Lande, Vorfahren der Quiccardini, 226

Register

Tedoald B. v. Fiesole 52
Teja (Gotenkönig) 39
Teofilatto, röm. Adelsfamilie des 10. Jhdts. 158
Theoderich 3 ff., 14, 26, 32, 39
Theodolinde 7, 54, 55
Theodosius 1, 2, Codex Theodosianus 2, 26
Theophylact 12 (byz. Exarch)
Tornaquinci, florent. Stadtgeschlecht 227
Tosinghi = *Visdomini,* florent. Stadtgeschlecht 227
Tuskulaner (Grafen) 119, 158, 159

Uberti, florent. Stadtgeschlecht 226, 232
Uberto Palavicino, Sohn des Guglienco Freund K. Otto IV. Gegner Papst Innozenz III. Palavicini Familie 242, 243
Ursus Doge von Venedig 98

Valdonasci 26
Veroni (Familie) 153
Vico (Familie) 153

Visconti Familie in Lucca 154
Vitalian B. v. Arezzo 52
Vitalian B. v. Siena 52

Wala Abt von Bobbio 81
Walpert Herzog von Lucca 71
Walprand B. v. Lucca 71
Walterich Gastald von Mailand 75
Wenzel, (König) 239
Wido Erzbischof von Mailand († 1071) 179
Wido von Spoleto 63
Widonen 63
Wilhelm Kg. v. Sizilien (1166–1189), 187
Wiligis (Gotenkönig) 39
Wipo von Burgund 175

Zaccaria Benedetto, Verwandter u. Vasall d. byzantinischen Kaisers, byz. mezzoduca, Großreeder, Großkaufmann in *Genua,* Finanzier, 234
Zacharias (Papst) 16
Zeno (Kaiser) 3

Professor K. Bosl in der Vorankündigung der Reihe:

Die «Monographien zur Geschichte des Mittelalters» füllen eine Lücke im wissenschaftlichen Schrifttum über das Mittelalter. Es bestehen einzelne Reihen, die aber ganz speziellen Zwecken dienen. Es gibt aber kein breites Sammelbecken für die Veröffentlichung der Ergebnisse deutscher Mittelalterforschung, die darum im Ausland auch viel zu wenig bekannt sind; auch im Inland dauert es oft sehr lange, bis sie einem breiter gestreuten Kreis von Interessenten zur Kenntnis kommen. Die Initiative des Verlages Anton Hiersemann erfüllt darum ein echtes Bedürfnis und dient der deutschen Mediävistik in ganz besonderem Maße. Auf meinen Vortragsreisen durch die Welt habe ich die Erfahrung gemacht, daß — von einigen wenigen Sondersparten abgesehen — die Arbeiten der deutschen Mediävisten viel zu wenig gewürdigt werden. Das hängt nicht nur damit zusammen, daß der europäische Horizont schon stärker wiegt als der nationale, also auch deutsche, sondern daß es keine geschlossene Reihe gibt, in der Forschungsergebnisse der Verfassungs-, Wirtschafts-, Finanz-, Geld- und Gesellschaftsgeschichte, der Geistes- und «Mentalité»-Geschichte, der Formen- und Strukturforschung, der vergleichenden Landesgeschichte, der Rechtsgeschichte und auch der politischen Geschichte in breitestem Umfang der Thematik und des Horizontes, national und europäisch, veröffentlicht werden. Ich habe mich deshalb zusammen mit Professor Friedrich Prinz gerne vom Verlag Hiersemann einladen lassen, die «Monographien zur Geschichte des Mittelalters» als Herausgeber zu betreuen.

Die neue Reihe wünscht sich Arbeiten zur Veröffentlichung, die den Gesamtbereich menschlichen Lebens, Denkens, Tuns, Handelns und Leidens, des individuellen wie des gesellschaftlichen, umfassen und die Zeit von der Antike (5./6. Jahrhundert) bis zum Ende des 15. Jahrhunderts umgreifen. Sie bevorzugt Arbeiten aus dem deutschen Mittelalter, sie wünscht sich aber auch Veröffentlichungen über europäisches Mittelalter in Einzeluntersuchungen wie im historischen Vergleich.

Die «Monographien» stehen vorzüglich Arbeiten offen, die aus eigener Forschung erwachsen sind, weiterführende Ergebnisse bieten und anregende, belegbare Thesen aufstellen, welche eine fruchtbare Diskussion einleiten. Sie schließen aber auch umgreifende und zusammenfassende Darstellungen nicht aus, soweit sie thematisch und methodisch einem eigenen Aspekt der forschenden Sicht und kritischer Auseinandersetzung mit dem Stand der Wissenschaft und anderen Ergebnissen bzw. Thesen ihre Entstehung verdanken.

Für alle Arbeiten, die in dieser Reihe veröffentlicht werden, gilt also im weitesten Sinn das Prinzip wissenschaftlicher, kritischer Forschung. Thematisch haben in ihr alle Untersuchungen einen

Raum, die den breiten Strom des materiellen, geistigen und kulturellen Lebens im deutschen und europäischen Mittelalter von irgendeiner Stelle aus erhellen. Die «Monographien» möchten die individuellen und gesellschaftlichen Triebkräfte, die Statik und Dynamik der Entwicklung, die Prozesse wie die Institutionen und Inkrustationen, den Einzelmenschen, Gruppen und Gemeinschaften, Stämme, Völker, Nationen, die Schichten der sich wandelnden Gesellschaft und ihre Lebensformen, Leitbilder, Anschauungen, Gesellschaft und Kultur darstellen. Sie vermögen dies als Gesamtrahmen für Einzelforschungen, die sich von selber als Mosaiksteinchen zum geordneten Bilde formen, das den ganzen Menschen des Mittelalters zeigt. Das archaische, das aufgeklärte, das kritisch aufbegehrende Mittelalter war ebenso vielfältig, uneinheitlich, menschlich wie die moderne Welt. Es ist nur durch ideelle Sehnsüchte und Ideologien vorab des 19. Jahrhunderts und durch das christliche Einheitsverlangen als Traumland verzeichnet und darum heute vergessen worden. Die wissenschaftliche Forschung muß diese falschen Bilder korrigieren und den Weg zum Menschen des Mittelalters frei machen; denn schon prophezeit der amerikanisch-kanadische Soziologe McLuhan in Bestsellern, daß die Massenmedien eine archaische Welt des Schauens ohne kritisches Denken heraufführen können. Die romanischen Kirchen des Mittelalters sind voll von Bilderzyklen, da die Menschen die religiösen Wahrheiten nur schauend erfassen, aber nicht kritisch reflektieren konnten.

★

Von 1970 bis 1982 erschienen die folgenden Werke in den «Monographien zur Geschichte des Mittelalters»:

Bd. 1 **Haverkamp, Alfred:** Herrschaftsformen der Frühstaufer in Reichsitalien. 2 Teile. — 1970/71. VI, 813 Seiten. Mit 5 Falttafeln.
ISBN 3-7772-7020-2

Bd. 2 **Prinz, Friedrich:** Klerus und Krieg im früheren Mittelalter. Untersuchungen zur Rolle der Kirche beim Aufbau der Königsherrschaft. — 1971. XXIV, 216 Seiten.
ISBN 3-7772-7116-0

Bd. 3 **Schneider, Reinhard:** Königswahl und Königserhebung im Frühmittelalter. Untersuchungen zur Herrschaftsnachfolge bei den Langobarden und Merowingern. — 1972. XVI, 272 Seiten.
ISBN 3-7772-7203-5

Bd. 4 **Bosl, Karl:** Die Grundlagen der modernen Gesellschaft im Mittelalter. Eine deutsche Gesellschaftsgeschichte

des Mittelalters. Zwei Teilbände. — 1972. XVI, 418 Seiten.
ISBN 3-7772-7219-1

Bd. 5 **Wellmer, Hansjörg:** Persönliches Memento im deutschen Mittelalter. — 1973. XII, 148 Seiten.
ISBN 3-7772-7305-8

Bd. 6 **Störmer, Wilhelm:** Früher Adel. Studien zur politischen Führungsschicht im fränkisch-deutschen Reich vom 8. bis 11. Jahrhundert. Zwei Teilbände. — 1973. XIV, 572 Seiten.
ISBN 3-7772-7307-4

Bd. 7 **Schnith, Karl:** England in einer sich wandelnden Welt (1189—1259). Studien zu Roger Wendover und Matthäus Paris. — 1974. X, 238 Seiten.
ISBN 3-7772-7404-6

Bd. 8 **Jenal, Georg:** Erzbischof Anno II. von Köln (1056–75) und sein politisches Wirken. Ein Beitrag zur Geschichte der Reichs- und Territorialpolitik im 11. Jahrhundert. Zwei Teilbände. — 1974/75. XXXIV, 428 Seiten.
ISBN 3-7772-7422-4

Bd. 9 **Kienast, Walther:** Deutschland und Frankreich in der Kaiserzeit (900—1270). Weltkaiser und Einzelkönige. 2., völlig neu bearbeitete und stark erweiterte Auflage der Ausgabe von 1943. Drei Teilbände. — 1974/75. 931 Seiten.
ISBN 3-7772-7427-5

Bd.10 **Sprandel, Rolf:** Das mittelalterliche Zahlungssystem nach hansisch-nordischen Quellen des 13.—15. Jahrhunderts. — 1975. VII, 226 Seiten. Mit 4 Karten.
ISBN 3-7772-7513-1

Bd. 11 **Bosl, Karl** (Hrsg.): Gesellschaft, Kultur, Literatur. Rezeption und Originalität im Wachsen einer europäischen Literatur und Geistigkeit. Beiträge Luitpold Wallach gewidmet. — 1975. IX, 309 Seiten.
ISBN 3-7772-7519-0
Festgabe zum 65. Geburtstag von Luitpold Wallach, Professor of the Classics, University of Illinois, Urbana. Inhalt: A. O. Aldridge: Shaftesbury and the classics. — Karl Bosl: Die ältesten sogenannten germanischen Volksrechte und die Gesellschaftsstruktur der Unterschichten. — P. Courcelle: L'Interprétation evhémériste des Sirènes-courtisanes jusqu'au XIIe siècle. — D. Daube: King Arthur's Round Table. — H. Fichtenau: Bayerns älteste Urkunden. — F.-L. Ganshof: L'empire carolingien. Essence et culture. — M. Marcovich: One hun-

dred Hippolytean emendations. — R. Montano: Realtà e simbolo in Dante. — P. Munz: History and Sociology. — R. P. Oliver: Interpolated Lines in Ovid. — A. C. Pegis: The second conversion of St. Augustine. — F. Prinz: Aristocracy and Christianity in Merovingian Gaul. — J. Szövérffy: Bruch mit der Tradition: «Subjektivierende» Tendenzen in der Epik des 13. Jahrhunderts. — J. B. Trahern jr.: Caesarius, Chrodegang and the Old English Vainglory. — Barbara Wallach: Lucretius and the Diatribe De rerum natura II. 1—61. — H. Zimmermann: Valentin Ernst Löscher, das finstere Mittelalter und dessen Saeculum obscurum. — Bibliographie Luitpold Wallach.

Bd. 12 **Lotter, Friedrich:** Severinus von Noricum. Legende und historische Wirklichkeit. Untersuchungen zur Phase des Übergangs von spätantiken zu mittelalterlichen Denk- und Lebensformen. — 1976. VIII, 328 Seiten.
ISBN 3-7772-7604-9

Bd. 13 **Staats, Reinhart:** Theologie der Reichskrone. Ottonische «Renovatio Imperii» im Spiegel einer Insignie. — 1976. VIII, 188 Seiten und 21 Abbildungen auf Tafeln.
ISBN 3-7772-7611-1

Bd. 14 **Goy, Rudolf:** Die Überlieferung der Werke Hugos von St. Viktor. Ein Beitrag zur Kommunikationsgeschichte des Mittelalters. — 1976. XIV, 634 Seiten. Mit 3 Tafeln und 1 Karte.
ISBN 3-7772-7627-8

Bd. 15 **Schwinges, Rainer Christof:** Kreuzzugsideologie und Toleranz. Studien zu Wilhelm von Tyrus. — 1977. VIII, 329 Seiten.
ISBN 7772-7705-3

Bd. 16 **Struve, Tilman:** Die Entwicklung der organologischen Staatsauffassung im Mittelalter. — 1978. VIII, 349 Seiten.
ISBN 3-7772-7805-X

Bd. 17 **von Stromer, Wolfgang:** Die Gründung der deutschen Baumwollindustrie in Mitteleuropa. Wirtschaftspolitik im Spätmittelalter unter dem Kaiserhaus der Luxemburger. — 1978. X, 235 Seiten mit 14 Abbildungen, 9 Karten, 2 Stammtafeln und 24 Urkundenbeilagen.
ISBN 3-7772-7813-0

Bd. 18 **Richter, Michael:** Sprache und Gesellschaft im Mittelalter. Untersuchungen zur mündlichen Kommunikation in England von der Mitte des 11. bis zum Beginn des 14.

Jahrhunderts. — 1979. VIII, 235 Seiten mit 4 Karten.
ISBN 3-7772-7903-X

Bd. 19 **Hehl, Ernst-Dieter:** Kirche und Krieg im 12. Jahrhundert. Studien zu kanonischem Recht und politischer Wirklichkeit. — 1980. IX, 310 Seiten.
ISBN 3-7772-8004-6

Bd. 20 **Felten, Franz J.:** Äbte und Laienäbte im Frankenreich. Zum Verhältnis von Staat und Kirche im früheren Mittelalter. — 1980. VIII, 368 Seiten. Mit 7 Karten.
ISBN 3-7772-8018-6

Bd. 21 **Mitterauer, Michael:** Markt und Stadt im Mittelalter. Beiträge zur historischen Zentralitätsforschung. — 1980. VIII, 320 Seiten.
ISBN 3-7772-8019-4

Bd. 22 **Sprandel, Rolf:** Altersschicksal und Altersmoral. Die Geschichte der Einstellungen zum Altern nach der Pariser Bibelexegese des 11. bis 16. Jahrhunderts. — 1981. VII, 203 Seiten mit 20 Abbildungen.
ISBN 3-7772-8101-8

Bd. 23 **Dinzelbacher, Peter:** Vision und Visionsliteratur im Mittelalter. — 1981. VII, 288 Seiten.
ISBN 3-7772-8106-9

Bd. 24 **Haverkamp, Alfred** (Hrsg.): Zur Geschichte der Juden im Deutschland des späten Mittelalters und der frühen Neuzeit. — 1981. XI, 319 Seiten.
ISBN 3-7772-8112-3
Inhalt: Vorwort des Herausgebers. — Frantisek Graus: Historische Traditionen über Juden im Spätmittelalter (Mitteleuropa). — Alfred Haverkamp: Die Judenverfolgungen zur Zeit des Schwarzen Todes im Gesellschaftsgefüge deutscher Städte. — Ernst Voltmer: Zur Geschichte der Juden im spätmittelalterlichen Speyer. Die Judengemeinde im Spannungsfeld zwischen König, Bischof und Stadt. — Franz Irsigler: Juden und Lombarden am Niederrhein im 14. Jahrhundert. — Walter Röll: Zu den Judeneiden an der Schwelle der Neuzeit (mit 4 Abb.). — Arye Maimon: Der Judenvertreibungsversuch Albrechts II. von Mainz und sein Mißerfolg (1515/16). — Daniel J. Cohen: Die Entwicklung der Landesrabbinate in den deutschen Territorien bis zur Emanzipation. — Volker Press: Kaiser Rudolf II. und der Zusammenschluß der deutschen Judenheit. Die sogenannte Frankfurter Rabbinerverschwörung von 1603 und ihre Folgen. — Orts- und Personenregister von Alfred Heit.

Bd. 25 **Goodich, Michael:** Vita perfecta: The Ideal of Sainthood in the thirteenth Century. — 1982. VIII, 290 Seiten.
ISBN 3-7772-8201-4

Bd. 26 **Bosl, Karl:** Gesellschaftsgeschichte Italiens im Mittelalter. — 1982. X, 272 Seiten. (Hier vorliegend.)
ISBN 3-7772-8206-5

Bd. 27 **Hannig, Jürgen:** Consensus fidelium. Frühfeudale Interpretationen des Verhältnisses von Königtum und Adel am Beispiel des Frankenreiches. — Erscheint Herbst 1982.

Die Reihe wird ab 1983 mit weiteren Bänden fortgesetzt.